A CIÊNCIA DA POLÍTICA

O GEN | Grupo Editorial Nacional – maior plataforma editorial brasileira no segmento científico, técnico e profissional – publica conteúdos nas áreas de ciências humanas, exatas, jurídicas, da saúde e sociais aplicadas, além de prover serviços direcionados à educação continuada e à preparação para concursos.

As editoras que integram o GEN, das mais respeitadas no mercado editorial, construíram catálogos inigualáveis, com obras decisivas para a formação acadêmica e o aperfeiçoamento de várias gerações de profissionais e estudantes, tendo se tornado sinônimo de qualidade e seriedade.

A missão do GEN e dos núcleos de conteúdo que o compõem é prover a melhor informação científica e distribuí-la de maneira flexível e conveniente, a preços justos, gerando benefícios e servindo a autores, docentes, livreiros, funcionários, colaboradores e acionistas.

Nosso comportamento ético incondicional e nossa responsabilidade social e ambiental são reforçados pela natureza educacional de nossa atividade e dão sustentabilidade ao crescimento contínuo e à rentabilidade do grupo.

ADRIANO GIANTURCO

A CIÊNCIA DA POLÍTICA
UMA INTRODUÇÃO

3ª EDIÇÃO

FORENSE UNIVERSITÁRIA

Rio de Janeiro

- O autor deste livro e a editora empenharam seus melhores esforços para assegurar que as informações e os procedimentos apresentados no texto estejam em acordo com os padrões aceitos à época da publicação, *e todos os dados foram atualizados pelo autor até a data de fechamento do livro*. Entretanto, tendo em conta a evolução das ciências, as atualizações legislativas, as mudanças regulamentares governamentais e o constante fluxo de novas informações sobre os temas que constam do livro, recomendamos enfaticamente que os leitores consultem sempre outras fontes fidedignas, de modo a se certificarem de que as informações contidas no texto estão corretas e de que não houve alterações nas recomendações ou na legislação regulamentadora.
- Data do fechamento do livro: 10/07/2020
- O autor e a editora se empenharam para citar adequadamente e dar o devido crédito a todos os detentores de direitos autorais de qualquer material utilizado neste livro, dispondo-se a possíveis acertos posteriores caso, inadvertida e involuntariamente, a identificação de algum deles tenha sido omitida.
- **Atendimento ao cliente: (11) 5080-0751 | faleconosco@grupogen.com.br**

Forense Universitária, um selo da Editora Forense Ltda.
Uma editora integrante do GEN | Grupo Editorial Nacional
Travessa do Ouvidor, 11
Rio de Janeiro – RJ – 20040-040
www.grupogen.com.br

- Capa: Rejane Megale Figueiredo
- Imagens de capa:
  Public Domain. Ambrogio Lorenzetti – WAFg-CSkcQJsMw at Google Cultural Institute;
  Public Domain. Ambrogio Lorenzetti – The Yorck Project: 10.000 Meisterwerke der Malerei. DVD-ROM, 2002. ISBN 3936122202. Distributed by DIRECTMEDIA Publishing GmbH;
  Public Domain. Ambrogio Lorenzetti.
- Editoração Eletrônica: Rejane Megale Figueiredo (até a 2ª edição)
  Elza Maria (3ª edição)
- Ficha catalográfica

CIP-BRASIL. CATALOGAÇÃO NA PUBLICAÇÃO
SINDICATO NACIONAL DOS EDITORES DE LIVROS, RJ

G373c
3. ed.

Gianturco, Adriano
A ciência da política : uma introdução / Adriano Gianturco. - 3. ed. [3ª Reimpr.]. - Rio de Janeiro : Forense Universitária, 2024.
; 21 cm.

Inclui bibliografia
ISBN 978-85-309-8233-1

1. Ciência política. I. Título.

20-64639 CDD: 320
CDU: 32

Meri Gleice Rodrigues de Souza - Bibliotecária CRB-7/6439

Agradeço: Minha companheira de vida Luciana Lopes, pela contínua troca intelectual, pela serenidade e por suportar a subtração de tempo que este trabalho comportou. Meu amigo e colega Diogo Costa, pelo encorajamento a iniciar este manual e pelas importantes trocas intelectuais. Meus amigos e colegas Ari Araujo e Lucas Azambuja pelas inúmeras sugestões. Minha ótima aluna Mariana Paranaíba, que registrou e transcreveu minhas aulas, base deste livro. Meus alunos, que me fizeram notar o quanto é importante e útil uma abordagem diferente do atual mainstream *para compreender a política. Meus alunos Brenda Pereira, Victor Lima, Rafael Alves, Rodrigo Bueno, Cecília Guimarães, Luís Eduardo Leão Duarte, Luísa Cunha, Jonathan Cordeiro, Ramiro Haase e Sarah Sales, que corrigiram alguns capítulos e deram sugestões.*

Sumário

Terceira parte
O TECNICISMO DA POLÍTICA

Quarta parte
OUTPUTS E TEMAS DA POLÍTICA

Introdução metodológica

Este livro foi escrito por quatro razões: 1) a falta de um manual que me agrade na minha atividade didática; 2) propor-se como e debater com os manuais *mainstream*; 3) produzir um texto que explique de uma vez por todas a política aos leigos e até a um público não composto por alunos universitários; 4) produzir um texto que explique a verdadeira lógica da política, que nunca esqueça, pule e desvalorize a essência da questão política em troca de fáceis tecnicismos e intelectualismos.

As tradições científicas, as escolas de pensamento, os autores utilizados são: a Escola Austríaca, a Escola Elitista, o Realismo Europeu, a Teoria dos Jogos, a Escola de Finanças Públicas, o Neoinstitucionalismo, a *Public Choice,* o Realismo Político Europeu, Mises, Hayek, Rothbard, Milton e David Friedman, Machiavelli, Miglio, Weber, Leoni, Einaudi, Pantaleoni, Buchanan, Caplan, Brennan, Boettke, Coyne, Frey, Tullock, Yared, Glaeser, Mosca, Pareto, Michels, Cantillon, Smith, Turgot, Molinari, Say, Bastiat, Nock, Hoppe, Block, Nordau, De Jouvenel, Antiseri, Infantino, De Mucci, Lottieri, Iannello, Bobbio, Colomer, Romer, De Soto, Popper, Acemoglu, Diamond, Mesquita, Snyder, Allison, Rosenau, Tilly, Dahl, Schmitter, Bourne, Bauer, Easterly, Pinker, Taleb, Olson, Oppenheimer, Parente, Prescott, Alesina, Przeworski (em ordem casual).

Estes autores têm posições políticas variadas, e algumas até muito polêmicas. O livro trata de ciência, teorias, ideias e não de pessoas. Utilizar algumas contribuições de determinados autores, então, obviamente não significa, de forma alguma, apoiar suas posições políticas.

A Teoria dos Jogos tem algumas fortes limitações do ponto de vista epistemológico, porquanto se refere às condições fortes que coloca nos modelos (jogos não continuados, racionalidade perfeita, ausência de comunicação entre os atores etc.) e que, portanto, os afastam da realidade, mas é muito útil para um manual em senso didático fazer entender ao leitor a lógica pura da ação estratégica e desenvolver uma forma de pensar lógica, linear, fria, realista, fazer pensar sobre o mecanismo de incentivos e os resultados concretos, deixando de lado danosos idealismos.

A abordagem epistemológica e metodológica seguida é composta pelas seguintes ferramentas:

- Reducionismo.
- Individualismo metodológico.
- Antipositivismo.
- Antitecnicismo.
- Abordagem descritiva.

Acredito e concordo com um **reducionismo** pleno, integral e radical. O papel da ciência é ir à essência das questões, à origem, ao osso, o que Watkins chama de "essencialismo metodológico". Precisa começar da base, dos fundamentos, da ontologia, precisa dar um nome às coisas e descrevê-las como são, sem enfeites e maquilagem para agradar o crítico de turno e Príncipe de mandato. Nas "ciências do homem que vive em sociedade" (Leoni), há princípios, premissas, meios, ferramentas, fórmulas e conclusões, prescrições. Pular uma etapa ou ser negligente é a receita para a superficialidade. Antes de se expandir, de ampliar, é preciso aprofundar. O reducionismo se desenvolve por meio da lógica e de um silogismo inverso.

O reducionismo leva à primeira unidade da sociedade, da política, ao indivíduo. O **individualismo metodológico** é a única e real unidade de análise; são os indivíduos, só eles têm interesses, vontades, e só eles agem. Entes coletivos, como estados, partidos, grupos, movimentos, sociedades, países, não agem, não têm interesses, não têm vontades. Levando isso às extremas consequências, os entes coletivos não existem mesmo. São sempre e só a aglomeração de indivíduos diferentes; quando os membros de um determinado grupo mudam, os interesses e as ações podem mudar.

O coletivismo metodológico não é uma opção, pois não é científico, não é real; é abstrato e irreal. Nesta corrente não se fala das unidades de análises; isso está fora de discussão e é assim que se subtrai à crítica. É usado de forma implícita, às vezes inconsciente e acrítica, pela maioria dos autores que nunca estudaram as duas metodologias e escolheram, mas simplesmente lhes foi ensinada só uma e a internalizaram de forma passiva, automática. Não há como fazer ciência política se não com o individualismo metodológico.

A abordagem aqui usada é fortemente antipositivista. O positivismo parte de alguns dados que toma de forma passiva, não os discute e parte de lá, sem analisá-los e colocá-los em discussão. Na ciência política, o positivismo contemporâneo, por exemplo, parte já do estado, sem analisar suas verdadeiras componentes, acaba sendo coletivista por preguiça, não vai nem antes nem além do estado, não tenta ver como era e como seria a sociedade sem estado, análise necessária para distinguir as contribuições do estado, as consequências da sua existência. Vários manuais, por exemplo, não estudam (ou o fazem de forma muito facciosa e superficial) o poder. O manual em que eu estudei quando era aluno falava assim: o poder é algo importante em política, mas não lhe é exclusivo, pois existe o poder econômico, cultural, intelectual etc., logo, vamos para a frente. Eis pulados o poder e o estado. Os alunos não notam o que é omitido.

Isso do ponto de vista metodológico, mas, do ponto de vista filosófico, o positivismo é talvez a mãe dos piores horrores da história da humanidade. O nacional-socialismo, o comunismo, o fascismo, os totalitarismos, a obediência cega dos S.S. e de todos os graus da sociedade, os *gulags,* os *laogais,* os campos de concentração, o legalismo são filhos do positivismo e levam à obediência, ao respeito, a uma idolatria vazia de qualquer conteúdo da legislação; a legislação deve ser idolatrada como tal, como ordem, comando. A distinção entre lei e legislação morre na Constituição, no Código. O direito natural é visto como não natural, é ridicularizado. A moral é substituída pela vontade do Príncipe. O homem apaga o julgamento, só obedece por força de inércia.

A única saída do positivismo é o **tecnicismo**, é seu natural desenvolvimento. O positivismo não pode ir atrás e começar dos fundamentos, não pode aprofundar até a essência, não pode fazer compreender; pode só fazer memorizar, logo se ampliam e aprofundam infinitos detalhes técnicos. Pula-se o poder, se pula o estado, seu surgimento foca-se muito sobre sistemas eleitorais, sobre presidencialismo, parlamentarismo. Tecnicismos para formar técnicos que não questionem, que não compreendam, mas que apliquem os comandos.

Outra questão muito importante é a clara e radical separação entre **análises descritivas e prescrições**. Todo o livro é muito direto, seco, decidido, explicativo, sem meias-palavras e sem palavras a mais, uma descrição firme, mas aberta: intelectualmente honesta. Em hora nenhuma a descrição se mistura com as prescrições; sempre se parte da descrição para só depois chegar às prescrições, todas então bem fundamentadas. Nunca se fala do que os atores políticos deveriam fazer, mas, sim, do que fazem, de quais as causas e as consequências. Não se fala do que o estado "deveria", mas do que faz. O "deveria" é sempre subjetivo e existiriam tantos "deveria" quantas mentes há no mundo. As prescrições e as conclusões são notas finais.

Não sei se a *wertfreiheit* (neutralidade axiológica) é possível e desejável; na dúvida, mais que alegar a minha neutralidade, exerço a transparência.

O livro é organizado em quatro partes. Na primeira, estabelece-se a abordagem metodológica; na segunda parte, entra-se nos temas originários, primordiais, ancestrais (poder, política, impostos, estado, obediência etc.); na terceira, analisam-se as questões relativas à democracia (forma de governo, partidos, sistema partidário, sistema eleitoral, paradoxos do voto, luta eleitoral etc.); na quarta e última parte, aprofundam-se os *outputs*, os resultados da máquina estatal (regulamentação, bens públicos, corrupção e análise das políticas públicas).

PRIMEIRA PARTE

AS ABORDAGENS METODOLÓGICAS

Capítulo 1

A ESCOLA ELITISTA

Volte com a mente para a Europa do **começo de 1900**. A ordem social da nobreza fundada sobre sangue e herança começa a esmigalhar-se, as monarquias, baseadas nos mesmos pilares, perdem poder, as famílias, com brasões e castelos, perdem dinheiro e importância para os novos homens de negócios das cidades. O comércio alcança novos patamares, surgem gradualmente a **sociedade de massa** e o **sufrágio universal** e, logo, os **partidos de massa**. O *Commonwealth* inglês está perdendo prestígio e força, um novo modelo de sociedade está em ascensão e mostra seu sucesso: a América sem nobreza, mas com *self-made men*; sem herança, mas com meritocracia; sem hierarquia, mas com dinamismo.

Os Estados Unidos instauram o primeiro sistema de **democracia representativa** do mundo. A Europa o importa gradualmente. Com o surgimento de um novo sistema político, espalha-se a ideia que a exploração e o absolutismo chegavam ao fim, criando-se uma visão positiva do pensamento democrático, pois é um regime no qual todos podem votar, e cada voto tem o mesmo valor, independentemente da classe social, do gênero, da religião. É uma nova época.

Se essa visão corre o risco de ser presa pela euforia, pelo idealismo e pela ingenuidade, a Escola Elitista lança um olhar cético e desconfiado. Para ela, "tudo muda para que nada mude" e, atrás da fachada democrática prevalecem os mesmos grupos e sempre as mesmas lógicas a decidir e a comandar. Nas monarquias são claramente as elites que comandam, nas democracias também, mas de forma menos explícita.

Nas monarquias a aristocracia e o clero constituíam a oligarquia política, mas não há grande transformação quando passam a ser o exército, os burgueses, os intelectuais, os ricos capitalistas, ou depois militantes, ativistas, agitadores, sindicalistas, operários etc. O que acontece é que alguns tomam o poder e subjugam outros. Mudam os atores, mas a lógica e a essência do poder permanecem as mesmas.

1.1 ELITISMO. O QUE É, O QUE NÃO É

O termo "elite" vem do latim *eligere*, que significa eleger, escolher. A elite é o grupo de pessoas eleito, são os escolhidos.

Nunca houve sociedade com igualdade perfeita. Todas as sociedades em todos os tempos tiveram e terão uma elite. Sempre existiram duas categorias de pessoas: aqueles que mandam e aqueles que obedecem e mantêm quem manda. Quem comanda é sempre uma minoria e quem obedece é sempre a maioria. A dominação começa quando alguém se impõe sobre a sociedade e se declara líder, presidente, e faz das pessoas seus súditos. A política é um fenômeno ***top-down*** (de cima para baixo) e não ***bottom-up*** (de baixo para cima).

Pense no seguinte exemplo: em um estádio com 40 mil torcedores e 200 policiais, em eventuais conflitos, geralmente os policiais ganham. Por quê? Como é possível? Ou seja, como eles conseguem manter a ordem? Isso ocorre porque os policiais são organizados, sabem controlar uma multidão, são treinados e equipados. Os torcedores, por sua vez, são divididos, não atacam e não se defendem como grupo. Cada um tenta sair da frente e não tem treinamento nem armas. É por isso que a minoria ganha da maioria. A mesma coisa acontece em política e em outros fenômenos macro: o rei e alguns soldados subjugam os súditos; a classe política domina a população.

O elitismo não defende que isso seja moral, conveniente nem que deveria ser assim, não prescreve que as elites deveriam comandar, apenas se limita a descrever que é assim que funciona. É por isso que se chama Escola Elitista: porque descreve o domínio das elites e não porque o prescreve.

Dessa maneira, o elitismo mostra que não é o povo que exerce o poder, mas as elites (até nas democracias), pelo simples fato que "o estado é dominação e todos não podem dominar" (Gumplowicz).

O termo "elites", nesse sentido, nada tem a ver com a forma como é geralmente usado no Brasil hoje. Não se refere aos ricos, não é uma questão econômica, social, cultural. É somente uma questão política, de força. É uma questão politológica e não sociológica. A elite pode ser composta por um grupo de revolucionários que tomam o poder, por pobres, por minorias sociais.

1.2 A LEI DE FERRO DA OLIGARQUIA

Mas como ascendem ao poder as minorias? Como conseguem dominar? Como é possível que a maioria não consiga se organizar e se opor? Com que métodos a minoria cria raízes e se perpetua no poder?

Nesse sentido, vem em ajuda o cientista político alemão Robert Michels, que, em 1911, fez um estudo sobre o partido social-democrata alemão e desenvolveu a famosa **lei de ferro da oligarquia**, sugerindo que:

1. Em todos os grupos, **tende-se a criar uma oligarquia** (uma minoria organizada), por necessidade de:

a. **burocratização** (especialmente em grandes grupos). Quanto mais o grupo cresce, mais precisa se formalizar, organizar-se em etapas e procedimentos estabelecidos;
b. **especialização**. Cada membro se especializa na função na qual tem vantagem comparativa e é mais eficiente. Alguém, por exemplo, vira tesoureiro, outro orador, outro ainda se ocupa da logística etc.

2. Mais que tentar alcançar os objetivos do grupo, **a oligarquia tende a se preservar no poder**. Uma vez eleita, a oligarquia interna do grupo tem dois objetivos: alcançar os fins originários do grupo, mas também permanecer no poder, na cúpula de comando. Isso não implica uma visão cínica dos membros do grupo. Para os agentes, permanecer nos lugares de comando e se reeleger é necessário e funcional, até para instalação e manutenção do projeto político original.
3. Dessa forma, de maneira gradual, **os objetivos originários do grupo ficam mais moderados**. No final dos anos 1980, na Itália, surgiram alguns partidos independentistas que depois se aliaram à *Lega Nord* (Liga Norte). O objetivo era a independência do norte do país. Roma (no centro) era vista como berço da politicagem, da corrupção, e era chamada de "Roma ladra". O partido alcançou popularidade, entrou no Parlamento e progressivamente aumentou o número de representantes (em Roma). O objetivo era a autonomia, depois virou a criação de três grandes macrorregiões, então a *devolution* (imitando a experiência escocesa) de algumas funções às regiões do norte, e hoje defende a italianidade contra a imigração e contra a União Europeia. A mesma parábola acontece com quase todos os partidos extremistas, radicais, extraparlamentares ou antiparlamentares quando chegam ao poder.

A lei de ferro da oligarquia foi inicialmente descrita no estudo sobre o partido social-democrata alemão, mas se aplica a qualquer associação, organização, partido, estado.

1.3 TIPOS DE ELITES

Depois deste excurso teórico e historiográfico, é útil distinguir entre algumas tipologias de elites com o objetivo de identificar características relevantes. Vamos diferenciar entre:

- **Fechadas**. São elites que tendem a não permitir o ingresso de *outsiders*. Podem ser elites militares, criminosas, mas também políticas, religiosas. São mais frequentes em sistemas autocráticos. Geralmente tendem a não durar muito, exatamente por não serem flexíveis e adaptáveis.
- **Abertas**. São elites que facilitam o ingresso de novos membros, de forma horizontal ou vertical. Podem ser elites esportivas, do cinema, da música, da economia etc. Podem ser típicas de sistemas democráticos e/ou liberais. Seus membros tendem a variar muito, mas ao mesmo tempo elas tendem a permanecer no tempo, pois são flexíveis.
- Elites **coercitivas** (ou artificiais). As da política, do exército, do crime, do terrorismo etc. São elites que se formam por meio da força, da violência, da coerção.
- Elites **voluntárias** (ou naturais). As elites da economia, dos esportes, do mundo das ideias, do cinema, da música etc. São elites que chegam ao topo por meio da livre concorrência usando só meios pacíficos.
- Elites ***de jure***. São elites investidas de um poder formal, por meio da legislação, de procedimentos estabelecidos e oficiais. Por exemplo, as elites políticas e militares.

- Elites ***de facto***. Essas exercem o poder simplesmente porque o têm de fato, não porque lhes é atribuído formal ou oficialmente. Podem até ser declaradas ilegais pelas elites formais. Por exemplo, a criminalidade organizada, a máfia, o narcotráfico, os grupos independentistas, terroristas, revolucionários, piratas etc.

Obviamente, como todas as tipologias, estas não são excludentes nem perfeitamente explicativas.

Além disso, há algumas tendências gerais e universais: 1) todas as elites tendem a se formalizar, a criar rituais de investidura, de passagem do poder, para se legitimar, para criar mais estabilidade e previsibilidade; 2) todas as elites, com o tempo, tendem a se fechar.

Como vimos, ainda que possa ser contraproducente, isso não ocorre de forma "consciente" por decisão das elites, mas porque, no interior de qualquer elite, há um incentivo para cada membro tentar se preservar e se perpetuar no poder.

Em nível individual e no curto prazo é racional.

1.4 ORGANIZAÇÃO E VELOCIDADE DE CIRCULAÇÃO

Existe uma divergência sobre quem é o pai do elitismo, se Gaetano Mosca e Vilfredo Pareto. Eles eram contemporâneos, escreveram quase ao mesmo tempo e ambos reivindicam a titularidade da teoria. Deixando de lado esse debate historiográfico, olhar as contribuições de cada um permite aprofundar vários aspectos interessantes.

O cientista político siciliano Mosca utilizava, mais que o termo "elite", "classe política", a fim de evitar o sentido positivo que a palavra "elite" pode suscitar em alguns. Ele mostra a diferença entre **classe dirigente** e **classe política**. Esta última é um subconjunto da primeira, que é formada também por empresários, intelectuais e militares (Figura 1.1).

FIGURA 1.1 CLASSE POLÍTICA E CLASSE DIRIGENTE

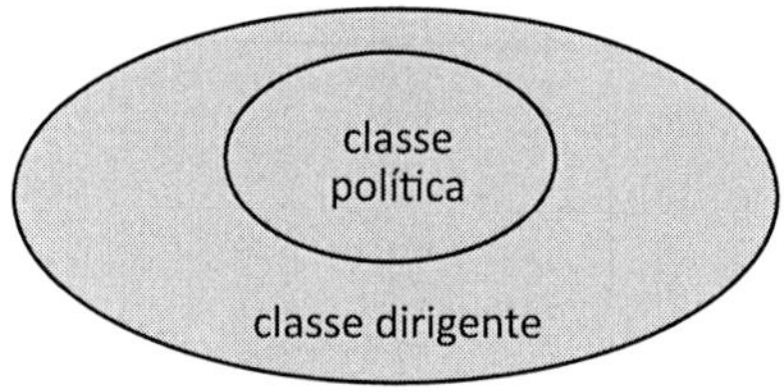

Segundo ele, a **elite é só uma**, é unitária e unida (este é um ponto de debate com Pareto). A **elite usa a organização**, a estrutura, o ambiente, para se enraizar no poder e se perpetuar no tempo. Ou seja, o tipo de sistema político não importa muito. É a elite que plasma o sistema segundo as próprias necessidades.

De um ponto de vista mais histórico, **a classe dominante surge**:

- **Da conquista estrangeira**. Na maioria dos países da América Latina, por exemplo, a classe dominante é herdeira direta das cortes espanhola e portuguesa. Na Ásia e na África ocorreu processo semelhante até as independências. Até dentro da Europa as classes dominantes se formaram por meio de conquistas territoriais de uma família nobre sobre as outras.
- **A partir de uma classe que é devota à guerra**, um grupo de pessoas que se uniram, lutaram, e foram conquistando vários territórios. Eles têm uma cultura de guerra e por isso conseguem dominar os demais, que são mais pacíficos. Exatamente os casos da África, da Ásia e da Europa depois da descolonização.

Durante as épocas agrícolas, os guerreiros ao mesmo tempo protegiam e saqueavam o povo.

A história da humanidade pode ser resumida como um conflito entre um grupo de pessoas que tenta monopolizar o poder e transferi-lo a parentes/amigos/partido e outro grupo que tenta derrubar a elite e tomar posse do poder. Tal processo não se restringe às épocas antigas, em que se impunha o direito dinástico, mas até hoje, quando um político tenta legar o poder para os membros do próprio partido. Esse conflito produz um infinito fermento e uma osmose entre a classe superior e algumas posições da inferior.

O outro grande autor desta escola de pensamento é Vilfredo Pareto (1848-1923). Pareto foi um economista e sociólogo de Turim, mais famoso pelas contribuições à ciência econômica, pelo "ótimo de Pareto" (também conhecido como "equilíbrio de Pareto" ou "eficiência paretiana"), que deu origem a toda a corrente da *Welfare Economics*. Ele se ocupou também de sociologia política e é bastante ensinado nos cursos de sociologia. Ao contrário de Mosca, Pareto usa o termo "elite" e o faz com sentido quase sempre negativo, exceto em algumas ocasiões. Segundo ele, existem **várias elites**, e não apenas uma. Há vários tipos de elite e várias elites do mesmo tipo que competem. Há, por exemplo, as elites políticas, econômicas, militares, intelectuais etc. Ao mesmo tempo, existem várias elites políticas que lutam pelo poder.

As elites se criam por meio da organização, e não o contrário (como alegado por Mosca). **É a estrutura que gera as elites**, um certo tipo de organização gera um certo tipo de elite. O tipo de estrutura, então, pode fazer muita diferença na configuração das elites.

Pareto mostra que essas várias elites mudam, são dinâmicas, e por isso ele cunha o famoso conceito de **velocidade de circulação** das e entre as elites. Há dois tipos de circulação:

a. **Circulação horizontal**: circulação entre as elites;
b. **Circulação vertical**: de pessoas do povo que sobem de nível e entram nas elites.

A velocidade de circulação varia nos diferentes sistemas e também de acordo com o tipo de elite. Provavelmente, em uma democracia, a circulação será mais rápida que em regimes totalitários; ao passo que, em sistemas liberais, será mais veloz que em sistemas estatistas. Já entre elites militares e políticas, a velocidade de circulação será menor que entre elites econômicas ou esportivas. A relevância dessa questão está no fato que, mesmo que a existência das elites seja inevitável, a velocidade de circulação pode fazer uma grande diferença. É nesse sentido, por exemplo, que Raymond Aron fala de "elite unificada", para se referir à classe dominante soviética, e de "elite dividida", para a ocidental.

Outras categorias teóricas permitem lançar uma luz até em questões políticas mais históricas. Segundo Pareto, existem dois tipos de relação:

- **Competição**, que é livre e benéfica. Vários empreendedores, consumidores e agentes sociais competem entre si;
- **Relação governamental**, ou seja, pilhagem coercitiva. Todas as relações entre o estado e os cidadãos são coercitivas. As empresas, por exemplo, tentam ganhar subsídios do governo, obter uma regulamentação em seu favor e contra os próprios concorrentes.

Não há muitas alternativas: ou as empresas competem, ou usam métodos coercitivos umas contra as outras.

A pilhagem é um jogo de soma negativa, pois subtrai das vítimas mais bem-estar do que transfere para os beneficiários. Existem três tipos de pilhagem:

- **Violência ilegal**. A violência do mais forte (por exemplo, crime) e a mais destrutiva do bem-estar;
- **Violência legal**. A violência da maioria (por exemplo, os impostos) e a menos destrutiva do bem-estar;

- **Caminho tortuoso**. A violência exercida por poucos, pela minoria. É a mais sutil, a que se nota menos, a que se esconde mais facilmente.

Para Pareto não há muito o que as massas possam fazer: "Não é a resistência das vítimas que para o saqueador, mas as perdas que ele inflige ao país e que também o prejudicam." É uma nota pessimista de grande importância, que lança uma luz sobre qual o limite da imposição fiscal e do poder político em geral.

Percebemos que Michels, que criou o conceito de "lei de ferro da oligarquia", concorda com Pareto sobre a ideia que seja a organização a formar as elites, mais que o contrário, pois Michels destaca a importância da burocratização e da especialização.

1.5 A ESCOLA ITALIANA DE FINANÇAS PÚBLICAS

Na mesma época, autores como Luigi Einaudi, Maffeo Pantaleoni, Amilcare Puviani, Francesco Ferrara, Enrico Barone, De Viti de Marco e outros desenvolvem outra importante e famosa escola de pensamento: a Escola Italiana de Finanças Públicas. Ela carrega abordagem similar à elitista e foca em questões econômicas, como impostos, gasto estatal, dívida pública, bens públicos etc. Pareto faz a ponte entre as duas vertentes. É essa a grande tradição que dá nascimento à *Public Choice* americana.

Esses autores mostram como as elites políticas, exercendo o poder de cima para baixo, determinam a carga tributária segundo os próprios interesses, decidem quem tributar, quais categorias e setores econômicos taxar, quais isentar, quais subsidiar e como gastar. O que consideram importante e o que for do interesse deles vai ser chamado de necessidade pública e vai ser financiado. Os cidadãos têm, assim, o incentivo para tentar entrar na elite política para financiar os bens e serviços do próprio interesse e passar o custo para outros tributados.

Einaudi distingue entre três tipos de impostos: os "impostos granizo" (imprevista destruição de riqueza), os "impostos comuns" (destruição de riqueza continuada e previsível) e os "impostos econômicos" (com a prestação de um serviço ou bem público em troca). Puviani vai ainda mais fundo e faz um grande estudo detalhado sobre as "ilusões fiscais": os governantes querem maximizar a arrecadação e tentam então fazer parecer a carga tributária mais leve do que é realmente, e o gasto público mais benéfico do que na realidade é. Isso acontece por meio de vários mecanismos, como a retenção na fonte, a cobrança de impostos nos bens de consumo, a inflação, a dívida pública etc. (veja o Capítulo 18 para a discussão completa). Por meio dessas ilusões fiscais, a oligarquia no poder minimiza a sonegação fiscal e as tentativas de derrubá-la do poder.

Os impostos retiram dinheiro da população e o distribuem para a classe dominante, que depois gastará como considera mais oportuno. Esse gasto pode gerar maior, menor ou igual prosperidade do que haveria caso permanecesse no bolso de seus legítimos proprietários: Einaudi e os outros autores mostram que teoricamente pode ser até igual, mas que o processo é sempre oneroso.

Para agradar parcelas da sociedade e para angariar apoiadores, a elite gasta o dinheiro público. À medida que uma sociedade fica mais próspera, terá mais recursos a serem taxados, e os contribuintes sofrerão menos e reclamarão menos ao ver um aumento de impostos gradual. Por esses e outros motivos, o gasto estatal tende a crescer sempre.

Tudo isso pode ser resumido nestes pontos:

1. Cada classe tende a considerar **as próprias necessidades como necessidades públicas**, jogando o custo para os outros.

2. Cada classe tenta **diminuir a própria carga tributária e aumentar a dos demais.**
3. Então o poder político gera uma **transferência de riqueza** das classes dominadas às dominantes.
4. **A estrutura fiscal de um país depende da classe dominante.**
5. **A gestão das finanças públicas tem caráter político**, e não econômico.
6. **É a classe dominante (e não o povo) que define os objetivos do estado**, e a coletividade fornece os recursos.
7. A elite tenta minimizar as reações econômicas (sonegação fiscal) e políticas (tentativas de ser tirada do poder) da coletividade evitando grandes injustiças, fortes ineficiências, desperdícios e aproveitando-se das ilusões fiscais (veja o Capítulo 18).
8. O equilíbrio financeiro tende ao **ponto ótimo para a classe dominante.**
9. **O gasto estatal tende sempre a aumentar.**
10. À medida que a renda se eleva, os aumentos de impostos serão menos sofridos e a classe política se aproveitará disso.
11. **Os cidadãos tendem a superestimar os benefícios do gasto estatal** (esta é uma das ilusões fiscais tratadas no Capítulo 18).

Em conclusão, a Escola Elitista não nasce do nada. É até complexo traçar linhas e influências diretas. Algumas das referências podem ser consideradas: Tacito, Machiavelli, Hobbes; a teoria liberal da luta de classe (de Calhoun, Blanqui, Bastiat) e a Escola Italiana de Finanças Públicas (de Pantaleoni, Einaudi, Puviani etc.).

O elitismo é uma vertente que ao longo do tempo foi perdendo apoio na comunidade científica, e hoje defendida por poucos. A sua companheira de viagem foi a Escola Italiana de

Finanças Públicas, criada mais ou menos na mesma época e que sofreu uma sorte similar. A Escola Elitista teve bastante sucesso nos EUA, mas amaciou-se e se moderou (na descrição e na prescrição). Nessa linha, nasceram o Elitismo Democrático e a Escola Pluralista, que consideram os sistemas democráticos de forma muito mais positiva. Com uma visão mais *mainstream*, mais maleável, essas correntes encontraram menos resistência exatamente entre as elites. A moderação dos fins descrita pela lei de ferro da oligarquia parece se realizar. Ao mesmo tempo, a Escola Elitista tem algumas semelhanças com a *Public Choice* e com o Realismo Político Europeu, mas é mais difícil apontar influências diretas.

Os elitistas não são necessariamente contra a democracia, mas criticam a ideia segundo a qual a democracia seria um sistema perfeito, o fim último da sociedade política. Em nome da ilusão da democracia podem ser cometidos erros e atrocidades. Eles nos lembram como funciona de fato a democracia atrás dos bastidores. Na verdade, até na democracia o poder está nas mãos da elite. A ideia que é o povo que manda é uma mera ilusão.

PERGUNTAS

- Explique o contexto histórico no qual surge a Escola Elitista.
- Explique a abordagem da Escola Elitista.
- Explique a lei de ferro da oligarquia e sua relevância.
- Explique o embate entre Mosca e Pareto.
- Quais os tipos de elites?
- Explique os vários pontos de vista sobre a organização.
- Que tipo de elite é a Al-Qaeda?
- Que tipo de elite são a FIFA e o COI?
- Que tipo de elite é Hollywood?
- Que tipo de elite é o PT?
- Que tipo de elite é o PSDB?
- Que tipo de elite é Wall Street?
- Reflita sobre as semelhanças e as diferenças entre elitismo e marxismo.
- Quais as contribuições da Escola Italiana de Finanças Públicas?

Capítulo 2

TEORIA DOS JOGOS

Quando os indivíduos interagem, podem dar origem a três tipos de situações: **conflito**, **cooperação** e **competição**. Quando dois ou mais indivíduos têm interesses iguais, similares, convergentes ou harmônicos, eles podem cooperar e se ajudar reciprocamente para cada um alcançar o próprio objetivo ou para alcançar objetivos comuns. Às vezes, para cooperar é preciso concordar ou apreciar o fim do outro e ajudá-lo na sua conquista. A essa cooperação se dá o nome de *teleológica* (baseada no fim). Outras vezes, a cooperação é mais indireta. Por exemplo, quando um consumidor compra determinado bem em uma loja, ele está ajudando o comerciante a ganhar dinheiro e a alcançar o próprio fim. Nesse caso, o consumidor não conhece e não está interessado no objetivo do comerciante. Essa relação é, portanto, *ateleológica*. Isso permite um número muito maior de relações interpessoais, pacíficas e cooperativas. Afinal, se os dois tivessem que se conhecer e concordar com os objetivos um do outro, seria mais difícil achar pessoas dispostas a estabelecer uma relação.

Nas economias modernas, o dinheiro cumpre esta função de estabelecer relações ateleológicas. Pense em uma economia baseada no escambo. Quando um agricultor de batatas ia ao mercado para comprar ovos, ele não podia simplesmente comerciar com todos os vendedores de ovos. Ele precisava encontrar alguém disposto a vender ovos e ao mesmo tempo adquirir batatas. Esse é o chamado **problema da dupla coincidência**. O dinheiro resolve esse complexo problema de forma muito eficiente. Agora o agricultor pode simplesmente vender as batatas por uma quantidade de dinheiro a qualquer pessoa interessada em batatas e depois usar esse dinheiro para comprar ovos de qualquer vendedor. Todos cooperaram e ajudaram o próximo a alcançar o próprio objetivo de maneira desinteressada e eficiente.

Quando dois ou mais indivíduos têm interesses diferentes ou opostos, pode haver conflito. Alguns podem querer impor a própria vontade aos outros e vencer o prêmio por meio da força, tomando tudo para si, de forma a ganhar o mais forte, ou podem entrar em competição, de forma a ganhar o melhor. Um poço de petróleo, por exemplo, pode ser adquirido por meio de uma guerra ou em uma competição entre empresas; um cliente pode ser seduzido por meio de promoções e propaganda entre empresas em concorrência, ou pode ser criado um monopólio por meio de lobismo e relações escusas entre governo e empresas para fazer protecionismo e para obter subsídios.

Esse tipo de situação e muitas outras são estudadas por uma abordagem bastante famosa, chamada **teoria dos jogos**. A teoria dos jogos estuda, por meio de modelos matemáticos, situações de cooperação e conflito entre indivíduos racionais, inteligentes e maximizadores. Tenta-se analisar como os sujeitos se comportam quando têm que interagir entre si sabendo que o outro também vai agir (as chamadas ações estratégicas). Observando como as pessoas se comportam, tenta-se, então, prever suas ações. Observa-se que às vezes as interações entre indivíduos dão origem a situações de cooperação (jogos de soma positiva), e outras vezes a situações de conflito (jogos de soma negativa).

Essa abordagem é aplicada à análise de fenômenos das mais diversas áreas: ciência política (eleitores, políticos, lobistas, guerras); relações internacionais; economia (cartéis, monopólios etc.); psicologia; lógica; computação; complexidade; biologia; etologia; negócios (comportamentos dos consumidores, das empresas) etc. Ela nasceu nos anos 1940, criada por John von Neumann e Oskar Morgenstern, apesar de haver alguns trabalhos que antecipam ambos, como os **estudos de Cournot e Bertrand** sobre duopólios.

2.1 DILEMA DO PRISIONEIRO

O dilema do prisioneiro é o jogo mais famoso dessa abordagem. Dois criminosos suspeitos são apreendidos e mantidos separados em duas salas diferentes sem poder se comunicar. O investigador tenta fazê-los confessar o crime e faz a ambos uma proposta: eles podem ficar em silêncio ou admitir o crime. Pela Figura 2.1 – que representa a matriz de *payoff* do jogo[1] –, se ambos ficarem em silêncio, ficarão os dois presos por um ano. Se um deles ficar em silêncio, mas o outro se responsabilizar pelo crime, ficarão presos respectivamente por 0 e 10 anos. Se ambos confessarem, ficarão ambos presos por cinco anos.

1 A matriz de *payoff* do jogo nos informa os resultados do jogo para cada jogador, dada a ação escolhida por ambos. Na Figura 2.1 temos uma matriz 2 × 2, em que um dos jogadores está representado pelas linhas dessa matriz e o outro pelas colunas. Um dos jogadores escolhe uma linha e o outro uma coluna, o que equivale a escolher entre confessar ou não o crime. Dentro de cada quadrado está o resultado para cada jogador, na forma (jogador das linhas, jogador das colunas). Por exemplo, se um dos jogadores escolhe a linha 2 e o outro, a coluna 1, o resultado é (–10, 0). O jogador que escolhe a linha fica preso por 10 anos; o que escolhe a coluna, por zero ano. Ou seja, o jogador das linhas escolheu ficar calado; o outro, não.

FIGURA 2.1 DILEMA DO PRISIONEIRO

Jogador B \ Jogador A	Confessa	Não Confessa
Confessa	(−5; −5)	(0; −10)
Não Confessa	(−10; 0)	(−1; −1)

A solução mais conveniente no agregado seria cooperar e permanecer em silêncio. O ponto é que, se um criminoso não coopera com a investigação, arrisca que o outro confesse o crime, de modo que ele ficará 10 anos preso e o outro sairá livre. Dessa forma, os sujeitos têm o incentivo a se responsabilizar pelo crime, que levaria a uma situação agregada péssima para os dois. A previsão é que os indivíduos não vão cooperar (o que é chamado de **defecção**), e acabarão em um equilíbrio subótimo (ambos confessam). A moral da história é que nem sempre o interesse individual levaria a um resultado coletivo ótimo e a um equilíbrio positivo.

É fundamental notar que a teoria dos jogos (na sua formulação mais usual)[2] e este jogo, de forma particular, têm algumas premissas fortes, algumas condições sem as quais o jogo não se sustenta. Elas são:

1. **Racionalidade**.

2 Há pesquisadores na área da Teoria dos Jogos Comportamental que trabalham para formular uma teoria que não atenda à premissa de racionalidade, por exemplo.

2. **Maximização.** É pressuposto que os jogadores queiram maximizar algo específico, neste caso, os anos de cadeia. Exclui-se a possibilidade, por exemplo, de alguém agir por princípios e não querer delatar o cúmplice/amigo ou não querer admitir o crime, por exemplo.
3. **Não informação.** Outra condição relevante é que os dois jogadores não se comuniquem. Se isso ocorresse, poderiam elaborar uma estratégia comum.
4. **Não reiteração.** O jogo ocorre em apenas uma rodada. Se essa premissa for violada, é possível que os agentes aprendam a lição e convirjam para uma estratégia comum.
5. **Simultaneidade das ações.** No dilema do prisioneiro, os jogadores agem ao mesmo tempo. Um jogo pode também ser sequencial, isto é, um jogador age antes do outro, o que implicaria uma análise diferente da apresentada.

O dilema do prisioneiro é aplicado a uma infinidade de casos políticos, sendo o mais importante, com certeza, a **guerra fria**. Inúmeros autores comparam o cenário atômico a esse jogo. O interesse dos dois jogadores (governo americano e governo soviético) é sobreviver e não receber um ataque nuclear. Logo, o equilíbrio ideal seria fazer um acordo de paz (cooperar). Mas cada jogador tem medo que o outro ataque, de forma que o incentivo seria atacar primeiro, mas isso obviamente levaria a uma escalada, a uma corrida armamentista, e eventualmente a uma guerra atômica. A previsão feita por este modelo, então, era que inevitavelmente os dois chegariam ao conflito. Até 1989 essa leitura foi muito popular, porém a história mostrou que a previsão estava errada. A razão disso é que a realidade é mais complexa do que o modelo. No mundo real havia outras variáveis, e outros pressupostos eram válidos: o jogo foi repetido por 40 anos e os dois *players* podiam se comunicar.

Durante a crise dos mísseis de Cuba (1962), chegou-se muito próximo do conflito real entre as duas superpotências. Depois desse evento, decidiu-se criar uma linha direta (o chamado telefone vermelho) entre os dois líderes supremos. A comunicação entre os jogadores quebra a questão da não informação.

2.2 *BLOTTO GAME*, JOGO DA GALINHA E CAÇA AO CERVO

Outro jogo que simula uma guerra é o ***blotto game***, no qual dois agentes entram em conflito em vários campos de batalha. Em cada batalha, ganha quem dispõe de mais tropas e recursos. Cada agente tem as seguintes informações:

- Em cada campo de batalha ganha quem mobilizar mais soldados.
- Os dois lados não sabem quantos soldados o adversário mobilizará para cada batalha.
- Vence aquele que ganhar mais batalhas.

O objetivo de cada agente é vencer o adversário (maximizar o número de batalhas ganhas), mas, dependendo do caso, o objetivo pode ser conseguir um empate.

Imagine, por exemplo, que tenha três campos de batalha e que cada jogador tenha seis recursos disponíveis. Cada um então pode posicionar as tropas (alocar os recursos) de três formas possíveis: (2, 2, 2), (1, 2, 3) e (1, 1, 4).[3] Isso gera as seguintes possibilidades:[4]

3 Ou seja, (2, 2, 2) representa duas tropas em cada batalha, e (1, 2, 3) representa uma tropa em uma batalha, duas em outra e três na restante. Note que não é permitido enviar 0 tropa para uma batalha.

4 As listas são comparadas elemento por elemento. Por exemplo, no primeiro caso comparamos 1 com 1, 1 com 2 e 4 com 3. Como temos um empate, uma derrota e uma vitória, o resultado final é empate. Perceba também que não foram listadas entre as possibilidades escolhas idênticas para ambos os jogadores, pois elas sempre terminam em empate.

- (1, 1, 4) contra (1, 2, 3) gera um empate
- (1, 2, 3) contra (2, 2, 2) gera um empate
- (2, 2, 2) vence (1, 1, 4)

Deriva-se que a escolha mais eficiente é (2, 2, 2), visto que empata com (2, 2, 2) e (1, 2, 3) e ganha de (1, 1, 4). Caso se altere o número de recursos disponíveis ou de batalhas, o problema fica mais complexo, podendo surgir múltiplas estratégias. O *blotto game* é um exemplo de **jogo de soma zero**, em que, para um agente se tornar o vencedor, é necessário que outro perca.

As implicações para a ciência política são na área de guerra, nas eleições e em leilões em que as empresas têm que apostar um valor para serem escolhidas. No caso das eleições a análise é a seguinte: para ganhar o voto de um votante, cada partido ou candidato precisa investir tempo, dinheiro e energia maiores que aqueles dos adversários. Este é também um dos motivos pelos quais o gasto com campanhas eleitorais tende a crescer gradual e inexoravelmente. É importante notar que não é preciso ganhar todas as batalhas (todos os votos), mas, sim, a maioria delas.

Esse discurso nos leva a outra consideração: talvez o que estivesse em jogo na guerra fria não fosse algum tempo de prisão, em analogia com o dilema do prisioneiro, mas a própria sobrevivência. Talvez nesse caso se aplique o **jogo da galinha**. Exemplos desse jogo são alguns desafios perigosos que adolescentes de diversos lugares do mundo fazem ou fizeram. Por exemplo, nos Estados Unidos, durante a década de 1950, era moda apostar em uma corrida de carro até um abismo, e perdia quem freava ou desviava antes. Em outro tipo de desafio, dois carros corriam na direção do outro. Perdia quem freava antes (Figura 2.2).

A ideia aqui é que, estando em risco a vida, os agentes tendem a cooperar entre si. O resultado mais desejado não seria vencer o jogo, mas sobreviver, e só então ganhar o jogo. Ou seja, os jogadores utilizam uma estratégia chamada ***minimaxi***, tentando minimizar a perda, a opção pior.

FIGURA 2.2 JOGO DA GALINHA

		Motorista A	
		Desvia	Não Desvia
Motorista B	Desvia	(Empata; Empata)	(Perde; Ganha)
	Não Desvia	(Ganha; Perde)	(Bate; Bate)

Esse jogo é uma simulação de situações nas quais até a cooperação unilateral é vantajosa (pois, em todo caso, sobrevive-se).Um exemplo, no caso da provisão de ***continuous goods***, é a preservação de mares, rios, lagos, florestas dos efeitos da poluição. Estes são bens para os quais a cooperação unilateral pode contribuir um mínimo e salvar algo (ou seja, mesmo que alguns agentes escolham não cooperar, aqueles que colaborarem e não poluírem estarão poupando parte desses bens). No caso de bens como portos, estradas, pontes, escolas, hospitais etc. parece se aplicar melhor o dilema do prisioneiro. A razão disso é que é necessária a cooperação de ambos os agentes, pois não faz sentido ter meia ponte, meia estrada ou meia escola. Por isso não são bens contínuos, mas ***lumpy goods*** (bens irregulares), pois precisam ser providos inteiramente, ou não se concretizarão.

A **caça ao cervo** é o jogo menos problemático e o que gera maior cooperação. A metáfora é a seguinte: dois agentes combinam que caçarão juntos no dia seguinte. Seguindo a Figura 2.3, nota-se que, sozinhos, cada um poderia caçar um animal de pequeno porte (ex., um coelho, cada), mas unidos podem caçar um de grande porte (ex., um cervo inteiro), e o cervo é maior que a soma dos dois coelhos. Eles combinam de se encontrar no dia seguinte em determinado horário. Se os dois aparecerem, vão caçar o cervo; se ninguém aparecer, cada um vai caçar o coelho; se um aparecer e o outro não, quem não apareceu vai caçar o coelho, e quem foi para a área do cervo com o equipamento específico não poderá caçar nada.

A possibilidade de caçar o cervo, então, é estritamente ligada aos dois aparecerem. Se um só aparecer, o esforço é em vão.

Qual a probabilidade de eles aparecerem de verdade (cooperação) ou de desistirem (defecção)? Visto que o cervo é maior do que a soma dos dois coelhos, a união é quase certa. Ou seja, todas as vezes que se coopera, gera-se um resultado individual maior do que aquele que se alcançaria sozinho.

FIGURA 2.3 CAÇA AO CERVO

Caçador B \ Caçador A	Coopera	Não Coopera
Coopera	(Cervo; Cervo)	(Nada; Coelho)
Não Coopera	(Coelho; Nada)	(Coelho; Coelho)

Exemplos dessa modalidade são o livre mercado e todos os seus fenômenos. Com a especialização, a divisão do trabalho e o comércio, todos nós produzimos o que sabemos fazer melhor e depois trocamos com outros. Dessa forma, todos os envolvidos ganham mais e obtêm mais bens e serviços do que conseguiriam produzindo tudo sozinhos. Moral da história: as relações sociais voluntárias ocorrem porque são convenientes para todos. O problema de incentivar as pessoas a interagir simplesmente não sobrevive à análise; as pessoas cooperam naturalmente.

2.3 DIVIDINDO O BOLO

Existem vários jogos sobre como acontece a distribuição de recursos e sobre quais os incentivos que os vários agentes recebem. Vamos analisar alguns. No **jogo do ditador**, um indivíduo (chamado ditador) decide unilateralmente como dividir uma certa quantia de recursos entre ele e um segundo jogador, que é completamente passivo e tem que aceitar qualquer decisão. A hipótese dos autores que inventaram esse jogo e dos críticos da natureza humana é que o ditador iria ficar com 100% dos recursos. Mas, nos vários experimentos conduzidos, esse resultado foi refutado. O ditador tende a dar alguma coisa ao segundo jogador. Isso pode acontecer por vários motivos: quer ser bem-visto, quer ter boas relações com seu próximo, quer se prevenir de uma eventual e futura relação contrária, tem alguma ligação pessoal com o outro jogador, entre outros. Os motivos variam. O ponto é que o ditador vai se beneficiar, mas também irá agradar alguns jogadores. O resultado é mais cooperativo do que era antecipado. Isso explica por que os autocratas, por exemplo, tentam gerar um bom desempenho da economia: em parte querem agradar o povo (veja o Capítulo 9), e é um dos motivos que explicam a caridade.

Considerando agora que o ditador possa ser trocado, por exemplo, por sucessão, com um golpe ou por meio de eleições, chegamos ao **jogo do pirata**. Nesse caso, cinco piratas (A, B, C, D, E) acham um tesouro e devem decidir como distribuí-lo. Eles têm a seguinte ordem de hierarquia: A > B > C > D > E. O chefe deve propor como distribuir e depois haverá uma votação, na qual, em caso de empate, o líder tem o voto de Minerva. Se a proposta for aceita, os bens são distribuídos conforme proposto pelo líder; em caso contrário, o proponente é jogado em alto-mar e o segundo em hierarquia assume a chefia e faz a próxima proposta.

Obviamente cada jogador quer maximizar antes de tudo a sobrevivência (evitando ser jogado ao mar) e depois sua fatia do tesouro.

Pode-se então pensar que A deveria dar muito aos outros jogadores para não ser jogado ao mar, mas não é assim. Para chegar ao resultado, analisamos da seguinte maneira:

- Se forem todos jogados ao mar, exceto D e E, D poderá ficar com 100 e oferecer 0 a E. O voto ficará empatado e, tendo ele o voto de Minerva, ganhará.
- Se sobrarem só C, D e E, e o pirata C sabe que D ofereceria 0 para E na próxima rodada, então pode oferecer 1 para E e assim ganhar seu voto. A distribuição será C 99; D 0; E 1.
- Se sobrarem B, C, D e E, o jogador B pode simplesmente oferecer 1 para D (que na próxima rodada ganharia zero). A distribuição seria B 99; C 0; D1; E 0 e, tendo B o voto de Minerva, ganharia.
- Neste ponto, A pode contar com o apoio de C e E e propor A 98; B 0; C 1; D 0; E 1; e, tendo A o voto de Minerva, ganharia.

Obviamente, se mudarem alguns detalhes (como o voto de desempate), o jogo pode mudar, mas, de forma geral, a moral da história é que, para ficar no comando, é preciso agradar alguém, mas pode ser com uma pequena recompensa e não é necessário de forma alguma agradar todo o mundo. Quando há mais jogadores, o chefe precisa agradar mais pessoas, mas, ao mesmo tempo, os apoiadores são intercambiáveis. Logo, é possível manter as recompensas baixas. Isso explica, por exemplo, o funcionamento dos sistemas despóticos, das autocracias e das ditaduras militares (veja o Capítulo 9).

Até agora não especificamos que tipo de recurso seria distribuído e deixamos implícito que seria o mesmo para todos os participantes, mas, de forma mais realista, geralmente os recursos são diversos e os agentes também têm preferências variadas. **O corte da torta** introduz esta questão. Trata-se de um jogo bastante complicado, mas basta entender aqui apenas os seus aspectos básicos. O corte da torta é a simulação de uma distribuição de um bem ou serviço heterogêneo entre atores com preferências heterogêneas, como, por exemplo, lotes de terra, espaços publicitários ou horários de propaganda na TV:

- Há uma torta com duas partes diferentes (chocolate e creme).
- Há duas pessoas X e Y (para as quais irão as fatias).
- X dá um valor de 9 ao chocolate e 1 ao creme.
- Y dá um valor de 6 ao chocolate e 4 ao creme.

O desafio aqui é distribuir o bem de forma justa, em que a justiça é definida de acordo com o **valor subjetivo** que cada jogador dá a cada parte da torta.

Para começar a análise, tenta-se aplicar o critério da **proporcionalidade**, tentando igualar as utilidades individuais da melhor maneira possível. Nesse caso, uma distribuição proporcional pode ser alcançada dando todo o creme e 4/9 do chocolate para Y (gerando uma utilidade subjetiva de 6,6) e o restante, 5/9 do chocolate, para X (gerando uma utilidade subjetiva de 5). Essa é a distribuição mais igualitária possível, mas evidentemente há alguns problemas:

- A divisão proporcional não é perfeita (6,66 contra 5).

- Na realidade não é possível conhecer como os vários agentes quantificam os valores subjetivos (e eles podem até mentir).
- Os agentes recebem valores similares de torta, mas Y recebe uma quantidade muito maior. Isso pode gerar inveja, até porque vale relembrar que os outros envolvidos não têm como saber o valor que Y atribui a essas grandes fatias.

Alternativamente, pode-se seguir o critério "**sem inveja**", fazendo de maneira que, depois da distribuição, nenhum jogador cobice o que outros receberam. Deve-se então proceder tentando diferentes distribuições, até encontrar um equilíbrio no qual nenhum agente queira trocar. Obviamente, isso é complicado. Ainda mais se considerarmos as seguintes questões:

- **Adjacência**. Quando as várias partes a serem distribuídas precisam também ser adjacentes, por exemplo, no caso de lotes de terra.
- **Diminuir o valor**. Quando, dividindo o recurso, perde-se valor. O jogo assume que, cortando o bem em várias partes, o valor total não se altera. Isso nem sempre é verdadeiro.
- **Eficiência**. Quando, além de critérios de justiça, é pretendido também respeitar um critério de eficiência.

Dessa forma, não há como chegar a modelos distributivos que respeitem todos esses critérios. Nos três jogos precedentes existe um planejador e distribuidor central, o que ocorre com frequência na política. Mas, às vezes, a distribuição é mais descentralizada. O **dilema do jantar** traz essa questão. Este jogo é de fácil compreensão, uma vez que todos nós temos várias experiências de situações semelhantes. Eis o dilema: um grupo de pessoas sai para jantar e decide dividir a conta em partes iguais. O que acontece é que a conta vai ficar cara, pois cada um tem o incentivo a pegar pratos mais caros (ou pedir outras coisas, como doces, bebidas etc.). Cada indivíduo sabe que o item escolhido vai encarecer a conta total, mas sabe também que o custo a mais vai ser distribuído entre os demais e individualmente não ficará tão oneroso. O problema é que todos os indivíduos têm esse incentivo e muitos vão se aproveitar. Logo, a conta total ficará bem mais cara para todos. Cada um acha que vai se beneficiar, mas na verdade todo mundo sai prejudicado. Foram feitos vários experimentos desse tipo e os resultados sempre confirmam essa intuição lógica. Alguns pesquisadores replicaram o mesmo experimento com três situações diferentes: a) cada um paga o que pediu; b) a conta é dividida em partes iguais; c) os organizadores do experimento pagam tudo. Obviamente, na situação a, a conta ficou mais barata, na situação b ficou mais cara e na c ficou ainda mais cara (a < b < c). De novo, temos outro jogo no qual o interesse individual gera um resultado coletivo subótimo. Há o incentivo ao sobreúso, ao consumo demasiado (veja a tragédia dos comuns no Capítulo 21). Os subsídios, a redistribuição coercitiva e o estado fornecem exatamente esse tipo de incentivo.

2.4 *TIT-FOR-TAT*

Para os agentes, é vital decidir como interagir. Pode-se, por exemplo, escolher cooperar sempre com os outros jogadores (ou escolher sempre a defecção). Esse tipo de escolha de interação é chamado de **metaestratégia**. Decidir uma estratégia que seja a mais apropriada, independentemente da decisão dos outros agentes, é chamada de **estratégia dominante**. Ainda, caso estejamos em um jogo sequencial, é possível decidir esperar para ver, adaptar-se, fazer ao outro o que ele faz a mim, e assim se chega ao ***tit-for-tat*** (isso por aquilo). Essa interação é feita da seguinte maneira:

- **Começar bem**. Começar cooperando, não ser o primeiro a não cooperar. Se depois os outros jogadores não correspondem bem à sua cooperação, é possível retaliar. Isso gera um ambiente, um clima positivo e profícuo, e leva a mais cooperação.
- **Retaliar**. Faça o que o outro fez: coopere se o outro cooperou, não coopere se ele não cooperou.
- **Perdoar**. Não ser rancoroso. As retaliações devem servir de lição e devem ensinar ao outro jogador que é mais conveniente para os dois cooperar. Depois de um tempo, então, perdoa-se e se coopera dando ao outro a possibilidade de cooperar também.
- **Manter simples**. Fazer ao outro o que ele fez a você. A estratégia deve ser jogada dessa forma até que todos cooperem.

Graças a essa estratégia, cria-se um ambiente positivo e são gerados incentivos à cooperação. Começa-se bem, ensina-se que cooperar é a opção que ajuda ambos e se perdoa dando a possibilidade de voltar atrás. Com essa estratégia, a cooperação deve ser alcançada facilmente.

Quando, em 2013, o ditador da Coreia do Norte, Kim Jong-un, fez algumas demonstrações de poder, deixando a entender que poderia atacar a Coreia do Sul, o presidente americano Barack Obama utilizou a estratégia *tit-for-tat*. Ele começou bem se mostrando disposto ao diálogo, sem o atacar, colocando sanções de imediato. Mostrou que, se o ditador tivesse continuado, aí teria recebido o mesmo tipo de resposta (retaliação). O início cooperativo com previsão de reciprocidade e ameaça de retaliação proporcional é que conseguiu evitar uma escalada do conflito.

Nos tratados nucleares, tradicionalmente é adotada a estratégia de "manter simples", ou fazer ao outro o que ele fizer a você: começa-se bem, dialogando e negociando. Mas, se uma parte se nuclearizar ou rejeitar a negociação, as outras tenderão a seguir esse caminho. No caso de uma nação declarar o desarmamento nuclear, as outras tenderão a cooperar. Geralmente, acordos são alcançados trocando concessão por concessão até que as posições convirjam.

2.5 CONTEXTOS FAVORÁVEIS

Estes que vimos são os principais jogos e podem se aplicar a uma miríade de situações. No entanto, é óbvio que alguns fatores podem influenciar o resultado para o bem ou para o mal, como o ambiente e as características pessoais dos jogadores. Nesse sentido é importante observar algumas condições que podem influenciar positivamente:

- **Intragrupo**. Quando os jogadores pertencem a um mesmo grupo (étnico, religioso, nacional, ideológico, familiar, partidário etc.) a cooperação é mais fácil e mais provável. Pois há a possibilidade de ter interesses em comum, sentem laços de fidelidade, respeito e solidariedade. Exemplos disso são: os países escandinavos, que, sendo comunidades muito homogêneas e relativamente pequenas, a cooperação e o respeito recíproco são maiores; a ajuda recíproca entre membros do mesmo partido e militantes do mesmo movimento; a solidariedade entre fiéis da mesma igreja etc. Nessas comunidades há sempre algum tipo de sanção social no caso de comportamentos não cooperativos, e elas têm muito peso. O outro lado da moeda é que a cooperação é mais difícil entre membros de grupos diferentes (partidos, igrejas, nações, ideologias, etnias etc.).
- **Confiança**. Quando há confiança entre os jogadores, a cooperação é mais fácil e provável. A confiança é maior quando os indivíduos são próximos e similares (familiar, étnica, religiosa, ideologicamente etc.), mas também pode

ser promovida por um sistema positivo de regras que premiem comportamentos cooperativos e sancionem comportamentos não cooperativos. Dessa maneira, estimula-se empatia, homogeneização e reciprocidade. Exemplos disso são os mesmos da cooperação intragrupo.

- **Repetição**. Quando o jogo é repetido, os sujeitos aprendem a jogar e percebem que a cooperação entrega a todos um resultado melhor e conhecem mais o outro jogador. O custo de não cooperar e depois reencontrar a pessoa é muito alto. É possível chegar até a acordos implícitos. Na mesma lógica, pode haver resultados menos positivos na última jogada, na última interação.
- **Comunicação**. Como vimos, geralmente a teoria dos jogos simula situações nas quais os dois agentes não podem se comunicar. Esses casos representam fielmente algumas situações reais, mas, na maioria das vezes, os agentes podem se comunicar. Desse modo, os dois tomam conhecimento do outro, de suas intenções e podem elaborar uma estratégia comum (implícita ou explicitamente). É evidente que isso favorece a cooperação.

2.6 A ÚLTIMA JOGADA

No Brasil, algumas estradas são concedidas à gestão privada (o que é erroneamente chamado de privatização) por um tempo determinado (geralmente, no máximo, por 30 anos). Os dados indicam que, quando há concessão, todos os indicadores melhoram (diminui o número de acidentes, de mortos e de feridos, há maior aporte de investimentos em pistas duplas, manutenção, entre outros). O problema é que, ao se aproximar o vencimento do contrato, as melhorias diminuem, visto que a empresa não sabe se permanecerá como gestora.

Da mesma maneira, quando o mandato de um governo está terminando, o incentivo é gastar mais e rapidamente. Isso acontece especialmente se o favorito para as próximas eleições for a oposição. Por exemplo, recentemente, na Argentina, depois de 12 anos de poder da família Kirchner, foi eleito um presidente da oposição. Antes que o novo mandato começasse, o governo tentou passar mais de 80 projetos que aumentariam a despesa do governo, entre os quais uma empresa estatal de *Yacimientos Carboníferos Fiscales*, com um custo de 518 milhões de dólares na área de Santa Cruz Sur, sob influência de Alicia Kirchner (cunhada da presidente).

No Brasil, para tentar evitar situações desse tipo, a Lei de Responsabilidade Fiscal (LRF) proíbe aprovar novos gastos nos últimos 180 dias de mandato (e isso vale para todos os níveis da federação). É uma boa medida, mas, como vimos, o que às vezes acontece é que simplesmente se antecipam as medidas de despesas.

No capítulo sobre *Public Choice*, veremos como isso acontece de forma institucionalizada e previsível por meio do *political business cycle*, como um governante que tem o incentivo a gastar mais ou cortar impostos para dar a impressão de uma melhora da situação econômica pouco antes das eleições.

PERGUNTAS

- O que são a cooperação teleológica e a ateleológica?
- Explique o que é a teoria dos jogos.
- Explique o dilema do prisioneiro.
- Explique a caça ao cervo.
- Explique o jogo da galinha.
- Explique o *tit-for-tat*.
- Qual o resultado esperado do dilema do prisioneiro? Por quê?
- No dilema do prisioneiro a mútua cooperação é um resultado provável? Por quê?
- Qual o resultado esperado do jogo da galinha? Por quê?
- Qual o resultado esperado da caça ao cervo? Por quê?
- Explique o *blotto game* e suas implicações.
- Como se aplica o *blotto game* às eleições?
- Na caça ao cervo, a mútua defecção é um resultado provável? Por quê?
- Em quais jogos os resultados agregados são positivos? E em quais são negativos?
- Explique o jogo do ditador e suas implicações. Dê exemplos concretos.
- Explique o jogo do pirata e suas implicações. Dê exemplos concretos.
- Explique o corte da torta e seus problemas. Dê exemplos concretos.
- Explique o dilema do jantar e suas implicações. Dê exemplos concretos.
- Explique os conceitos de cooperação e defecção.
- Explique *continuous goods* e *lumpy goods* e quais jogos se aplicam a cada um.
- Explique o que é um jogo de soma zero. Cite exemplos.
- O dilema do prisioneiro pode ser considerado um jogo de soma zero? Por quê?

- Explique a estratégia *minimaxi*.
- Explique o que é a estratégia dominante.
- Explique o que é a metaestratégia.
- Explique as premissas/condições da teoria dos jogos.
- Explique por que a cooperação intragrupo é mais provável, e dê exemplos.
- Explique por que, quando há confiança, a cooperação é mais provável, e dê exemplos.
- Explique por que a cooperação em jogos continuados é mais provável, e dê exemplos.
- Explique os problemas da última jogada.

Capítulo 3

PUBLIC CHOICE

Analisar "a política sem romance"[1] é o objetivo e, ao mesmo tempo, o melhor resumo desta Escola de Pensamento. A *Public Choice* parte de uma abordagem neutra, cética, fria, analítica, científica, realista. A Escola da *Public Choice* (ou Escolha Pública) é uma vertente, "um programa de pesquisa" (Buchanan) que analisa a política, com os métodos da ciência econômica e especificamente da Escola Neoclássica. Algumas pessoas podem ter a tendência a pensar que a política seja algo positivo, que está lá para suprir nossas vontades, para servir o bem comum, e que representa os interesses do povo por meio de um processo *bottom-up* por delegação, ou seja, uma visão idealista da política.

Alguns dos autores mais importantes são Gordon Tullock, Anthony Downs, Richard Wagner, James Buchanan, William Niskanen, Mancur Olson e Bryan Caplan. Nos anos 1960, Buchanan ganhou uma bolsa de estudos e foi estudar na Itália. Lá descobriu a Escola de Finanças Públicas Italiana (Einaudi, Pantaleoni, Puviani etc.), que aplicava um raciocínio similar ao da Escola Elitista às questões econômicas e de finanças públicas, produzindo um corpo bem detalhado e muito avançado para a época.

---

1 BUCHANAN, 2003.

As premissas básicas da Escola são:

- **Os agentes políticos são pessoas** como as outras, logo, são **interessados, racionais e maximizadores**. Isso não significa que sejam mal-intencionados, egoístas, corruptos etc. Significa somente que, mesmo que eles sejam bem-intencionados e benevolentes, tentar fazer o bem comum, salvar o planeta etc., é interesse individual deles e, ainda mais, para fazer isso querem e precisam tomar o poder político e mantê-lo ao longo do tempo. Logo, se reeleger vira um dos objetivos desses agentes. Nesse sentido, "O estado, de seu turno, é dirigido por seres humanos dotados de tais vontades, virtudes e defeitos, que são, fatalmente, levados para o palco e para o cenário público. Na maioria das vezes, quando surgem os defeitos, vêm disfarçados de boas intenções sob rótulos mais chamativos: vontade geral, interesse público, políticas públicas para atender necessidades coletivas, princípios de eficiência, de segurança, de economia etc." (Fernandes de Oliveira).
- **Individualismo metodológico**. Mais que a política de forma coletiva e abstrata, **analisa-se o comportamento concreto dos agentes políticos**. Estuda-se o mecanismo de incentivos que recebem, de forma descritiva, mais que os fins declarados. Se estuda o que realmente os atores políticos fazem (e não o que deveriam fazer) ou divulgam que querem fazer.
- **Não se vira um santo em política**. Se os indivíduos são autointeressados, racionais e maximizadores na esfera econômica, também assim serão na arena política. Se empreendedores, vendedores e consumidores visam o lucro, os políticos também visam o lucro (lucro econômico e renda política). Se um empresário tem essas características, agirá da mesma forma quando se candidata, quando

vota, quando responde a alguma regulação. Isso não significa que os políticos sejam mal-intencionados e piores que o resto da sociedade. São como os outros, nem melhores, nem piores, procuram o próprio benefício antes do benefício dos outros.

- **Falhas de estado.** Na ciência econômica fala-se muito das falhas de mercado. A *Public Choice* acredita que haja falhas de mercado, mas analisa também as falhas de estado. Nem sempre o governo consegue, e nunca de maneira estrita, alcançar o resultado desejado. A política tem falhas porque é feita por pessoas, e as pessoas são imperfeitas. Considere, por exemplo, uma falha de mercado como as externalidades negativas. Provavelmente, nesse caso, as pessoas pensam que o estado deveria intervir. Mas a *Public Choice* mostra que não é o estado em senso coletivo a intervir, mas algumas pessoas específicas em carne e osso, alguns ministros, um presidente, alguns legisladores etc. Agora, você pensa que essas pessoas deveriam intervir? Que saibam o que fazer? Que consigam aplicar o próprio projeto de forma eficiente? Dessa forma, geralmente, o número de pessoas que concorda com a intervenção diminui consideravelmente.

A *Public Choice* fornece uma estrutura sólida, boas lentes para interpretar o que acontece na política. Tentando analisar a política por dentro, passa-se dos conceitos coletivos e vagos como "estado" para categorias mais concretas e específicas, e analisa-se, então, o comportamento dos **políticos**, dos **lobistas**, dos **burocratas** e dos **votantes**. Essas quatro categorias de atores políticos se relacionam umas com as outras, de forma recíproca e circular, mas ao mesmo tempo alguns têm mais poder e outros menos, logo, estão organizados em uma estrutura hierárquica piramidal (Gráfico 3.1).

GRÁFICO 3.1 O CIRC-ÂNGULO DA *PUBLIC CHOICE*

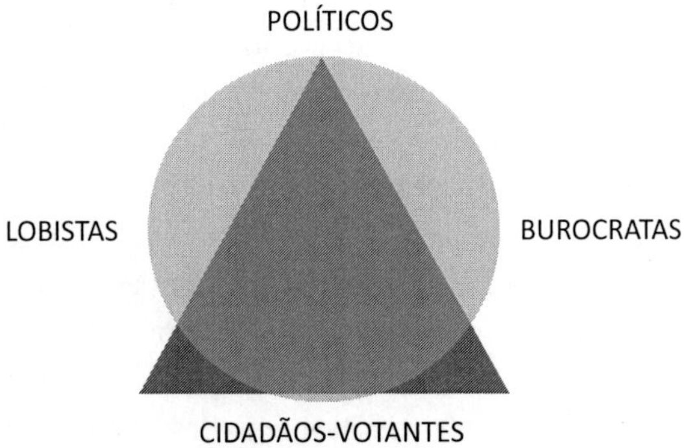

Por lobistas não se quer dizer só os lobistas como imaginados pela opinião pública, sujeitos obscuros, autointeressados, mal-intencionados, poderosos, membros de grandes multinacionais etc., mas, no sentido mais técnico e mais correto, qualquer indivíduo ou grupo organizado que tente fazer pressão sobre os políticos para obter algum fim desejado, algum favor, uma isenção, um subsídio, certa regulamentação contra os próprios concorrentes, a aplicação da própria agenda política, entre outros. Trata-se então de associações, movimentos, grupos, institutos, minorias organizadas, cada um com o próprio objetivo, seja positivo ou negativo, seja para fins pessoais ou para fins coletivos.

3.1 *POLITICAL-BUSINESS CYCLE*

Muito se fala de ciclos econômicos (de *boom and bust*). Uma ampla literatura científica demonstrou uma forte correlação desses ciclos com os ciclos eleitorais (geralmente a cada quatro ou cinco anos) e se descobriu que pouco antes das eleições costuma-se ter certo crescimento econômico, para haver uma crise depois das eleições. A análise da política começa de cima, de quem manda, dos políticos. O objetivo deles é chegar ao poder: em uma democracia, por meio de eleições. Todos eles precisam se eleger, cada um para o próprio fim, que seja lucro, fama, poder, aplicar a própria agenda, para fins pessoais ou para salvar a pátria e o mundo.

Antes de uma eleição, os líderes políticos têm o incentivo de criar um desenvolvimento artificial (uma bolha), utilizando as políticas públicas (geralmente, as fiscais e as monetárias) para ganhar as eleições.

Mesmo com boas intenções, atos como asfaltar uma rua, construir uma ponte, reformar um hospital, longe das eleições, podem ser esquecidos por parte da população. Há, então, um incentivo para fazê-lo perto da época dos pleitos eleitorais, para que tais atos sejam publicizados e aumentar as chances de reeleição.

Quando um político faz obras, há um certo crescimento capturado pelo PIB, mas não se trata de um crescimento real, pois é baseado em um gasto e em uma redistribuição que tem que ser financiada por um aumento da arrecadação. Ou seja, essas políticas têm bons efeitos no curto prazo (aumento da arrecadação, diminuição das taxas de juros, mais bens e serviços), mas efeitos ruins no longo prazo (aumento da inflação; baixas taxas de poupança; expansão do gasto estatal, do déficit e da dívida; desvio da economia etc.).

Depois das eleições, o efeito positivo passa, e os negativos se impõem. Agora, os políticos podem tender a reverter a situação para amenizar os impactos e para postergar o momento do estouro da bolha e diluí-lo no tempo, espalhando os custos sobre mais pessoas; por exemplo, aumentando os impostos, diminuindo a expansão monetária, permitindo que as taxas de juros aumentem, entre outras medidas. Por exemplo, se, depois das eleições, foi criada uma dívida ao fazer rodovias ou pontes, para tentar diminuir essa dívida, aumentam-se os impostos, freando assim a economia, gerando estagnação ou recessão. Próximo das eleições sucessivas, repete-se o mesmo mecanismo.

Dessa maneira, os ciclos de *boom and bust* da economia dependem, na realidade, da intervenção da política e não de crises intrínsecas e inevitáveis do capitalismo. Esse fenômeno é amplamente provado pela literatura: os ciclos econômicos têm uma alta correlação com os ciclos eleitorais.

Os políticos têm um incentivo a olhar a curto prazo (*short-termism*), baseando-se na duração do próprio mandato, visto que podem passar o problema ao sucessor e os custos aos tributados. Outra consequência é que ter eleições regularmente pode ser economicamente negativo, pois se cria esse ciclo e uma bolha cada vez maior.

3.2 BENEFÍCIOS CONCENTRADOS E CUSTOS DIFUSOS

Considere casos nos quais se esteja discutindo construir uma ponte, uma escola, um hospital, fazer um estádio, um festival em determinada cidade ou subsidiar um setor econômico específico. Vamos supor que o custo do programa seja de 200 milhões, pago com recursos federais. Esses programas vão beneficiar um grupo específico, hipoteticamente 20 mil pessoas. Dessa maneira, cada pessoa beneficiada recebe um valor de 10 mil reais; tratando-se de 200 milhões de recursos federais (para 200 milhões de contribuintes), custará só 1 real para cada um.

Resultado? Ninguém irá protestar contra o projeto por R$ 1, talvez nem fique sabendo. Ao contrário, os 20 mil beneficiados têm todo o incentivo a pressionar o estado para aprovar o projeto. Por um valor de 10 mil para cada pessoa que pressiona em favor do projeto, faz sentido criar uma associação, fazer greves, protestos, marchas e até ir a Brasília, conversar com deputados e se organizar. Esse é um projeto com **custos difusos e benefícios concentrados**.

Do ponto de vista do político, não há incentivo a não aprovar o projeto para poupar o dinheiro do pagador de impostos, pois tratando-se de R$ 1 ninguém irá deixar de votar em um candidato nem se lembrar de como o representante se posicionou. Ao contrário, se ele não aprovar, poderá perder o apoio daquele grupo interessado. Logo, os projetos tendem a ser aprovados.

Agora, os pagadores de impostos aprenderam a lição: protestar contra não adianta, mas se pode pressionar pedindo novos projetos com custos difusos e benefícios concentrados para si mesmos, outras escolas, estádios e outros subsídios.

Todo mundo tem o incentivo racional a fazer isso, assim, o gasto tende sempre a aumentar.

Visto que cada deputado federal é eleito no próprio estado, na própria região, quando se está discutindo como alocar recursos federais, ele irá sempre tentar gastar aqueles recursos no próprio estado para os próprios eleitores e não para o bem do país. Isso é ***Pork Barrel System***: projetos nacionais que beneficiam o eleitorado local e específico de cada representante.

A mesma dinâmica acontece com senadores, deputados estaduais e até vereadores. Cada um é eleito em determinado local e naquela localidade específica nem todos são eleitores dele, geralmente cada um tem seus nichos de eleitorado. É por isso que nos discursos cada político defende alguns grupos específicos: agronegócio, LGBT, evangélicos, quilombolas, militares, sindicalistas ou empresários.

3.3 O EMPREENDEDOR POLÍTICO

Nos últimos anos veio se desenvolvendo um novo conceito, uma nova área de estudo: o empreendedorismo político. Assim como se empreende na economia, empreende-se também na política. Um político, por exemplo, pode agir de forma empreendedora, ou seja, aproveitar-se das oportunidades para ter algum tipo de ganho. A recente criação dos partidos verdes e dos partidos piratas (especialmente no norte da Europa), por exemplo, pode ser lida por meio desse conceito. Trata-se de empreendimentos políticos. Alguns agentes podem ter notado certa demanda para um partido verde ou algo de novo de forma genérica, e criaram esses novos partidos.

A agir de forma empreendedora não é só o político, mas são os lobistas, burocratas e cidadãos, também. Quando uma empresa cresce e decide contratar um lobista na capital; quando esse lobista, por exemplo, vê uma regulamentação em um país estrangeiro que o beneficiaria e quer importá-la; quando um cidadão decide votar em determinado candidato para obter algum benefício, estão todos agindo de forma empreendedora.

Tudo isso acontece porque a política é dinâmica, e como nota Holcombe: "Os mercados políticos geram oportunidades de lucro político e criam instabilidade política e políticas ineficientes", criando políticas antieconômicas. O empreendedor político age da seguinte forma:

1. **Responde aos *inputs* dos lobistas.** Os lobistas buscam e pressionam os outros atores políticos para aprovar uma legislação de próprio interesse.
2. **Age ativamente** buscando o lucro político. Às vezes é o próprio empreendedor político que busca os lobistas para ser apoiado na campanha eleitoral (como candidato), para controlar o trabalho dos políticos (como cidadãos) etc.
3. Promove consenso, **fazendo publicidade** dele mesmo e das instituições, para facilitar o lucro pessoal. Discute-se muito sobre o gasto em publicidade de grandes empresas como Nike, Coca-Cola, Petrobras etc. Para que fazem propaganda se praticamente não têm concorrentes? O mesmo se pode dizer da propaganda política chamada "institucional" de instituições como o Senado, a Assembleia, a Polícia, as Prefeituras etc. Os órgãos políticos são todos monopolistas por definição,

não têm concorrentes, então para que fazem propaganda? O Gráfico 3.2 faz um interessante comparativo. Os objetivos nas mentes dos decisores são ininvestigáveis, mas as consequências concretas são: gasto de dinheiro, contratação/terceirização de empresas e trabalhadores e persuasão de parte da população da importância do próprio trabalho.

GRÁFICO 3.2 GASTO COM PUBLICIDADE DO GOVERNO FEDERAL EM 2013 (EM BILHÕES DE REAIS)

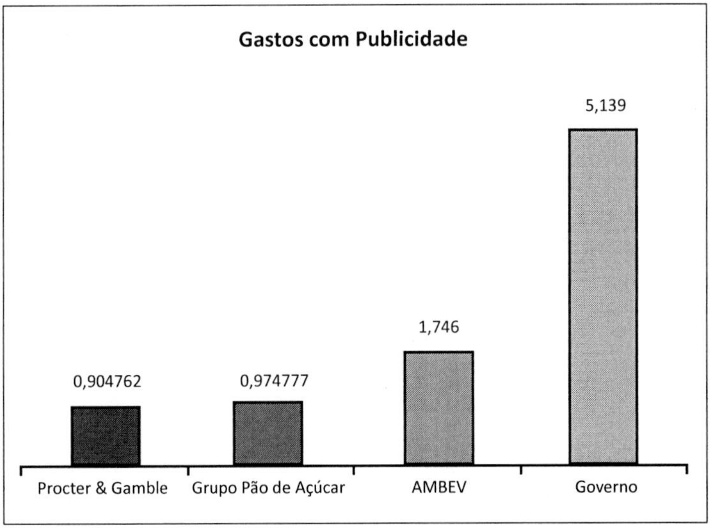

Fonte: Elaboração do autor.

Outros tipos de consequências do empreendedorismo político podem ser notados por meio das diferenças com o privado:

4. **Só transfere bem-estar, não cria**. Quando o estado, os atores políticos, transferem riqueza de uma parcela da sociedade para outra, isso não gera mais riqueza. Trata-

se de dividir as fatias de um bolo; aumentar o tamanho do bolo ou produzir mais bolos é outro processo.

5. **Jogo de soma negativa**. O empreendedorismo político destrói riqueza, pois transfere dinheiro de alguém para outro alguém, e esse processo tem um custo, um filtro burocrático. Por outro lado, sacrifica um uso mais eficiente desses recursos. Por isso, "a essência do empreendedorismo político é destruir bem-estar por meio de um comportamento de soma negativa" (T. Di Lorenzo).
6. **Ausência de limite**. Enquanto "os erros do privado têm um limite no lucro negativo, tal limite é muito mais ambíguo para o empreendedorismo público, que pode contar com a tolerância dos contribuintes e com o fato que raramente há eleições completamente focadas em atos específicos do administrador público" (T. Di Lorenzo).

Na África do Sul cunhou-se até um nome específico para alguns tipos de empreendedores políticos: ***tenderpreneur***. São os empreendedores que ficam ricos por meio do estado, por meio de leilões e contratos estatais, graças às suas conexões. Isso introduz perfeitamente o conceito de *rentseeking*.

3.4 *RENTSEEKING* E RENDA POLÍTICA

O *rentseeking* é literalmente uma busca de renda, uma busca de renda pessoal sem produzir algo e sem adicionar um valor agregado, simplesmente subtraindo parte do valor de uma atividade já existente. **É um jogo de soma nula ou negativa**. É diferente do lucro normal, que, produzindo algo e beneficiando outras pessoas, é um jogo de soma positiva.

Exemplos típicos de *rentseeking* são os subsídios: dinheiro transferido por políticos e burocratas de um cidadão para outro.

A legislação que implica uma transferência de recursos são exemplos de *rentseeking*.

Por que o *rentseeking* pode ser um jogo de soma negativa? Considere o seguinte exemplo: um governo quer conceder subsídios de um valor total de R$ 1 milhão por meio de um programa de desenvolvimento, a fundo perdido. Várias empresas do país todo vão concorrer para ganhar o prêmio. Desviarão empregados de suas funções na tarefa de fazer a *application*, investirão tempo para se adequar aos requisitos, abrirão escritório de monitoramento e lobismo na capital, entre outras medidas. Vamos supor que participem 3 mil empresas e que gastem tempo, energia, dinheiro, recursos por um valor de R$ 100.000,00 cada. No total terão gasto R$ 1,5 milhão; só uma ganhará o prêmio, todas as outras terão uma perda líquida e a sociedade como um todo também. É um jogo de soma negativa.

Além disso, quem ganha não é necessariamente a empresa mais capacitada a produzir o serviço ou a mais necessitada, mas aquela que fez o lobismo mais eficiente. Logo, há um desvio geral da economia e uma seleção adversa.

O *esquema* da política incentiva comportamentos *rentseeking* e busca de renda política, pois, se não sou eu a fazê-lo, serão outros.

3.5 OS VOTANTES[2]

A cada quatro, cinco anos, os cidadãos podem votar (nas democracias). Algumas pessoas escolhem votar; outras, abster-se. Cada votante tem suas próprias ideias, ideologia, preferências, interesses e necessidades. Os votantes também são autointeressados e têm assimetria informativa. Alguns votam para interesses pessoais, econômicos, profissionais; outros, em nome de altos va-

2 Veja no Capítulo 16 (Seção 16.3) por que é correto falar de votante, e não de eleitor.

lores, ideais coletivos, mas ambos os tipos fazem assim porque é seu interesse, sua preferência. O interesse não é tal só quando é pessoal, mas até quando se refere ao desejo de fazer algo para outras pessoas. Além disso, os votantes têm assimetria informativa, ou seja, sabem menos do que sabem os políticos, os burocratas e os lobistas (nos degraus mais altos da pirâmide) sobre o jogo da política, os acordos, as intenções, as forças em jogo, o funcionamento da política. Os votantes têm também **assimetria informativa** entre eles: alguns sabem mais de política, outros menos (isso não tem nada a ver com o nível escolar da pessoa, pois um engenheiro ou um professor de letras pode entender muito menos a lógica da política do que um analfabeto). Há basicamente três aspectos importantes a serem relevados:

1. **Os votantes são míopes e se esquecem do passado**. A maioria dos votantes esquece o que os políticos fizeram nos anos precedentes e não tem os instrumentos analíticos para entender os resultados de longo prazo das propostas de campanha eleitoral. Churchill, por exemplo, depois de ter derrotado Hitler e ter vencido a Segunda Guerra Mundial, perdeu clamorosamente as eleições.
2. **Ignorância racional**. A média e a maioria dos votantes são ignorantes em matéria política. Poucos sabem sequer os nomes dos ministros, as últimas legislações aprovadas etc. Não é culpa de ninguém, é uma questão racional e óbvia. Adquirir informações tem um custo. As pessoas são ignorantes em política, e isso é normal e racional. Acontece porque o custo de se informar é muito alto, visto que implica acompanhar todos os eventos políticos (domésticos e internacionais), ler jornais, assistir a noticiários, ler as propostas, aprofundar-se em revistas especializadas, conhecer outros pontos de vista, estudar ciência política, economia, história, sociologia, direito,

acompanhar os resultados profissionais dos políticos e muitos outros apectos da política. E ainda mais: mesmo se alguém fizer tudo isso, a maioria da população não vai fazer a mesma coisa por falta de interesse, de tempo e de capacidade de entender. Logo, o benefício que se tem em estar informado e "votar bem" é ínfimo e pequeno comparado aos altíssimos custos. Assim, ser e ficar ignorante é racional. Então, a maioria das pessoas tem pouco conhecimento político, porque não é viável adquirir conhecimento sobre todas as opções, sobre todos os candidatos.

3. **Não votar é racional.** Em 1951, Anthony Downs demonstrou matematicamente em um trabalho seminal que, saindo para ir votar, há mais probabilidades de morrer em um acidente de carro que de mudar o resultado de uma eleição. Isso porque o número de pessoas que vota é enorme e cada voto tem um peso ínfimo. Para o seu voto poder afetar o resultado, deveria ter um empate perfeito, exceto seu voto. Apenas nesse caso um voto faria a diferença. Obviamente, isso é altamente improvável. Quanto maior é o número de pessoas que votam, mais se torna improvável. Quanto menor o peso de cada voto, menor é a chance de um voto mudar o resultado. As probabilidades de um acidente de carro no meio do caminho são maiores. Se você adiciona que no tempo de ir votar e no tempo de se informar para decidir o que votar bem você poderia fazer outra coisa, fica evidente que não ir votar é racional.

Para concluir, Churchill falou: "O melhor argumento contra a democracia é uma conversa de cinco minutos com o votante médio". Bryan Caplan reflete sobre o porquê de as democracias gerarem *bad policies*, mas se responde que, "depois de estudar a opinião pública, você se pergunta como é possível que as democracias não gerem políticas ainda piores".

PERGUNTAS

- Explique a abordagem da *Public Choice.*
- Explique as falhas de governo e as relacione com as falhas de mercado.
- Desenhe o *circ-ângulo* da *Public Choice.*
- Qual a dinâmica político-votante?
- Qual a dinâmica político-burocrata?
- Qual a dinâmica votante-lobista?
- Qual a dinâmica lobista-político?
- Quem é empreendedor-político? O que faz? Explique.
- Explique o *Pork Barrel System.*
- Explique o *rentseeking* e dê alguns exemplos.
- Explique o *political business cycle.*
- Por que às vezes os custos finais são maiores que os prefixados?
- Por que as eleições geram mais gastos?
- O que falaria a *Public Choice* sobre a independência do Banco Central?
- O que falaria a *Public Choice* sobre a função do estado de cumprir o bem comum?
- Por que se dão subsídios segundo a *Public Choice*?

Capítulo 4

ESCOLA AUSTRÍACA

A Escola Austríaca é mais conhecida pelos seus estudos sobre a economia e especialmente pela contribuição de Friedrich Hayek, o autor mais famoso e ganhador do chamado prêmio Nobel de economia em 1974 (junto com G. Mirdal), e portanto se fala geralmente de Escola Austríaca de Economia. É importante ressaltar que para os austríacos não há diferença entre o estudo da economia e o da sociedade, de maneira geral, ou da política. A economia não se refere só às questões monetárias da vida, é a economização dos meios (recursos, dinheiro, tempo, energia). Todos nós economizamos o tempo inteiro em todas as esferas da vida pessoal, em política também. Economizamos até quando isolados do resto do mundo. O exemplo de *Robinson Crusoé* é recorrente para explicar esse conceito: *Crusoé* economiza energia, recursos e tempo. Quando encontra Sexta-Feira, interagem, nasce a sociedade e ambos continuam a economizar. Os estudos sociais são um ramo dos estudos econômicos. Surgida agora a sociedade, os indivíduos podem se relacionar de forma pacífica, voluntária e *win-win* ou de forma coercitiva, em um jogo de soma zero. Nesse segundo caso, nasce a política. A política é um subconjunto da sociedade. Ainda se aplicam aos estudos políticos as ferramentas da sociedade e da economia, adicionando agora as ferramentas próprias dessa área: a coerção e suas várias formas.

Essa tradição de pensamento nasceu com Carl Menger no fim de 1800, em Viena. Outros autores reconhecidos são Ludwig

Mises, Eugen Böhm-Bawerk, Friederic Hayek, Israel Kirzner, Bruno Leoni, Murray Rothbard, Ludwig Lachmann, Hans-Hermann Hoppe, Walter Block, David Gordon, Peter Boettke, Steve Horwitz e muitos outros talvez menos famosos, mas não menos importantes.

Essa escola de pensamento foca muito nas questões epistemológicas e metodológicas. Vamos discutir sua abordagem.

4.1 OS AGENTES POLÍTICOS

4.1.1 Individualismo, subjetivismo e racionalidade

A única e real unidade de análise são os indivíduos, só eles têm interesses e vontades e só eles agem. Entes coletivos, como estados, partidos, grupos, movimentos, sociedades, países, não agem, não têm interesses, não têm vontades. Levando essa ideia às extremas consequências, os entes coletivos não existem mesmo. São sempre e só a aglomeração de indivíduos diferentes. Quando os membros de um determinado grupo alteram-se, os interesses e as ações podem mudar. Isso é o **individualismo metodológico**. Usar termos coletivos pode ajudar e acelerar o discurso, mas também carrega possíveis falácias. Não se pode, portanto, afirmar que "a sociedade fez isso ou aquilo", que "a estratégia do partido é x", que "o objetivo do estado é o bem comum ou o mal comum", que "a intenção da lei é x", o "interesse nacional" etc. Todas estas são expressões figurativas, metáforas, figuras de linguagem, úteis para tornar mais rápida a conversa, mas erradas do ponto de vista descritivo-científico. É claro que as pessoas se unem em grupos com objetivos comuns (partidos, movimentos etc.). Nesses casos, eles têm, sim, um ou mais objetivos em comum, mas também objetivos diversos. Todos os membros de um partido, por exemplo, querem obter um bom resultado eleitoral, alguém para virar presidente, alguém para virar ministro, alguém para ganhar poder, outros por dinheiro, alguns gostam da notoriedade, alguns para sinceramente fazer "o bem comum" e outros para controlar e oprimir os demais. Quando as pessoas se unem em grupos, são elas a atribuir objetivos ao grupo, e não o oposto. Senão, cai-se no que Mises chamava "fábula da comunhão mística", deslocando a vontade e o interesse dos indivíduos para entes coletivos abstratos.

Desde a Revolução Marginalista de Jevons, Menger e Walras, de 1871, há um consenso quase unânime que o valor é subjetivo (só os marxistas ignoram essa descoberta). O valor dos bens, das coisas, dos serviços não é uma característica objetiva intrínseca ao objeto. É o indivíduo que atribui certo valor às coisas. Obviamente, isso muda de pessoa para pessoa. Em política, o valor que se atribui ao voto, às abstenções, à participação política de forma geral, ao lobismo, às doações e ao financiamento aos partidos, à candidatura, à manutenção do poder, à provisão de bens e serviços é sempre e totalmente subjetivo. Comparações interpessoais entre diferentes valores de diferentes pessoas são cientificamente impossíveis e politicamente perigosas. Nessa ótica, os austríacos usam uma abordagem fortemente **subjetivista**. Por exemplo, no grande debate sobre a racionalidade existem três posições: i) o homem é irracional; ii) racionalidade perfeita; iii) racionalidade limitada. A Escola Austríaca se baseia na ideia de **racionalidade imperfeita, racionalidade do meio**. Falar que determinado fim seja racional ou irracional (ex., votar ou se abster) é cientificamente impossível. As pessoas escolhem os próprios fins pelos motivos mais diferentes, o valor é subjetivo, de *gustibus non disputandum est*. Pode-se discordar dos fins de algumas pessoas, mas é uma questão pessoal e não tem nenhum estatuto científico. Pode-se argumentar cientificamente sobre os meios, as ferramentas usadas para tentar alcançar cada um dos próprios fins. A Escola Austríaca se baseia na perspectiva intermédia da racionalidade do meio.

Seguindo esse raciocínio, o paternalismo, baseado na ideia (às vezes implícita) que o estado tem que cuidar das pessoas, é rejeitado por completo, por ser nada mais que uma falácia lógica. Pois, se as pessoas são irracionais e precisam de cuidados, serão outros seres humanos a decidir para elas!

Dessa forma, para estudar a sociedade, tem-se que estudar a **ação humana** dos indivíduos e a interação de milhões de indivíduos diferentes que agem sempre em um ambiente com outras pessoas. A ciência da ação humana é chamada por Mises de praxeologia, a ciência que envolve economia, política, sociologia, antropologia e todas as ciências sociais e humanas.

Como se pode observar, essa abordagem subjetiva e de racionalidade imperfeita é muito mais profunda, sofisticada, realista e elegante que os modelos simplórios da *Rational Choice*, que permanecem como ferramentas didáticas úteis para observadores iniciais, mas que recebem aqui uma profundidade maior.

4.2 CÁLCULO ECONÔMICO E CONHECIMENTO

Nas décadas de 1920-1930 houve um grande debate sobre **cálculo econômico** ou o **problema do cálculo econômico nas economias planejadas**. Foi um debate entre vários grandes economistas, fossem socialistas ou liberais. A questão era: como poderia um sistema socialista fazer o cálculo econômico do que, quanto, quando e a qual custo produzir? Nos sistemas capitalistas, essa não é geralmente uma função do estado, e a decisão é deixada aos agentes econômicos. É uma decisão difusa e descentralizada. Mas, dado que um sistema socialista não deveria ter propriedade privada, moeda, preços, bens de capital, meios de produção, como é possível conceber tais cálculos econômicos? Segundo Mises e Hayek, isso era simplesmente impossível, pois só o mecanismo de preços pode fazê-lo. Os agentes econômicos não precisam conhecer as grandes leis da economia, as questões macro, eles só precisam olhar os preços; quando aumentam, irão produzir mais; quando diminuem, irão produzir menos. Dessa maneira a produção e a demanda se coordenam de forma harmoniosa.

Segundo Lange e Lerner, ao contrário, o estado pode criar um *Comitê Central de Planejamento*, estabelecer os preços por meio de tentativas e erros e instruir os gerentes das empresas estatais sobre o preço a cobrar. Alcançarão, assim, a eficiência paretiana. Outros autores socialistas acreditavam que até esses preços políticos e a moeda deviam desaparecer.

Os austríacos ganharam o debate. Mises previu já em 1920 que um sistema econômico sem preços reais (como a URSS) colapsaria.

Hayek, discípulo de Mises, concorda com essa linha, mas faz algumas importantes contribuições, mostrando que a impossibilidade do cálculo econômico acontece porque o conhecimento dos agentes sociais é limitado. Este é o **problema do conhecimento**: as informações e o conhecimento **são limitados, imperfeitos, dispersos e difusos** na sociedade. Não são centralizados nem centralizáveis. Já vários autores, como Cantillon, Turgot, Smith e Mises, tinham focado nesse mesmo ponto, mas Hayek adiciona **que há diferentes** tipos de conhecimento:

- **Prático e implícito**. É o conhecimento do empreendedor, do agente econômico, do ator social, de todos nós que agimos no mercado e na sociedade. O empreendedor não entende necessariamente as grandes questões de economia política, de política econômica, a macroeconomia, a econometria, entre outros fatores. Ele não tem um conhecimento das teorias sobre as crises, sobre os ciclos econômicos, mas entende como sobreviver nesses períodos. Ele não sabe quais as posições das várias escolas de pensamento sobre lucro, arbitragem, especulação, inovação, mas faz tudo isso quase de maneira automática. Aprende por tentativas e erros, em um processo de constantes descobertas, emula os casos de sucesso e aprende com os fracassos. Tem intuições e arrisca. Ele não sabe o que sabe e o que desconhece, não lhe foi ensinado e não sabe expressar.

- **Teórico e explícito**. É o conhecimento típico do cientista, do intelectual. Ele conhece as teorias sobre crise, ciclos econômicos, ele entende de economia, de política econômica, mas não sabe necessariamente gerenciar um negócio, não sabe como lucrar de fato nessas situações. Ele sabe o que sabe e o que não sabe, sabe expressá-lo e ensiná-lo.

Resumindo: 1) há vários tipos de conhecimento, 2) eles são dispersos na sociedade e 3) essa dispersão ocorre de forma desigual (outras escolas falam de assimetria informativa).

Quando as pessoas tomam decisões sociais e econômicas para si, esse processo será imperfeito, sujeito a erros, envolverá riscos e haverá consequências não intencionais. Se alguém tentar tomar decisões por outros indivíduos, tudo se complica, pois se multiplicam as variáveis, as pessoas envolvidas, as necessidades, as preferências. Não há como alguém tomar decisões eficientes para milhões de indivíduos com interesses diferentes. Quanto mais complexo for o sistema, mais ineficiente será a tentativa de centralização e mais rígidas e burocráticas serão as regras. Mais complexo é o sistema, mais ineficiente é a tentativa de centralização, piores ainda serão regras rígidas e burocráticas. Tudo fica ainda mais ineficiente se o sistema de incentivos do líder não estiver alinhado com os interesses dos sujeitos dessas decisões. Fica claro, então, como esse conhecimento não se pode concentrar em uma pessoa só. E essa não é uma questão prática e tecnológica que possa ser resolvida um dia com o auxílio de alguma máquina. É uma questão teórica e epistemológica, impossível de ser mudada em sua natureza.

4.3 COSMOS E TÁXIS

Partindo dos indivíduos, passa-se a estudar a interação entre dois ou mais indivíduos: Robinson Crusoé encontra Sexta-Feira. Os seres humanos são seres naturalmente sociais, criam grupos, amizades, afetos, casais, famílias, associações, empresas, instituições. Língua, moda, moeda, gastronomia são fenômenos coletivos não planejados, são **espontâneos**, ***bottom-up*** e ***voluntários***. Nas palavras de Ferguson, são fruto da ação humana, mas não de um desenho intencional deliberado e planejado, são fenômenos "emergentes", "compositivos" (Hayek). O estado e a legislação são fenômenos **planejados**, ***top-down*** e coercitivos. Na terminologia de Hayek, trata-se de Cosmos (ordem espontânea como a que governa o Universo, o Cosmo) e **Táxis** (ordem construída).

Quando as pessoas se juntam e cooperam voluntariamente para associações, esporte, festas, empresas, família, amizade, mercado, temos fenômenos **coletivos**. Quando elas são obrigadas a se juntar, como nos casos da conscrição obrigatória, voto obrigatório, prisões, política, temos fenômenos **coletivizados**, ou seja, tornados coletivos coercitivamente, de cima para baixo. Nem todos os fenômenos coletivos são coletivizados, nem todas as interações sociais são coercitivas. Mises até considera que interações obrigatórias que os interessados ou um dos interessados não queiram ter não constituem uma sociedade. Não há sociedade em um grupo de pessoas obrigadas a se juntar. A sociedade, para ser tal, deve pressupor voluntariedade. A "*big society*" (Smith), a "sociedade aberta" (Popper), seria isso.

Dessa maneira, cruzando as variáveis voluntário/coercitivo e espontâneo/construído, temos uma útil explicação em formato de gráfico, os **Eixos de Radnitzky** (Figura 4.1).

FIGURA 4.1 EIXOS DE RADNITZKY

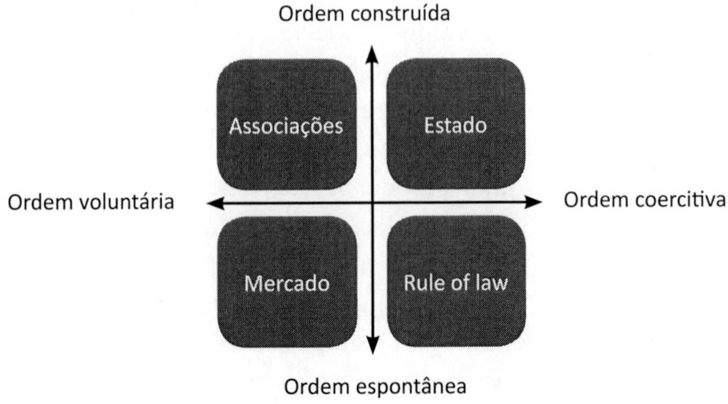

Os Eixos de Radnitzky não são uma explicação perfeita, mas nos ajudam a entender e a nos aproximar da realidade. Isso porque, na verdade, sempre há algum grau de espontaneidade, ou melhor, de imperfeições e desvios do plano. O estado (que nos Eixos é uma ordem planejada e coercitiva), por exemplo, é, sim, uma ordem construída, mas nunca é construído exatamente da forma desejada pelos seus planejadores. Vários indivíduos, ao longo da história e em diferentes territórios, adicionaram pedaços, às vezes intencionalmente, outras não, e contribuíram para criar o que hoje chamamos de estado. As ações deles e suas contribuições para esta grande instituição criaram também **consequências não intencionais ou não desejadas**. Isso não muda o fato que algumas instituições e ações sejam objetivamente coercitivas.

A Escola Austríaca foca muito nas consequências não intencionais. Todos os empresários e os empreendedores pensam e tentam prever tais consequências, buscando evitar as não pretendidas. Todos nós fazemos a mesma coisa o tempo inteiro; nem sempre políticos, burocratas, lobistas, votantes o fazem e têm o incentivo a fazê-lo. Segundo Hayek, o papel da ciência econômica, e de forma extensa da ciência social, é exatamente o estudo das consequências não intencionais. É o mecanismo à mão invisível, de Smith.

Grupos, associações, movimentos são ordens voluntárias, mas, quando passam a fazer lobismo para ganhar *rentseeking*, viram coercitivas. Os velhos sindicatos, chamados "associações de mútuo socorro", eram grupos, redes de trabalhadores que se ajudavam reciprocamente. Eram fundos de seguro. Os modernos sindicatos, que na maioria dos países obrigam até os não inscritos a contribuir, negociam com os partidos para tomar posse do poder político, passam a usar coerção e viram ordens de governo em nome de todos os trabalhadores. Têm monopólio territorial e da categoria. Às vezes ocorrem fenômenos de violência contra os chamados "flanelinhas", e contra quem não adere a uma greve existem ordens coercitivas. Uma nação pode ser uma ordem voluntária e não planejada, mas, quando um estado toma controle do território de uma nação e impõe critérios nacionais-nacionalísticos, passa a ser uma ordem coercitiva e planejada.

Eleições dentro de uma associação são um fenômeno voluntário; eleições políticas são sempre um fenômeno impositivo, pois, mesmo quando o voto é facultativo, é obrigatório bancar os custos do pleito (por meio de tributos), aceitar seus resultados e submeter-se às políticas implementadas pelos vencedores, ainda que não se queira dele participar.

4.4 COERÇÃO

A coerção é amplamente considerada imoral e de consequências negativas. A maioria das pessoas é pacífica, não coage os outros e ensina o respeito aos próprios filhos. O princípio que rege uma sociedade de forma pacífica, moral e eficiente é o "princípio de não iniciação da agressão", ou "princípio de não agressão" (PNA). Seu pressuposto é que não é legítimo e não se pode iniciar agressão contra alguém ou a propriedade de alguém que não o esteja agredindo ou o ameaçando de agressão. A violência só é legítima em caso de defesa. Essa escola de pensamento trata igualmente atores políticos, e não diferencia se o agente é um político, um burocrata ou um indivíduo alheio à política. Ninguém é autorizado a ferir o PNA, nem um ladrão comum, nem um político.

Além e antes das questões de moralidade e de consequências, é importante entender o porquê desta avaliação da coerção. Do ponto de vista meramente descritivo, os autores da Escola Austríaca consideram que a coerção é ineficiente, destrutiva e perigosa. São pacifistas e voluntaristas. Rothbard fala de dois tipos de intervenção:

- **Binária**. É a intervenção direta de um sujeito sobre o outro, geralmente dos atores políticos contra os atores sociais-econômicos. Por exemplo, impostos, gasto estatal, subsídios.
- **Triangular**. Trata-se de intervenções complexas entre três ou mais atores. Muitas vezes, políticos e burocratas estabelecem como uma pessoa tem que se relacionar com outras: o que pode ou não pode falar (crimes de ódio), se pode hospedar alguém na própria casa ou casar com um imigrante, a qual preço alguém tem que vender um produto a outros, se pode ou não vendê-lo, a quais condições podem ser vendidos, como devem ser produzidos. Por exemplo, controle de preços e regulamentação dos produtos.

Seguindo nessa linha, Bruno Leoni distingue entre:

1. **Relações econômicas**. Trata-se de todas as relações voluntárias e livres em que se use dinheiro ou não. Sendo voluntárias, os indivíduos as cumprem só porque querem, só porque consideram que ficarão satisfeitos. São **trocas produtivas**.

2. **Relações políticas**, hegemônicas, fundadas na coerção. São, pelos motivos contrários aos precedentes, **relações desprodutivas**:
   a. Uma minoria que sofre a coerção de um grupo.
   b. Impostos.
   c. Chantagem.
   d. Roubo e furto.

Descritivamente falando, a coerção é um meio, uma ferramenta que algumas pessoas usam para obter certos fins. Para Oppenheimer, onde há a oportunidade e o homem tem o poder, ele prefere os meios políticos aos econômicos.

A análise austríaca da política consiste em colocar a coerção no reino das ferramentas, dos meios, e observá-la como um dos instrumentos para alcançar os próprios objetivos, um meio não econômico, claro. Ou seja, os agentes usam a coerção quando consideram que lhes seja conveniente.

4.4.1 Intervencionismo

Nessa ótica, é fácil enxergar o intervencionismo como só um caso específico de coerção, talvez uma estrutura, uma prática que usa coerção de forma sistêmica. Para todos os austríacos, o intervencionismo tem consequências negativas para a população, por vários motivos, mas basicamente por cinco grandes razões:

1. **Interesse**. Os interesses das pessoas são vários: alguns positivos, outros menos, alguns individuais, outros coletivos. Os políticos não se subtraem desse conceito, eles também têm interesses individuais, querem poder, querem fazer carreira, querem ganhar dinheiro etc.
2. **Incentivos**. Os incentivos que os agentes políticos têm não necessariamente são alinhados com os interesses

da população. O problema político não é antropológico. Não é elegendo políticos "melhores", honestos e competentes que se resolvem as coisas, mas criando incentivos positivos, criando uma estrutura que leve a comportamentos virtuosos. Esta é, por exemplo, a análise da questão da corrupção que veremos mais adiante.

3. **O problema do cálculo econômico**. Uma autoridade central não consegue estabelecer o que produzir, a qual custo, em qual quantidade e a qual preço vender. (Veja o parágrafo seguinte.)
4. **O conhecimento é disperso e limitado**. Nenhuma pessoa detém todas as informações relevantes para tomar uma decisão para outros, ninguém sabe tudo, as informações são dispersas e limitadas. (Veja o parágrafo seguinte.)
5. **Consequências não intencionais**. Todas as ações, todos os eventos, inclusive as decisões políticas, têm consequências não intencionais, não esperadas e, às vezes, não desejadas. Muitas dessas consequências são epistemológicas e imprevisíveis.

Por esses e outros motivos, o intervencionismo gera pobreza generalizada, mas talvez a questão mais importante seja a dos ciclos econômicos. Os austríacos dedicam muitas e muitas análises a esse tema. As evidências mostram que, como descoberto pela *Public Choice*, os ciclos tendem a acontecer seguindo os ciclos eleitorais por motivos políticos. Do ponto de vista econômico, as consequências são desvio da economia, crise, pobreza, aumento da desigualdade econômica (por causa do Efeito Cantillon). Os austríacos mostram que tudo isso acontece por causa da existência do banco central, que fixa politicamente o preço do dinheiro (a taxa de juros). Assim fazendo, só há três possibilidades: coloca a mesma taxa de juros que teria no mercado, ou coloca uma taxa superior, ou uma inferior. No primeiro caso, sua existência e sua atividade seriam simplesmente inúteis: o banco central existe exatamente para não deixar a taxa de juros ao mercado. Sendo assim, nos outros casos (taxa de juros superior ou inferior à taxa real), há um desvio de mercado. Ambos os casos são possíveis e estudados pelos austríacos. A imposição de uma taxa de juros mais baixa que a real é muito mais recorrente e mais logicamente provável. Isso acontece pois os agentes políticos têm muitos incentivos a aquecer artificialmente a economia para dar uma impressão de crescimento econômico, mesmo que depois essa bolha estoure, causando prejuízos e distorções. Nesse sentido, as evidências convergem com as demonstrações da *Public Choice*, mas a grande contribuição austríaca, nas questões mais políticas, é que:

- A atividade do **banco central gera os ciclos econômicos**. Isso é inerente ao sistema e inevitável.
- Ambas as situações de taxa de juros, superior e inferior, podem acontecer, mas por óbvios motivos políticos os agentes políticos têm mais incentivos a impor uma **taxa de juros inferior** para aquecer a economia e gerar uma bolha, para se beneficiar politicamente no curto prazo.
- O **Efeito Cantillon** faz com que os pobres percam dinheiro e os ricos acumulem. A desigualdade econômica aumenta. E isso, além de ser uma consequência, faz também parte das causas políticas. Ou seja, os grupos que saem beneficiados desse processo têm todo o incentivo a pressionar o estado e o banco central para que isso ocorra.

Este é um resumo muito superficial da grande questão dos ciclos econômicos. Haverá mais espaço para essa análise no capítulo sobre o Sistema Monetário Internacional, mas, mesmo assim, sendo um manual, trata-se de uma introdução, e, sendo um manual de Ciência Política, deixam-se os detalhes mais econômicos para outras obras.

Aprofundando a questão das consequências políticas do intervencionismo, merece uma séria análise o que Hayek mostra no livro *O caminho da servidão*, sobre a chamada "terceira via" entre livre mercado e comunismo. A terceira via não é possível, é uma mera ilusão. Qualquer proposta de intervencionismo moderado, de social-democracia, a longo prazo chega ao totalitarismo. O caminho totalitário é inerente ao projeto socialista.

1. Os atores políticos começam a planejar a sociedade, mas surgem **vários planos**, pois há opiniões diferentes.
2. Um grupo de planejadores se eleva ao poder e começa a sobressair, começa a influenciar e controlar a mídia, tenta persuadir o povo da bondade do plano por meio da **propaganda** (no sentido certo do termo).
3. Um "**homem forte**" chega ao comando sob os aplausos gerais da população que crê que agora as coisas vão ser executadas e feitas de verdade.
4. Em nome da unidade nacional, **críticos e adversários são boicotados**, **calados**, **exilados**, muitos se juntam ao partido.
5. Acha-se um alvo negativo, um bode expiatório (os judeus, os estrangeiros, os ricos, entre outros) para criar um **inimigo comum**.
6. As críticas são perseguidas, ideias alternativas são censuradas, os militantes do partido **patrulham e denunciam**, a polícia secreta é instituída, ninguém se opõe ao plano.
7. Profissões, salários, tempo livre e esporte são planejados. Quando os planejadores começam, não podem parar. Até a **esfera privada é politizada**, estamos já no totalitarismo.
8. No final estão **controlando todos os aspectos** da vida individual.

Nas palavras de Hayek: "O Controle Econômico não é meramente o controle de um setor da vida humana que pode ser separado do resto. É o controle dos meios para os nossos fins." É, por exemplo, a história da atual Venezuela.

4.5 DEMOCRACIA, LEI E LEGISLAÇÃO

Mises vê a democracia como o melhor sistema político possível, um sistema que permite a troca dos governantes de forma pacífica, encaixando-se assim na velha tradição liberal-democrática. Ele escreve durante a época de transição do *ancien régime* para as democracias e depois durante os totalitarismos. Portanto, suas posições não poderiam ser diferentes. Hayek dedica mais estudos às questões políticas. Ele também concorda que a democracia é o melhor sistema político possível, mas nota que as democracias contemporâneas estão virando democracias ilimitadas, pervasivas, totalitárias (similarmente a Buchanan, que falará de democracias em déficit); desse modo, em vez da democracia, ele chega a propor a **demarquia**, um sistema complexo composto por duas câmaras, em que a câmara baixa deveria se ocupar só de questões urgentes e de ordinária administração, enquanto as questões de princípios, mais profundas e mais abrangentes, deveriam ser deixadas à câmara alta, com membros mais maduros e com mandatos mais longos. Além do sistema proposto, que se remete mais ao campo prescritivo-normativo, é importante notar a agudez da análise de um problema da democracia hoje evidente, mas na época dele ainda incipiente.

Continuando cronologicamente, autores ainda mais contemporâneos tiveram obviamente a oportunidade de notar ainda mais alguns problemas das democracias concretas, e as análises se tornam mais negativas. Rothbard mostra como os direitos e o bem-estar das pessoas são violados, independentemente do tipo de sistema político, como, mesmo nas democracias, a dinâmica política continua sendo coercitiva e *top-down* e como as elites políticas conseguem permanecer no poder. Hoppe, na obra *Democracia. O Deus que falhou*, mostra como a democracia não entregou várias das promessas que carregava no começo e chega até a mostrar alguns lados positivos das monarquias iluminadas não absolutistas.

Todos esses autores na verdade notam que, para um sistema político funcionar de forma positiva para a população, precisa antes se apoiar em sólidas bases jurídicas, que a simples adoção de um tipo ou de outro sistema político não basta, se na raiz não se respeitam alguns princípios essenciais para o bom funcionamento da sociedade. Eles ressaltam a importância do **direito**. Nesse sentido, todos eles focam bastante nas intercessões entre as instituições políticas e as jurídicas, destacando duas em particular:

- **Propriedade**. Se soberanos e governantes não têm limites, se não encontram um limite ao próprio poder na esfera de liberdade alheia, se as pessoas não têm um espaço de soberania individual, o poder político se tornará tirânico. Historicamente foi sempre isso que aconteceu. Reis, imperadores, presidentes e tiranos saquearam, pilharam, confiscaram, desrespeitaram direitos e preceitos morais, levando gradualmente o sistema ao colapso.
- **Contratos**. O mesmo raciocínio se aplica aos contratos. Se adultos que consentem não podem se acordar entre si, se um terceiro tem o poder de se intrometer e de impor a própria vontade, esse sistema dará mais poder a esse terceiro, atrairá pessoas intencionadas a usar esse poder de forma negativa e/ou corromperá os honestos e competentes. No final, esse sistema se tornará tirânico e depois colapsará.

Propriedade e contrato são as únicas garantias contra os abusos de poder. Nesse sentido, é de fundamental importância a distinção de Hayek entre lei e legislação. O conceito de lei remete às leis da natureza, como a lei da gravidade, às da economia, como a lei da demanda e da oferta, ou às leis naturais da ética. As leis da física não são criadas pelos homens, existiram e existiriam até sem o ser humano. As leis da economia são criadas, sim, pelos homens, mas não intencionalmente. Nas palavras de Ferguson, "são criadas pela interação humana, mas não pelo desenho humano". As pessoas não acordam querendo criar a lei da demanda e da oferta, o mercado ou o capitalismo, cada um quer melhorar a própria vida, lucrar, ganhar, trabalhar, produzir, poupar, investir, consumir, e a interação entre todas essas ações cria a lei da demanda e da oferta. Sem o homem as leis econômicas cessariam de existir, mas enquanto existe o ser humano não há como mudar. A legislação, ao contrário, é escrita intencionalmente por um grupo de homens, preto em branco, com tanto de processo deliberativo, reuniões e negociações, todos focados em um objetivo. A legislação pode ir na mesma direção de uma lei ou contra. Todas as tentativas fracassadas de controle de preços da história são um exemplo de legislação contra uma lei econômica (natural) e que exatamente por isso são destinadas inevitavelmente ao fracasso, como malograria uma legislação que fosse contra a lei da gravidade. Resumindo, a **lei** é um fenômeno:

1. **Natural.**
2. **Descritivo.**
3. **Espontâneo.**
4. ***Bottom-up*.**
5. **Vivente.**

Ao contrário, a **legislação** é um fenômeno:

1. **Político.**
2. **Prescritivo.**
3. **Coercitivo.**
4. ***Top-down.***
5. **Vigente.**

Nesse sentido, Hayek e Leoni insistem na importância da ***common law***. Eles mostram que um sistema baseado na *civil law*, em que lei e legislação coincidem, em que a lei é o que o legislador prescreve, em que o Príncipe pode legislar sobre qualquer assunto, é um sistema no qual o poder do legislador é infinito e arbitrário e em que, enfim, não existe nenhuma segurança jurídica, pois a legislação pode ser mudada a qualquer momento pelo mesmo legislador ou pode ser aplicada de forma diferente segundo os interesses em jogo. De novo, os exemplos disso são inúmeros e evidentes.

PERGUNTAS

- Qual a abordagem da Escola Austríaca?
- Explique e mostre as implicações do individualismo metodológico.
- Mostre as implicações de o conhecimento ser difuso, imperfeito e de vários tipos.
- Mostre as implicações do debate sobre o cálculo econômico.
- Explique o problema do conhecimento.
- O que é a ordem espontânea e quais suas implicações?
- Quais os tipos de coerção?
- Quais os tipos de relações sociais?
- Por que o intervencionismo não funciona? Quais as consequências?
- Como funcionam os ciclos econômicos?
- Quais as três principais contribuições austríacas sobre os ciclos econômicos?
- Quais as etapas do caminho para a servidão?
- Quais os agentes políticos para o Elitismo, a *Public Choice* e a Escola Austríaca?
- Mostre os pontos de convergência entre Escola Austríaca, *Public Choice* e Escola Elitista.
- Mostre os pontos de divergência entre Escola Austríaca, *Public Choice* e Escola Elitista.
- Explique a posição austríaca sobre a democracia.
- Explique a importância dada pelos austríacos ao direito.
- Explique quais os pilares jurídicos fundamentais para o bom funcionamento de uma sociedade.
- Explique a diferença entre lei e legislação.
- Explique os problemas da democracia.
- Explique os problemas da *civil law*.

Segunda Parte

FUNDAMENTOS E DESENVOLVIMENTO DA POLÍTICA

Capítulo 5

PODER E POLÍTICA

Não existe política sem poder. O poder é o fator mais importante da política, é o motor de tudo, é a essência e a variável independente da qual dependem todas as outras. Há muitas definições de poder, e, dependendo daquela que vamos utilizar, as implicações político-ideológicas são enormes. O poder se refere aos "meios para obter alguma vantagem" (Hobbes).

O grande economista e sociólogo Max Weber define o poder como "capacidade de fazer valer a própria vontade até perante uma oposição". Por exemplo, o governo quer arrecadar impostos, as pessoas não querem pagar, mas o governo consegue fazer valer sua vontade e cobrar impostos porque tem (e usa) poder. Pensem no seguinte exemplo (Figura 5.1):

FIGURA 5.1 VOLUNTARIEDADE E COERÇÃO

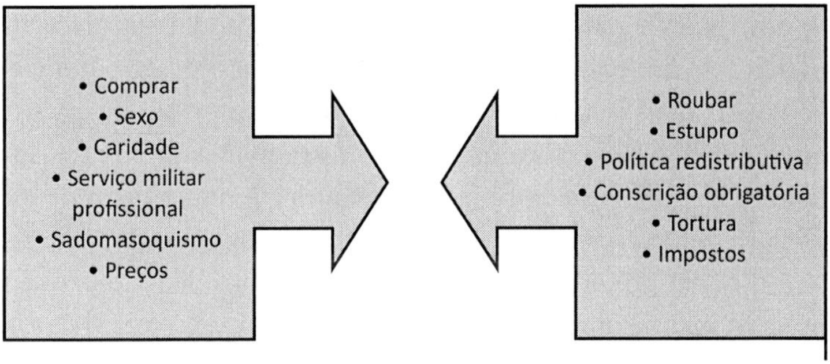

Fonte: Elaboração do autor.

Qual a diferença entre os dois conjuntos? Se você tirar ou imaginar uma foto desses atos, poderia parecer que não há nada de diferente, por exemplo, entre sexo, estupro, entre duas pessoas no serviço militar. Você estaria vendo imagens idênticas, não conseguiria notar nenhuma diferença visual.

De um lado existe consenso, voluntariedade e, do outro lado, obrigação, força, violência. Os fenômenos à esquerda são voluntários, os outros são coercitivos. Esta é a única e ao mesmo tempo importantíssima diferença. Muitas vezes é o que move nosso julgamento moral.

5.1 PODER POLÍTICO E OUTROS TIPOS

Existem vários tipos de poder: o político, o econômico, o midiático, o estético, o criminal, o cultural, o militar, entre outros. Alguns desses poderes usam coerção. Outros utilizam só influência e persuasão. Enquanto o poder econômico usa sempre e só influência, o político usa coerção ou ameaça de coerção.

Vamos pensar, por exemplo, em quatro pessoas diferentes: uma pessoa com muito poder econômico (um grande empresário), uma com menos poder econômico (um pequeno comerciante), uma com muito poder político (um presidente da República de um grande país) e a outra com menos poder político (um prefeito de uma pequena cidade). O grande empresário pode até acumular mais poder que o prefeito, mas não pode obrigar ninguém a fazer nada. Eles usam duas ferramentas diferentes para tentar fazer com que você faça o que eles querem. O grande empresário tenta convencê-lo pagando muito dinheiro, mas ele não tem o poder de forçá-lo a fazer nada. Por outro lado, o pequeno prefeito manda aprovar uma legislação que obriga o empresário. O impacto pode ser diferente e você pode julgar moralmente segundo seus valores, mas existe uma realidade objetiva coercitiva e outra voluntária. O presidente e o prefeito usam ambos meios coercitivos, mas em graus diferentes. O grande empresário e o pequeno comerciante usam ambos a persuasão e a influência, mas em níveis distintos. Entre o grande empresário e o pequeno comerciante há uma diferença de nível, de grau. Entre o presidente e o pequeno prefeito a variação é também de grau e de intensidade. Usam os mesmos meios, mas com intensidade diferente. Já entre os agentes políticos (presidente e prefeito) e os agentes econômicos (empresário e comerciante) ela é de gênero, e não de grau. Eles usam meios distintos. O poder político e o econômico são dois tipos diferentes e paralelos de poder. Quando um aumenta, cresce, expande-se, se faz onerando o outro. Só os poderes político, militar e criminal usam coerção. A variável mais originária objeto da análise política é, então, a coerção.

Albert J. Nock distingue entre poder social e estatal:

- **O poder social**, que corresponde ao poder econômico, estético, religioso etc., sempre leva a melhorias na condição do homem.
- **O poder estatal**, que corresponde ao poder político, é sempre parasitário e destrutivo.

Murray Rothbard fala de:

- **Poder sobre a natureza**. Positivo.
- **Poder sobre o homem**. Negativo e imoral.

Gramsci diferencia entre:

- O **momento do consenso**. É o viver em sociedade, são as relações interpessoais, é o que constitui a chamada "sociedade civil".

- O **momento do domínio**. São as formas com as quais o estado governa, atua, age, relaciona-se com a população. As ideias, os planos, as mudanças são impostos por lei e com a força.

Sobrepondo essas três úteis distinções, nota-se a existência de uma área do consenso e uma da coerção. A política usa o poder coercitivo.

Como fala o famoso estrategista Alinsky, "Nos esforçando para evitar a força, o vigor e a simplicidade da palavra 'poder', nos vai tornar logo adversos a pensar em termos vigorosos, simples, honestos. Nos esforçamos para inventar sinônimos esterilizados, purificados da vergonha da palavra poder – mas as novas palavras significam algo diferente, de forma que nos tranquilizam, começam a levar o nosso processo mental fora da principal estrada realista do poder intrínseco com o qual nossa vida é encardida. Para passear na estrada mais perfumada e doce, pacífica, mais socialmente aceitável, mais respeitada, indefinida e ambivalente, que termina em um fracasso em alcançar uma compreensão sincera da questão".

5.2 PODER POLÍTICO

A Ciência Política não minimiza a importância dos outros tipos de poderes, mas obviamente o objeto de estudo é o poder político. Às vezes em suas relações com outros tipos de poderes, mas sempre ele. Por isso precisa analisar bem o que é o poder político e defini-lo com precisão. Bobbio mostra suas características:

1. **Coerção**. O poder político é sempre e inevitavelmente coercitivo. Todas as decisões e ações políticas são e precisam ser obrigatórias. O melhor dos planos políticos, o mais bem-intencionado, o mais honesto, o mais compe-

tentemente elaborado, com os fins mais nobres, como vai ser aplicado? Por meio da imposição. É a inevitabilidade da coerção. Mao Tse Tung fala que "todo o poder político vem do cano de uma arma".

2. **Monopolização.** O poder econômico não precisa eliminar a concorrência de outros para existir. Steve Jobs não precisa matar Bill Gates para fundar a Apple, eles convivem, competem e colaboram intencionalmente para a formação do mercado. O poder político não funciona dessa maneira. Em cada território só pode existir uma liderança central. Você não pode escolher para qual governo pagar impostos da mesma maneira como pode escolher de qual empresa comprar seus bens. Todos podem abrir uma empresa, entretanto, só alguém pode fundar um estado. Só se pode tomar o poder político por meio de um golpe, ou de eleições, pois existe monopólio.
3. **Universalidade.** Cada governo tem monopólio em determinado território. No território todo e todos daquele território estão vinculados a esse poder. Ninguém dentro daquele determinado território pode se subtrair ao domínio daquele governo. Grupos ou minorias, por exemplo, como índios, ou *amish*, não podem criar um próprio governo acima ou paralelo ao estado, só retêm algum grau de autonomia se concedido pelo estado e em nível controlado pelo estado.
4. **Inclusividade (pervasividade).** Gradualmente, o poder político entra e tende a entrar em todas as esferas da vida individual, até nas mais privadas. Note como você não pode fazer o que quiser com seu corpo (eutanásia, drogas, regulamentação de comida).

Além disso, o poder político não se baseia no **consenso**. Ele existe também em sistemas não democráticos. Se não fosse assim, nas ditaduras não haveria poder político. E, mesmo nas democracias, o poder político sempre usa de coerção. Se o poder político continua a existir também quando é imposto, logo o poder político não se baseia no consentimento das pessoas.

Da mesma forma, é necessário responder às **visões teleológicas** do poder político, aquelas que pensam (a maioria das vezes implicitamente) que a sua existência se deve ao cumprimento do interesse geral, do bem comum, da justiça, do desenvolvimento, da igualdade, da segurança, da paz. É evidente que totalitarismos, despotismos, monarquias, autoritarismos usam sempre a coerção, o poder político, e raramente se alega que estejam buscando alguns desses altos fins. Isso não significa que o fim do poder político seja o oposto (o mal). O ponto é que cientificamente é impossível falar de fins de outras pessoas. O poder político pode visar o bem e/ou mal, depende de quem está no comando. E historicamente falando talvez tenham ocorrido ambos os casos. Uma definição teleológica do poder é cientificamente impossível. O poder político não se distingue dos outros poderes pelo fim, mas pelo meio utilizado (a coerção).

Até politicamente: "Quando a crença prescritiva que o estado deva agir no interesse público vira uma predição segundo a qual o estado sempre age no interesse público",[1] eis que nascem os problemas.

5.3 POLÍTICA

E agora o interrogativo mais difícil. O que é exatamente a política?

Para Aristóteles, a política é a organização da *polis*, da unidade política do tempo dele. Para Weber, é a aspiração a obter o

1 Hillman, 1998.

poder político. Em suas palavras: "Política é a aspiração ao poder e ao monopólio do uso legitimizado da força." Para Easton: "Política é alocação de valores imperativos." Ou seja, a política de forma imperativa aloca os recursos materiais e os valores imateriais. Para Carl Schmitt, a política se identifica na relação amigo-inimigo. A política é o melhor exemplo desse tipo de relação, pois na política só existe um vencedor, só um ganha a guerra, só um ganha determinado cargo. Todos nós experimentamos essa dualidade quando discutimos política com um amigo com opiniões diferentes. A política é o uso do poder político. Ela decide quais fins individuais devem ser discutidos e decididos coletivamente. Podemos então traçar uma definição mínima dizendo que a política *é um conjunto de ações coercitivas para decidir sobre fins coletivizados.*

A diferença entre fins coletivos e fins coletivizados é a seguinte: um grupo pode se unir voluntariamente em um fim coletivo. Amigos que se reúnem, esporte, associações, festas, casamento, sexo, família, condomínios são exemplos de relações coletivas espontâneas. Quem não quiser se juntar não está obrigado. Um fim coletivizado é aquele que certo grupo é imposto a cumprir. Por exemplo: uma guerra é um fim coletivizado, o soldado pode não querer ir à guerra, mas não tem escolha.

A nossa vida não é toda política. Nem todos fazem política, nem sempre. Alguns agentes usam poder político e coletivizam os fins alheios, outros não. Alguns fazem política, outros obedecem, outros se excluem.

Política não coincide com sociedade. Para Mises, a coerção é até o oposto da sociedade, é sua negação. A violência é a negação da organização pacífica do tecido social. A sociedade é um conjunto maior da política (Figura 5.2). Enquanto a sociedade é o conjunto das relações sociais, as relações políticas são mais restritas. Há fenômenos sociais que a política não atinge: geralmente a língua, a moda, as relações afetivas, as regras de comportamento. A política é um subconjunto da sociedade, se baseia em relações coercitivas. Bobbio mostra que "fim da política não significa fim de qualquer organização social. Significa pura e simplesmente fim daquela forma de organização social que se baseia no uso exclusivo do poder coativo". Ao contrário, casamentos, escolas, esporte, empresas, associações, amizade são fenômenos coletivos que não precisam de coerção para existir, são voluntários.

Dependendo da sociedade sob análise, a política toma mais ou menos espaço da sociedade.

FIGURA 5.2 DIFERENÇA ENTRE SOCIEDADE E POLÍTICA

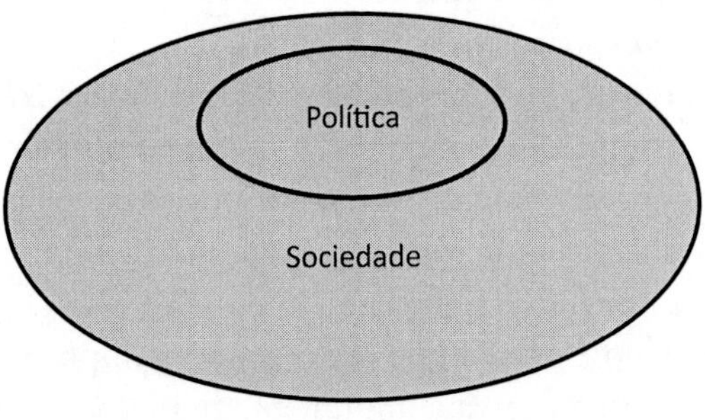

Fonte: Elaboração do autor.

Os fins da política. Diferentes autores têm visões opostas sobre quais são e ainda mais sobre quais deveriam ser os objetivos da política. Enquanto a ciência política é descritiva, a filosofia política é prescritiva. Logo, nosso foco é quais são (e não quais deveriam ser) os fins. Se os mais otimistas alegam que são bem comum, justiça, felicidade, igualdade, os mais pessimistas afirmam que são poder, lucro, interesse pessoal, domínio. Não há consenso. Historicamente é verdade que várias instituições políticas tiveram os mais diversos fins, abrangendo todos os espectros dos otimistas e dos pessimistas.

A política é uma atividade humana que utiliza meios coercitivos, e esses meios coercitivos podem ser utilizados para alcançar qualquer fim (bem comum, justiça, igualdade, domínio, dinheiro).

Weber defende que o único fim em comum a todas as experiências políticas é a manutenção da ordem, visto que se trata da *conditio sine qua non* para poder atuar. O objetivo comum a todas as atividades políticas é a posse e a manutenção do poder político, mas trata-se de um fim intermediário no caminho para alcançar um dos fins superiores ora mencionados.

5.4 ANARQUIA

Anarquia não significa caos ou falta de normas. O termo científico para isso é "anomia" (literalmente ausência de normas). "Anarquia" significa ausência do governo, ausência de alguém que comande.

No espaço e na história, é difícil de encontrar um sistema completamente anárquico, mas, ao mesmo tempo, a anarquia é mais presente do que parece. As nossas relações pessoais, a moda, a língua, a gastronomia são bastante anárquicas, pois geralmente não há um líder político a ditar regras nessas áreas.

Em termos de Filosofia Política, existem duas correntes anarquistas:

- **Anarquistas socialistas**. Contra o estado e contra a propriedade privada (Proudhon, Fourier, Bakunin, Marx, Trotskij, entre outros).
- **Anarquistas libertários**. Contra o estado, contra qualquer forma de iniciação de coerção, em favor da propriedade privada (Spooner, Rothbard, Hoppe, D. Friedman).

O inglês ajuda

Em inglês, existem diversos termos para falar de política: ***Policy*** significa política pública e refere-se à linha seguida, ao *output* do processo político. Nesse sentido, por exemplo, fala-se também "a *política* daquela empresa é ressarcir os clientes".

Politics é a política propriamente dita, refere-se ao processo, ao exercício da política, às relações pessoais e públicas tidas pelos agentes políticos. De certa forma é o que em português coloquial é chamado de "politicagem".

Polity quer dizer a comunidade de referência, ou seja, onde se aplicam a política e a política pública. Dependendo do caso, pode ser o país inteiro, o estado, uma cidade ou até o planeta quando nos referimos a questões políticas globais.

Em português, para tudo isso se usa um único termo: Política.

Politician é o agente político, o que chamamos de político. "Político" é um adjetivo (por exemplo, esta é uma "questão política"), o termo certo é "politicante", aquele que faz política.

5.5 PÚBLICO E PRIVADO

Geralmente se usa o termo "público" para se referir à política e ao estado, e "privado" para a economia e as empresas. O uso político do termo **público** vem do latim *Res Publica,* que não identificava a política ou o estado *tout court*, mas uma específica forma de estado, contraposta ao Reino, ao Império e à Democracia direta (grega).

O termo inglês *pub* (similar a um boteco) representa o fato que o local é aberto ao público mesmo se de propriedade privada. Todos nós utilizamos expressões tipo "fazer uma ação pública", "um personagem público", "um centro comercial é um lugar público", entre muitos outros exemplos. Em todos esses casos o conceito não é político, refere-se simples e corretamente ao fato que são coisas para um público de pessoas. Algo pode ser público, para o público, aberto ao público, mesmo se de propriedade privada. Não há nenhuma incoerência lógica e é factualmente recorrente e mais comum do que pode parecer. O mundo é repleto de lojas, restaurantes, centros comerciais, parques, parques-jardins privados, e todos são abertos ao público.

Ao mesmo tempo, a política não se limita à esfera pública, às externalidades, às relações interpessoais, à administração da coisa pública. Também se estende à privada e à íntima. Regulamentação da eutanásia, da religião, dos alimentos, das drogas, dos medicamentos, são alguns exemplos. Já a gestão dos interesses pessoais dos políticos, da carreira dos empregados estatais ou dos interesses dos empresários são exemplos de como a política também é gestão da coisa privada.

Alguns agentes econômicos podem ter interesses e aspirações públicas. Às vezes querem ser lembrados *post mortem* com estátuas, bibliotecas, prêmios, estradas, outros podem querer resolver problemas da própria comunidade, mostrar que são pessoas de sucesso. Quase sempre, na verdade, uma vez alcançado certo grau de riqueza, quase todos os empreendedores almejam esse tipo de reconhecimento e dedicam-se a causas mais gerais, mais públicas. Da mesma maneira, alguns agentes políticos podem ter interesses e aspirações privadas. Às vezes fazem política, para fins pessoais, seja poder, dinheiro ou fama. Nem sempre, nem em todos os países, nem em todas as épocas, os políticos tentam alcançar objetivos públicos, gerais. Cabe a cada um de nós tentar uma contabilidade impossível de quantos casos caem no primeiro exemplo e quantos no segundo.

O que significa, por exemplo, o conceito "**empresa pública**"? Que talvez toda a população de um país tenha um título de propriedade, que cada pessoa pode decidir o que fazer, pode frequentar as reuniões da empresa e votar? Ou seria talvez mais preciso falar de "**empresa estatal**"? Querendo assim dizer que os verdadeiros decisores são alguns políticos e alguns burocratas dentro do estado que, enquanto no poder, podem decidir algumas vezes de acordo com os interesses do público e, em outras, de acordo com os próprios interesses. Que podem agir com desonestidade, incompetência ou com simples e comuns erros e riscos. E, se for assim, continua sendo uma empresa "pública" ou é de fato **privada**? Note, por exemplo, que em inglês "*public company*" se refere a empresas privadas cotadas em bolsa, ou seja, abertas ao público, enquanto para empresas estatais (no Brasil chamadas de públicas) se usa o termo "*state-owned company*" (exatamente empresas estatais). Qual a descrição mais acurada? É descritivamente correto falar em "**nacionalização**" ou é mais exato falar de "**estatização**"? É claro que as implicações que se desencadeiam a partir do termo que se usa são muitas e profundas, mas a descrição tem de ser precisa e honesta se pretende ser científica. Se os objetivos, ao contrário, forem políticos, a questão é diferente.

Existe muita vida pública fora da política e muitas questões privadas dentro da política. Logo, por todos esses motivos, a coincidência público-política-estado e privado-economia-empresas é absolutamente errada.

PERGUNTAS

- Explique a diferença entre os vários tipos de poder.
- Quais são as características do poder político?
- Explique a inevitabilidade da coerção e dê um exemplo.
- Explique o que a política é e o que não é.
- Quais os problemas para definir a política? E como se pode dar uma definição, afinal?
- O que é e o que não é a anarquia?
- Disserte sobre a questão público-privado.
- A qual direção leva falar de "nacionalização"?
- A qual direção leva falar de "estatização"?
- Quais as falácias dos leigos sobre poder e política?

Capítulo 6

ESTADO. O NOME E A COISA

O estado não é a única instituição política existente e não é a única forma de fazer política. Existem e existiram várias e diferentes instituições políticas. Existiram impérios, *res publicas*, *regnum*, cidades-estados etc. Hoje na ONU há 41 microestados (menos de 1 milhão de pessoas) e 70 miniestados (entre 1 e 10 milhões de pessoas). Mas, com certeza, o estado é a forma política mais relevante da modernidade, pertence à modernidade. É redundância falar de "estado moderno", uma vez que o estado é moderno por definição e por isso é incorreto usar o termo "estado" para nos referirmos a épocas diferentes (Miglio).

A instituição de referimento da Grécia Clássica é a *polis*. Roma passou pelo *regnum*, império, república. Na Idade Média, as fronteiras políticas se encolheram, surgiram burgos, cidades, ducados, pequenos reinos ou principados. A política era fragmentada e descentralizada. Depois, gradualmente o estado-nação surge e se afirma com o Tratado de Vestfália (1648).

6.1 O SURGIMENTO DO ESTADO

A ciência política é descritiva e não prescritiva, é factual e não filosófica, logo as teorias contratualistas do estado não pertencem ao campo da ciência política. O contrato social é uma metáfora, um experimento mental criado intencionalmente para justificar o então nascente estado-nação, para manter a ordem, para legitimar o dever à obediência. Antes, o poder político se baseava em si mesmo ou na legitimidade dada pelo reconhecimento e pela investidura da Igreja Católica. Com a reforma protestante, novas bases filosóficas se tornaram necessárias. Eis que surge a teoria do Contrato Social. Os mesmos contratualistas sempre deixaram claro que se tratava de uma metáfora. Historicamente e na realidade as coisas são diferentes. Gumplowicz nota que o estado é "a subjugação de um grupo social por outro grupo e o estabelecimento, pelo primeiro, de uma organização que lhe permite dominar o outro".

A melhor e mais detalhada explicação de como a instituição estado gradualmente nasceu são as seis etapas históricas de Franz Oppenheimer:

1. **A pilhagem**. Alguns bandos de pastores atacam e saqueiam aldeias de camponeses. Às vezes os atacados conseguem até ganhar algumas batalhas, mas os saqueadores voltam e no longo prazo os dominam. O bando de pastores é menor que a comunidade de camponeses, porém mais forte, mais rápido, mais preparado para a guerra. Eles levam consigo o rebanho que lhes dá sustento. Quando os camponeses voltam do campo de batalha, as terras não estão cultivadas e se veem sem recursos para se defender de um possível novo ataque. O bando assim vive saqueando vários outros grupos.
2. **A trégua**. Os camponeses se rendem à dominação, entendem que é melhor que arriscar a própria vida contra um inimigo mais forte. Os pastores continuam a fazer expedições na comunidade dos agricultores, mas desta vez sem encontrar resistência. Essa relação se estabiliza, começa um direito consuetudinário (como embrião do direito público). Eles levam consigo só o excedente, deixam os agricultores viverem segundo os próprios

costumes como antes, não destroem nada para poder continuar a explorar no futuro. O urso vira apicultor. Ainda há vários outros bandos que tentam saquear, então os pastores que agora dominam defendem os agricultores de outros ataques e matam os inimigos. Os mesmos agricultores começam a pedir ajuda para os pastores, que agora passam gradualmente a ser vistos também como defensores. Nasce o serviço de defesa. Os dois grupos passam a ter relações mais pacíficas, iniciam diálogos, criam laços, cultivam interesses em comum e se organizam.

3. **O tributo**. Agora os camponeses passam a entregar diretamente o excedente da produção com regularidade aos pastores no vilarejo deles, pois é mais conveniente dessa forma. Os agricultores evitam as incômodas visitas na própria comunidade, onde as mulheres podem ser estupradas e alguns serem ameaçados, humilhados ou agredidos. Assim, os pastores, poupando o tempo da viagem, podem se dedicar a novas conquistas.
4. **A união territorial**. Os dois grupos passam a viver perto um do outro na mesma faixa de terra, e as duas comunidades se unem. Isso pode acontecer: a) porque algumas hordas puxam um dos dois grupos para perto do outro, b) por aumento populacional, c) para buscar terras mais férteis, d) para proteger melhor os agricultores e ao mesmo tempo evitar que chamem algum outro grupo de pastores para ser o próprio senhor.
5. **O monopólio**. O Senhor começa a regular e proibir as tensões e os conflitos entre grupos de súditos vizinhos e clãs diferentes. Ao contrario, a produção e os tributos diminuiriam. Começa a arbitrar disputas e a fazer o *enforcement* das decisões judiciais. Não se permite nenhum outro poder dentro do território sujeitado.

6. **O estado**. Os dois grupos iniciais se misturaram. Os governantes escolhem e raptam mulheres, nasce uma nova geração de bastardos, e gradualmente nasce um novo povo, que, passo a passo, toma posse do poder. De dois pequenos clãs se passa a um povo único e depois à ideia de nação. O novo povo agora não se sente pilhado por um bando externo e estrangeiro. Agora parece que "somos nós mesmos a comandar". Essa estrutura de poder enraíza o próprio poder e o expande a mais áreas da vida privada dos súditos. Surge o hábito de comandar, que se institucionaliza de forma sistêmica. A forma primitiva de estado é completa. A pilhagem continua, mas agora, como conceituou Bastiat, trata-se de "pilhagem legal".

Esse processo mostra como "a força militar e o monopólio dos tributos são requisitos indispensáveis para a identificação do estado" (Fernandes de Oliveira).

O grande sociólogo alemão conclui dizendo: "O estado é, inteiramente quanto à sua origem e quase inteiramente quanto à sua natureza durante os primeiros estágios de existência, uma organização social imposta por um grupo vencedor a um grupo vencido, organização cujo único objetivo é regular a dominação do primeiro sobre o segundo, defendendo sua autoridade contra as revoltas internas e os ataques externos. [...] E esta dominação não teve jamais outro fim senão o da exploração econômica do vencido pelo vencedor. Nenhum estado primitivo, e toda a história universal, teve origem diversa." Juan de Mariana demonstra como todos os governantes da história, de Ciro, o Grande, a Cesar, adquiriram o poder por meio de injustiças e pilhagem. Nesse sentido, é interessante dar ouvido ao conto de Élie Reclus:

Um atrevido, homem de ideias e de punhos, descobre um rochedo que domina um desfiladeiro entre dois vales férteis; aí se instala e se fortifica. Assalta os transeuntes, assassinando alguns e roubando o maior número. Possui a força: tem, portanto, o Direito.

Os viajantes, temendo a rapinagem, ficam em casa ou fazem uma volta. O bandido então reflete que morrerá de fome, se não fizer um pacto. Proclama que os viajantes lhe reconheçam o direito sobre a estrada pública e lhe paguem pedágio, podendo depois um segundo herói, achando bom o negócio, esgarranchar-se no rochedo fronteiriço. Ele também mata e saqueia, estabelece "seus direitos". Diminui assim as rendas do colega, que franze o cenho e resmunga na sua furna, mas considera que o recém-vindo tem fortes punhos. Resigna-se ao que não poderia impedir; entra em combinação. Os viajeiros pagavam um, terão agora que pagar dois: todos precisam viver! Aparece um terceiro salteador, que se instala numa curva da estrada. Os dois veteranos compreendem que abrirão falência se forem pedir três soldos aos passantes, que, só tendo dois para dar, ficarão em casa, em vez de arriscar suas pessoas e bens. Arremessam-se sobre o intruso, que, desancado e machucado, foge campo afora.

Depois, reclamam dos viajores dois vinténs suplementares, em remuneração pelo trabalho de expulsar o espoliador e pelo cuidado em não deixar que ele volte. Os dois peraltas, mais ricos e poderosos do que antes, intitulam-se agora "Senhores dos Desfiladeiros", "Protetores das Estradas Nacionais", "Defensores da Indústria", títulos que o povo ingênuo repete com prazer, pois agrada-lhe ser onerado sob o pretexto de ser protegido. Assim – admirai o engenho humano! – o bandido se regulariza, se desenvolve e se transforma em ordem pública. A instituição do roubo, que não é o que o vulgo pensa, fez nascer a polícia.

Essa explicação em forma de conto assume formas mais acadêmicas nos estudos do notório Mancur Olson, que fundou toda a ciência política contemporânea. Nas palavras dele: "Em uma situação de anarquia, furtos não coordenados de 'bandidos nômades' concorrenciais destroem o incentivo de investir e produzir, deixando pouco para ambos, a população e o bandido mesmo. Ambos podem estar em uma situação melhor se um bandido se estabelece como um ditador, um 'bandido estacionário' que monopoliza e racionaliza a pilhagem dos impostos. Um autocrata seguro tem um interesse que o leva a providenciar uma ordem pacífica e outros bens públicos para aumentar a produtividade. Quando um autocrata espera ter um mandato breve, é-lhe conveniente confiscar aqueles ativos cujo imposto durante o próprio mandato rende menos que seu valor total. Este incentivo, mais a inerente incerteza da sucessão, implica que as autocracias raramente terão boas *performances* econômicas por mais de uma geração." A organização política passa do seu estado de "bandido nômade" para o "**bandido estacionário**". O primeiro só lhe toma parte da sua produção, o segundo lhe espolia, regulamenta a produção e a vida privada e tenta se autolegitimar alegando o cumprimento do bem comum. Note como a explicação de Olson coincide com a lógica da teoria dos jogos: para a vítima, para o tributado, ser roubado por vários bandidos ambulantes de forma irregular é pior que ser roubado de forma regular e organizada por um único bandido estacionário com monopólio do poder.

6.2 IMPÉRIO, CIDADE-ESTADO E ESTADO-NAÇÃO

Talvez a instituição política mais relevante da história seja o império: é uma das primeiras, é ainda presente e quase todos os cantos do mundo ficaram, em algum tempo, sob o domínio de um império. Alguns famosos impérios são o império assírio, o chinês, o persa, o romano, o bizantino, o árabe dos califas, o otomano, o indiano, os coloniais da Grã-Bretanha e do *commonwealth*, da Espanha, da França, de Portugal. Fala-se também do império, ou mais propriamente do imperialismo, dos EUA, da União Soviética, da China contemporânea e da atual Rússia. Os impérios são geograficamente enormes e hierarquicamente piramidais, mas não precisam ser e geralmente não são opressivos e pervasivos.

As características do império são:

1. Grandes territórios.
2. Ausência de fronteiras fixas.
3. Diversos grupos e diversas unidades territoriais.
4. Um conjunto de jurisdições multiníveis e muitas vezes em sobreposição. Não há uma única autoridade sobre todos os assuntos, geralmente ela atua por meio de autoridades locais. Há divisão de poder.
5. O império funciona como um grande guarda-chuva institucional, domina um território muito vasto, não consegue e não precisa controlar tudo nos mínimos detalhes, impor as próprias leis e costumes de forma pervasiva. Geralmente, os impérios não abalam o estado das coisas em cada território e se limitam a tributar e a proteger as fronteiras. Machiavelli já reconhecia que, para dominar um território vasto, a descentralização é a melhor forma de organização.
6. Há menos guerras internas, mas continuam acontecendo conflitos nas fronteiras, especialmente quando um império confina o território de outros impérios (mas ao mesmo tempo há menos fronteiras).

A segunda grande instituição política é a **cidade-estado**. Alguns exemplos são a *polis* grega, as cidades suíças, os burgos livres medievais (vila, comuna, municipalidade, república, província, condado, cidade, colônia). Os burgos medievais e italianos representam um caso interessante. Depois da queda do Império Romano, implanta-se gradualmente a ordem medieval e feudal. Ao mesmo tempo, alguns trabalhadores rurais e servos dos senhores feudais deixam o campo e migram para os burgos, formando as primeiras grandes cidades da época. Nas cidades, o servo feudal se tornava artesão ou comerciante, "o ar de cidade o torna livre", fala um lema alemão. Nas cidades, comerciantes e artesãos são mais livres e mais ricos. Alguns servos ficam livres em troca do pagamento do *testaticus* (imposto por cabeça, igual à moderna *flat tax*), as contínuas e muitas isenções criam as cidades livres, as zonas francas como *Freiburg* (literalmente burgo livre) e *Vilafranca*, cidades onde não se pagavam impostos, o que hoje denominaríamos "zonas francas" e "paraísos fiscais".

Essas cidades surgiram de maneira espontânea, eram administradas privadamente por corporações profissionais, as **guildas**, que se ocupavam da administração pública, da justiça e da defesa militar. Surge o **burguês**, o homem do burgo, que não é mais servo de ninguém e é empreendedor de si mesmo. O burguês é o servo que deixa o campo, o latifúndio e se torna comerciante, que de pobre ascende para a riqueza modesta, que deixa a condição servil e se torna homem livre. É aquela que Smith chama "**anarquia feudal**". Depois disso veio o comércio internacional das Repúblicas Marinaras (Veneza, Pisa, Amalfi, Gênova), a via da seda de Marco Polo, o *homem faber* do Renascimento.

Hoje, a Suíça, o Liechtenstein, o Principado de Mônaco e Andorra são estados que mantêm a estrutura medieval. Como já dissemos, na ONU há 41 microestados com menos de 1 milhão de pessoas (Vaticano, Luxemburgo, Malta, Cabo Verde, Islândia, Bahrein, Qatar, Chipre, para citar alguns) e 70 miniestados entre 1-10 milhões de pessoas (Suécia, Áustria, Suíça, Hong Kong, Israel, Dinamarca, Finlândia, Cingapura, Panamá, Estônia, Irlanda, Uruguai, entre outros), que podem ser considerados tipos modernos de cidades-estado. Várias entre essas cidades-estado estão entre os lugares mais ricos do mundo (em termos de PIB *per capita*): Singapura, Hong Kong, Liechtenstein, Luxemburgo, Mônaco. De fato, a correlação mais forte entre a riqueza *per capita* dos países e qualquer outra variável é o tamanho reduzido do território dos países.

Depois da Idade Média, temos o surgimento do **estado**, com forma política própria e diferente em relação às outras. Tudo nasce com as viagens atlânticas e a descoberta/conquista do novo mundo. A família real de Castilha e a de Lisboa patrocinam longas viagens oceânicas até a América Latina. Diferentemente do comércio de Veneza e da época precedente, estas são missões militares e de estado, e não privadas, pacíficas e comerciais. A América Latina vai sendo colonizada, militarizada e dividida entre as cortes europeias. É a época do **mercantilismo**, uma visão político-econômica estatista, dirigista, intervencionista, protecionista, nacionalista e militarista, segundo a qual a riqueza é limitada, o bolo é finito, a riqueza de um país se dá só por meio da exploração de outros, por um processo extrativista (e não de criação de riqueza). Nas Américas descobre-se, pega-se e se traz para a Europa muito ouro e metais preciosos. Há uma injeção de capital enorme como nunca antes visto na história. Isso gera duas consequências: a) um aumento externo da massa monetária, que configura a primeira grande inflação da história; b) um enorme acúmulo de capital por parte de algumas famílias reais.

A Península Ibérica, assim como toda a Europa, era ainda fragmentada em vários territórios governados por diferentes famílias. Era a ordem descentralizada medieval. Algumas dessas famílias, que agora passam a acumular muito mais capital, começaram a se sobressair em comparação com as outras em termos econômicos e militares e conseguiram ampliar o próprio domínio, conquistando militarmente novos territórios e destruindo as famílias rivais. Gradualmente, Espanha, Portugal, França, Inglaterra ficaram sob o domínio de uma única família em cada território. Graças ao mercantilismo, nasce o **estado absoluto, o absolutismo**. O mercantilismo é a política econômica do absolutismo.

Em 1648, o Tratado de Vestfália reconhece e fortalece o **estado-nação** e a legitimidade das famílias mais poderosas por meio das monarquias absolutas.

As etapas de criação dos estados ao redor do mundo são:

1. Mercantilismo, absolutismo e Vestfália.
2. Dissolução dos impérios europeus nas Américas.
3. Primeira Guerra Mundial, com a queda dos impérios austro-húngaro, russo e otomano.
4. Fim do colonialismo (África, Sudeste Asiático e Oriente Médio).
5. Queda da URSS, cisão da Tchecoslováquia e da Iugoslávia.

Hoje o estado é com certeza a forma política mais presente, mais importante e de mais sucesso. Há quase 200 estados registrados na ONU. Suas características são:

1. **Tamanho médio** (população e território).
2. **Território fixo e fronteiras formais**.
3. **Monopólio e homogeneização** (hierarquia interna de poderes; administração uniforme; homogeneização social-cultural de aspectos relevantes).
4. **Soberania**.

O estado é então a forma de dominação política mais recente que existe. Alguns autores falam de "**estado moderno**", mas com Miglio sabemos que se trata de um pleonasmo, pois o estado é essencial e exclusivamente moderno. Não existia tal denominação em outras épocas. A ordem medieval era fragmentada, descentralizada, concorrencial. A era clássica era a dos impérios.

6.3 RAZÃO DE ESTADO E INTERESSE NACIONAL

Antigamente a legitimidade da política não se dava pela democracia, por representar o interesse comum e pelos políticos serem delegados do povo. Resumindo muito, pode-se dizer que a legitimidade passou da força bruta ao direito divino dos reis, à teoria da razão de estado, ao contratualismo, à democracia. Na segunda metade do século XVI (1500-1600), alguns pensadores italianos e franceses (Machiavelli, Guicciardini, Bodin, Della Casa) tentaram legitimar a ordem política do tempo em que viviam. Tentaram demonstrar que os interesses do Príncipe coincidem com os dos súditos, os da sociedade. Nasce a **Doutrina da Razão de Estado**: a ideia segundo a qual, às vezes, por questão de segurança de estado (da segurança do governante e seus ajudantes), por questões militares, *o estado pode passar por cima de questões morais, econômicas e jurídicas.* A ideia segundo a qual havia uma razão superior aos interesses dos indivíduos, dos súditos.

A segurança do estado (não da sociedade) seria uma exigência tão importante e primária que o Príncipe, para garanti-la, poderia desrespeitar normas morais, econômicas e jurídicas. Isso, sobretudo, quando a segurança estiver sob ameaças internas ou externas. Logo, o governante necessita usar qualquer meio, até ilegal, ilegítimo, imoral, como violência e dissimulação, para garantir a própria segurança.

De quem é o copyright?

Embora quem tenha inventado a expressão "Razão de Estado" foi Giovanni della Casa (em *Oração para Carlo V*, 1547), considera-se que a Doutrina da Razão de Estado surge com Machiavelli e Guicciardini, visto que são eles que mostram o interesse da política (o poder pelo poder) e fazem amplo uso do conceito.

A teoria, além de legitimar as ações do Príncipe, justificava-as em nome do "interesse comum". Ou seja, tira-se a responsabilidade de uma pessoa específica (o Príncipe) e se coloca em um novo ente: o estado. Antes, os súditos viam as famílias reinantes com distância, desapego e desconfiança. Agora, essa nova doutrina tenta mostrar que o Príncipe age na defesa de seus interesses, pois o líder é um deles. Assim, paulatinamente a população se identificará com o Príncipe e com as famílias nobres (e contra as outras), e perceberá interesses em comum.

Além da organização da estrutura do estado, era necessária uma teoria para definir o que o Príncipe podia e não podia fazer, uma filosofia que justificasse e legitimasse suas ações. A razão do estado legitima as ações da autoridade política perante as multidões revoltadas, como nos casos de guerras e impostos. Agora, em caso de necessidade, o estado vai agir rapidamente, "sem regra na urgência e na necessidade, dramaticamente, e é isso o golpe de estado. [...] O golpe de estado é a afirmação da razão de estado" (Foucault).

Vamos agora analisar a relevância desse conceito e suas implicações:

- A razão de estado influenciou o surgimento da Escola da Doutrina do Estado-Potência de filósofos e historiadores do início do século XIX, como G. W. F. Hegel, Carl Ritter, Leopold von Ranke, e a implementação da Política de Potência de Otto von Bismarck.
- Influenciou ainda a visão do **realismo e do neorrealismo das relações internacionais** (de Morghentau, Kennan, Kissinger e outros), segundo a qual o centro de tudo e o objetivo do estado é primariamente a segurança do estado e não da sociedade. Por isso, medidas drásticas podem ser tomadas, justificadas pelo uso da razão de estado.

- O conceito moderno de **interesse nacional** é um dos filhos da razão de estado. Muitas vezes governos alegam que algumas questões "são de interesse nacional", o que os leva geralmente a fechar a economia, proibir a venda de recursos estratégicos a empresas estrangeiras, nacionalizar algumas empresas, confiscar, federalizar, entre outras medidas. A ideia de interesse nacional nos leva mais a ideias econômicas (empresas nacionais, negócios, indústrias, petróleo etc.), enquanto a Doutrina da Razão de Estado se refere mais a questões militares, diplomáticas e de segurança.

Obviamente, alguns governos utilizam a razão de estado para limitar a oposição com justificativas de segurança. Por exemplo, segredo de estado, fechamento de partidos, diplomacia secreta, censura, defesa da economia nacional, protecionismo. Para lidar com o "estado de perigo", utilizam medidas provisórias e leis excepcionais. É por isso, então, que existe a ideia que a razão de estado seja um álibi para esconder fins pessoais dos políticos, diplomatas, militares, altos burocratas ou espiões.

Ao mesmo tempo, há críticas e contrapropostas que advêm principalmente dos liberais e dos federalistas. A corrente **federalista-globalista** (Kant, Hamilton, Robbins, Spinelli, Albertini, Wilson) tenta evitar que cada estado use essa doutrina em próprio favor e contra os outros, propondo uma governança global, a juridicização das relações internacionais, organismos sobrenacionais (como a ONU) ou até um governo mundial. A corrente liberal (Kant, Cobden, Bright, Smith, Bastiat) considera que a **globalização**, o **comércio**, a **interdependência** e o **interesse econômico**, contrapondo-se aos interesses políticos, levem a menos conflitos e logo a um menor uso da razão de estado, visão que se resume bem na expressão: "Quando os bens não cruzam as fronteiras, fá-lo-ão os exércitos" (Bastiat).

6.4 A SOBERANIA

Em 1576, o jurista francês Jean Bodin, no *Six Books of the Republic*, inventou o importantíssimo conceito moderno de **soberania**. Segundo ele, é inerente à natureza do estado que deva ter uma soberania:

1. **Absoluta.** O soberano deve ser livre para legislar como quiser.
    a. Sem consenso dos súditos.
    b. Sem ser limitado pelas decisões dos predecessores.
    c. Sem se restringir às próprias leis.
2. **Perpétua.** A soberania não é dada ao soberano pelo povo, mas pelo direito natural e pelo direito divino. O monarca está abaixo desses dois direitos e acima do direito positivo.

Hobbes, outro importante autor que contribui para que o conceito se enraizasse, adiciona uma terceira característica:

3. **Indivisibilidade.** O soberano é a única e última autoridade no seu território.

De Jouvenel nos ajuda a entender melhor quais características se deve ter concretamente para ser definido soberano:

1. Possuir uma autoridade legislativa.
2. Capacidade de modificar o comportamento de seus súditos como queira.
3. Enquanto possa mudar as próprias regras de funcionamento.
4. Enquanto legisla sobre outros, ele deve estar acima da lei.

O **Tratado de Vestfália** ratificou e enraizou esse conceito do ponto de vista factual e jurídico, quase da mesma forma como nós o herdamos hoje. Desse momento para a frente, o monarca, o estado-nação, o estado é soberano absoluto e monopolista do ponto de vista doméstico e reconhecido internacionalmente entre os pares, garantindo-se reciprocamente a **não interferência nos assuntos internos**. Os governantes da Europa toda se autoatribuem o monopólio do poder interno e se reconhecem reciprocamente. O estado começa agora a ter personalidade jurídica internacional, e, para ser reconhecido como tal, a convenção quer que tenha **estado** (estado como estrutura de comando, veja as Seções 6.6 e 6.7), **território** e **povo**. Ou seja, que seja um estado-nação com o monopólio do poder *de jure* e *de facto*. O estado é agora soberano.

Por outro lado, a **soberania popular** nunca existiu *de facto*. Alguns autores das vertentes democrática e liberal a teorizam e a contrapõem à soberania real para tentar amenizá-la, mas, de fato, ela só pode existir nas democracias diretas. Rousseau aspira a ela e, consciente da sua impossibilidade prática, propõe a distinção entre a titularidade e o exercício: a primeira seria do povo; a segunda, da classe dirigente, da classe política, do estado. De fato, volta-se à soberania do soberano. Os pensadores liberais, de forma geral, são críticos a respeito da soberania, pois temem os abusos do poder e preferem a **soberania individual**. O positivista Comte fala que o "dogma da soberania popular" se baseia no "dogma da liberdade de consciência ilimitada", com conotação negativa.

6.5 O CONCEITO DE ESTADO

A palavra "estado" vem do latim "***status***" e significava situação, estar. Ainda hoje o *status* se refere a uma determinada situação, quando, por exemplo, fala-se "*status solteiro*", "é uma questão de status", "*status symbol*" ou "estado civil: casado", "qual o estado do paciente?", "*status quo*".

No sentido mais estrito da palavra, não estamos falando da famosa instituição política, mas de uma situação.

O termo "*status*" já existia na Antiguidade, mas ainda não havia o estado como instituição. O historiador Meyer mostrou que até o ano 1500 não se utilizava o termo "estado" ou "*status*" em sentido político.

A política sempre existiu, mas o estado não. Existe um debate enorme sobre quando foi criado, quando surgiu. Não se pode falar de estado antes da Idade Média porque, como vimos, o estado precisa da característica do monopólio do poder, o que era ausente na Idade Média. Durante esse período, havia atividades políticas, mas não havia estado, pois não havia monopólio de poder.

Entre 1150 e 1250 **nascem as modernas universidades** (Bologna, Oxford, Sorbonne e Salamanca são as primeiras), e entre 1250-1350 nasce gradualmente o estado. As universidades são necessárias para criar o termo, que implica o conceito de estado, razão de estado e outras ideologias, para depois o estado ser criado. Antes, precisou-se da teoria e da ideologia. Nas universidades começaram a surgir as teorias da razão de estado, que legitimaram a instituição. Muitos conselheiros de príncipes e governantes agora são formados em universidades. Além dos conceitos que serviriam de base para a criação de estado, nas universidades surgiram também a classe burocrática e a classe política.

O primeiro a usar o termo "estado" com sentido político parece ter sido Machiavelli, mas para ele se tratava da equipe dominante, do estado de corte, do estado maior, de todos os homens do rei, a corte, o conjunto do Príncipe e seus conselheiros. Uma ideia de **personificação do estado**. Na época de Machiavelli, na alta Idade Média e no Renascimento, o estado era a equipe dominante, o Príncipe, a família nobre reinante, era o palácio, o castelo, eram eles.

Hoje, para a opinião pública, o estado não representa mais as pessoas que dominam, os que estão no topo, mas é percebido como algo abstrato, geral, genérico. Se você perguntar para alguém o que é o estado, provavelmente a resposta será "nós", a sociedade, a nação, os governantes e o povo. Sendo assim, hoje o estado é algo mais impessoal, além ainda da classe dominante e do povo, é algo além. Mas, antes, para abstrair a ideia de estado, é necessário o conceito de "bem dos súditos" por meio da "razão de estados" e os *commis* da burocracia promovendo a "**impessoalidade**" dessa instituição.

Então, a evolução do estado se dá desde o termo "*status*", para depois significar a classe dominante, para nos dias de hoje representar o conjunto da equipe dominante e do povo com algo a mais, segundo a Figura 6.1.

FIGURA 6.1 O CONCEITO DE ESTADO

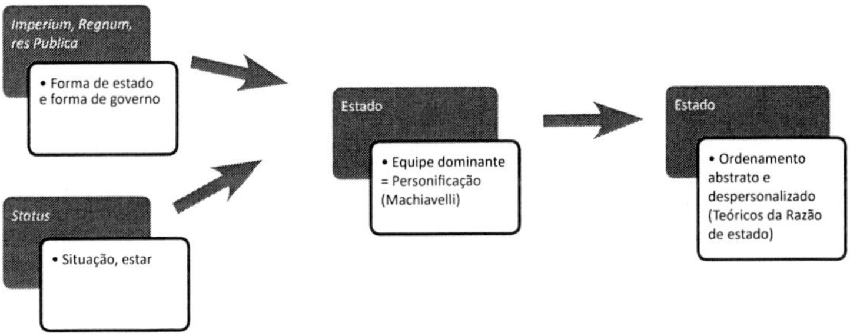

O conceito político de estado passa da personificação para algo abstrato, imaterial, intangível, que não se pode responsabilizar. Muitas pessoas, por exemplo, têm uma opinião negativa da classe política, mas têm uma boa opinião da política. Os leigos falam: "todos os políticos são corruptos", e, ao mesmo tempo: "a política é importante e necessária", como se pudesse existir política sem políticos.

O historiador Post faz uma extensa e profunda pesquisa sobre o conceito de estado ao longo da História. O termo antes incluía também o sentido de propriedade de um certo território, de imóveis, de bens. Por isso, no inglês *estate* e no alemão *staate* ele tem sentido de fundo imobiliário, de propriedade imobiliária, muito usado, por exemplo, quando se refere ao *estate* de uma rica família nobre. É o conceito de **estado imobiliário**, que bem representa como e por que os estados, ou seja, as famílias nobres reinantes, eram donos das terras daquele determinado lugar por contrato de direito privado, e como ao mesmo tempo se tornaram comandantes políticos e governantes. O comando político e a propriedade coincidiam, as famílias mandavam em um território que era deles. O estado patrimonial, então, mostra de onde vem a supremacia e o domínio do estado sobre questões de imigração (quem pode entrar naquele determinado território), limitações várias sobre a propriedade privada, até o controle moderno do capital, da economia.

A aspiração de Locke e dos liberais clássicos do "**governo da lei**", contraposto ao "governo dos homens", baseia-se nesse conceito abstrato de estado. Mas, por meio de uma abordagem descritiva e realista, essa escolha não existe, pois a legislação precisa de alguém que a crie, a implemente e a faça cumprir. O governo das leis, em última instância, é sempre governo dos homens.

O governo da lei

É um conceito muito antigo que espera limitar a arbitrariedade do poder por meio da legislação. A ideia é ter leis claras, gerais e universais, de maneira que sejam imparciais e previsíveis. Outro aspecto importante é submeter os próprios governantes a um conjunto de regras que devem respeitar. Ninguém está acima da lei, ninguém pode mudá-la segundo a própria vontade e capricho.

Os governantes se tornam, dessa maneira, quase meros executores.

Esse processo de abstração tem outras implicações. Passou de um grupo definido e claro de pessoas (a equipe dominante) para um coletivo indistinto, vago e infinito (os políticos, o povo e algo a mais). O estado hoje parece não ser a simples soma das pessoas, mas algo mais. Nas palavras de Durkheim, "o estado é, falando rigorosamente, o órgão mesmo do pensamento social", é o "cérebro social", é "a sede de uma consciência especial, restrita, porém mais alta, mais clara, que possui um sentimento mais vivo que de si mesma". Ou seja, não só é impessoal e abstrato em relação aos indivíduos, mas também superior e melhor.

A Doutrina da Razão de Estado fez com que se passasse de um círculo restrito de pessoas (a equipe dominante) para um conceito que engloba ela mesma, os súditos e algo a mais, o espírito de comunidade, o bem comum, o cérebro social de Durkheim. Nunca houve um conceito de estado que significou apenas a sociedade e nada mais. Passou-se da identificação entre estado e equipe dominante à soma entre estado, equipe dominante, sociedade e algo a mais. É o pulo da sociedade (Figura 6.2).

FIGURA 6.2 O PULO DA SOCIEDADE

Biscaretti di Ruffia afirma que "o estado apresenta-se como um ente social com uma ordenação estável e permanente; pode, concomitantemente, ser considerado – segundo a teoria institucional do direito – uma instituição ou uma ordenação jurídica, que abraça e absorve, em sua organização e estrutura, todos os elementos que o integram, adquirindo, em relação a eles, vida própria e formando um corpo independente, que não perde sua identidade, pelas sucessivas e eventuais variações de seus elementos". Ou seja, não importa quem ocupa os cargos de comando e não importa quando eles mudam. O estado se torna eterno.

6.6 NAÇÃO, ESTADO E GOVERNO

Outra importante distinção conceitual e factual é entre nação, estado e governo:

- **Nação**. É um conceito polêmico, mas basicamente significa o conjunto de território, povo, língua e cultura (incluindo religião). Há um debate se os judeus eram uma nação até quando não tinham um território, se a Palestina é hoje uma nação etc. Muitas pessoas da Catalunha se consideram uma nação à parte, por isso querem a secessão e formar um estado próprio.
- **Estado**. O aparato político contemporâneo que tem o monopólio do poder por meio do qual se governa.
- **Governo**. O grupo de pessoas que governa um território por meio do estado. É uma parte do estado, é o ramo executivo do estado (diferente do Legislativo e do Judiciário).

Estruturas como o Judiciário, o Exército, o Itamaraty e outros, são parte do estado, mas não do governo. O governo coloca, sim, um ministro acima da pirâmide dessas estruturas, mas gerencia apenas a parte executiva. A distinção pode parecer sutil e academicista, a ponto de os americanos costumarem usar o termo *government* para se referir ao estado, mas na verdade eles usam outro termo específico para se referirem ao governo, que é *administration*. É com certeza uma distinção jurídica, mas também factual: o governo é uma parte do estado, é seu ramo executivo. Nação, estado e governo são três conceitos conectados, porém diferentes.

6.7 *STATE BUILDING* E *NATION BUILDING*

Retomando a história do mercantilismo-absolutismo, surgiram então os primeiros estados-nação. No começo, tratava-se de monarquias absolutas, que se formaram por meio da conquista militar, de combinações dinásticas e de acordos recíprocos. Obtiveram o monopólio da força por meio da proibição dos exércitos privados e do confisco das armas dos cidadãos, que, consequentemente, permitiu-lhes subjugar a população. Conseguiram se opor ao poder internacional da Igreja Católica, subjugaram-na e tomaram algumas das suas funções (como o ensino, os hospitais e a assistência aos necessitados).

Na França, Luís XIII, Richelieu, Luís XIV, Mazzarino e Colbert centralizaram o poder. As universidades e as academias das belas-artes foram nacionalizadas (passaram da igreja ao estado), criaram um sistema de aposentadoria estatal para os professores para lhes dar benefícios e torná-los dependentes, fecharam o comércio internacional, planejaram a economia, fortaleceram e institucionalizaram o aparato burocrático por meio do qual aumentaram os impostos. Para Richelieu, as massas são como animais a serem comandados, "devemos compará-los com burros, que, quando se acostumam ao peso, podem ser explorados". O rei-sol agora pode falar "*l'état c'est moi*": pela primeira vez na história um rei é o estado mesmo, na sua totalidade.

Esse processo de centralização, monopolização e construção das estruturas do estado é o ***state building***, que consiste em criar:

1. **Monopólio da violência**. Polícia e defesa.
2. **Arrecadação de impostos** sistemática, institucionalizada, burocrática e eficiente.
3. **Monopólio da legislação.**
4. **Monopólio da justiça.**
5. **Monopólio da moeda.**
6. **Burocracia.**
7. **Controle das ideias**. Controle do ensino, das grades curriculares, das universidades, dos professores e, sucessivamente, da mídia.

O processo de *state building* é o processo de construção do aparato estatal, da sua máquina, da administração pública, da burocracia, que engloba tribunais, polícia, escolas, exército, hospitais, administrações públicas várias como DETRAN, cartórios, prefeituras, órgãos vários de emissão e carimbo de documentos, ou seja, todos os trabalhadores estatais, de qualquer nível.

Ao mesmo tempo há o processo de ***nation building***:

1. Criação de um **espírito de comunidade, de identidade**, de interesse comum, de nacionalidade.
2. Surgimento de uma **língua única**. Na Espanha era o castelhano, o catalão, o galiciano etc.; na França, a língua d'oc, a língua d'oïl; na Itália, várias línguas, como o florentino, o latim, o siciliano, o veneziano, o lombardo, o piemontês etc.
3. Surgimento de uma **religião única**.
4. **Simbolismo**. Hinos, bandeiras, padres da pátria, estátuas, arte de regime etc.
5. **Nacionalismo**. A criação de uma história comum, oficial e de regime.

O processo de *nation building* em parte é espontâneo e *bottom-up*, em parte é direcionado pelo estado e *top-down*. O estado-nação é exatamente o resultado desses dois processos, a ponto que hoje estado e nação geralmente coincidem. Mas alguns estados, como a Grã-Bretanha e a maioria dos estados africanos, não conseguiram, pois ainda hoje Escócia, Irlanda, Gales e Canadá são nações diferentes, e em vários estados africanos há povos diversos, etnias, tribos que falam línguas diferentes, com religiões diferentes e que se sentem diferentes. Os Bálcãs também são divididos por motivos de línguas, etnias, religião e por isso têm vários conflitos. Grã-Bretanha, URSS, Iugoslávia, a maioria dos estados africanos, a Bélgica (com flamengos e francófonos) e a China (que domina o Tibet) são casos de **estados multinacionais**. Ao contrário, há também casos de **nação-multiestados**, como os EUA, o México (ambas federações de estados) e a Índia.

Com o processo de descolonização ao redor do mundo, os nascentes estados independentes herdaram e copiaram esses dois processos.

Hoje, vários estados ainda estão tentando cumprir esses processos. Alguns casos importantes e problemáticos são Sudão do Sul, Kosovo, Palestina, Nepal, Chipre. Outros casos interessantes são Cidade do Vaticano, que é um estado sem nação; os hebreus, que até a fundação do estado de Israel podiam ser considerados uma nação sem estado; os curdos, na mesma situação, divididos entre Turquia e Iraque.

6.8 O APARATO BUROCRÁTICO

A burocracia é antiga: no antigo Egito, na China Imperial e na antiga Roma já havia imponentes sistemas burocráticos.

O caso dos **mandarins** chineses merece um enfoque particular. A partir do século VII a.C., a China passou gradualmente do sistema feudal para um sistema mais centralizado, burocrático. Os imperadores queriam controlar o território diretamente sem depender dos nobres locais. Os primeiros burocratas foram exatamente os últimos filhos homens dos nobres, que agora passavam a trabalhar em nome e por conta da autoridade central. Para incentivá-los a aceitar o cargo, eram dados ótimos salários, poder e *status*. Não parece muito diferente da atual situação brasileira. O critério de seleção mudou ao longo do tempo. Posteriormente, aos funcionários foi pedido a sugestão de sucessores, pessoas competentes e confiáveis. Ganhavam o poder de indicar alguém (muitas vezes tratava-se de parentes), mas se tornavam responsáveis por seus resultados. Aos poucos, além do sistema por indicação, surgiram também os concursos imperiais. Os mandarins acabavam tendo um enorme poder de decisão, especialmente nas províncias e no interior, e, à medida que o sistema nobiliário foi destruído, eles tomavam grandes propriedades de terra (que antes pertenciam aos nobres). Para deixar clara a autoridade, os mandarins tinham até um vestuário peculiar e um crachá específico. Esse sistema durou 1.300 anos (mais ou menos de 605 a 1905).

O feudalismo representou a tentativa de organizar pequenos territórios com o mínimo de sistemas burocráticos, mas com o sistema de guildas e corporações privadas. A sucessiva ascensão do estado-nação é de novo a glorificação da burocracia. Como vimos, na França, Luís XIII, Richelieu, Luís XIV, Mazzarino e Colbert centralizaram o poder, e as universidades e as academias das belas-artes passaram da Igreja para o estado. Criaram um sistema de aposentadoria estatal para os professores para lhes dar benefícios e torná-los dependentes, fecharam o comércio internacional, planejaram a economia, fortaleceram e institucionalizaram o aparato burocrático, por meio do qual aumentaram os impostos. Richelieu via as massas como animais a serem comandados. O rei-sol fala "*l'état c'est moi*". O termo "burocracia" vem do francês *bureau*, departamento, escritório, sala; a França é a pátria do estado-nação.

Já estudamos o caso da França. Na Prússia, Frederico, o Grande, importou os métodos e até vários funcionários franceses e lhes conferiu a arrecadação dos impostos e o controle da alfândega. Nomeou um francês na diretoria do Correio e um na presidência da academia estatal. Inglaterra e EUA ficaram imunes a esse tipo de organização por um tempo, mas depois a importaram também, com algumas peculiaridades.

A administração pública serve, então, para controlar centralmente várias atividades. O grande teórico e arquiteto de tudo isso foi o jurista Jean Bodin. **A função primária da burocracia é aplicar a vontade do soberano.**

Sucessiva e gradualmente, a burocracia começou a se ampliar. Cada novo político que assumia um cargo trazia consigo as pessoas que o ajudaram a subir ao poder (ele precisa de secretários, assistentes, consultores, e eles precisam de um emprego). Inicialmente, esses ajudantes eram empregados privados do político, pagos privadamente, mas gradualmente foram incorporados à administração pública.

Deixando agora de lado as questões históricas e comparativas, passamos a analisar detalhadamente como funciona de fato a burocracia. Para isso, é muito útil a obra *Bureaucracy*, de 1971, de William Niskanen. Ele faz uma lista de características e aspectos importantes da administração pública:

1. **Tem um custo**. Isso pode parecer óbvio e irrelevante, mas é talvez a questão mais importante. Muitas vezes esse fato é esquecido ou desconsiderado. Note que todas as vezes que se fala de uma política pública e de seus resultados nunca se consideram os custos. Analisando apenas os efeitos, é óbvio que o resultado pareça positivo! Alguns dos custos são: planejamento, organização, manutenção dos projetos, salários, custo-oportunidade do que poderia ter sido feito com aqueles recursos etc.

2. **Responde aos interesses dos políticos**, dos lobistas e não dos cidadãos-usuários. A burocracia é a estrutura executiva-administrativa por meio da qual a política e o estado executam, aplicam, implementam uma *policy* sobre os cidadãos. Os burocratas estão às ordens dos superiores, e a carreira deles depende de seus chefes etc. Quem exige o contrário quer reverter a sua natureza e não quer estudá-la. Muitas vezes, se a administração pública tivesse que ser útil para os cidadãos e não para os políticos, deveria simplesmente parar de existir. Não é por acaso que, perante a burocracia, os cidadãos sejam usuários e não clientes.
3. **Tem incentivos a mostrar que faz muito**. Qualquer trabalhador, até do privado, tem o incentivo de mostrar que trabalha muito e bem, que é indispensável, até mais que a verdade. Os trabalhadores estatais não se subtraem a essa lógica.
4. **Tem incentivos a pedir sempre mais dinheiro**. Da mesma forma eles têm o incentivo de pedir sempre mais dinheiro, no sentido de aumentos salariais, mas também como orçamento gerenciado pela própria área, pelo próprio departamento.
5. **Incentivos a ampliar as áreas de competência**. É a mesma lógica precedente. Trata-se de incentivos. Isso significa que nem sempre e nem todos os burocratas devem fazer necessariamente assim. Alguns podem não se aproveitar dessa situação, mas os incentivos existem.
6. **Custos maiores que o prefixado**. Estádios, pontes, aeroportos, obras públicas em geral costumam ter um custo final maior que o preestabelecido, isso não só no Brasil, mas no mundo inteiro. O mesmo tende a acontecer em reformas de apartamentos privados: o trabalhador que faz a reforma tem o incentivo de aumentar o orçamento

e pedir mais dinheiro durante o trabalho. Em política a coisa piora. Isso acontece por três fatores:

a. Não são os tomadores de decisão que pagam. Quem aloca o dinheiro são os políticos e os burocratas, quem paga é o pagador de impostos, logo, não há muitos incentivos a limitar o custo.
b. Quem está trabalhando sabe que, uma vez completos metade ou 2/3 da obra, seria irracional não pagar um pouco a mais para completá-la. O risco seria, por exemplo, gastar 1 milhão para uma obra inutilizável ou gastar 1,2 milhão, mas poder desfrutar dela.
c. Os tomadores de decisão, políticos e burocratas podem estar de acordo com os construtores.

7. **Uma vez criado um escritório (ou uma legislação), é muito difícil fechar**. Quando se cria um novo cargo, um novo ministério, um novo departamento, uma nova regulamentação, uma nova legislação, dá-se poder e dinheiro a alguém (por exemplo, aos trabalhadores daquela área). Depois, é muito difícil voltar atrás, pois as pessoas que trabalham naquela área dificilmente aceitarão a sua dissolução. Por exemplo, é difícil que fechem o BNDES ou Departamento da Bolsa Família do Ministério do Desenvolvimento Social. A solução, nesses casos, pode ser o meio-termo de fechar o órgão, mas não demitir os trabalhadores e realocá-los em outras atividades, ou continuar a pagá-los deixando-os em casa, de maneira que possam fazer um trabalho produtivo. Trata-se de uma constante, mas obviamente há exceções.
8. **As eleições criam incentivos para mais gastos**. Além das questões ideais, morais e democráticas, uma das consequências concretas das eleições é que geram mais gasto. Imaginem uma eleição entre um candidato que promete

aumentar o "investimento" em saúde, ensino, segurança, transporte etc. e outro que faz um discurso de responsabilidade, de pôr em ordem as contas, da necessidade de reduzir déficit e dívida. Quem terá mais possibilidade de ser eleito? A parábola dos "custos difusos e benefícios concentrados" mostra claramente que será o primeiro a ganhar. Mais gasto estatal significa mais austeridade das pessoas, mais impostos, menos crescimento etc.

Podemos ainda adicionar outros aspectos relevantes:

9. **É impossível medir o valor da burocracia**. Quanto valem a polícia, os hospitais, os tribunais? E quanto vale o trabalho de cada trabalhador dessas áreas? Quanto deveriam ganhar essas pessoas? Como medir isso da forma mais precisa e objetiva possível? É impossível. Pode-se tentar ver quantos casos um policial resolve, quantos pacientes um médico cura, quantos casos um juiz julga, quantos alunos um professor consegue fazer passar no Enem, no Enade etc., mas logo surgirão vários obstáculos insuperáveis. Se o policial é avaliado e pago em termos de sucessos (casos resolvidos), gera-se o incentivo a declarar "resolvidos" muitos casos de forma rápida e aproximativa. Se, ao contrário, quer-se avaliar os casos investigados (até sem soluções finais) medindo praticamente o esforço, as horas de trabalho, a quantidade, gera-se o incentivo a tratar muitos casos (e até inventá-los), mas sem resolvê-los. A mesma coisa acontece com os médicos, os juízes e todos os tipos de funcionários estatais. Aí se pode pensar em ter uma ideia do "salário justo", comparado com o salário do mesmo tipo de trabalho no setor privado (médico em estrutura privada, um segurança privado etc.) e aproximar, por exemplo, o salário estatal do privado, mas logo

se nota que a produção e a produtividade podem ser muito diferentes devido aos diferentes mecanismos de incentivos. Se houver poucos casos de crime, a polícia merece ganhar pouco porque trabalha pouco ou muito porque tem muito sucesso? E será que o baixo número de crimes depende de verdade da polícia ou de outros fatores mais amplos? São perguntas sem uma resposta certa. No privado, o dilema se resolve com a disponibilidade a pagar dos vários agentes; no estado, resolve-se com a força que cada grupo tem para pedir aos superiores (políticos e burocratas) um aumento de salário, por meio de greves, lobismo, entre outras maneiras.

10. **Se tem sucesso, deveria fechar**. Se o departamento de erradicação da pobreza, o departamento de combate ao trabalho escravo, a polícia antinarcotráfico, o ministério da igualdade racial etc. têm sucesso na sua missão oficial, não teriam mais motivos de existir, teriam cumprido a própria missão e deveriam, poderiam, ser extintos. Dessa forma, surge o incentivo a nunca ter sucesso pleno na tarefa e os trabalhadores dessas áreas alegarão que isso é devido a uma falta de recursos, a mover a meta sempre mais para lá, a ampliar a esfera de atuação etc.

Todo esse problema deriva da diferença com as empresas privadas, do fato que o aparato público não é orientado ao lucro, e então, não é definível em termos de valor econômico e não é possível o cálculo econômico (Mises). As empresas buscam o lucro, organizam-se internamente com certa hierarquia, certa estrutura, com **regras** e normas, mas esses preceitos são só meios para o fim último do lucro. Dessa forma, as regras não necessárias tendem a desaparecer e não faz sentido sobrecarregar de normas um empregado, visto que seu interesse e o do superior são alinhados. Se for preciso basta dar uma participação no lucro (resolvendo assim o problema principal-agente). A administração pública, ao contrário, não gera lucro econômico. Os donos e os superiores não têm lucro a dividir. Para incentivar o funcionário a ser eficiente e produtivo não há essa alavancagem. A única alternativa é estabelecer condutas, critérios, procedimentos, normas, para não deixar margem à arbitrariedade e a comportamentos não virtuosos. O papel do burocrata é cumprir essas regras. Dessa maneira, destaca-se que:

1. **As regras se tornam o fim** (e não um meio, como na iniciativa privada) da atividade do burocrata. É por isso que, por exemplo, muitas vezes se recebem respostas do tipo "sinto muito, o procedimento é este". É o usuário que tem que se adaptar à regra.
2. Na administração pública **não há conexão entre custos e arrecadação**. A arrecadação não é produzida pelos funcionários estatais, é dinheiro do setor produtivo e arrecadado e pode haver um grande descompasso entre as duas atividades.
3. **Não há como medir o valor produzido**. O que a administração pública produz não tem um valor monetário. Não há como saber quanto as pessoas pagariam nem se pagariam. Mises especifica que isso não significa que não tenham valor algum, apenas que não tem um valor traduzível em termos monetários.
4. A burocracia geralmente **é lenta, cara e ineficiente**.
5. **É impossível replicar os mecanismos privados** para melhorar a atividade, por estes e pelos motivos que vimos com Niskanen.
6. Pelos mesmos motivos, **é inútil nomear homens de negócios** para melhorar a atividade. Não é uma questão antropológica e pessoal, é uma questão sistêmica e institucional, uma questão de incentivos.

7. **É impossível medir o trabalho de um funcionário** em termos monetários.
8. Sendo assim, **as relações entre um funcionário e seu superior se tornam mais pessoais** e menos profissionais. A carreira depende mais da simpatia, da lealdade, da afinidade política, da subserviência que dos resultados concretos.
9. **Os funcionários públicos estão sujeitos ao poder dos superiores e dos colegas até na vida privada**. Espera-se que tenham uma vida virtuosa, que apoiem as visões políticas dos chefes e dos ministros, e a possibilidade de apoiar partidos e candidatos de oposição fica muito limitada, para eles e até para os familiares.
10. Para tentar limitar o poder dos chefes sobre seus empregados (e mitigar os efeitos mencionados nos itens 7 e 9), muitas vezes se **estabelecem critérios fixos** para a carreira: cursos de pós-graduação, diplomas, fazer cursos de idiomas, participar de eventos, cursos de formação vários. As consequências disso são:
    a. Alguns funcionários ficam muito relaxados;
    b. Outros ficam geralmente muito hábeis em se destrinçar com esses critérios para a carreira, e acabam focando mais nisso do que no próprio trabalho.
11. Quando a administração pública é muito forte, **pode opor resistência aos ministros** e ao governo e até boicotar suas agendas. É por isso que se fala que os governos vão e vêm, mas os burocratas permanecem.

Algumas considerações se tornam necessárias. Agora fica claro, por exemplo, que quando o estado estabelece a necessidade de ter licenças para a exportação, a óbvia consequência e o objetivo são a redução das exportações (por lobismo ou por segurança nacional). A concessão de licenças é o meio e não o fim. O fim é a redução das exportações. Nesse ponto de vista, as licenças recusadas ou até não solicitadas (porque as pessoas desistem) são até mais importantes que aquelas que foram entregues. Seria, portanto, errado escolher como parâmetro o número de licenças concedidas e distribuídas.

Fica claro também que, quando as condições do emprego burocrático são melhores que as dos empregos privados (salário, horas de trabalho, benefícios vários, estabilidade, *status*, poder), ocorre um **efeito desvio do setor produtivo para o burocrático**; os jovens querem justamente entrar no funcionalismo público.

Em geral, a história da burocracia e seu funcionamento nos fornece um olhar mais profundo, mais realista e nos leva agora a poder enxergar sua lógica política. Nesse sentido, Miglio é o autor que nos ajuda a entendê-la. Além da primeira (aplicar a vontade do soberano), a segunda função da burocracia é **assegurar empregos aos ajudantes dos políticos** (no Brasil popularmente se fala de "cabide de emprego"). Vamos explicar. Quando alguém se candidata a um cargo político, voluntários participam de sua campanha. Essas pessoas podem ser profissionais (juristas, consultores, economistas, cientistas políticos, *marketing advisors*, *ghost writers*, membros do partido etc.) ou não, e podem até ser amigos e parentes (geralmente na política local). Estes são os **ajudantes**, ou **seguidores ativos**. Tais pessoas precisam de alguma recompensa, precisam de um emprego, de um salário, de um subsídio. O político pode pagar do próprio bolso essas pessoas ou pode **transferir esse custo para a coletividade**. É claro que o incentivo leva à segunda direção. Por outro lado, o voluntário tem também todo o incentivo de não depender do sucesso do político e assim buscar estabilidade no emprego estatal. Dessa maneira, os interesses deles estão alinhados. A combinação desses interesses gera o resultado do aparato burocrático e do seu contínuo crescimento. Se um político não tem pessoas às quais achar um emprego, significa que não tem poder algum, mas, ao mesmo tempo, se tem pessoas demais (em respeito às vagas disponíveis), terá problemas de alocação. É o chamado sistema de ***patronage***: nomear pessoas na administração pública na base do apoio político-eleitoral mais que do mérito e da competência. Eis algumas características dessa dinâmica:

1. Refere-se geralmente aos **cargos direta e explicitamente à disposição do político** (secretários, consultores, motorista, ajudantes, entre outros).
2. Refere-se também a **cargos em empresas estatais ou com participação estatal.**
3. Refere-se a **cargos fixos com estabilidade ou cargos comissionados e temporários.**
4. Pode ser **legal ou ilegal**. Não se trata necessariamente de uma dinâmica proibida pela lei, muitas vezes é permitido ou à margem da legalidade, visto que em várias situações o político tem de fato o poder de escolher ou indicar uma pessoa.
5. ***Patronage* cruzado**. Muitas vezes, para ser menos notado, arranja-se uma situação na qual o político X nomeia ou contrata o ajudante do político Y, e vice-versa.
6. **Apoio, passado, futuro, externo e interno**. Entende-se que o voluntário apoiou, como também seguirá apoiando. Esse apoio será não apenas nas futuras eleições, mas também passando informações privilegiadas internas e auxiliando nos processos internos ao departamento no qual agora trabalha.
7. A **justificativa** desse sistema se baseia no fato que os políticos precisam de **pessoas leais que concordam com sua agenda.**

O *patronage* é um fenômeno antigo, presente no mundo inteiro e que ainda sobrevive a despeito das tentativas de proibição da legislação.

Concluindo, tais seguidores prestam uma "**fidelidade ativa**", contribuindo politicamente, com atos e comportamentos contínuos visando a conquista e manutenção do poder do candidato apoiado. Os chefes políticos prestam uma **proteção específica** (e não genérica, como para a população), por exemplo, evitando que sejam culpados em um processo ou que sejam processados, criando uma lei específica para favorecê-los, aumentando o salário mesmo em época de crise, atribuindo-lhes um *status* jurídico superior, conferindo estabilidade ao cargo, protegendo-os com a lei de desacato, tirando a responsabilidade individual no exercício das próprias funções, dando outro cargo em outros entes, e por aí vai. De fato, é dessa forma que nasceu a burocracia, é para isso que existe e é por isso que tende sempre e inevitavelmente a crescer.

6.9 ESTADOS FALIDOS

Um estado é uma **organização política que detém o monopólio do poder legitimizado em determinado território**. Vimos que, durante o surgimento do estado, várias organizações políticas tentaram se sobrepor às outras e se estabelecer como estados. No final do processo uma delas vencerá, subjugando as demais. Às vezes, porém, pode haver um impasse que levará a uma situação de caos, em que, por um tempo, nenhum grupo consegue estabelecer o monopólio do poder. Em outros casos, um estado pode perder o controle, por causa de guerras, golpes ou revoluções, e uma guerra civil pelo controle do território pode eclodir. Isso aconteceu milhares de vezes na história e acontece ainda hoje. Organizações deste tipo (que não conseguem deter o monopólio do poder) são chamadas de **estados falidos**. Na verdade, todos os estados lidam com grupos mais ou menos fortes que tentam não ser controlados e até mesmo tomar posse do poder político. Trata-se de grupos criminosos simples, crime organizado, movimentos secessionistas, terroristas, narcotráfico, senhores da guerra, minorias religiosas, minorias étnicas, igrejas, empresas, associações ou comunidades independentes. Dessa maneira, estados com total monopólio do poder e estados falidos funcionam mais como dois modelos ideal-típicos aos extremos de uma linha de continuidade, em que há estados com mais ou menos controle do próprio território. O *Índice dos Estados Frágeis*, apresentado na Figura 6.3, mede esse tipo de situação.

São mensurados fatores mais objetivos, como a situação econômica (desigualdade, pobreza e declínio) e o controle da violência (segurança interna e segurança externa), mas também variáveis mais complexas (como os bens públicos) sobre as quais há forte desacordo na literatura científica. Focando no que todos os estudiosos do tema concordam, ou seja, na definição mais reducionista e minimalista, um estado é considerado falido quando:

- **Não detém o monopólio do poder**, ou é desafiado de forma considerável, na totalidade do seu território ou em algumas áreas.
- Há **erosão da legitimidade** do uso da coerção e do monopólio da força.
- Há **incapacidade de agir como um estado na arena internacional** e de ser reconhecido como tal pelos outros estados.

Atualmente os estados mais frágeis são Sudão do Sul, Sudão, Somália, República Centro-Africana, Congo, Chade, Síria, Iêmen, Iraque, Afeganistão, Guiné, Haiti, Paquistão, Zimbábue, Nigéria, Costa do Marfim.

FIGURA 6.3 ÍNDICE DOS ESTADOS FRÁGEIS

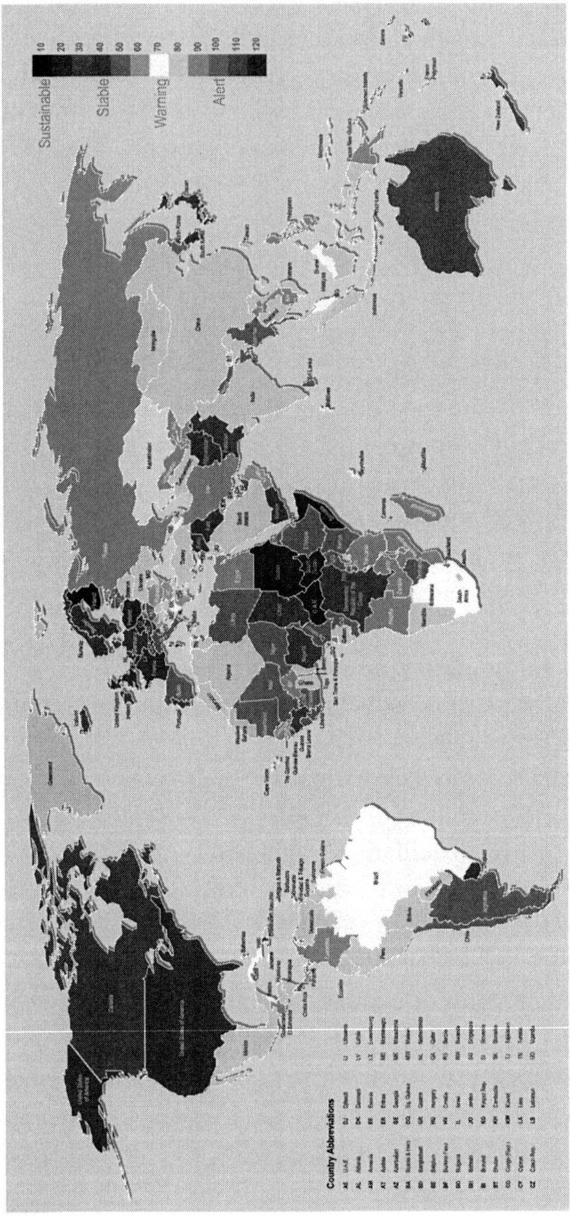

Fonte: Fund for Peace.

PERGUNTAS

- Elenque e explique as etapas de Oppenheimer.
- Como surgiu o estado-nação?
- Explique o conceito de bandido estacionário de Mancur Olson.
- Conecte o conceito de bandido estacionário à teoria dos jogos.
- Explique o que são doutrinas da razão de estado e da soberania e sua relevância.
- O que tem a ver a descoberta/invasão da América Latina com a formação do estado-nação?
- Explique o *State building.*
- Explique o *Nation building.*
- Qual a diferença entre *State building* e *Nation building?*
- Mostre alguns casos contemporâneos de *State building* e *Nation building.*
- Explique o conceito de estado e como ele mudou ao longo da história.
- Explique o conceito de estado da Idade Média.
- Explique o conceito de estado na contemporaneidade.
- Explique o que é o governo da lei e o governo dos homens e suas relevâncias.
- Explique a diferença entre estado, governo e nação.
- Explique a impessoalidade dos burocratas estatais e sua relevância.
- Explique o conceito de razão de estado.
- Explique o conceito de interesse nacional.
- Explique como o conceito de razão de estado influenciou o conceito de estado.
- Explique o conceito de soberania.
- Explique a importância do Tratado de Vestfália.
- Explique a importância da soberania popular.

- Explique a importância da soberania individual.
- Explique nação-multiestados e estados-multinacionais.
- Explique o conceito de *failed state* e dê alguns exemplos contemporâneos.
- Quais os critérios para um estado ser definido como falido?
- Quais os dois fins da burocracia?
- Quais as características da burocracia mostradas por Niskanen?
- Quais as características da burocracia mostradas por Mises?
- Quais as características da burocracia mostradas por Miglio?
- Explique a história da burocracia.
- Explique o sistema dos mandarins.
- Explique o que é *patronage* e suas características.

Capítulo 7

COMANDO, OBEDIÊNCIA, AÇÃO COLETIVA, DESOBEDIÊNCIA

7.1 O MISTÉRIO DA OBEDIÊNCIA. TRÊS EXPERIMENTOS

Em 1963, o Professor **Milgram** testou a disposição das pessoas a responder a ordens de uma figura de autoridade mesmo se em conflito com a própria moral. O experimento foi realizado três meses depois que o nazista Eichmann foi julgado pelos crimes cometidos durante a Segunda Guerra Mundial. Milgram queria entender como foi possível que as ordens dos nazistas tivessem sido cumpridas em vários níveis. Foram chamadas diversas pessoas em um laboratório médico e foi-lhes explicado que se tratava de um experimento para ver como as pessoas aprendem com os castigos. Eles deviam ler uma série de perguntas presentes em uma folha para uma pessoa em outra sala por meio de um sistema de interfone. Quando o entrevistado errava, deviam ser submetidos a uma descarga elétrica por meio de um dispositivo conectado ao corpo. O entrevistado estaria todo o tempo amarrado a uma cadeira. A cada erro, a voltagem aumentava. Quem fazia as perguntas, podendo ouvir as respostas, ouvia também os gritos de dor e às vezes ouvia os suplícios para que terminassem o experimento. O resultado incrível foi que 60% das pessoas continuaram o experimento até a descarga mais forte, a despeito da dor de quem estava na outra sala, contra uma previsão de Milgram e sua equipe de 1,2%. (Obviamente, a pessoa que subia as descargas era um ator, mas o resultado do experimento não muda.)

Há outro importante experimento, "**a terceira onda**", feito em uma escola da Califórnia em 1967 (e representado também no especial de TV *The Wave*, de 1981, e no filme *A onda*, de 2008). Um professor começou a aplicar disciplina e regras rígidas gradualmente. Primeiro exigiu que, quando os alunos fizessem uma pergunta, se levantassem, que fossem sucintos e racionais, que antes de se referir a ele o chamassem de "Sr. Jones". Depois, decidiu criar um sentimento de comunidade, nomeando a sala "a terceira onda", e criou uma saudação similar à nazista e exigiu que o fizessem entre eles até fora do horário de aula. No terceiro dia o movimento começou a crescer quase sozinho. Outros alunos decidiram participar do projeto, recebendo um cartão que lhes definia funções (criar um logotipo, impedir que alunos externos invadissem, organizar a sala etc.). Os veteranos receberam a função de iniciar os novatos. Ao final do dia, os membros passaram de 30 a 200. Alguns passaram a delatar ao professor os colegas que desobedeciam às regras. Notando imediatamente aonde a situação chegaria, o professor decidiu terminar o experimento. Avisou aos alunos que haveria uma apresentação pública no dia seguinte, na qual lhes contou que foram objeto de um experimento fascista e mostrou que todos estavam obedecendo e criando um espírito coletivista de comunidade e de superioridade, exatamente como aconteceu na Alemanha nazista. Depois disso, passou um filme sobre o nazismo. O professor replicou um sistema autocrático-ditatorial para explicar como foi possível o nazismo ser seguido por milhões de pessoas comuns e como seria possível outra vez.

No famoso **experimento de Stanford**, de 1971, o Professor Philip Zimbardo conduziu uma equipe de psicólogos e pesquisadores que selecionou 24 voluntários e lhes atribuiu aleatoriamente os papéis de prisioneiros e guardas de uma prisão. Os indivíduos se adaptaram, imediatamente e além das expectativas dos pesquisadores, aos diferentes papéis. Os guardas aplicaram várias medidas autoritárias e em alguns casos chegaram a torturas psicológicas. Muitos prisioneiros obedeceram passivamente aos abusos psicológicos e, sob pedidos dos guardas, bloquearam outros prisioneiros que tentavam defendê-los. Em pouquíssimos dias, houve uma escalada de violência e de abusos, ainda que fossem previamente instruídos de forma contrária. Dois prisioneiros abandonaram o experimento, que foi interrompido apenas no sexto dia. Os resultados parecem ter demonstrado a autoridade e a obediência das pessoas em um sistema com instituições formais quando há uma ideologia que legitima o comportamento.

Esses são experimentos psicológicos que fogem um pouco da ciência política, mas são importantes por mostrar como as pessoas obedecem às ordens. Em uma sociedade complexa, as ordens não são só binárias entre um indivíduo que ordena e outro que obedece, a estrutura de comando é complexa e estratificada, há uma hierarquia piramidal, uma cadeia de comando: nas extremidades há o chefe supremo e o súdito inferior, e no meio há toda uma série de figuras que, por um lado, recebem ordens dos líderes e, por outro, comandam alguns inferiores. A coisa se complica ainda mais quando se nota que, na verdade, muitas pessoas são ao mesmo tempo chefes, subchefes e súditos, e isso varia de acordo com a situação, o momento e a esfera de atuação.

7.2 COMANDO E LIDERANÇA POLÍTICA

Para entender como tudo isso funciona de fato, é necessário analisar a dinâmica entre o líder e os seus seguidores. Nesse sentido, Rothbard escreve:

> *Uma vez estabelecido o estado, o problema do grupo ou "casta" dominante passa a ser o de como manter o seu domínio. Embo-*

> *ra o seu modus operandi seja o da força, o problema básico e de longo prazo é ideológico. Pois, para continuar no poder, qualquer governo (não simplesmente um governo "democrático") tem de ter o apoio da maioria dos seus súditos. E esse apoio, vale observar, não precisa ser um entusiasmo ativo; pode bem ser uma resignação passiva, como se se tratasse de uma lei inevitável da natureza.*[1]

É o mesmo problema apontado por Talleyrand quando falou para Napoleão: "Com as baionetas, *Sire*, pode-se fazer tudo, menos uma coisa: sentar-se sobre elas." E Rothbard de novo explica como fazer: "Claro que um dos métodos para assegurar o apoio é por meio da criação de interesses econômicos legalmente garantidos. Como tal, o rei sozinho não pode governar; ele precisa de um grupo considerável de seguidores que desfrutem os privilégios do domínio, por exemplo, os membros do aparato estatal, como a burocracia em tempo integral ou a nobreza estabelecida."[2] No entanto, para angariar o apoio das massas, é preciso criar uma **ideologia**, e, para tal, são necessários os formadores de opinião, os intelectuais, os filósofos que legitimem, os historiadores oficiais e os cientistas a próprio serviço. É uma pirâmide, em que cada peça tem sua importância de acordo com a sua posição, e o líder é ainda mais imprescindível.

Nesse sentido, Miglio distingue muito bem três categorias:

- **Líder político**. São e precisam ser muito decididos, seguros de si, precisam ter ideias fortes e claras, sobre quem são os bons, sobre quem são os maus, sem meios-termos. Precisam polarizar a *polity* para ter seguidores.
- **Ajudantes, classe dirigente, classe política secundária, seguidores ativos**. São os ajudantes diretos do líder político; apoiam-no a chegar ao poder e a mantê-lo. Em troca

1 *Anatomy of the state*, p. 15.
2 *Anatomy of the state*, p. 16.

recebem uma "proteção ativa", específica e diferenciada por parte do líder. O crime de desacato é um exemplo. Todas as vezes que um ajudante é salvo de consequências judiciárias, econômicas, políticas negativas; quando, por exemplo, cometeu um crime, e é salvo, perdoado, ajudado a se exilar, quando um político de segundo escalão perde as eleições e é recolocado em uma empresa estatal, em um cargo inferior etc.; quando um intelectual militante, um ativista, é feito parlamentar para ganhar a imunidade, são todos exemplos deste caso. São subchefes políticos que têm limites na própria discricionariedade.

- **Seguidores indiferenciados.** Não são ativos politicamente, são os cidadãos comuns que pagam os impostos, seguem as regras, obedecem e tentam focar nos próprios afazeres, mas seguem e votam em determinado político sem muita paixão e sem muito desperdício de tempo. Têm fidelidade passiva, obediência.

O líder é quem inicia e/ou dirige a ação coletiva, quem cria um movimento, uma associação, um partido, uma petição, uma guerra, uma revolta, um estado, entre pessoas com diferentes graus de interesses (intensidade). Sempre tem uma pessoa ou um grupo para liderar.

O líder deve:

1. **Identificar os interesses, objetivos e inimigos comuns** e traçar a via.
2. **Mobilizar recursos, internos e externos.** Fazer *fundraising*, levantar dinheiro.
3. Criar e fortalecer a **identidade de grupo**, a coesão interna, o espírito de comunidade.
4. Criar e dar **incentivos para os seguidores**. Tem que contentar a base do partido e distribuir benefícios. Por

exemplo, a liderança de um ditador se baseia no apoio dos grandes militares, dos chefes das tribos, portanto, algo tem que ser dado a eles.

Obviamente, para criar e manter uma organização e para aceitar os cargos assimétricos, líderes e seguidores devem **receber benefícios correspondentes**. Fazer o líder é um trabalho, implica se candidatar, ter certo cargo, ter responsabilidades, tem certos custos. Dessa forma são necessários:

- **Benefícios maiores que os custos**. Estes benefícios não precisam ser necessariamente materiais, podem ser imateriais e de valor subjetivo, como prestígio ou sucesso.
- Uma **possibilidade razoável de sucesso**.

O líder é o iniciador da ação coletiva (veja Seção 7.6). Isso é relevante porque, quando estudamos ação coletiva, tentamos compreendê-la de maneira geral, mas na verdade sabemos que há sempre uma pessoa que inicia, talvez só um segundo antes, mas é ele quem determina o rumo que levará às consequências da ação coletiva.

Nesse sentido, existem dois **tipos de líderes**:

- Os líderes que entendem as demandas de seus seguidores e se esforçam para as suprir, ou seja, partem da demanda do público para ofertar uma proposta que os agrade.
- Os líderes que têm visão, que têm capacidade de inovar, propor novas alternativas, e essas mudanças agradam os seguidores, ou seja, partem ofertando um produto, fazendo uma proposta e o público a acompanha e segue.

As **circunstâncias** nas quais um líder nasce e atua são também importantes. Você pode ser um líder muito bom e mesmo assim nunca chegar ao topo, simplesmente pelas circunstâncias. Mandela atribuía o próprio sucesso às circunstâncias mais que a qualidades pessoais. Gandhi disse: "Não sou um Messias, mas um homem normal que virou líder por causa de circunstâncias extraordinárias." Alguns dirigentes políticos serão lembrados como grandes líderes, outros não. Em cada nação se lembram de alguns grandes líderes. Alguns *founding fathers*, os mais reconhecidos (e menos polêmicos) são, com certeza, Mandela, Gandhi, Churchill, Washington, Walesa. Além das questões já analisadas, há algumas **circunstâncias nas quais é mais fácil que surjam esses personagens**:

- **No início de uma fase de expansão** do tamanho do estado ou de expansão do seu grau de intervencionismo. Nesta fase há muitos recursos disponíveis para fazer grandes projetos, que depois serão lembrados e associados à ação do líder.
- **Após reformas eficientes**. Muitas vezes um governo faz algumas reformas estruturais que geram resultados no médio-longo prazo, e os efeitos serão notados só nos mandatos sucessivos. Graças a isso, o líder subsequente será associado a um período econômico positivo e levará o mérito.
- **Quando surge uma fonte exógena de financiamento** do estado, como uma grande abundância de crédito internacional, a valorização de alguma mercadoria exportada pelo país, a descoberta de algum valioso recurso natural.
- Durante um **conflito, uma guerra**, uma catástrofe natural ou algum tipo de grande dificuldade (veja o efeito *Rally 'round the flag* no Capítulo 8, Seção 8.2).

Obviamente isso diz respeito a como e a quem a população percebe como grande líder, mas, afinal, o valor e a avaliação são subjetivos. Ao mesmo tempo nota-se que, empiricamente, a quase totalidade dos personagens considerados grandes líderes surgiu em algumas dessas situações, o que mostra que, além dos aspectos pessoais, as circunstâncias contam muito.

7.3 OS SEGUIDORES

Como vimos, a segunda camada é composta por um corpo intermediário de ajudantes, a classe dirigente, que ao mesmo tempo são sublíderes de outros grupos. Mas qual a relação entre líder e seguidores?

- **Eles precisam reciprocamente um do outro**. O líder precisa do apoio dos seguidores para se tornar líder, e os seguidores também precisam dos líderes para obter favores e privilégios.
- **Como cresce o movimento**. Há um número mínimo de participantes, depois do qual outras pessoas começam a participar em massa. Um nível mínimo, um ***tipping point***, um ponto de virada que acende o mecanismo da participação, a **cadeia de reação**. O nível mínimo varia de acordo com o objetivo e com as preferências pessoais. Objetivos mais complexos necessitam de um nível de participação muito maior do que para alcançar objetivos mais simples. Uma organização precisa de certo número de membros e de participantes para poder ser executada, uma **massa crítica**.
- **As expectativas contam**. Se em uma manifestação, por exemplo, esperam-se mil pessoas e chegam seiscentas, ela será percebida como um fracasso: os participantes se desanimam, o evento não vai ser considerado pela mídia, alguns podem abandonar o movimento e tudo fracassa. Se, ao contrário, esperam-se quinhentas pessoas e chegam seiscentas, a percepção será de sucesso, de superação, mais

pessoas vão se juntar e o movimento vai crescer. Ao mesmo tempo, se as metas estabelecidas forem baixas e fáceis demais, os ativistas podem relaxar, não fazer propaganda, não se esforçar muito. É um *trade-off* difícil, é um sutil jogo de balança. Organizadores, líderes e seguidores têm o papel de estabelecer as metas.

A participação das pessoas responde a incentivos. Para convencê-las pode-se usar **incentivos seletivos**, incentivos individuais e coletivos, negativos e positivos (*the stick and the carrot*):

- **Incentivos positivos**. São os prêmios, os reconhecimentos (reconhecimento social, vantagens profissionais, sejam materiais ou imateriais) dados em caso de comportamentos positivos que se querem incentivar. Podem ser distribuídos de maneira condicional só aos participantes.
- **Incentivos negativos**. São as sanções a comportamentos negativos (demissões, censura moral, constrangimento, multas). Geralmente funcionam melhor para as relações de curto prazo, enquanto no longo prazo funcionam melhor os incentivos positivos.
- Visto tudo isso, agora é preciso analisar por que às vezes em política há seleção adversa e por que os critérios de seleção e de carreira são diferentes das outras áreas.

7.4 POR QUE OS PIORES CHEGAM AO TOPO

Onde há poucos incentivos, os piores podem chegar ao topo. Se houver poucos incentivos a se tornar político, seja porque o salário é baixo, a reputação é péssima ou não se acumula nenhum poder, poucas pessoas desejarão a carreira política. Haverá pouca concorrência e teremos então políticos ruins. Quando não há muitos incentivos, quem almeja ser o líder é chamado "líder sacrificado" ou "herói". Os melhores se recusam e as massas podem aceitar um líder de menor qualidade.

A quantidade de alternativas influencia a qualidade e a intenção de se tornar líder. O nível e o tipo de concorrência do sistema então têm um forte impacto na seleção dos líderes:

- **Concorrência externa**. Se, por um lado, a competição da esfera privada, de outras profissões, pode afastar alguns líderes da política, por outro, se há muita competição, as pessoas precisam melhorar para ter destaque e ganhar. Por exemplo, quando não existem outros tipos de elites (como não existiam elites econômicas na União Soviética e não existem na China) a qualidade dos líderes políticos tende a ser menor, enquanto quando há floridas e fortes elites econômicas e culturais (como na Europa e nos EUA), a qualidade dos líderes políticos tende a ser maior.
- **Concorrência interna**. Quando há bastante concorrência interna à elite política, a qualidade dos líderes políticos tenderá a ser maior. Se a elite política é fechada ou aberta, se há mais ou menos velocidade de circulação, afeta muito a seleção e a qualidade dos futuros líderes políticos.

Na obra *The road to serfdom*, Hayek escreveu o famoso capítulo "Por que os piores chegam ao topo". O que Hayek fala é que há três razões para que um grupo forte, numeroso e homogêneo tenda a ser constituído pelos piores:

1. Quanto mais evoluída é uma sociedade, mais haverá opiniões e valores diferentes, mais é plural. Mas, dessa forma, **para achar um acordo, deve-se descer ao nível mais baixo**, a instintos primitivos, a princípios bem básicos, vagos e minimalistas.

2. O líder conseguirá o **apoio dos dóceis, simplórios, sem fortes convicções, prontos a mudar ideias**, geralmente de forma mais emotiva que racional. Quem não tem fortes convicções é fácil de ser persuadido, é fácil dar a eles um motivo a seguir. Quem não tem uma personalidade forte se encontra em uma identidade coletiva.
3. É mais fácil conseguir apoio com um **programa "negativo"** contra um inimigo, contra algo ou até contra um inimigo imaginário do que com um programa "positivo" em prol de algo. Ao tentar criar um programa positivo, algumas pessoas concordarão, mas outras se dividirão sobre os vários detalhes. Se, por exemplo, tenta-se criar um espírito de comunidade, a identidade nacional, focando nos pontos em comum, alguns notarão que são poucos e que não são nem tanto comuns, nem tanto similares. É mais fácil criar uma identidade coletiva, colocando-o contra um outro grupo, um outro povo, uma outra nação; dessa forma ficarão claras as muitas diferenças com "os outros", e não se notarão as próprias diferenças internas.

Quando Hayek fala de piores, na verdade deveria definir o critério de pior/melhor. Em que sentido ganham os piores? Talvez ganhe exatamente quem deveria ganhar para aquele tipo de carreira, pessoas prontas a descer ao nível mais baixo, a buscar o apoio dos mais simplórios com programas negativos.

7.5 AS MASSAS E O CONSENSO

A maioria das pessoas concorda sobre vários assuntos gerais, por exemplo, que deve existir liberdade de expressão, liberdade de religião, que o roubo e as agressões físicas devem ser proibidos. Os problemas surgem quando se passa dos princípios gerais às questões concretas e específicas. A liberdade de expressão, por exemplo, é posta em discussão quando pode ofender algumas minorias sociológicas e entidades divinas. A redistribuição por meio da política é geralmente justificada, a violência é legitimada em caso de defesa, mas a questão da proporcionalidade é de difícil formulação etc. É difícil obter um amplo consenso sobre o conteúdo específico de cada legislação. No entanto, é mais fácil chegar à concordância estrita sobre as **regras do jogo e os princípios gerais** que deveriam informar a prática política e social. O consenso sobre as regras do jogo é indispensável para o funcionamento básico do sistema. Em alguns países há mais consenso sobre essas regras gerais, sobre o sistema político e sua classe política e em outros países menos. Há fatores que afetam, fortalecem, enfraquecem o acordo, o consenso. Eis alguns **fatores que influenciam** o consenso:

1. **Um maior grau de homogeneidade** da sociedade favorece um amplo consenso. Quando há diferentes grupos (étnicos, religiosos), o consenso é mais difícil, pelo óbvio fato de haver mais pontos de vistas diferentes.
2. **Transição de regime**. Quando se passa de uma ditadura para uma democracia, no período de transição, muitas pessoas que estão acostumadas com o velho sistema ou que se beneficiam do regime precedente podem não concordar de imediato com o novo regime. Na sociedade continuam sobrevivendo valores ligados ao velho sistema.
3. **Ideologias extremistas e opostas**. Quando em um país há grupos fascistas e comunistas, ou diferentes grupos de integralistas religiosos, é mais difícil haver consenso. Um grupo não legitima o outro. Caso um desse grupo chegue ao poder, o outro lado não reconhecerá sua legitimidade, minado as possibilidades de consenso.

4. **Grandes e rápidas mudanças econômicas e tecnológicas**. Em períodos de fortes crises, o consenso pode se enfraquecer, porque, em falta de certezas, há uma tendência a buscar amparo em soluções extremistas.

Como vimos com a cadeia de comando, Hitler e Stalin não teriam conseguido fazer o que fizeram se não houvessem um mínimo de consenso. Claro que usaram muita coerção, mas, se não tivessem tido apoio, teria sido impossível ter implementado suas ideias. Ter consenso ajuda, permite usar menos coerção, diminui o custo de comandar. Eis algumas **consequências** do consenso:

1. **Fortalece o regime**. O estado e a classe política ficam mais fortes, e isso pode ser usado tanto para o bem quanto para o mal.
2. **Limita a desobediência**. Diminui o número de pessoas insatisfeitas, dos desobedientes, dos revoltosos. Os insatisfeitos que ainda assim ficam, agora têm dificuldade maior de se organizar, e, se eles o fizerem, o custo de ignorá-los, boicotá-los, reprimi-los é mais baixo.
3. **Limita o uso da violência**. Quando há o consenso, a violência dentro da população e a violência entre súditos e políticos diminuem.
4. **Diminui o custo de governar**. Todos os fatores precedentes fazem com que o governante necessite usar menos recursos para governar, mobilizar menos pessoas, usar menos coerção, reprimir menos.
5. **Aumenta o benefício de governar**. Os governantes passam a ter uma reputação melhor, serão mais apreciados, mais legitimados e poderão aprovar mais projetos com facilidade.

Essas são algumas das consequências. Como sempre o juízo de valor sobre cada uma delas é pessoal, moral e não científico. No entanto, ao mesmo tempo há algumas consequências que são amplamente consideradas negativamente. Podemos falar de **perigos do consenso**:

- A política estabelece fins superiores aos dos indivíduos, logo qualquer coisa é permitida ou até devida. Os fins justificam os meios. As pessoas fazem **coisas terríveis, imorais, para atingir o fim superior**, definido sempre e só pelo chefe geral. É o mistério da obediência (Capítulo 7, Seção 7.1).
- Quanto mais se vai em direção ao "**estado ético**", mais as pessoas suspendem o próprio juízo moral e se desresponsabilizam. E do outro lado, geralmente, é exatamente cumprindo ordens imorais que se faz carreira nesses sistemas.

Agora, é importante observar **como se cria consenso**, como quem manda permanece no poder, legitima-se e é obedecido. Obviamente, as técnicas são muitas, complexas, sutis, e se sobrepõem, complementam-se, mas basicamente são:

1. **Controle dos intelectuais**. Já vimos como, a partir do mercantilismo, a classe política tirou da Igreja Católica o "monopólio" dos intelectuais e passou a controlá-los (Capítulo 6).
2. **Coincidência estado-sociedade**. Precisa-se criar a percepção que sociedade e estado são a mesma coisa, a ideia que o "estado somos nós", a ideia que não são os governantes a governar de verdade, mas que é o povo que se autogoverna por meio da democracia e, portanto, é ele o responsável.
3. **Nacionalismo leve e pervasivo**.
4. **Controle da aposentadoria**. A aposentadoria foi sempre privada ao longo da história, ou seja, cada pessoa

poupava dinheiro para a própria velhice, de acordo com as preferências intertemporais subjetivas. O sistema de aposentadoria estatal é algo muito recente. Em 1883, o chanceler Bismarck criou na Alemanha um dos primeiros sistemas estatais de "seguridade social" dos trabalhadores industriais com o explícito objetivo de pô-los sob controle do estado e quebrar os laços privados e comunitários existentes. Começou controlando o sistema de seguro de saúde, o seguro-desemprego, o seguro contra acidentes no trabalho e a aposentadoria. Os trabalhadores passaram a depender do estado. Hoje quase todos os estados do mundo adotaram esses sistemas e os ampliaram ainda mais.

5. **Controle da escola**. Quem tem poder precisa se legitimar perante as novas gerações. Os futuros súditos podem ser mais ou menos obedientes, e isso depende muito da escola. Ao longo da história, existiram diversos sistemas de ensino e foram sempre muito diferentes do atual. Considera-se que a escola moderna foi fundada em 1806, na Prússia, com o objetivo explícito de criar uma classe de cidadãos nacionalistas, obedientes e fiéis ao governo quando chamados para a guerra, para evitar os motins, que até a época eram muito frequentes. Gradualmente, todas as classes políticas do mundo passaram a controlar o ensino, criando escolas estatais e regulamentando as privadas. Hoje, quase todas as classes políticas controlam o ensino com: muitas escolas estatais, carreira dos professores dependente do estado, controle da grade curricular, sistema de licenciamento para as escolas privadas, controle dos livros, ensino de história exclusivamente política e em uma versão específica, ensino dos próprios comandos (educação moral e cívica, estudos sociais etc.), regulamentação geral de todos esses aspectos. O

nível máximo de controle se alcança quando a classe política transforma o ensino em educação.

6. **Ilusões fiscais**. Um conjunto de práticas e estratégias para fazer de forma que os impostos pareçam menos pesados do que são e que seus benefícios sejam maiores do que são. (Veja o Capítulo 18.)
7. **O mistério da obediência**. Tudo o que foi falado até agora sobre a cadeia de comando, a psicologia do poder, como e por que as pessoas obedecem.

Na mesma perspectiva, mas com palavras diferentes, **Rothbard** fala que, para criar consenso, deve-se:

Mostrar:

- que os governantes são melhores, mais sábios etc.;
- o estado como necessário ou como mal menor.

Fazer temer:

- os outros estados;
- a ausência de estado;
- ataque ao *common sense*, substituído pelo cientificismo.

É dessa forma que se analisa o consenso, como se cria, quais os fatores que o fortalecem ou o enfraquecem, quais as consequências. Mas é óbvio que o consenso nunca é pleno, que nem sempre se consegue ter consenso, nem obediência.

7.6 A LÓGICA DA AÇÃO COLETIVA

Pense nas seguintes questões: onde os agricultores recebem mais subsídios, em países mais urbanos ou em países mais rurais? E por quê?

Respostas: nos países mais urbanizados e mais ricos (Figura 7.1). Porque, como há menos agricultores, então conseguem se organizar melhor para pressionar o governo a conceder subsídios. São uma minoria organizada, podem receber subsídios cobrados de outras parcelas da sociedade, benefícios concentrados e custos difusos. Nos países mais rurais, há mais agricultores, logo: 1) organizar-se é mais difícil; 2) sendo muitos membros, o benefício de cada um seria pequeno; 3) não há outros grupos com dinheiro dos quais pegar recursos, não há como criar um mecanismo de custos difusos e benefícios concentrados, porque, sendo o país rural, a maioria da arrecadação do estado vem exatamente dos agricultores, logo não há como redistribuir deles para eles mesmos.

FIGURA 7.1 SUBSÍDIOS AGRÍCOLAS

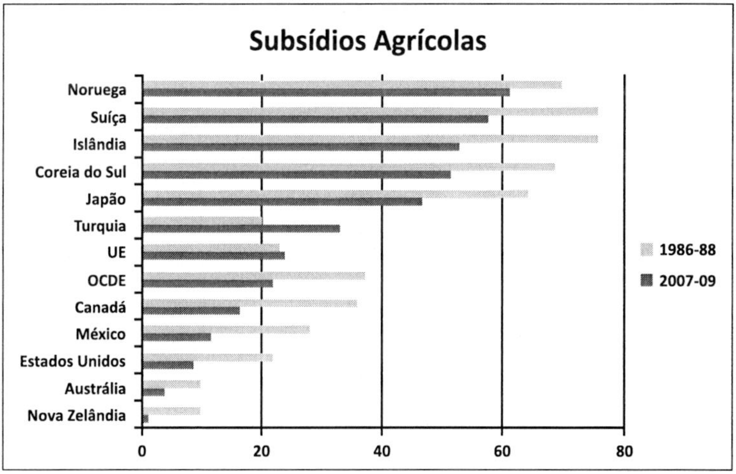

Fonte: Elaboração do autor a partir de OCDE.

Portanto, a **provisão de bens e serviços por meio de decisão política depende do custo da ação coletiva para pressionar o governo a prover (e não do custo da provisão).**

Toda essa dinâmica e esses mecanismos são estudados pela ciência política sob o nome **ação coletiva**, ou seja, o estudo de como, quando e por que as pessoas se juntam em grupos, movimentos, partidos, *lobbies* etc. O grande cientista político Mancur Olson foi quem deu a maior contribuição nesta área com o livro *The logic of collective action* (1965).

Quando se fala que um grupo age, usa-se a expressão coletivista: o grupo faz isso, quer aquilo etc., mas, na verdade, são os membros do grupo que agem e, nesses casos, agem juntos. Logo, para entender como, quando e por que as pessoas agem juntas temos que estudar a ação individual, a ação humana:

- A ação individual ocorre quando o benefício esperado supera seu custo. Por exemplo, quando você compra comida pronta é porque você avalia que vale a pena, mais que preparar tudo.
- Da mesma maneira, a ação coletiva ocorre quando o benefício esperado por cada participante supera o seu custo. As pessoas participam de um movimento, de um partido, de um lobismo político ou de um protesto se e quando querem, preferem, e quando pensam que o benefício será maior que o custo.

Logo, a **ação coletiva é a contribuição-participação dos membros de um grupo para a provisão de determinado bem**.

As várias pessoas que participam de uma mesma ação coletiva podem ter um mesmo objetivo e/ou também objetivos e subobjetivos diferentes. Em um partido, por exemplo, alguns, talvez a grande maioria, têm um objetivo macro de longo prazo, mas outros podem ter fins diferentes ou subobjetivos complementares ao fim maior, fins pessoais e privados. Entre os membros, então, há diferentes graus de interesses e divisão de trabalho. Pode-se distinguir dois pontos relevantes:

1. Os participantes de uma ação coletiva têm **diferentes graus de interesses**. Isso acontece em todos os grupos. Em partidos políticos, por exemplo, alguns querem mudar o mundo e se esforçam muito, outros querem o mesmo objetivo com menos força ou têm objetivos menos amplos. Todos têm um interesse comum, mas a intensidade é diferente, por isso quase sempre o líder é uma das pessoas que têm maior intensidade de interesse. A pirâmide hierárquica, o envolvimento e os benefícios recebidos geralmente acompanham o grau de intensidade dos interesses.
2. **Divisão de trabalho**. Logo depois da criação do grupo em si, tende a surgir uma minoria interna, segundo a lei de ferro da oligarquia.

As pessoas participam de ações coletivas por diferentes motivos, mas no fundo há sempre uma questão de poder: "A mudança vem do poder e o poder vem da organização. Para agir, as pessoas têm que se unir. O poder é a razão de ser das organizações" (S. Alinsky).

O interesse comum e indivisível dos membros de um grupo pode-se definir como um bem público (interno). Quando o interesse de um grupo é indivisível, se ele for alcançado, será um sucesso para todos os membros. Então, cada um tem incentivos para não se esforçar muito, porque o objetivo se alcança graças ao esforço de outros, e eu serei beneficiado também. É o processo do *free riding* (veja o Capítulo 21).

7.7 DESOBEDIÊNCIA E DESOBEDIÊNCIA CIVIL

Parafraseando Passerin D'Entreves, vamos analisar quais podem ser as reações à legislação:

1. **Consenso.**
2. **Deferência formal.** Quando se obedece, mas sem necessariamente concordar com o conteúdo da legislação, sem muito entusiasmo. Quando se obedece por hábito, por força de inércia ou por medo das sanções negativas e das ameaças.
3. **Descontentamento.**
4. **Elisão.** É o comportamento de evitar uma legislação, uma regulamentação, mas ainda de forma legal. A diferença entre elisão fiscal e evasão fiscal, por exemplo, é a linha entre legalidade e ilegalidade.
5. **Boicote.** Às vezes, em alguns países, pode acontecer que uma lei "não pegue", que de maneira tácita e difusa ninguém a aplique e respeite. Outras vezes, é uma ação coletiva mais organizada, explícita, com a intenção de mudar a regra.
6. **Desobediência.**
7. **Desobediência civil.** Diferencia-se da simples desobediência porque é coletiva, pública e geralmente tem intenção de mudar a regra. Personagens famosos da desobediência civil são Gandhi e Martin Luther King.
8. ***Voice.*** É uma expressão técnica para se referir a todas as manifestações de um pensamento contrário. Por exemplo, protestos, petições, *sit-in*, marchas, cartas a jornais, escudos humanos etc.
9. ***Exit.*** É outra expressão técnica para se referir a todas as ações com as quais uma ou mais pessoas tentam sair da comunidade política, da *polity*, onde está sendo aplicada alguma regra com a qual não concordam, exatamente por isso. Por exemplo, migração, secessão, fuga, êxodo. Às vezes, o governo pode incentivar, induzir ou forçar o *exit*, por exemplo, com deportações e exílios forçados.
10. **Revolta.**

Vamos agora analisar de forma mais profunda a desobediência civil. Em qualquer sistema político pode sempre haver desobediência, mais ou menos intensa. Uma importante forma de desobediência é a civil. **A desobediência civil é um ato de protesto público, desrespeitando alguma legislação, com a explícita intenção de mudar uma lei ou certa prática política.** A simples sonegação de imposto é desobediência, ao passo que organizar uma associação de contribuintes deixando de pagar alguns impostos e pedindo explicitamente para diminuir a carga tributária é um exemplo de desobediência civil. Se um homem não quer servir o Exército e foge, se esconde, é só desobediência. Se ele cria um *blog*, faz protestos, tenta mudar o sistema, a lei, isso é desobediência civil. Ela, às vezes, então, é usada como tática política, como arma de luta. Gandhi e Martin Luther King são exemplos disso.

David Thoreau diz que às vezes você pode desobedecer e algumas vezes você não só pode, como tem o dever ético de desobedecer. Segundo ele, por exemplo, se o governo está recolhendo impostos para financiar uma guerra da qual você não é a favor, você tem o imperativo moral de desobedecer.

O dever de obedecer, a "obrigação política", é ao mesmo tempo condição e prova da legitimidade do ordenamento jurídico-político. Weber nota que o poder legítimo é aquele poder cujos comandos são obedecidos como tais, independentemente do conteúdo. Mas, às vezes, uma ou mais pessoas podem desobedecer. A desobediência é então chamada **desobediência civil** porque quem a cumpre não acha que está fazendo algo de imoral ou contra seu dever. O objetivo é exatamente mostrar publicamente um protesto contra algo considerado injusto. Rawls a define como uma ação ilegal, coletiva, pública e não violenta. Exemplos: a objeção de consciência de muitos jovens que se recusaram a se alistar, a participar de guerras; os boicotes, os *sit-in* organizados por Gandhi; as ações de desrespeito de regulamentações antinegros nos EUA organizadas por Martin Luther King; o evento do Tea Party, no qual os americanos jogaram o chá no mar para não pagar os impostos ingleses; alguns casos nos quais alguns médicos se recusaram a praticar abortos por motivos morais etc.

Para serem classificadas como desobediência civil, todas essas ações devem ser coletivas e organizadas. Às vezes são legais, às vezes ilegais, geralmente à margem da legalidade.

A desobediência civil pode ser contra uma legislação considerada:

1. **Injusta.**
2. **Ilegítima** (criada por alguém que não tem o poder de outorga).
3. **Inconstitucional** (ou inválida).

Existem ações que estão entre desobediência simples e civil, como o jejum e o suicídio público, pois geralmente não são ilegais, mas provavelmente têm os mesmos objetivos de protesto.

7.8 DESOBEDIÊNCIA E VOTO

Às vezes, a desobediência ou suas formas mais leves se manifestam no voto. Abster-se, votar branco e nulo podem ser formas de desobediência ou de desobediência civil, especialmente em países em que o voto é obrigatório. É útil começar com a ampla reflexão do cientista político Jason Brennan:

- Há um dever (moral e legal) indiscutido de votar?
- Deveríamos votar ou nos abster?
- Se uma pessoa é indiferente ao resultado de uma eleição, deveria votar ou se abster?
- Quando votamos, como votamos?

- Deveríamos votar no nosso interesse ou votar para o interesse comum?
- É aceitável comprar, vender, trocar votos?[3]

Há várias respostas a todas essas questões, mas de forma geral podemos dividir em duas perspectivas as opiniões sobre esses assuntos. Por um lado temos o que Brennan chama de "**teoria popular da ética do voto**", pois não é diretamente reconduzível a nenhum autor específico, visto que poucos a defendem de forma explícita e científica. Mais que uma teoria científica, é o *common sense*:

1. Votar é um dever cívico.
2. Se é verdade que existem candidatos melhores e piores, qualquer voto em boa-fé é moralmente aceitável e é sempre melhor do que se abster.
3. Comprar e vender votos é imoral.

Por outro lado, Brennan responde dizendo:

1. O dever de votar não existe. Mas, se for votar, tem que votar bem.
2. Devemos votar no interesse comum, não em qualquer coisa que achamos que seja o bem comum, mas, sim, em algo que justificadamente pensamos ser o interesse comum.
3. O comércio de votos é moralmente permissível se levar a um bom resultado. Quando está errado, o que o torna errado é a violação dos deveres do ponto 1.

3 Note que, mesmo que no Brasil esses interrogativos possam fazer pouco sentido, pois o voto é obrigatório, aqui se está falando em termos gerais e universais, e não contingentes e positivistas.

4. Alguns não votam. Isso não significa que eles não deveriam ter o direito de votar.
5. Não é evidente que temos o direito natural à igualdade política. O que justifica a igualdade política é quanto ela pode promover o bem comum.
6. Aumentar a participação eleitoral pode baixar a qualidade média dos votantes.

Segundo Brennan, é ético não votar em alguns casos porque, se você é ignorante em política, se vota só por votar, pode gerar efeitos muito negativos. Então, é melhor não votar porque, se você fizer uma escolha ruim, a vida de todos será afetada. Não deveria ser um dogma votar. Como se nota, Brennan não tem uma abordagem ética, mas consequencialista. Ele não julga e condena comportamentos de acordo com algumas preferências morais pessoais, mas com as consequências factuais. Pode-se discordar, claro, e nem é tão relevante, para fins científicos, o julgamento de valor de cada um de nós. O que há de relevante aqui são alguns interrogativos levantados sobre pontos pouco discutidos; refletir sobre tudo e pôr em discussão tudo faz parte do método científico antipositivista. Ainda é interessante a abordagem consequencialista para entender e saber prever o que iria acontecer, por exemplo, se poucas pessoas votassem, se se vendesse o direito de voto etc.

PERGUNTAS

- Explique os três experimentos psicológicos sobre o poder e suas respectivas implicações.
- Como uma minoria ou uma pessoa só consegue comandar?
- Quais as três categorias de Miglio?
- Quais as funções do líder político?
- Explique a função dos seguidores.
- Explique *tipping point*, cadeia de reação e massa crítica.
- Por que as expectativas contam?
- Explique os incentivos seletivos.
- Explique a importância das circunstâncias no surgimento dos líderes.
- Explique quais as circunstâncias mais propícias para o surgimento dos líderes.
- Por que os piores chegam ao topo, segundo Hayek?
- Qual a importância da concorrência na seleção dos líderes políticos?
- Quais as consequências do consenso?
- O que é a desobediência civil? Qual a diferença da desobediência simples?
- Em quais países há mais subsídios? Por quê?
- Quais são os motivos pelos quais é improvável ter subsídios agrícolas? Em quais países isso acontece?
- Do que depende a provisão de bens e serviços por parte do estado?
- O que é a ação coletiva?
- Qual a relação entre ação coletiva e *free riding*?
- Qual a relação entre ação coletiva e lei de ferro da oligarquia?
- Dê dois exemplos de categorias que dificilmente farão uma ação coletiva e dois de grupos que muito provavelmente podem fazê-la.
- Como se podem relacionar desobediência e voto?
- O que fala a teoria popular do voto? O que responde Brennan?

Capítulo 8

GUERRA

A guerra não é um fenômeno relevante só pelo fato de impactar fortemente a vida de muitas pessoas. É importante porque tem sérias e amplas consequências sociais, econômicas e políticas. A guerra é o estado mais natural da humanidade, das relações internacionais e também dos assuntos domésticos de alguns países. Em 3.400 anos de história tivemos apenas 234 anos de paz. Portanto, a guerra não é só um fenômeno da Antiguidade. Se quando pensamos em guerra pensamos em algo antigo, como no Império Romano (espadas, cavalos), estamos enganados, pois se analisarmos o número de mortes veremos que talvez as guerras estejam até aumentando, visto que:

- No século XVIII, houve 68 guerras (contando apenas aquelas que mataram mais de mil pessoas por ano), com um total de quatro milhões de mortos.
- No século XIX, ocorreram 205 guerras, com oito milhões de mortos.
- Entre os anos 1900 e 1989, foram 237 guerras, com 11 milhões de mortos militares (o número de mortes civis pode bem ser o mesmo).

Por outro lado, o número de mortos em guerra está diminuindo em termos relativos, como mostra o Gráfico 8.1.

GRÁFICO 8.1 MORTES EM BATALHA A CADA 100 MIL PESSOAS

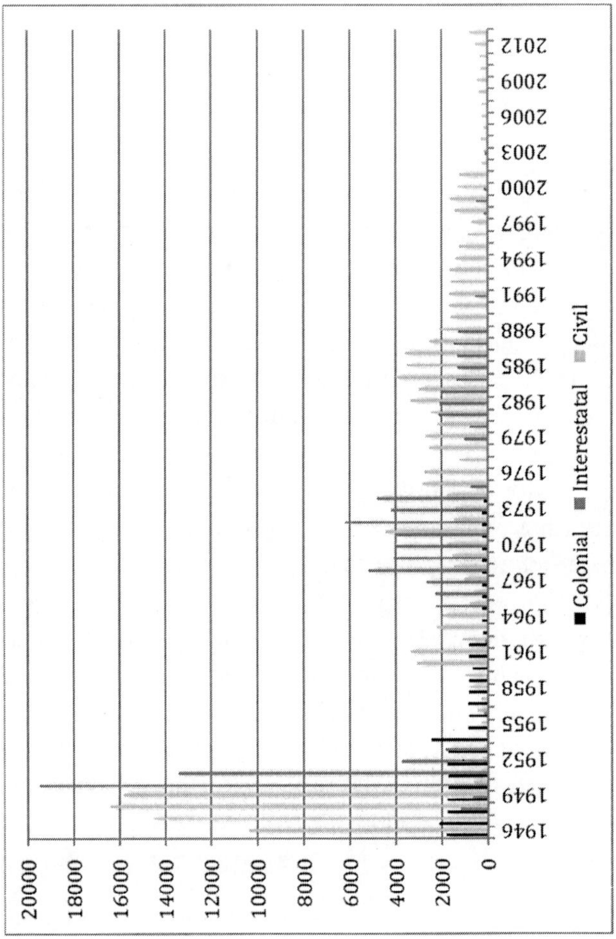

Fonte: Elaboração do autor a partir de dados de Human Security Report Project, The Uppsala Conflict data project and the Peace Research Institute of Oslo.

Além dos fatos em si, é importante analisar o tratamento científico do fenômeno guerra. Na famosa obra *Da Guerra*, Clausewitz mostra que a guerra é "a continuação da política com outros meios". Já Q. Wright afirma que é "um violento contato entre entidades distintas, mas similares". G. Miglio, que é "a forma máxima de conflituosidade política". Por fim, Mao Tse Tung falava que "a política é guerra sem derramamento de sangue, enquanto a guerra é política com derramamento de sangue".

8.1 UMA BREVE HISTÓRIA LÓGICA DA GUERRA

A história do mundo é uma história de conflitos e de guerras. Vamos fazer o exercício mental de imaginar o mundo antigo. Nos conflitos primitivos, era comum matar todos os inimigos, estuprar e matar as mulheres, roubar tudo e às vezes destruir e queimar a vila e a cidade, a fim de aniquilar o inimigo. Era a **guerra de aniquilação**. Gradualmente, em lugar de matar, começou-se a perceber a conveniência de fazer prisioneiros, levá-los para o próprio território e torná-los **escravos**. Depois se começou a perceber a conveniência de deixar os derrotados na aldeia de origem e cobrar **impostos** deles. Esse novo sistema é menos custoso (não precisa carregar escravos, controlá-los, puni-los etc.) e apresenta resultados melhores (os derrotados, ficando no próprio território e mantendo os próprios costumes, ficam mais felizes e são mais produtivos; dessa forma, o tributo que vai ser cobrado pode ser maior).

Nas épocas dos impérios (assírio, chinês, persa, romano, bizantino, império árabe dos califas, otomano), devendo governar um território muito amplo, muitas vezes se permitia bastante autonomia organizativa para controlar mais os aspectos tributário e militar. Sucessivamente, na Idade Média, os senhores medievais contratavam pessoas para formar o próprio exército. Os militares eram mercenários contratados, não havia ainda exércitos fixos.

Nos seus mil anos de história, Roma se baseou nos mercenários. Cesar foi salvo contra Vercingetorige por mercenários alemães. Hannibal e Alexandre, o Grande, também contratavam mercenários para os próprios exércitos. Os famosos *condottieri* (na Itália) e os *landsknechts* (na Alemanha) eram mercenários.

Machiavelli em favor dos exércitos fixos

"O monarca deve temer os militares profissionais porque o cerne do exército é, sem dúvida, a infantaria. Assim, se o soberano não se organiza de modo que seus infantes estejam contentes em voltar para casa nos tempos de paz, retornando às suas atividades normais, necessariamente se arruinará. De fato, não há infantaria mais perigosa do que a composta de mercenários – o príncipe será obrigado a fazer continuamente a guerra, mantendo-os a soldo, ou correrá o risco de que o apeiem do trono. Ora, fazer continuamente a guerra não é possível; pagar sempre também não; de modo que não há como fugir ao risco de perder o reino. Como já disse, os meus romanos – enquanto agiram com sabedoria e retidão – nunca permitiram que os cidadãos adotassem a profissão militar, embora tivessem a possibilidade de sustentá-los em caráter permanente, devido ao estado de guerra contínua em que viviam. Para evitar o prejuízo que a dedicação perene à guerra poderia causar-lhes, variavam os homens, a serviço do exército, de modo que a cada 15 anos suas legiões eram renovadas. Empregavam homens na flor da idade, entre os 18 e os 35 anos, época em que as pernas, as mãos e os olhos estão bem coordenados. Não esperavam que lhes diminuísse a força, crescendo a malícia, como se passou a fazer nos tempos da corrupção" (*A arte da guerra*, p. 111).

Geralmente, não se faziam prisioneiros, porque economicamente era muito mais conveniente matar os perdedores. Não era uma prática difundida. O costume de fazer prisioneiros nasce com os suíços. Sendo a Suíça historicamente neutra, muitos mercenários eram suíços, por serem mais confiáveis por todas as partes. Eles lutavam por diferentes entidades políticas, às vezes uns contra os outros; então, quando era possível, preferiam não se matar e simplesmente encarcerar o inimigo, que, em todo o caso, era percebido como "irmão". Dessa maneira, começa a se fazer prisioneiros, que depois eram trocados entre eles com valores baseados nos graus militares. Essa prática, gradualmente, virou costume, e hoje um dos princípios é exatamente que não se pode matar prisioneiros.

Outra grande mudança surge com o advento do estado-nação. Com ele, as classes políticas colocam em prática as sugestões de Machiavelli e começam a surgir os **exércitos fixos** como os conhecemos hoje. Gradualmente, as classes dominantes criam o sistema de alistamento compulsório, no qual todos os jovens de certa idade têm que prestar serviços por determinado tempo para o exército do estado dominante naquele território. Alguns deles podem até fazer carreira interna e ser contratados e empregados até em época de paz. A França começou a formar o próprio exército fixo depois da Paz dos Pirineus (1659), incluindo parte dos oficiais de Luís XIV na gendarmeria, e criando seis unidades de infantaria. Isso lhe permitiu conquistar territórios controlados pela Espanha e pela Holanda (Guerra de Devolução, 1667-1668), e dessa forma conseguiu os recursos para aumentar o exército nascente. Na Inglaterra, Cromwell se tornou vitorioso também por ter criado um *Novo Modelo de Exército*, e depois da sua vitória parte dele foi absorvido por Charles II, chegando a um exército fixo de 3 mil homens (enorme para a época). O estado-nação, o embrionário nacionalismo, o contratualismo e as reformas de Napoleão completam a obra. No fim de 1800 os exércitos eram tão grandes que o ministro Von Schrötter falou: "A Prússia não é um país com um exército, é um exército com um país", enquanto o príncipe e chanceler alemão Bernhard von Bülow disse: "Ao idealismo francês sem sentido – Liberdade, Igualdade e Fraternidade – opomo-nos a realidade da Prússia: Infantaria, Cavalaria e Artilharia." Não é por acaso que em pouco tempo se chegará aos totalitarismos e às duas guerras mundiais.

Agora, os exércitos são ativos até em época de paz e não são mais mobilizados e chamados somente quando necessário. É a mobilização perene. A concentração de poder e de riqueza que os estados-nações conseguiram permite esse processo. A escalada de poder e de tensão chega às duas Guerras Mundiais e aos regimes **totalitários**. Os regimes fascistas, comunistas e nacional-socialistas foram estados totalitários, militaristas, de mobilização perene da sociedade toda. Os líderes políticos eram originariamente militares e/ou costumavam aparecer em público com o uniforme militar; todos os membros da sociedade eram chamados a participar em rituais militares, marchas, recolhimentos públicos etc. É a militarização da sociedade.

Voltou-se à guerra total (como a de aniquilação), e a destruição foi enorme. Depois da Segunda Guerra Mundial, havia cidades e países inteiros a ser reconstruídos, a Europa era uma grande ruína. Muitos militares retornaram feridos, mutilados e psicologicamente abalados, muitos nem voltaram, deixando na miséria e no desespero mulheres e crianças. O estado tomou conta de tudo isso, e o estado do controle *total vira* o estado da assistência total, nascendo o estado de bem-estar social. É a famosa relação de causalidade **Warfare/Welfare State**: a ideia era que o estado devia cuidar de cada um "do berço ao túmulo", o *Panopticon* de guerra vira o *panopticon* hospitalar.

Esses são também os anos da **Guerra Fria**. Nessa época, o mundo está politicamente dividido em dois blocos: o democrático-capitalista e o autocrático-comunista. Algumas teorias de relações internacionais alegam que, quando há duas superpotências globais, há mais chances de ter conflitos, enquanto outras afirmam o contrário, pois os dois são par em força e ficam com medo recíproco, é o equilíbrio de poder. O que aconteceu, de fato, foi que não houve outro grande conflito global entre as duas grandes potências, mas houve conflitos menores nas periferias dos dois impérios (Coreia, Vietnã, Cuba etc.).

Ao mesmo tempo essa é também uma época de tentativa de regulamentar a guerra e as relações entre estados por meio de **organismos internacionais e do direito internacional**. A Organização das Nações Unidas (ONU), a União Europeia (UE), a Agência Internacional de Energia Atômica (IAEA) e os tratados de não proliferação das armas de destruição de massa são exemplos disso.

Essas são algumas das forças históricas e dos incentivos que moderaram e intensificaram a guerra ao longo dos tempos. Outra variável que influenciou a guerra é o fator jurídico, o "direito da guerra": um conjunto de regras e costumes internacionais que regulamenta as guerras e que se divide em dois ramos, o *ius ad bellum* e o *ius in bello*.

O ***ius ad bellum*** é o direito que se estabeleceu e que deve ser seguido antes da guerra, para chegar ao conflito, para entender se aquela específica guerra é considerada justa. As regras são:

1. O ente de direito da guerra, o ator justo que pode fazer guerra, é o estado soberano.
2. Não se pode atacar sem aviso; a guerra deve ser declarada oficialmente.
3. Justa causa ou justas intenções. O objetivo não pode ser algum interesse nacional, mas restabelecer a paz e o estado da futura paz deve ser preferível à situação que teria prevalecido se a guerra não tivesse ocorrido.
4. Probabilidade de sucesso. Os objetivos da justa guerra devem ser perseguidos somente se houver uma chance

razoável de sucesso; caso contrário, é melhor não aumentar o nível de violência inutilmente.

5. Proporcionalidade.
6. *Ultima ratio*. Antes de entrar em guerra devem ser tentadas todas as vias pacíficas possíveis, como relações diplomáticas, sanções econômicas, sanções dos organismos internacionais, entre outras medidas.

No século XIX nascem as **convenções internacionais modernas** de Genebra e de Haia, com a proibição de armas venenosas, o estatuto do prisioneiro etc. (todas descumpridas na Segunda Guerra Mundial). Outros tratados e convenções que ao longo do tempo ratificaram esses princípios são o Pacto Kellong-Briand (1928), a Carta de Londres (1945) e a Carta das Nações Unidas (1945), que determina que a ONU deve aprovar previamente o uso da força.

O segundo ramo do direito da guerra é o ***ius in bello***, ou seja, o conjunto de princípios e regras que devem ser respeitados durante o conflito armado. Seus pilares são:

1. Guerra limitada a seus objetivos iniciais. Ninguém pode estender os fins iniciais da guerra e se aproveitar da situação para alcançar outros objetivos.
2. Rapidez. A guerra deve durar o menos possível.
3. Pessoas e propriedades que não interferem no conflito devem ser respeitadas e não prejudicadas.
4. Proteger combatentes e não combatentes de sofrimentos inúteis.
5. Respeitar prisioneiros (militares e civis). Por exemplo, não matar e não torturar.
6. Necessidade militar. a) o objetivo deve ser derrotar só militarmente o inimigo e nada mais; b) o ataque deve ser direcionado a objetivos militares; c) se precisa e

ocorre um dano a objetivos civis, deve ser moderado, proporcional, justificado para o alcance de um objetivo militar, e o dano criado deve ser menor que o resultado militar atingido.
7. Distinção. Deve-se distinguir entre combatentes, beligerantes e civis.
8. Proporcionalidade.
9. Facilitar a restauração da paz sucessiva.

Ao longo da história, são vários os acordos e tratados que foram assinados para aplicar esses princípios. Hoje são vários os que os regem, sendo o mais importante atualmente a Convenção de Genebra.

8.2 CAUSAS, CONSEQUÊNCIAS E TIPOS

Para fins descritivos e didáticos, é útil criar algumas tipologias, que, obviamente, são modelos ideal-típicos e na realidade podem se misturar e se complementar. Dessa maneira, as causas da guerra são:

1. **Ideológicas**. As guerras entre cristãos e muçulmanos, as dos regimes totalitários foram geralmente justificadas com motivações ideológicas. Para Lenin, a guerra justa era a de classe.
2. **Psicológicas**. Vários estudiosos analisam as características pessoais de alguns grandes líderes políticos que fizeram guerras. A hipótese é que algumas pessoas sejam naturalmente levadas à agressividade por motivos fisiológicos ou até patológicos. A teoria da ***Status Inconsistency*** considera que uma diferença entre o *status* social, a posição profissional de uma pessoa e como ela de verdade se sente pode ocasionar frustrações que podem levar

a atitudes violentas de política, ódio, conflito e guerra. Alguns estudam, por exemplo, os casos de Napoleão e Hitler, que supostamente teriam tido problemas psicológicos que os levaram a ter uma atitude agressiva.

3. **Políticas**. Conflitos sobre territórios, tensões de fronteiras, gasto militar, conquista de recursos naturais são alguns exemplos. Algumas subdivisões das causas políticas são:
    a. **Proximidade territorial**. A maioria das guerras ocorre entre estados confinantes,[1] pois as disputas territoriais são mais prováveis de criar uma escalada até o conflito armado.[2]
    b. **Bens indivisíveis**. Quando os bens são divisíveis em várias unidades, os conflitos são menos prováveis, pois pode haver um jogo *win-win*. Quando dois ou mais atores querem um bem indivisível, os problemas aumentam. Pense no caso da poluição do ar, dos oceanos, do ambiente de forma geral e na questão da gestão da cidade de Jerusalém. Os bens materiais geralmente são mais facilmente divisíveis, mas as questões de princípios, religiosas e questões territoriais não são. Ao mesmo tempo, essas dificuldades não levam automaticamente à guerra. Algumas soluções poderiam surgir: i) **Precificar**. Um lado pode pagar o outro para ficar com a totalidade do bem indivisível e evitar a guerra. ii) **Ligar o problema corrente a alguma outra questão** para convencer o opositor.[3] iii) **Jogo da galinha**. A Teoria dos Jogos demonstra que, quando está em jogo uma questão de vida ou morte

1 Bremer, 1992.
2 Senese e Vasquez, 2008.
3 Morgan, 1994.

(ataque nuclear, poluição, guerra em geral), todos os agentes envolvidos têm incentivo à cooperação, até se unilateral.

c. **A hipótese do bode expiatório**. É a ideia que às vezes as guerras possam ser feitas como desculpa para desviar a atenção de outros problemas, para distrair ou para dar à população um bode expiatório, a impressão de vingança, de resolução do problema. Nas palavras de Machiavelli: "Uma guerra contra um inimigo externo é um excelente meio para distrair a população de queixas internas."

Passemos agora às consequências da guerra:

1. **Moderação demográfica**: muitas pessoas morrem, e essa redução demográfica não é neutra, pois morrem principalmente homens e jovens.
2. **Fortalecimento e estabilização do poder**. Quem ganha se mantém no poder, destrói ou enfraquece o inimigo, logo seu poder se fortalece. Bruce Porter fala: "Um estado em guerra é um rolo compressor de centralização determinado a destruir a oposição interna que impede a mobilização dos recursos militares vitais. Esta tendência centralizadora da guerra tem tornado a ascensão do estado por meio da história um desastre para a liberdade humana e para os direitos." Thomas Paine afirma que "a guerra envolve uma tal série de circunstâncias imprevisíveis e não desejadas que nenhuma sabedoria humana pode calcular. Ela tem uma única coisa certa, que é o aumento dos impostos". William Buckley falou: "A guerra fria fez com que aceitássemos um estado grande até se não se podia fazer nem uma guerra ofensiva nem uma defensiva, exceto por meio da instrumentalidade

de uma burocracia totalitária dentro do nosso litoral [tínhamos que apoiar] um grande exército, forças aéreas, energia atômica, serviços secretos, comitês de produção de guerra e centralização do poder em Washington."

3. Efeito ***Rally 'round the flag***. Geralmente, durante os conflitos armados, a popularidade dos governantes aumenta, pois a população fica mais coesa e se aproxima do governo contra o inimigo externo no momento de urgência. A guerra une as pessoas "ao redor da bandeira" contra um inimigo externo. Esse simples fato empírico sugere que, às vezes, mesmo nas democracias, os líderes podem se aproveitar da guerra para outros fins (o bode expiatório). Muitos debatem se Thatcher fez a guerra das Falklands para aumentar a popularidade em queda; também muito se discute se a intervenção de Clinton no Kosovo foi feita para desviar a atenção do escândalo do Caso Lewinsky.
4. **Coesão contra o inimigo**. Ter, encontrar ou criar um inimigo mantém as pessoas ao lado do líder e estabiliza seu poder, pois as pessoas temem o inimigo e com isso dão razão ao líder que garanta a sua segurança.
5. **Nacionalismo e xenofobia**. Nacionalismo e xenofobia (ou seu aumento) podem ser causa e consequência ao mesmo tempo.
6. **Controle e desvio da economia**.
7. **Ciência e tecnologia desviadas em direção militar**. É recorrente notar que alguns leigos pensam que, pelo menos, a guerra aumenta a tecnologia. Essa ideia não tem sentido lógico. Não existe a "tecnologia" em senso coletivo e vago, existem várias e diferentes tecnologias. Logo, deve-se pensar quais tecnologias seriam incentivadas, quais não e quais talvez seriam desincentivadas. As tecnologias de guerra são provavelmente incentivadas e

melhoradas: a pesquisa e o desenvolvimento da bomba atômica receberam muitos fundos. Isso tem um custo, tira dinheiro, pessoas, energias e recursos do desenvolvimento de outras tecnologias que, dessa maneira, não vêm sendo criadas ou irão surgir muito mais tarde ou de forma menos eficiente. Para fazer uma análise do *trade-off* dever-se-iam comparar as tecnologias adquiridas com aquelas sacrificadas. É evidente que isso é impossível.

8. **Empobrecimento geral**. Mesmo se e quando um dos dois lados ganha, a perda de dinheiro, recursos, energia e vidas é alta. A guerra é um jogo de soma negativa. Em períodos de guerra, o PIB mundial sempre cai.
9. **Acentuação da desigualdade**. A guerra sacrifica valores materiais, para valores imateriais. Honra, glória e orgulho são mais importantes para quem já satisfez as necessidades primárias. Khaddafi provavelmente gostava, mais que os cidadãos líbios, de desafiar os EUA. Economicamente quem enfrenta a maioria dos custos são os mais pobres e os militares arriscando até a vida, enquanto outros podem se beneficiar. Nas palavras do general americano Smedley Butler, "a guerra é apenas crime organizado. O crime organizado é explicado como algo que não é o que parece à maioria das pessoas. Só uma minoria interna sabe do que se trata. É conduzido para o benefício de muitos poucos à custa das massas".
10. **Internalização das estruturas militares**. Randolph Bourne mostra que em um estado fortemente baseado em políticas de potência e com grande estrutura militar, gradualmente essa estrutura vai ser internalizada. Atualmente, por exemplo, os EUA têm um enorme exército, um enorme gasto militar (notoriamente maior que os sucessivos 10 países em conjunto), muitas bases militares ao redor do mundo etc. O que acontece é que essa

estrutura está sendo replicada internamente ao país com militarização da polícia e controle social por dois motivos: a) não consegue mais se expandir territorialmente internacionalmente e então acaba se expandindo domesticamente; b) porque o *know-how* útil para espionar e fazer segurança em missões internacionais é similar às habilidades necessárias para espionar e fazer segurança interna. Veja por exemplo como os EUA passaram do policial de bairro dos anos 1940 à militarização da polícia atual (uniformes, aparelhos, armas similares às dos militares) e como FBI e NSA (veja o caso Snowden) espionam os próprios cidadãos americanos. É a **progressiva integração das estruturas beligerantes** da qual fala Quincy Wright.

Na verdade, a mesma definição de guerra é complexa e problemática. Não há unanimidade, mas o consenso mais amplo considera que a guerra:

1. **É um conflito armado.**
2. **É um conflito coletivo.**
3. **Tem um alto grau de organização.**
4. **Tem normas jurídicas próprias.**
5. **É intensa.**
6. **É prolongada.**
7. **É um conflito entre atores estatais e não estatais.**

Da mesma forma, uma tipologia das guerras nunca será completa e excludente, mas é descritiva e didaticamente útil. Alguns tipos de guerra são:

1. **Guerra clássica**. Entre dois exércitos oficiais.
2. **Guerra civil**. Da mesma forma que existem guerras entre organizações estatais e políticas, há também a guer-

ra civil, entre pessoas de um território governado pela mesma organização política. Os dois ou mais grupos podem ser súditos da organização política. Às vezes um grupo pode ser a organização política mesma, tendo assim uma guerra entre o governo e um grupo privado da sociedade. A guerra civil é uma das mais polêmicas, porque é entre irmãos do mesmo povo. Quando a guerra civil termina, geralmente quem ganha define os outros como "terroristas", "rebeldes", "golpistas", "revolucionários" contra a ordem pré-constituída. Se os grupos que são dados como terroristas, rebeldes e golpistas ganharem, aí se fala de **guerra de libertação**. A história é escrita pelos vencedores. Os dois lados se acusam de terrorismo. Como teriam sido definidos os *Founding Fathers* Americanos se a coroa inglesa tivesse ganhado? E Tiradentes? E Mandela?

3. **Simétrica/Assimétrica**. Guerras simétricas são aquelas entre atores similares do ponto de vista institucional (ambos estados, ambos grupos terroristas, ambos partidos etc.) e de força militar. As assimétricas são o contrário, aquelas entre atores diferentes do ponto de vista institucional e militar. Muitas vezes há conflitos entre o estado e uma organização doméstica independentista (que quer se dividir do estado central) ou golpista (que quer tomar posse do estado central). Na maioria desses casos, o governo tenta não falar de guerra, mas de repressão (os casos Espanha-ETA e UK-Ira). Outras vezes há conflitos entre um estado que começa uma guerra em outro território e encontra uma resistência por parte de grupos não estatais. Geralmente se fala de guerra assimétrica também porque os grupos menores e mais fracos usam táticas e técnicas de **guerrilha**, exatamente porque preferem não enfrentar frontalmente o exército em campo aberto.

Um dos mais importantes tipos de conflitos é o terrorismo. Por isso (e por sua peculiaridade), merece um tratamento à parte.

8.3 TERRORISMO

Guerra e terrorismo são obviamente parte das relações internacionais. O terrorismo é **uma atividade violenta com fins políticos, contra civis e não combatentes, que tenta instaurar um alto grau de terror difuso**. Quem perpetua esses atos são **atores não estatais, mas também estatais**; tais **atos podem ser legais ou não**.

O conceito nasce do termo francês *terrorisme* e originariamente atribuído ao grande terror jacobino, o terrorismo de estado praticado pelo governo francês entre 1793 e 1794. Hoje o conceito é mais aplicado ao terrorismo privado de grupos independentes que reivindicam algum resultado político, como Al-Qaeda, ISIS, IRA, ETA, FARC etc., e muitas vezes religioso.

Em 20 de setembro de 2001 (depois do ataque), o presidente G. W. Bush declarou "**guerra ao terror**", querendo se referir ao atual terrorismo islâmico. Desde então essa expressão ficou muito famosa.

Várias classificações são possíveis, mas eis alguns tipos de terrorismo:

1. **Privado**. Trata-se do terrorismo de grupos não estatais como Al Qaeda, ISIS, IRA, ETA, FARC, Sendero Luminoso etc. Geralmente esses atores lutam contra a classe política que detém o poder estatal e geralmente não querem derrubar a organização estatal, mas tomá-la.
2. **De estado.** Como vimos, o terrorismo nasceu como terrorismo de estado. No período da Revolução Francesa, os Jacobinos tomaram o poder estatal e instauraram o período do Grande Terror e a guilhotina ao som de "ne-

nhuma liberdade para os inimigos da liberdade". Durante a Segunda Guerra Mundial, houve vários bombardeamentos que foram considerados tais, como os de Londres, Dresden, Varsóvia e Munique. Cotidianamente na vida de milhões de pessoas ao redor do mundo, grupos estatais, polícia, exército, milícias de partido punem e reprimem a população e minorias com castigos exemplares "para mandar um sinal" em claros atos terroristas que, sendo a norma de realidades distantes, nem se tornam notícias. Ao mesmo tempo, essa definição é muito polêmica e fica minoritária pelo óbvio fato que as definições oficiais a recusam.

3. **Religioso**. É o terrorismo de grupos como Al-Qaeda e ISIS ou em parte até IRA, com forte foco religioso, que reivindicam objetivos religiosos, culturais, éticos e/ou que usam meios religiosos para persuadir e recrutar combatentes.
4. **Independentista**. É o terrorismo de grupos independentistas, secessionistas e autonomistas, como ETA e IRA. O famoso e muito apreciado líder Nelson Mandela (que lutava pela independência da África do Sul) foi considerado terrorista pelo governo da África do Sul por muito tempo. Ao contrário, o movimento independentista indiano de Gandhi não utilizou táticas terroristas, mas escolheu o rumo da desobediência civil.
5. **Narcoterrorismo**. Trata-se das atividades de grupos como FARC e Sendero Luminoso, que são financiados por atividades ligadas ao tráfico de droga. Geralmente há uma troca baseada na diferente vantagem comparativa e no diferente *know-how*: os traficantes fazem dinheiro com a droga e os terroristas prestam segurança, por exemplo, protegendo as plantações de coca (assim aconteceu entre Pablo Escobar e as FARC). Até a Al-Qaeda recebeu e recebe proventos das plantações de

droga no Afeganistão. Sendero Luminoso, muito ativo no Peru até os anos 1990, foi o único grupo terrorista vencido, pois foi adotada uma agenda de reformas diferentes que compreendeu liberalizações e desburocratização, a fim de permitir aos pobres entrar na economia formal em lugar de serem atraídos pela renda provida pelos terroristas.

6. **Criminoso-mafioso.** Às vezes, o crime organizado pode incorrer em atividades terroristas esporádicas. A máfia ítalo-americana de Al Capone explodiu carros e matou policiais com o fim de dissuadir as autoridades governamentais. *Cosa Nostra* (a máfia siciliana), durante os anos 1990, atacou o patrimônio histórico italiano para convencer a classe política a parar as investigações. No Brasil, às vezes, algumas organizações ligadas ao tráfico de droga como o PCC incorreram em atos terroristas, como matar policiais, incendiar ônibus etc. É evidente que esse tipo de terrorismo é mais interno que internacional.
7. **Cyberterrorismo.** Um tema de análise muito recente, pois trata-se de ataques de *hackers* e piratas da *web* aos canais e aos dados virtuais de instituições estatais como ministérios, entes governativos, empresas estatais estratégicas, políticos e diplomatas, inteligência. Os autores desses atos podem ser atores estatais (militares, agentes secretos e *hackers* contratados) ou grupos privados (como *Anonymous*).
8. ***Kamikaze.*** O termo *kamikaze* nasce durante a Segunda Guerra Mundial, quando alguns aviadores japoneses começaram a se lançar contra o armamento inimigo com todo o avião. Hoje, esse conceito é aplicado a alguns terroristas islâmicos que cometem suicídio em ataques-bomba. Há estudos sobre esse fenômeno que focam na psicologia do atentador, na situação econômica, na reli-

gião etc. É interessante notar como, em termos de teoria dos jogos, é difícil lidar com esse tipo de situação, pois falta a premissa que o outro jogador queira salvar a vida, como no jogo da galinha.

Geralmente os grupos terroristas usam táticas de ***guerrilha*** por serem pequenos, por terem pouco dinheiro e para parecerem vítimas fracas. Da mesma forma os grupos terroristas **buscam uma ampla plateia,** fazendo um uso eficiente da mídia internacional. Em 1972, o grupo Setembro Negro usou o palco da Olimpíada de Munique para entrar no quarteirão do time de Israel e matar 11 atletas. Hoje, os grupos terroristas gravam vídeos e os publicam diretamente *on-line*, mas o conceito permanece o mesmo.

8.4 A FALÁCIA DA JANELA QUEBRADA

Assim como para o argumento da tecnologia, alguns leigos e alguns autores pensam que a guerra (assim como as catástrofes naturais) pode criar riqueza. Muitos repetem, por exemplo, que a Grande Depressão terminou graças à Segunda Guerra Mundial. Logo depois dos ataques terroristas de 11 de setembro, Krugman declarou: "Porquanto possa parecer horrível falar isso, o ataque terrorista – como *o dia da infâmia original*,[4] que pôs um fim à Grande Depressão – pode até fazer algum bem do ponto de vista econômico."[5] Timoty Noah afirmou: "Economicamente é provável que o resultado líquido das ações terroristas seja benéfico

4 Depois do ataque a Pearl Harbor, o presidente Franklin Delano Roosevelt fez um famoso discurso no qual se referiu ao ataque como "uma data que viverá na infâmia". A partir daquele momento, a expressão *the original day of infamy* tem sido amplamente utilizada para se referir a qualquer momento de grave desgraça e tragédia.

5 P. Krugman, *New York Times*, 14.09.2001.

para os Estados Unidos."[6] Depois do terremoto japonês de Kobe, em 1995, Nicholas Kristof proclamou: "Não obstante a devastação, especialistas dizem hoje que de alguma maneira o terremoto pode dar um impulso a uma economia que está lutando para sair de uma longa recessão."[7] Frédéric Bastiat demonstrou que esta é uma falácia já em 1850.

Vamos supor que três meninos estejam jogando bola na rua e quebrem uma janela. A janela custa 100 reais, e alguém terá que pagar. Para alguns parece que isso é bom, porque, ao ser quebrada, tem que comprar outra janela, alguém vai ter que produzir, vai gerar emprego e, com isso, a economia gira.

Entretanto, não se criou riqueza nesse processo, pois se gastou dinheiro para voltar à situação inicial, mas agora sem o dinheiro. A sociedade estaria mais rica se a janela estivesse no lugar e ainda tivesse o valor à disposição das pessoas para gastar em outras coisas. Portanto, a guerra não gera nenhuma riqueza, ela é por definição um processo de destruição de riqueza. No total se perde, é um jogo de soma negativa.

Pode ser que algum país ganhe em cima de outros, mas a economia como um todo sempre perde. Algumas pessoas ganham à custa de outras.

8.5 UMA QUESTÃO DE INCENTIVOS

Se quem decide fazer a guerra é a mesma pessoa que tem que enfrentar o custo econômico e o risco de morte, ela terá uma estrutura de incentivos para entrar no conflito. Se quem decide pode externalizar os custos econômicos e o risco de morte, ela terá mais incentivos para lutar.

---

6 *Slate*, 12.09.2001.

7 *New York Times*, 18.01.1995.

De fato, quem decide fazer a guerra não é a população nem o estado como um todo, são algumas pessoas. Não são todas as pessoas que querem a guerra, mas apenas uma minoria. Uma minoria que decide pela guerra, e todos os tributados do país arcam com os custos; quem decide são a classe política e os altos escalões do Exército, mas quem vai lutar no campo de batalha são jovens militares. Como vimos nos estudos sobre burocracia (Capítulo 6, Seção 6.8), o decisor não é o pagador, o custo é difuso, diluído e externalizado. Dessa forma, há um incentivo a poder guerrear.

Quando os custos da guerra podem ser externalizados para os tributados e para os militares, fica claro o incentivo para entrar em conflito.

A política externa, a guerra, a defesa, as alianças militares são políticas, arbitrárias por definição, em que não há um processo legislativo ou uma política pública nacional a ser respeitada por parte do governante (veja o Capítulo 24). As assimetrias informativas são particularmente grandes, os laços entre governo, burocracia e indústria militar são fortes e a produção dos serviços militares é raramente privada. Há dinâmicas políticas complexas e pouco transparentes e as organizações internacionais têm um papel muito relevante. Nesse contexto, há muita margem para divergir dos interesses da opinião pública.

Mais detalhadamente, vamos analisar a questão nas categorias da *Public Choice*. Os políticos têm que se reeleger ou ajudar o próprio partido a eleger um substituto, e assegurarem a si próprios um trabalho e uma renda futura. Portanto, precisam considerar as ações dos outros atores envolvidos, precisam do apoio dos votantes, dos burocratas, precisam de doações de campanha e têm que achar um *compromise* entre tudo isso para manter o poder. Eles podem disseminar informações seletivas ou erradas. O *Ciclo Eleitoral* se aplica até neste caso: crises internacionais fortalecem a popularidade dos líderes políticos no curto prazo (efeito *rally 'round the flag*) para poder ganhar as eleições até o ponto em que é empiricamente demonstrado que a frequência de começar ou intensificar um conflito internacional é aproximativamente o dobro quando o incumbente busca a reeleição e a economia é fraca.[8] Do mesmo modo, antes das eleições geralmente são compradas mais armas, e esses contratos vão para empresas de área com alto desemprego e de distritos *swing*[9] (veja o Capítulo 14).

Os **burocratas** têm o incentivo de superestimar as ameaças externas e a necessidade do armamento. O apoio que os votantes podem dar a uma guerra depende das necessidades reais, mas também da percepção da necessidade de mais serviços militares. Um pacifista terá uma percepção menor (ou até negativa); um nacionalista talvez tenha uma visão diferente. Burocratas, políticos e lobistas podem tentar aumentar essa atitude e essa percepção de necessidade (Regan, 1994) mostra que pode ocorrer até com filmes e brinquedos de guerra.

Há dois tipos de **lobistas**, os que incentivam políticos e burocratas para fazer a guerra (empresas de armamentos, movimentos nacionalistas, xenófobos etc.) e os que os pressionam contra a guerra (pacifistas, imigrantes e descendentes do outro país em conflito, empresas cujos negócios sofrerão, liberais etc.). A indústria de armamentos é altamente regulamentada, monopolista ou oligopolista, e os contratos são pouco transparentes; a P&D é altamente subsidiada pelo estado, há muito protecionismo (alegando questões de segurança nacional). O lobismo é exercido por meio de: a) contribuições (legais e ilegais) para a campanha e para fins pessoais; b) financiamento de institutos e estudos que mostram a necessidade e a legitimidade de mais gasto militar. Trata-se, assim, de um grupo pequeno e homogêneo que terá facilidade de se organizar e ter sucesso na sua pressão. Olson e as lições da ação coletiva indicam que os interessados na paz são um

8 Hess; Orphanides, 1995.
9 Hartley, 1997.

grupo maior, difuso e heterogêneo, e, portanto, não conseguirão se organizar de modo eficiente e perderão. Burocratas e lobistas pró-guerra podem ter um conflito de interesse sobre o *mix* de capital-trabalho a ser alocado no serviço militar. Os lobistas querem mais mísseis, e os burocratas (altos escalões do Exército) querem mais soldados. Por exemplo, no caso da guerra do Iraque, o Departamento de Defesa queria uma invasão em pequena escala com bombardeamento aéreo de precisão e mísseis intercontinentais, enquanto o Exército queria uma invasão clássica com mais tropas de terra.

O governo geralmente prefere comprar serviços de segurança domesticamente para favorecer uma base de apoio, alegando questões de segurança nacional. Todos os governos tendem, então, a comprar internamente; logo, para as empresas do setor, é difícil exportar, mas elas também têm forte interesse em exportar. Por exemplo, no caso das Alianças Militares Internacionais, os estados pequenos e militarmente fracos têm o incentivo de entrar e fazer *free riding*, enquanto os estados maiores e potentes preferem inibir esse comportamento. Por que então os estados maiores aceitam? Porque empresas e lobistas pró-guerra têm um incentivo a criar/ampliar essas alianças para exportar bens e serviços. As indústrias militares americanas pressionaram fortemente pelo ingresso de pequenos estados da Europa do leste na OTAN[10] para isso. Obviamente, a criação e a ampliação de uma aliança internacional diminuem o controle dos votantes.[11]

Os **votantes** não têm muitos incentivos a pesquisar, informar-se, para tentar controlar o governo, pois todas essas tarefas são extremamente difíceis nas questões militares (muitas vezes as informações nem estão disponíveis). Debates públicos sobre questões militares são menos comuns que outros, e muitas vezes

10 Jones, 2007.

11 Frey, 1984.

há um consenso entre todos os partidos (até a oposição) sobre a razão de estado, sobre o sigilo estratégico, e a informação um pouco mais disponível é apenas o gasto militar (Mueller, 1970, considera que essa falta de informações pode ser um dos motivos pelos quais os votantes tendem a suportar os líderes em caso de guerra). Políticas externas, decisões diplomáticas e militares são também questões nacionais, altamente centralizadas e não pertencem aos níveis locais. Assim, o voto e a pressão de cada votante têm peso menor, o custo é diluído entre mais pessoas e o custo de se informar e pressionar é relativamente alto, enquanto os benefícios são improváveis e pequenos.

No final, políticos e burocratas decidem, eles podem ser incentivados por alguns grupos de pressão.

Geralmente, em um setor monopolista os bens e serviços são ruins e caros. Crovelli nota que, quando a classe dominante possui o **monopólio coercitivo** sobre a produção dos serviços de defesa, eles serão de **baixa qualidade** e com **altos custos**. Bruce Bueno de Mesquita também nota que usar serviços de defesa nacional só dos membros da coalizão vencedora do próprio estado, do próprio país, a **existência mesma dos estados** fundados sobre os impostos, cria uma situação na qual **guerras** frequentes e em larga escala são **mais prováveis**. Nas palavras de De Molinari: "A guerra é a necessária e inevitável consequência do estabelecimento do monopólio da segurança."

8.6 ALTERNATIVAS

Há basicamente duas grandes teorias para evitar e diminuir as guerras: a ideia que o comércio reduz a probabilidade dos conflitos (teoria liberal, paz capitalista) e a ideia de um governo mundial.

A paz capitalista. A ideia vem do conceito de "paz perpétua", de Kant. O filósofo falava que a interdependência econômica gera interesses comuns e paz. A ideia que o comércio gera paz virou o ponto central do liberalismo das relações internacionais no século XIX. É uma questão de custo-oportunidade: nenhum agente tem incentivo de matar o próprio cliente ou fornecedor. O comércio é um jogo de soma positiva, os dois ganham; sem o outro saem prejudicados. O comércio fortalece a prosperidade, que, por sua vez, remove as condições domésticas que levam à guerra. Blainey (1998) comentou: "Os homens eram ocupados demais a virar ricos para ter tempo para a guerra." Ao contrário, estagnação econômica pode levar as elites políticas a entrar em conflitos armados para desviar a atenção dos problemas econômicos. O protecionismo pode criar uma escalada de retaliações e aumentar as hostilidades. Isso é o que ocorreu na Primeira Guerra Mundial.

Outros autores concordam com toda essa visão, mas acham que a relação é mais indireta. Eles consideram que o comércio cria prosperidade, que promove a democracia, que então promove a paz. Na versão de Erich Weed (2011), a democracia deriva da liberdade econômica e da prosperidade. Sendo assim, **a teoria da paz democrática** é uma consequência e um ramo da paz capitalista. Capitalismo e interdependência econômica promovem a paz por meio de duas ou até três variáveis, diretas ou não, por meio da democracia e da participação em organizações interestatais. Mandelbaum discorda e afirma que não são os regimes democráticos que promovem a paz, mas a liberdade e o estado mínimo.

Existem casos empíricos que parecem demonstrar o contrário, como a guerra Estados Unidos-México e a guerra Sino-Japonesa. Existem, mas são poucos, e alguns os consideram exceções históricas.

Há também críticas teóricas profundas. Alguns autores acreditam que a relação exista, mas em direção oposta: seria a paz a criar mais comércio. Outros acreditam que a correlação seja espúria porque países que têm interesses comuns comerciam e não entram em guerra ao mesmo tempo, sem que um cause o outro.

Seria uma simples questão de interesses em comum.[12] Várias pesquisas empíricas se inserem nessa linha e tentam achar variáveis mais detalhadas que expliquem a liberdade econômica:

a. Proporção comércio/PIB.
b. Investimento estrangeiro.[13]
c. Abertura do mercado financeiro.[14]
d. Pouco protecionismo e poucas propriedades estatais.[15]
e. O tipo de comércio afeta a relação. Quando dois países comerciam *commodities*, a probabilidade de entrar em conflito é menor que quando não há esse tipo de troca, mas não é tão baixa, pois provavelmente se trata de bens que poderiam mais facilmente ser adquiridos por meio de uma guerra. As probabilidades diminuem quando se comerciam produtos manufaturados, e baixam ainda mais no caso de produtos químicos, produtos industriais de metal e produtos de alta tecnologia.[16]

Historicamente existem vários casos polêmicos que são interpretados de forma diferente. A Primeira Guerra Mundial é geralmente o caso mais usado contra a paz capitalista, pois os países que entraram em guerra tinham altos graus de comércio entre si. Nessas críticas, entretanto, não se notam três coisas relevantes:

a. O comércio não acontecia entre todos esses países de forma igual. Os fluxos reais de trocas ocorriam entre países que se aliaram. A Alemanha comerciava mais com

12 Gartzke, 2007.
13 Souva; Prins, 2006.
14 Gartzke, 2005, 2007, 2009.
15 McDonald, 2009.
16 Dorussen, 2006.

o aliado Império Austro-Húngaro; a Inglaterra, com a aliada França.

b. A maioria dos países da época não eram ainda democracias ou democracias maduras e o livre comércio não tinha ainda desenvolvido suas normais consequências. Até a Inglaterra (o país mais democrático da época) hoje seria dificilmente considerada uma democracia.

c. Esquece-se que quem comercia e quem faz as guerras são agentes diferentes. Consumidores, comerciantes, empresas, transportadores, produtores comerciam cruzando as fronteiras. Têm fortes laços e baixíssimos incentivos a entrar em conflito. Políticos, militares, estados, grupos revolucionários fazem guerras. Os incentivos são invertidos aqui. É evidente então que às vezes os interesses dos segundos possam se sobrepor aos dos primeiros por meio de imposição.

Estas críticas estão longe de ser uma refutação da teoria da paz capitalista.

A terceira teoria que tenta limitar a guerra é o **Globalismo/ Federalismo**. Kant também é a base da visão segundo a qual um governo mundial reduziria consideravelmente as probabilidades de as guerras acontecerem. Um governo mundial criaria uma comunhão de interesses, e, mesmo quando houvesse divergências, teria como controlar, dirimir as controvérsias e sancionar. A Sociedade das Nações, a ONU, todos os organismos internacionais podem ser vistos como etapas desse processo de federalização das relações políticas, criando organismos regionais (como Mercosul e União Europeia) e depois globais.

PERGUNTAS

- Explique as causas ideológicas da guerra.
- Explique as causas psicológicas da guerra.
- Explique as causas políticas da guerra.
- Explique a teoria do bode expiatório.
- Explique o que é *status inconsistency*.
- Explique a história da guerra.
- Explique a guerra total e a guerra de aniquilação.
- Explique como o fator jurídico limitou a guerra ao longo da história.
- Explique como o fator moral limitou a guerra ao longo da história.
- Explique como o fator econômico limitou a guerra ao longo da história.
- Explique o *ius ad bello*.
- Explique o *ius in bellum*.
- Por que a economia não pode ser uma causa de guerra?
- Quem ganha e quem perde com a guerra?
- Explique a teoria da paz capitalista.
- Quais as consequências da guerra?
- Explique os diferentes tipos de guerra.
- A guerra responde aos incentivos? Se sim, como? Quais as implicações?
- A guerra pode gerar crescimento econômico? Explique.
- Hoje 105 países não têm McDonald's. Por que isso poderia ser um problema?
- Como o globalismo resolveria a questão da guerra?
- Como o livre mercado resolveria a questão da guerra?
- Qual a crítica à paz capitalista? E qual a contrarresposta?
- O que são o terrorismo e a guerra ao terror?
- Explique o terrorismo privado.
- Explique o terrorismo de estado.

- Explique o terrorismo independentista.
- Explique o cyberterrorismo.
- Explique o terrorismo religioso.
- Explique o narcoterrorismo.
- Explique o terrorismo criminoso-mafioso.
- Faça uma conexão entre terrorismo e teoria dos jogos.

Capítulo 9

AUTOCRACIAS

A quase totalidade das primeiras formas de política foi autocrática e ditatorial. A democracia é uma invenção relativamente moderna na história da política. Ainda hoje existem muitos sistemas autocráticos. Neles, um indivíduo ou um grupo dita ou ordena políticas impositivas sobre várias matérias, exclui amplos grupos da população do processo de decisão, as medidas são muito restritivas das liberdades individuais e geralmente os governantes não são eleitos. Os governantes podem chegar ao poder por meio de golpe, de revolução ou de eleições, tornando o sistema ditatorial após a posse, às vezes abolindo as eleições ou manipulando-as fortemente.

Geralmente os ditadores se autoproclamam os verdadeiros representantes do povo, de seus verdadeiros interesses, o pai da pátria, o pai dos últimos ou outras definições similares. Os defensores dos sistemas autocráticos alegam isso, e teoricamente a ditadura poderia até ser para o bem do povo. Fala-se, nesse caso, de ***Leviatã benevolente***. Na visão de Hobbes, o Leviatã faz exatamente isso. Até Rousseau diz que existe um interesse geral, o bem comum, mas há a necessidade de uma "classe superior" para interpretar esse interesse.

A ciência política categoriza as autocracias em várias tipologias com uma vasta terminologia.

Em relação à época mais moderna e para um estudo introdutório, é útil distinguir entre quatro tipos de sistemas autocráticos: **monarquia absoluta**, **despotismo**, **autoritarismo** e **totalitarismo**. Mas antes é preciso entender como se toma posse e como se mantém o poder.

9.1 TOMAR E MANTER O PODER

No livro *The dictator's handbook*, os cientistas políticos Alastair Smith e Bruce Bueno de Mesquita descrevem como geralmente se desenvolvem as ditaduras, elencando as regras para **tomar o poder**. Precisa-se substituir o incumbente, tomar controle do aparato estatal e formar uma coalizão:

1. Para tomar o poder, a **velocidade é essencial**.
2. **Esconder a morte do líder** é funcional para organizar a substituição, para descobrir o fluxo de dinheiro e para tomá-lo. Pensem em como foram escondidas por alguns dias as mortes de Arafat, Kim Jong-il, Chávez ou nas especulações sobre Fidel Castro.
3. A **hereditariedade do poder** é funcional para a institucionalização da troca de governante. A regra gera previsibilidade, limita a violência da substituição. Sabendo antes quem será o líder, apoiadores e opositores podem se organizar com calma e com menos uso de violência. A regra da hereditariedade exclui *a priori* a possibilidade de muitos virarem líderes, mas também a possibilidade de que sejam mortos em um eventual conflito. Assim, cada um conhece seu lugar.
4. **O silêncio vale ouro**. Não antecipe reformas e substituições. Em 1966, o presidente argelino Bem Bella anunciou uma reunião na qual teriam sido discutidas: a) as substituições nos ministérios; b) as substituições na cúpula do Exército; c) a liquidação da oposição militar.

Seis dias depois, o líder da oposição Boumedièn deu um golpe de estado.

O poder é do líder, mas ele precisa do apoio de outras pessoas, cada um com uma contribuição diferente. Mesquita e Smith dividem a população entre ***intercambiáveis***, ***influentes*** e ***essenciais***. Dessa forma, as regras para manter o poder são:

1. **Substituir a velha guarda**. Uma das primeiras coisas a fazer quando se toma o poder é substituir a velha guarda (que pode ser ressentida, infiel e organizada) por novos apoiadores. É uma mistura de execuções, exílios forçados e *spoil system*. É o que fizeram praticamente todos os ditadores, de Lenin a Kim Jong-un.
2. **Precisa-se de dinheiro logo**. Uma vez no poder e formada a coalizão, é necessário retribuí-la, precisa-se achar dinheiro imediatamente. As armas nas suas mãos são **confisco, roubos, aumento de impostos etc.** Mugabe aplicou muito bem esta estratégia e se manteve no poder por décadas.
3. **É fácil perder o poder nos primeiros 6-12 meses, depois ele se mantém por muitos anos**. Pode parecer que os ditadores fiquem no poder por muitos anos, mas é porque geralmente não se nota quantos perdem o poder imediatamente.

FIGURA 9.1 RISCO DE DERROTA

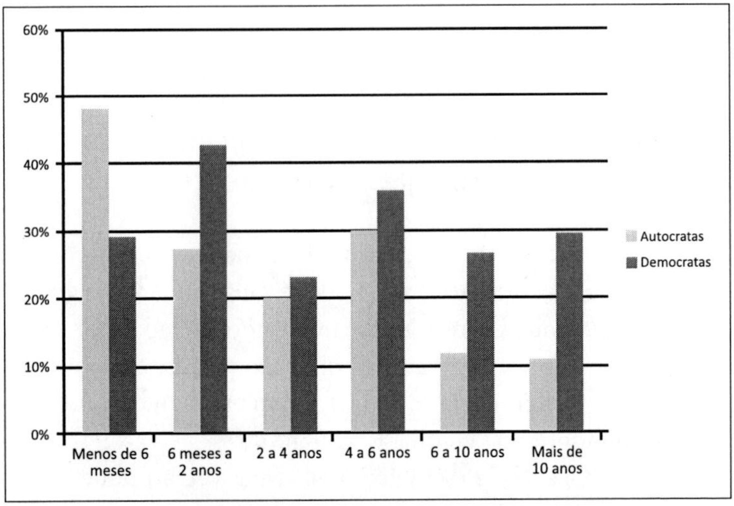

Fonte: Elaboração do autor a partir de Bruce Bueno de Mesquita e Alastair Smith, The dictator's handbook, p. 74.

4. **Mantenha a coalizão vencedora a menor possível.** O grupo no qual sua manutenção do poder (os essenciais) se baseia deve ser o menor possível, de maneira que seja coeso, facilmente controlável, você possa remunerá-los bem e que os membros sejam facilmente substituíveis. Um exemplo disso é Kim Jong-il.
5. **Mantenha o grupo de intercambiáveis o maior possível.** Dessa forma, é possível sempre trocar facilmente quem cria problemas e manter uma certa pressão sobre os essenciais para mostrar que precisam permanecer leais.
6. **Controle o fluxo do dinheiro** (impostos e empresas estatais), para você decidir quem come e quanto.
7. **Pague somente o necessário a seus apoiadores para mantê-los fiéis.** Não se pode remunerá-los mal demais

a ponto de incentivá-los a trair você, nem bem demais possibilitando-os a tomar seu lugar. Mugabe, todas as vezes que é ameaçado por um golpe, resolve pagar melhor seu exército e consegue mantê-lo fiel.

8. **Não pegue dinheiro dos seus apoiadores para melhorar a vida do povo.** O apoio dos essenciais nem sempre depende de boas políticas públicas. O general Than Shwe (no Myanmar) conseguiu se manter no poder assegurando que a ajuda para o desastre do furacão de 2008 passasse pelas mãos de seus apoiadores militares e fosse vendida no mercado negro.
9. **Ajudantes importantes podem ser uma ameaça.** Quando o ditador da Coreia do Norte Kim Jong-il morreu, em 2011, deixou o filho Kim Jong-un no poder. Ele era novo e rodeado de vários velhos poderosos, oligarcas do partido. O mais importante de todos era o tio Kim Kyong Hui. O jovem herdeiro mandou matar rapidamente para não ter concorrentes e para dar um sinal aos demais. Depois do golpe comunista, em 1959, Fidel Castro nomeou seus 21 ministros; em um ano, 16 deles se demitiram ou foram afastados e executados. Mas um personagem permanecia notável, Che Guevara, sendo considerado uma ameaça. Em 1965, Castro o mandou em uma missão na Bolívia e dois anos depois cortou a ajuda, deixando-o sem recursos. E na Bolívia Che Guevara morreu.
10. **Ajuda externa e cancelar a dívida reforça os governantes.** "Pegar dinheiro emprestado é fantástico para os líderes. Podem gastar o dinheiro para fazer felizes os apoiadores de hoje e, se são sensíveis, guardar um pouco para eles mesmos. Exceto se são bastantes sortudos para ficar no poder por muito tempo, pagar a dívida será o problema de outro líder" (Mesquita e Smith).

A ajuda externa não vai para a população, mas para o governo que a administra como quiser. Se e quando a dívida é perdoada, os estados voltam a aumentar a dívida de novo. Isso aconteceu em todos os casos dos anos 1990, com exceção de Angola e Nicarágua.

9.2 MONARQUIA ABSOLUTA

A monarquia é uma forma de governo que relembra imediatamente a Antiguidade, que foi efetivamente muito comum até o século XIX, mas que ainda existe em 45 países do mundo.

Desde sua origem, dos primórdios, todas as monarquias advêm de alguém que **se autoproclama rei**. Muitas monarquias antigas são ligadas a **aspectos religiosos** para justificar o comando, alegando que o rei governa por vontade das divindades, é seu representante, pertence a uma linhagem escolhida com origens místicas e mitológicas etc.

Depois do Império Romano, na Idade Média, a Europa era fragmentada em milhares de pequenos territórios políticos, quase todos dominados por sistemas monárquicos. As **monarquias medievais** eram estruturadas de forma muito complexa (já vimos vários desses aspectos medievais no Capítulo 6). Não se tratava de monarquias absolutas, o rei reinava graças ao apoio dos vários nobres. O monarca precisava então ficar em uma difícil posição de equilíbrio, agradando várias famílias aristocráticas, que lhe davam o poder. Os reis não possuíam um exército fixo e nacional, precisavam dos soldados, dos vários duques, condes etc.; também não tinham muito dinheiro, não tinham autonomia financeira, pois não havia um sistema centralizado de cobrança de impostos, que eram cobrados pelos nobres locais, que depois repassavam uma parte ao rei. Além disso, o poder deles era limitado pela Igreja e pelo direito natural. A Igreja (como vimos) era um poder igual e paralelo, e o direito natural devia ser respeitado para ter legitimidade e evitar descontentamento. O emblema dessa situação é representado pela Magna Carta (de 1215), que os nobres ingleses forçaram o rei a assinar, limitando seus próprios poderes e se submetendo a regras escritas e previsíveis. Naquela época, então, as monarquias eram limitadas de baixo (nobreza), de cima (lei natural) e paralelamente (Igreja).

O **direito divino dos reis** (veja também o Capítulo 6) significa por um lado que o monarca é limitado pela vontade de Deus, mas por outro lado o que ele fizer é a vontade de Deus. E gradualmente o poder tendeu a se estender nessa segunda direção. Portanto, os reis começam a ser investidos de uma vontade divina; começam, assim, a não precisar do apoio da Igreja e da aristocracia. Seu poder advém diretamente de Deus. O apelido de Rei-Sol dado a Luís XIV representa exatamente isso. A ideia que o monarca deve realizar na "ordem dos homens" a "ordem de Deus" passa progressivamente a significar que tudo o que o monarca faz representa a vontade de Deus. Do prescritivo se passa ao descritivo. O que era um dever, uma obrigação, uma tarefa, um limite, vira uma justificativa.

Dessa forma, chega-se gradualmente às **monarquias absolutas**. Os monarcas se afastam da aristocracia, as famílias reais passam dos castelos medievais rurais aos palácios urbanos das capitais, aumentam o fasto, as festas, mudam os costumes e os valores; distanciam-se do poder da Igreja até sobressair-lhe e submetê-la (veja o Capítulo 6). O mercantilismo garante às famílias reais grandes recursos, militarizam-se fortemente, destroem as famílias aristocráticas rivais, conquistam territórios. Nascem, gradualmente, o absolutismo e o estado-nação.

A partir do final de 1800 e com a Primeira Guerra Mundial, essa ordem foi mudando radicalmente, o absolutismo gerando descontentamento e desordem. Milhares de protestos, movimentos e revoltas surgem na Europa inteira, surgem e se organizam os movimentos e depois partidos democráticos, socialistas, comunistas, liberais. Pede-se um limite aos reis. Obtém-se que os monarcas limitem os próprios poderes com Constituições, Cartas, Estatutos, e que entreguem ao povo. São as Constituições *octroyé* (concedidas).

Chegamos assim às **monarquias constitucionais**. Alguns monarcas são mortos, outros depostos, outros usurpados do poder ou deixados apenas com poderes formais.

Surgem gradualmente a democracia, o parlamentarismo e o presidencialismo. Alguns monarcas são substituídos por presidentes eleitos (veja o presidencialismo no Capítulo 11), outros são forçados a ceder sempre mais poderes para os parlamentos (veja o parlamentarismo no Capítulo 11).

Hoje, quase todas as monarquias europeias são monarquias constitucionais (Reino Unido, Espanha, Suécia, Holanda etc.), em que o monarca não governa e tem só poderes formais e, às vezes, emergenciais. Em outros países, as monarquias simplesmente caíram (França, Portugal, Alemanha, Itália etc.). Permanecem algumas monarquias de fato (Vaticano, Liechtenstein, Mônaco, Andorra).

Todos os países do *Commonwealth* (Canadá, Austrália, Inglaterra, Nova Zelândia, Jamaica etc.) têm como monarca o Reino Unido. Fora da Europa, Arábia Saudita, Bahrein, Jordânia, Kuwait, Japão, Coreia do Norte, Camboja, Malásia, Butão, Tailândia, Marrocos, Lesoto etc. são monarquias.

No que se refere à regra de sucessão, há e houve diferentes tipos:

- **Monarquias hereditárias**. Geralmente é o primogênito homem a herdar o direito a governar.
- **Monarquias eletivas**. O monarca é eleito por um colégio, um grupo restrito de pessoas, e pode ser eleito por toda a vida ou por um mandato menor. O monarca da Cidade

do Vaticano (e papa da Igreja Católica) é eleito por um colégio de cardeais por toda a vida. Na Malásia, o rei da federação é eleito por um mandato de cinco anos entre os sultões herdeiros dos vários estados. A Arábia Saudita tem um procedimento similar.

- **Regência**. Excepcionalmente, um regente detém o poder temporariamente quando o rei legítimo é menor, está ausente (fora do país) ou doente.

As monarquias não são necessariamente despóticas e ditatoriais; Andorra, Mônaco e Liechtenstein são exemplos disso, pois tiveram vários monarcas iluminados ao longo da história. As monarquias absolutas são só um tipo de monarquia e duraram apenas uma certa época. A história do despotismo não é só das monarquias. Alguns autores até alegam que se trata de um sistema relativamente positivo, visto que a regra de sucessão garante previsibilidade e estabilidade: o jovem príncipe vai ser formado e preparado desde criança para a tarefa. Sendo o território (*estate*) propriedade da família que será depois passado aos filhos, não há incentivos a fazer políticas econômicas ineficientes, a desperdiçar, a fazer dívida; sendo o mandato a vida e que depois a governar será o filho, há incentivos de longo prazo (e não de quatro, cinco anos). Em todo o caso, parece difícil que o número de monarquias no mundo possa voltar a aumentar.

9.3 DESPOTISMO

É a forma de ditadura mais antiga e não tem raízes ideológicas modernas. Se voltarmos à Grécia, a Roma, vemos que existiam sistemas autocráticos, mas não podemos definir os líderes como comunistas ou fascistas, pois estes são rótulos ideológicos modernos.

O despotismo é **um regime personalístico, não há instituições políticas sofisticadas, tudo é baseado na figura do líder**. Quando o líder cai, geralmente todo o sistema colapsa ou fica fortemente abalado. Não se trata, no entanto, de um sistema que existiu só na Antiguidade; atualmente existem vários sistemas despóticos e geralmente conseguem se instalar em lugares com as seguintes características:

1. **A economia** é muito fraca, geralmente pouco diversificada e baseada em poucos recursos naturais (petróleo, gás, diamantes, ouro, cocaína etc.). Não há um sistema econômico desenvolvido.
2. **Grandes proprietários**. Trata-se de sistemas latifundiários ou quase, com poucos donos de grandes porções de terra. Dessa forma, o sistema é fácil de controlar e fica resistente às mudanças e ao pluralismo político.
3. **Extrativismo**. A economia é baseada principalmente na extração de recursos naturais (petróleo, diamantes, gás, metais preciosos) e não na criação de valor. No longo prazo os recursos podem acabar ou se tornar economicamente não interessantes, e o sistema colapsa. Geralmente essas atividades são monopólio estatal ou estão em regime de concessão estatal para grandes empresas monopolistas ou oligopolistas; logo, os laços entre as elites política e econômica são muito fortes. Essas indústrias/setores são uma grande fonte de arrecadação para o estado. O ditador e a cúpula dirigente querem o controle dos recursos, em conluio com proprietários estrangeiros ou por meio da estatização. Existe uma ligação muito forte entre as empresas e os ditadores porque os empresários querem que se mantenha a ditadura, pois se beneficiam dela. Há condi-

ções favoráveis para um ditador em coligação/fusão com grandes proprietários.

4. **Grandes plantações**. Por exemplo, de cana, algodão, cocaína. Isso tende a ter grande polarização social entre a minoria de latifundiários e a maioria de trabalhadores. A minoria teme expropriações e apoia o controle (por exemplo, Honduras – República das Bananas).

9.4 A MALDIÇÃO DA ABUNDÂNCIA

Ao contrário do que se pode pensar, muitas vezes ter muitos recursos naturais valiosos é um problema. Em uma série de trabalhos publicados entre 1995 e 2001, Sachs e Warner encontraram evidências empíricas de que países ricos em recursos naturais, nos quais estes têm significativa participação nas exportações, têm crescimento econômico pior que países pobres em recursos naturais.

Trata-se de uma descoberta empírica. Tentando explicar *ex post* a coisa, os possíveis motivos podem ser:

1. **Pouca diversificação**. Geralmente, quando em um país são descobertos valiosos recursos naturais, 80-90% do PIB vêm desses setores. Pode haver um efeito de "acomodação".
2. **Empresas estatais**. Quase sempre as empresas que exploram esses recursos são monopolistas estatais ou privadas em regime de licença estatal. Logo, há ineficiência, corrupção, clientelismo etc.
3. Quando a exploração é deixada às empresas estrangeiras, geralmente ficam livres de explorar desde que paguem ***royalties* e/ou propinas** para o governo. Isso beneficia a elite política, fortalece-a e a enraíza no poder.

Alguns casos interessantes são a Nigéria e a Venezuela. A Nigéria conquistou a independência em 1960 (era uma colônia inglesa); logo depois descobriram o petróleo, a comunidade internacional estava muito confiante e otimista, mas o que aconteceu foi que o caminho da Nigéria foi na direção da concentração de poder, guerras civis, *crony capitalism*, extrativismo etc. A descoberta do petróleo desencadeou uma corrida a um lucro fácil por parte de vários grupos que começaram a contender o poder. Quando o prêmio é grande, atraem-se muitas e as piores pessoas. Hoje a Nigéria é um dos países mais pobres da África. A história recente do declínio da Venezuela passa também pela estatização, a exploração do petróleo, com Chávez.

Outros dois casos interessantes, desta vez positivos, são os EUA e a Noruega. Ambos são grandes produtores de petróleo, mas parecem refutar a maldição da abundância, pois estão entre os países mais ricos do mundo. Como se explica isso? A maldição da abundância é então confutada? Nesses casos, há uma grande diferença que explica o sucesso desses modelos: eles descobriram o petróleo depois de já serem democracias. Quando esse valioso recurso foi descoberto, a democracia já era forte e enraizada; logo, o sistema não sofreu pressões tão fortes assim de grupos rivais na disputa pelo prêmio a qualquer custo. O processo foi mais pacífico, ordenado, previsível, eficiente e respeitou as regras do jogo. Dessa forma, vamos adicionar uma quarta característica à maldição da abundância:

4. **Regime não democrático**. A abundância de recursos naturais economicamente valiosos tende a não criar problemas somente quando o regime político é democrático. Se se descobrem esses recursos sob um regime não democrático, o mecanismo de incentivos que se desencadeia é perverso.

Nem todos os **recursos naturais** são **recursos econômicos**. O petróleo, por exemplo, antes de ser utilizado economicamente, era um recurso natural inexplorado. O gás de xisto é um tipo de gás que está sendo extraído de algumas pedras recentemente. Era um recurso natural e agora se tornou também um recurso econômico. São a intuição e a inovação humanas que tornam um recurso natural um recurso econômico. O ar é um recurso natural que não é um recurso econômico, não tem um valor econômico pelo simples fato de não ser escasso, de ser mais abundante que a demanda. Do ponto de vista da teoria dos bens públicos, os recursos naturais são bens comuns, e quando os bens comuns são gerenciados de forma pública geram a "tragédia dos comuns", porque não são tratados como bens econômicos (veja o Capítulo 21).

9.5 TOTALITARISMO

Os totalitarismos comunistas e nazistas do século XX são famosos, eles são o ponto máximo de evolução do estado. O estado-nação surge a partir do mercantilismo, formaliza-se em Vestfália e toca seu ápice em Dacahu. Alguns exemplos históricos são a URSS, a Alemanha Nazista, a China de Mao, a Cuba de Castro, a atual Coreia do Norte, o Camboja de Pol Pot. Suas características são:

1. **Forte caracterização ideológica**. Não por acaso os totalitarismos foram o comunismo e o nazismo. A ideologia é uma arma poderosa para se autolegitimar, para controlar, para persuadir. A ideologia é instrumento de legitimação, um braço pedagógico capaz de gerar mobilização das massas. O estado se legitima por meio da

ideologia, que é ensinada na escola; uma tentativa de criar uma nova cultura, um homem novo.

2. **Estado total**. O estado controla tudo, atividades públicas e privadas, como ensino, ocupação, recreação, religião, casamento, quantos filhos se pode ter. Toda a vida humana fica dentro da esfera estatal.
3. **Ausência de corpos intermédios**. Este tipo de regime é incompatível com organizações independentes e autônomas. Não há partidos de oposição (há o "partido único"), associações de categoria, sindicato, livres associações que não sejam do estado. A Igreja, por exemplo, não é tolerada, pois representa um potencial lugar de revolta.
4. **Terrorismo de estado**. Há controle por parte da polícia secreta, torturas, assassinatos, campos de concentração. Censura, supervisão e uso do ensino e controle da mídia.
5. **Curta duração**. Requer extrema mobilização das massas e, desta forma, geralmente não dura muito mais que uma geração. Geralmente é derrotado por outros países ou muda para outra forma de autoritarismo. Note como a China passou de um sistema totalitário para um autoritário, como o regime totalitário cubano está perdendo poder e, por outro lado, como a Alemanha nazista foi derrotada por potências estrangeiras.

É forte e evidente a conexão entre as utopias (de Platão, Fourier, Blanc etc.) e os totalitarismos. Milovan Gilas falou: "Quando uma utopia chega ao poder vira um dogma." Bakunin notou: "Dê poder absoluto a um revolucionário e em menos de um ano ele será pior que o próprio Czar." Quando as utopias se concretizam, viram distopias, como descrito nas obras de Orwell, Huxley, Bradbury, Rand, Tolkien e outros.

Há debates sobre alguns regimes e sobre o fato de eles se enquadrarem melhor nos totalitarismos ou nos autoritarismos. É o caso da Itália fascista. É claro que a tipologia serve de modelo aos casos históricos concretos; temos assim casos que mais facilmente se encaixam em uma ou outra tipologia, e temos outros casos que são mais intermediários e se sobrepõem a mais categorias.

9.6 AUTORITARISMO

O autoritarismo é um tipo de ditadura um pouco mais complexo. Alguns casos concretos são o Brasil de Vargas, o Chile de Pinochet, os fascismos do sul da Europa (com a ressalva que alguns historiadores e cientistas políticos os consideram totalitarismos), o regime militar dos coronéis da Grécia, a atual China comunista e as várias ditaduras militares ao redor do mundo. Eis suas principais características:

1. **Vários grupos sociais.** O líder e a elite de poder que controlam o estado não conseguem ou não querem reprimir totalmente o resto da sociedade. Reprimem, mas não exterminam as minorias. Há vários partidos, inclusive alguns de oposição, até controlados e sem muito poder. Há associações de categoria, sindicatos e livres associações com um mínimo de autonomia, mas o governo tenta controlá-las e consegue razoavelmente, mas não totalmente. Da mesma forma, deixa a Igreja sobreviver, mas interfere em algumas de suas atividades. É preciso não só apoio dos militares, mas também da Igreja, dos grandes empresários etc. O governo distribui privilégios e concessões para angariar apoio. Cria um mínimo de competição controlada entre diferentes grupos de comando.
2. ***Performance* econômica.** A elite dominante não se baseia somente no controle e na repressão, logo precisa

de alguma outra alavanca para se manter no poder. Ou seja, se não reprime totalmente, tem que dar algo em troca. Tem que entregar benefícios coletivos ou privados para diminuir o descontentamento e prevenir rebeliões. Necessita de uma boa *performance* econômica para a população geral e benefícios privados para o círculo mais restrito que apoia o regime. De certa forma, é como se cidadãos renunciassem ao direito de escolher e controlar os governantes em troca de um desempenho econômico favorável ou outros benefícios, obtendo também menos controle/repressão.

3. **Institucionalização**. Diferentemente do despotismo, neste sistema há um mínimo de regras formais institucionalizadas. O líder e a elite não podem simplesmente cumprir a própria vontade, mas têm de respeitar um mínimo de processo legislativo, pois há um ordenamento jurídico formal.
    a. Precisa adotar algumas regras institucionais para coordenar decisões internas, cooptar novas adesões e dar um ar de estabilidade e previsibilidade.
    b. Pode haver eleições, parlamentos e partidos, mas sem um forte poder real.

É claro que todos esses regimes são transitórios e caem. Passemos agora ao estudo dessa transição.

9.7 A TRANSIÇÃO

A política não é estática, nenhum regime é eterno e nenhum grupo governará para sempre. Os regimes podem explodir ou implodir. A queda começa com uma pessoa, com um líder e um grupo que iniciam os protestos, a desobediência civil, a revolta, o golpe, a transição. Em um primeiro nível, mais geral, há **dois tipos de transição**:

- **De cima**: reforma transição → pacto ou imposição → transformação
- **De baixo**: ruptura → liberação → reforma ou revolução → substituição

Ou seja, a transição pode: a) começar de cima (*top-down*), da **elite** que vira consciente da necessidade de se adequar às mudanças e pode se traduzir em uma **reforma negociada** (acordos entre as elites, entre as velhas e as novas elites) ou **imposta** (uma das elites impõe às demais as mudanças) que transforma o tipo de regime; b) iniciar de baixo (*bottom-up*) da sociedade civil, **do povo**, dos *outsiders*, que impõem uma ruptura com o passado regime, por meio da imposição não violenta de uma **reforma** ou de uma **revolução** que leva à **substituição** da precedente forma de governo.

Podemos nos aprofundar mais utilizando essas dicotomias e adicionando outras, e assim diferenciar entre diversos tipos de regimes.

Da queda de um regime surgem outros tipos, e a transição varia dependendo da modalidade existente e das estruturas econômicas e sociais:

1. **Regimes despóticos** podem colapsar por rebeliões internas, movimentos revolucionários que às vezes implantam uma nova ditadura (muitos casos na África e na América Latina) ou por intervenção externa (Kaddhafi, Hussein).
2. **Regimes totalitários** podem ser derrotados por outros estados (Alemanha nazista) ou implodir (URSS) e transformar-se em um regime autoritário com a morte do líder e a incapacidade de mobilização (URSS, China).

3. **Regimes autoritários** podem se dissolver por vias menos violentas, baseadas em trocas entre governantes e a oposição; por contar com maior equilíbrio de poder, a transição pode ser bastante pacífica (Vargas e Salazar).

Um regime pode mudar por uma intervenção externa, por uma guerra ou por uma revolução interna (guerra civil). A decisão de se engajar em uma luta armada é sempre uma decisão individual, de cada pessoa e depende dos custos-benefícios.

Alguns fatores, entretanto, podem tornar a relação custo-benefício mais propícia ao conflito:

1. **Economia agrária ou presença de recursos naturais.** Expropriações ou um forte controle estatal podem motivar os rebeldes.
2. **Pobreza.** Diminui os custos de oportunidade de lutar, o que pode levar a um círculo vicioso, pois conflitos empobrecem ainda mais. Quanto menos a perder, mais o incentivo de iniciar uma revolta; quanto mais as pessoas não têm nada, mais a revolta é provável.
3. **Tamanho do país.** Em territórios vastos há um potencial maior de achar/criar um grupo de rebeldes, e o governo tem mais dificuldade de controlar.
4. **Atitude da elite.** a) corrupção, incompetência e violência incentivam a revolta; e b) ao mesmo tempo estados fracos não têm uma boa administração para a repressão e o controle; c) deixam ainda falta de confiança em reformas prometidas.
5. **Democracias recentes.** Advindos de um esmorecimento de ditaduras, são menos inclusivas que uma democracia madura e menos eficientes em exercer controle que uma ditadura. Isso gera mais demandas dos excluídos e baixa os custos da ação coletiva.

Mudanças de regime podem acontecer sem grandes rompantes de violência. Em um regime autoritário que entra em processo de colapso por eventos inesperados que revelam suas falhas e fraquezas, **há certo equilíbrio** de poder entre o governo e os movimentos oposicionistas: o governo não consegue governar de acordo com as regras antigas, nem oposicionistas conseguem derrubar o governo por seus próprios meios, levando a reformas e reestruturações (URSS). Em **guerras civis prolongadas**, às vezes os grupos podem entrar em **negociações** para a pacificação. **A mera expectativa de guerra civil** pode levar a negociações para reformas (Espanha pós-Franco). A grande maioria das democracias surgiu exatamente de acordos, reformas e tratados, e não de guerras e revoluções. Nesses pactos, geralmente os governantes aceitam a inclusão política dos opositores, mas eles demandam garantias de não perseguição, expropriação etc., e a continuação da oportunidade de participar do poder sob as novas instituições. De forma geral, então, reformas graduais, internas e *bottom-up* funcionam melhor e são mais duradouras.

Em termos de teoria dos jogos, a revolução e a transição para a democracia são **bens públicos puros**: se alguém se rebela, consegue derrubar o regime e instaurar a democracia, vai beneficiar todos (não excludente) de forma igual sem diminuir o benefício de ninguém (não rival). Visto isso, o incentivo individual a participar da revolta é baixo, porque, se é reprimida, não se arrisca nada. Quem fica em casa, se a revolta obtiver sucesso, será beneficiado em todo caso e não terá custos. Quem protesta tem um custo e terá o mesmo benefício que outros. Por isso, geralmente as ditaduras duram e, quando há uma revolta, os sujeitos que arriscam muito tentam aumentar o benefício apossando-se de muito poder e riqueza, criando assim as condições para uma nova ditadura.

PERGUNTAS

- Como tomar e manter o poder, segundo Mesquita e Smith?
- Quais as condições que favorecem o despotismo?
- Quais os traços distintivos de um sistema monárquico?
- Explique como mudaram as monarquias ao longo da história.
- Explique as monarquias medievais.
- Explique as diferenças entre as monarquias medievais e as monarquias absolutas.
- Explique as monarquias absolutas.
- Explique por que as monarquias medievais não são monarquias absolutas.
- Explique a relação entre as monarquias e a Igreja Católica ao longo da história.
- Explique as regras de sucessão das monarquias.
- Explique as monarquias constitucionais.
- Explique quais são as monarquias atuais e como funcionam.
- Explique qual a função da regra de hereditariedade e a aplique aos sistemas monárquicos.
- Explique o que são as monarquias eletivas e dê alguns exemplos.
- Explique as variáveis *bottom-up* e *top-down* das transições.
- Explique o processo *top-down* das transições.
- Explique o processo *bottom-up* das transições.
- Explique as variáveis nacionais e internacionais das transições.
- Quais as diferenças entre despotismo, autoritarismo e totalitarismo?
- Faça uma conexão entre o autoritarismo e o jogo do pirata (da teoria dos jogos).
- Cite três casos históricos para despotismo, autoritarismo e totalitarismo.

- Explique a relação entre autoritarismo e performances econômicas.
- Faça uma conexão entre o autoritarismo e o jogo do ditador (da teoria dos jogos).
- Explique a relação entre totalitarismo e Religião-Igreja.
- Por que ter muitos recursos naturais pode ser negativo? Explique.
- Como funciona a transição de um regime para outro? Quais os problemas?
- Como mudam os regimes despóticos, autoritários e totalitários?
- Explique revoluções e transição democrática em termos de teoria dos jogos.
- A teoria dos jogos explica por que às vezes a queda de uma ditadura gera outra autocracia. Explique como e por que isso ocorre.
- Faça uma conexão entre ação coletiva e transição.

Capítulo 10

DEMOCRACIA

Todos os textos sobre democracia começam mostrando que esse conceito vem do grego antigo *demos* (povo), *kratos* (poder), ideia resumida na fórmula "poder do povo, pelo povo, para o povo" (A. Lincoln).

A democracia não é substancial, não se refere ao assunto que se decide, mas a como se decide. Para definir um certo sistema "democrático" não se analisam os *outputs*, os resultados, a legislação produzida, mas o processo, a forma, o procedimento. A democracia é **procedimental**: democraticamente pode-se tomar qualquer decisão. Hitler foi eleito democraticamente, muitas legislações consideradas imorais, ineficientes ou liberticidas por alguns são aprovadas democraticamente.

A democracia pertence ao **como decidir** para um coletivo e não à escolha de **se decidir** coletivamente ou não, ou seja, a democracia é imposta, como todos os outros tipos de regimes políticos. "A democracia é simplesmente um método de decisão. Em política, democracia é um método para decidir quando e como obrigar pessoas a fazerem coisas que eles não querem fazer. A democracia política é um método para decidir (direta ou indiretamente) quando, como e de que maneira um governo ameaçará de violência as pessoas. O símbolo da democracia não é só um voto mas é um voto conectado a uma pistola" (J. Brennan).

A diferença entre a democracia do estado e a democracia de uma empresa é que, em uma empresa, se você é um dos sócios e por maioria toma-se uma decisão com a qual você não concorda, você pode sair e não ser obrigado a obedecer àquela decisão. Já na democracia política, não. Mesmo quando você não é a favor de uma decisão, você é obrigado a obedecer, pois você não escolhe entrar ou não na democracia, você é obrigado.

Democracia **não coincide com liberdade**. Diferentes democracias podem garantir maiores ou menores graus de liberdade. O processo democrático pode e muitas vezes resulta em uma diminuição da liberdade.

A democracia pode ser, e muitas vezes é, **pervasiva**, decide com quem você pode casar, o que você pode comer, quais medicamentos e quais drogas pode usar e não usar etc.

Existe um grande debate sobre se a democracia é o melhor sistema possível ou não, se promove riqueza, bem-estar, liberdade etc. Isso mostra que a democracia é um meio, uma ferramenta, e não um fim. Ou o analista de ciência política evita o fetichismo da democracia, ou não é um analista.

Alguns leigos adicionam à democracia algumas características das quais eles gostam, mas, na verdade, quando as democracias têm estas características, viram democracias liberais ou social-democracias. As **democracias liberais** se inspiram nos princípios do liberalismo, respeitam as liberdades individuais, cívicas e políticas e têm, por exemplo, os seguintes aspectos:

1. **Liberdade de expressão.**
2. **Liberdade de associação.** Porém, em nenhuma democracia existe uma liberdade plena de associação.
3. **Liberdade de expressão e de informação.** Você tem que poder falar; se você não é escutado, é outra coisa; o importante é que na democracia todos tenham o direito de falar, reclamar, questionar o que quiserem. A

liberdade de informação é o direito de informar e de ser informado.

4. **Eleições livres**. Não basta ter eleições, elas têm que acontecer de verdade, sem fraude, sem manipulações, para o voto, a vontade do povo ser realmente relevante.
5. **Amplos direitos de voto**. Fala-se de direito de votar, e não necessariamente dever de votar. Em alguns países o sufrágio não é universal, pois presos, militares ou até juízes não votam. O direito de voto na democracia não significa sufrágio universal total, mesmo porque há sempre algum tipo de discriminação, mas há mais possibilidade de votos que em outros regimes.
6. **Direito de se candidatar a cargos públicos** (burocráticos e políticos). Todos podem se candidatar a um cargo político e também têm a oportunidade de fazer concursos para entrar em cargos públicos.
7. **Defesa das minorias.**

As **social-democracias** se baseiam nos princípios socialistas moderados, social-democráticos, e os defendem por meio de características como:

1. **Rede mínima de segurança**. Uma série de medidas, como salário mínimo, renda mínima de cidadania, seguro-desemprego, assistência a deficientes, a idosos, que assegurem um bem-estar mínimo de segurança.
2. **Redistribuição progressiva**. Redistribuição de renda dos ricos aos pobres.
3. **Tendencial igualdade econômica**. É na verdade uma consequência das primeiras duas políticas públicas às quais se podem adicionar medidas como impostos sobre grandes fortunas, teto aos salários, impostos sobre os ***dividendos***, impostos sobre o luxo etc.

4. **Amplo *welfare-state***. É o conjunto das medidas precedentes. Trata-se de toda uma estrutura estatal que cria assistencialismo "do berço ao túmulo".
5. **Bens públicos estatais**. Bens públicos considerados básicos são produzidos e fornecidos pelo estado, e geralmente, nesses casos, é garantido o acesso aos mais pobres.
6. **Setores estratégicos estatais**. Alguns setores da economia, como petróleo, gás, aviação, armamentos, ferrovias, comunicações, são considerados "estratégicos", e o estado monopoliza e cria empresas estatais.

Esses são modelos de democracia do ponto de vista analítico. De fato, historicamente as coisas são sempre mais complexas. Vamos analisar agora como se dão os processos de democratização.

10.1 DEMOCRATIZAÇÃO

Os sistemas democráticos no mundo estão aumentando, mas ao mesmo tempo há vários sistemas à margem entre democracia e ditadura, e vários países em transição. Em uma transição de regimes, pode ser que não se alcance a democracia plena, porque:

1. A **velha guarda** tem nostalgia do velho regime.
2. Ainda **não há valores democráticos** estabelecidos.
3. **As facções políticas não se reconhecem e não se legitimam**. Isso polariza a sociedade, acentua o conflito político e pode gerar protestos, repressão ou revoltas.

Para que uma democracia se estabeleça e se fortaleça é preciso de **incentivos**:

1. Para quem ganha as eleições, o **custo de repressão** da oposição deve ser maior que o custo de tolerá-la.
2. Para quem perde, o **custo de submissão** deve ser menor que o custo da rebelião.

Em uma democracia pode-se não gostar de quem está no poder, mas se aceita por ser legítimo, por ter ganhado seguindo as regras. Mas a facção que ganha pode se tornar rígida, oprimir a oposição e acabar com a democracia, como também pode tolerar a oposição. Em uma democracia o povo tenderia a não aceitar tal repressão (e nesse sistema o povo tem um pouco mais de influência), então a facção vencedora precisa tolerar a oposição. Mas o processo de democratização pode falhar.

Nesse sentido, há vários fatores que **enfraquecem a democratização e a democracia**:

1. Em situação de **pobreza**. As pessoas podem tender a se revoltar contra o sistema.
2. **Polarização**. Dois (ou mais) grupos opostos que não legitimam nem aceitam o outro.
3. **Poucas alternativas na iniciativa privada**. Politização excessiva da vida pública, sobrecarregamento do sistema político, fortes incentivos para perseguir carreiras políticas e burocráticas, diminuição da esfera privada e do setor produtivo.
4. **Fortes demandas de redistribuição**. Se e quando há demandas de redistribuição fortes, contínuas e difusas, os vários grupos tentam viver à custa dos outros. Isso gera desaceleração da economia e pode acarretar problemas de convivência social e política.

Ao contrário, há alguns fatores que **consolidam a democratização e a democracia**:

1. **Regras institucionalizadas**. Regras claras, gerais, universais, formalizadas e previsíveis.
2. Derrota eleitoral **sem perda de direitos políticos**. Se as facções derrotadas não são perseguidas, reprimidas, se seus líderes não são presos, se lhes são permitidas a mobilidade e a vida normal, obviamente isso gera um clima de respeito recíproco e de tolerância. Quando, às vezes, acontece o contrário, pode-se gerar uma espiral negativa e a situação se reverte para o autoritarismo.
3. **Divisão de poderes**, vertical e horizontal (veja o Capítulo 11). A divisão dos poderes garante que quem ganha não controle totalmente todas as ramificações do aparato estatal, limita seu poder e possibilita o estado de direito de forma que cada ramo do estado respeite as regras. Além disso, também se gera um clima de confiança nas instituições políticas.
4. **Expectativa de alternância**. Militantes, políticos e ativistas devem poder pensar que, mesmo perdendo as eleições, na próxima vez podem ganhar. Se não fosse concreta a possibilidade de ganhar, uma hora ou outra as pessoas se revoltariam.
5. **Separação entre esfera pública e privada**. Vida pessoal despolitizada: se uma facção alcança o poder e decide legislar profundamente sobre a vida privada das pessoas (com quem casar, o que comer, ao que assistir), incentivam-se revoltas. Quanto mais o governo interfere na vida das pessoas, maior a possibilidade de rebelião.

Quando a democracia é ainda jovem e recente, pode colapsar e retornar à ditadura. Quando a democracia é **consolidada**:

1. Os atores políticos se submetem às **regras do jogo**.
2. A consolidação democrática e os **valores cívicos** se reforçam reciprocamente.

3. Cidadãos e políticos aceitam alguns *outputs* negativos com a expectativa de benefícios no longo prazo. Ou seja, **aceitar a perda**, porque se sabe que depois se pode ganhar, e, no longo prazo, será beneficiado.

De forma geral, Schmitter e Browner nos ajudam a traçar **quatro fases** desse processo:

1. **Liberalização política.** Crescem a quantidade e a qualidade das liberdades políticas, e o sistema autoritário começa a se desestabilizar.
2. **Democratização.** Termina o regime autocrático que vem sendo substituído pelo democrático.
3. **Consolidação da democracia.** A nova democracia se estabiliza e desenvolve mecanismos de controle que evitam a volta ao autoritarismo.
4. **Melhora da qualidade da democracia.** O processo tende a se aprofundar tornando substanciais todos os elementos procedimentais e se desenvolve uma verdadeira cultura democrática.

Nessa mesma linha, é notória a classificação de Dahl (Figura 10.1). O cientista político americano considera que o processo de democratização é determinado por dois fatores:

1. **Liberalização.** O grau de contestação pública e de concorrência entre as forças políticas admitidas.
2. **Inclusão.** A proporção de cidadãos aos quais é permitida a participação e o dissenso.

Colocando essas duas variáveis em dois eixos, gera-se a Figura 10.1.

FIGURA 10.1 A CAIXA DE DAHL

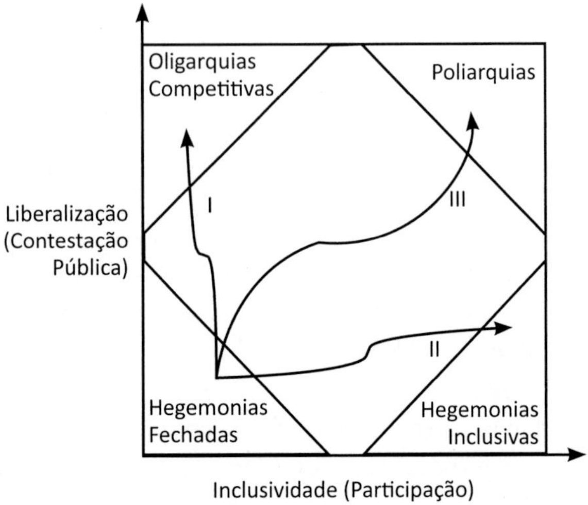

Nessa figura, temos as **hegemonias fechadas** com baixa liberdade e baixa inclusão; as **oligarquias competitivas** com baixa inclusão e alta liberdade; as **hegemonias inclusivas** com alta inclusão e baixa liberdade; e as **poliarquias** com alta liberdade e alta inclusão.

Nesse esquema, segundo Dahl, não há caminhos obrigatórios e necessários para se chegar a um sistema poliárquico. Pode-se passar antes pelas oligarquias competitivas, ou pelas hegemonias inclusivas, ou pode-se ir direto. Trata-se de uma classificação de ideal-tipos e modelos analíticos.

10.2 DEMOCRACIA E RIQUEZA

Um dos assuntos mais interessantes, importantes e debatidos é a correlação entre democracia e desenvolvimento econômico. Basta um rápido olhar ao mapa-múndi e você notará que tendencialmente os países mais democráticos são mais ricos, em especial que a maioria dos países ricos são democracias.

FIGURA 10.2 GRAUS DE DEMOCRACIA

Fonte: Democracy Ranking.

Há uma forte correlação entre as duas variáveis. Mas sabemos que uma correlação não equivale a uma causalidade. Temos, então, que ver se há causalidade e, em caso positivo, qual a causa e qual a consequência. É a democracia que gera riqueza? É a riqueza que gera democracia? Ou não há nenhuma relação de causalidade?

A democracia parece gerar mais riqueza por quatro motivos:

1. Há mais **transparência**.
2. Há mais ***accountability***. Os políticos são obrigados a prestar conta, são mais responsáveis pelas ações feitas. A opinião pública, a mídia, as associações, os centros

de pesquisa podem controlá-los melhor, questionar suas ações e responsabilizá-los.

3. Há mais ***Rule of Law***.
4. Há **menos interferência estatal** que nos sistemas não democráticos.

Mas, ao mesmo tempo, pode ser que seja o aumento da riqueza a gerar mais democracia. Isso pelos seguintes motivos:

1. O **crescimento econômico não é neutro**, uniforme e linear. Ele afeta os valores e as preferências e parece levar na direção de maior abertura, mais pluralismo, mais tolerância, mais altruísmo.
2. À medida que as pessoas ficam mais ricas, passam a **valorizar mais algumas questões imateriais**, como a liberdade de expressão, a participação política etc.
3. Ao mesmo tempo em que enriquecem, passam a tolerar menos opressões políticas, a ser **mais exigentes com o governo**, a demandar mais bens e que sejam fornecidos de forma mais eficiente.

Milton Friedman considera que o crescimento econômico do Chile foi um dos fatores que contribuíram para que a população pressionasse para a queda do regime militar. Da mesma forma, são muitos os analistas que consideram que o regime autocrata da China cairá sob a pressão de uma nova crescente classe média que agora tem acesso a mais informações.

Por outro lado, o desenvolvimento econômico parece ser alcançado até sem democracia em sistemas autocráticos como o Chile da época de Pinochet e a China contemporânea. Tanto a democracia quanto a ditadura podem conseguir promover crescimento econômico. As ditaduras podem produzir mais riqueza no curto prazo, mas são mais instáveis no longo prazo.

As democracias são mais flexíveis e mais compatíveis com um crescimento duradouro.

Agora vamos analisar a hipótese de que não haja nenhuma correlação. Observando a Figura 10.3 (que cruza PIB *per capita* e o grau de democracia), notamos que a renda não aumenta quando se passa de um sistema muito pouco democrático (com nota entre 0 e 20) para um sistema discretamente democrático (com nota até 70,5). O desenvolvimento econômico começa a aumentar quando estamos em altos graus de democracia. Permanece a dúvida se depois desse ponto é a democracia que gera riqueza, ou o contrário, ou se se trata de uma correlação espúria.

FIGURA 10.3 SISTEMA POLÍTICO E PIB

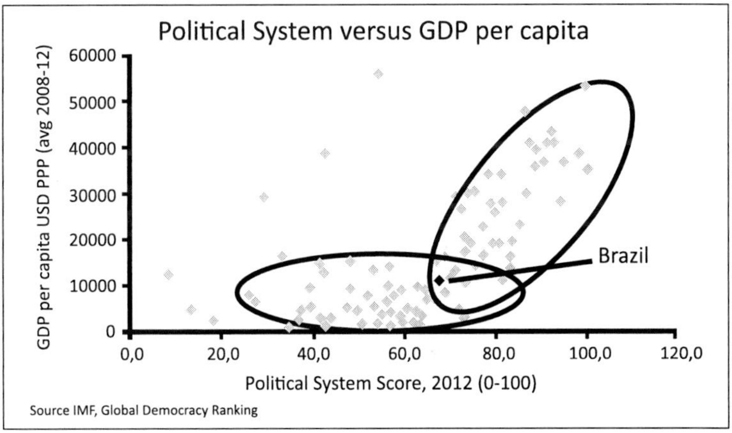

Fonte: Democracy Ranking.

Nos últimos anos está se afirmando uma nova interpretação desses dados. Acemoglu, Johnson, Robinson e Yared (2008) estão demonstrando **que não há evidência empírica que suporte a hipótese de causalidade entre democracia e riqueza**. Eles mostram que a relação entre as duas variáveis se torna insignificante quando controlada com outros efeitos fixos dos países.

Isso sugere a existência de variáveis peculiares por país que afetam a evolução de ambas, a democracia e o desenvolvimento. A tese de Acemoglu *et al.* (2008) é que **diferentes sociedades tomam diferentes caminhos; algumas, o de um sistema aberto e inclusivo, com democracia e mercado; outras tomam o caminho de um sistema fechado, com autocracia e planejamento central**. Ou seja, não é a componente política que determina a econômica, nem vice-versa. Trata-se de dois caminhos paralelos. Os motivos pelos quais algumas sociedades vão em uma direção e outras em outra não são explicados, mas podem ser vários.

Além disso, em alguns casos, e sob alguns aspectos, a democracia pode até ir contra o desenvolvimento econômico.[1] Ou seja, além de certo ponto, a democracia pode frear o crescimento econômico. Quando, por exemplo, gradualmente o sistema deveria se abrir mais e enfrenta resistências ou quando algumas forças internas, alguns grupos organizados, conseguem pequenas margens de ação, alguns privilégios. Eis alguns fatores presentes nas democracias que podem frear o crescimento econômico:

1. **Populismo**. O governo às vezes pode ser levado a fazer propostas e projetos populistas para responder a demandas pontuais de algumas partes do eleitorado, para ganhar votos e apoio.
2. ***Political Business Cycle.***
3. **Fortes demandas de redistribuição**. O processo democrático pode incentivar a criação de vários grupos, de várias minorias organizadas que demandam isenções fiscais, subsídios, regulação de favores, privilégios.
4. **Democracias sobrecarregadas**. Estes sistemas, então, podem ficar sobrecarregados de muitas e variadas demandas. Quanto mais as democracias se desenvolvem/

1 Costa; Gianturco, 2014.

são desenvolvidas, mais elas são instigadas a prover bens e serviços para muito além dos bens públicos. O estado acaba fazendo muitas coisas e nenhuma muito bem.

5. **Democracias em *déficit*.** Por estes e outros motivos, J. Buchanan e R. Wagner notaram que as democracias contemporâneas tendem sistematicamente a entrar e ficar constantemente em *déficit*. Antes de Keynes, era praxe fechar o orçamento estatal em balanço, como se tenta fazer em todas as famílias e em todas as empresas; depois de Keynes e das duas guerras tornou-se comum fazer *déficit* e dívida.
6. **Democracia pervasiva (totalitária).** O ciclo se fecha quando o poder pervade toda a sociedade. Como vimos, o poder é pervasivo, e isso significa que todo poder é pervasivo, não apenas o das autocracias. As democracias estão legislando sempre mais e sobre temas mais privados, entrando mais na esfera íntima das pessoas, no social e no econômico; isso obviamente freia o crescimento.

10.3 GUERRA E PAZ

A última grande questão a ser analisada é a relação entre democracia e paz. A opinião pública tende a pensar que as democracias não fazem guerras ou que, pelo menos, fazem menos guerras. A explicação teórica para essa ideia se baseia em quatro pontos:

1. **Cultura e normas democráticas.**[2] Sociedades democráticas são inerentemente contra as guerras, vista a cultura de tolerância, abertura e democracia e visto que, poden-

2 Owen, 1997; Russett; Oneal, 2001.

do votar, as pessoas dificilmente votariam em favor de uma guerra na qual deveriam ir eles mesmos ou enviar os próprios filhos. A competição política e a resolução pacífica das disputas são valores e práticas estabelecidas internamente que serão aplicadas com outros países também.

2. **A deliberação transparente dificulta o consenso não informado**. Em uma democracia as pessoas têm mais acesso à informação sobre o processo deliberativo. Quando os políticos estão decidindo fazer alguma guerra, os indivíduos podem protestar, recusar-se a participar, fazer desobediência civil e boicotar a guerra. Os EUA terminaram a guerra do Vietnã porque estavam perdendo, porque o custo estava muito alto, mas também pelos fortes protestos pacifistas internos. No começo da segunda guerra do Iraque, alguns grupos de ocidentais foram ao Iraque e ficaram perto de alvos para desincentivar os próprios governos a bombardeá-los. Trata-se do *Institutional constraints model*: *a accountability eleitoral*, a dispersão do poder e os *checks and balances* fazem com que a guerra seja menos provável.
3. **Papel da oposição**. Alguns partidos e movimentos fazendo oposição ao governo, dando informações diferentes à opinião pública, sinalizando problemas e escândalos, cobrando transparência, mudando a agenda política, desenvolvem um papel importante na prevenção e no evitar a guerra.[3]
4. **Abertura econômica desincentiva a guerra**. Já vimos o motivo disso. Vale a pena ressaltar aqui que se supõe que as democracias sejam, então, economicamente mais abertas.

3 Schultz, 2001.

As análises empíricas, entretanto, mostram que não é exato que as democracias fazem menos guerras. "De 1961 a 2001, nações democráticas entraram em vários conflitos fatais entre elas, inclusive pelo menos uma guerra, mas nenhum acidente militar fatal ocorreu entre nações com economias de intensos contratos – onde a maioria das pessoas tem a oportunidade de participar no mercado".[4] McDonald (2009) considera até que, durante o século XIX, as democracias foram mais pró-guerra que outros regimes. Waltz[5] nota que as democracias "são excelentes em lutar e ganhar guerras desnecessárias".

Então, podemos ajustar nossas conclusões sobre democracias e guerras, notando que:

1. **As democracias fazem menos guerras entre elas**, mas fazem guerras contra outros tipos de regimes. Muitos países da OTAN são democracias, nunca fizeram guerras entre elas, mas já intervieram na Somália, no Iraque, na Sérvia etc.
2. **Efeito Rally 'round the flag'**. Geralmente, durante os conflitos armados, a popularidade dos governantes aumenta, pois a população fica mais coesa e se aproxima do governo contra o inimigo externo no momento de urgência. A guerra une as pessoas "ao redor da bandeira" contra um inimigo externo e terceiro. Este simples fato empírico sugere que, às vezes, mesmo nas democracias, os líderes podem se aproveitar da guerra para outros fins. Como vimos, debatem-se quais foram os objetivos reais da guerra das Falklands, no governo Thatcher, e da intervenção de Clinton em Kosovo.

---

4 Mousseau, 2009.
5 Waltz, 2003-2004.

3. **São as democracias maduras a fazer menos guerras.** Todos os estudos que demonstrariam que as democracias não entram em guerra se referem ao período da Segunda Guerra Mundial. Mansfield e Snyder (2005), então, aplicam a paz democrática só às democracias maduras.
4. **São os países ricos que não fazem guerra entre si.** Visto que muitas democracias são ricas e que especialmente a maioria dos países ricos são democracias, é difícil separar as duas variáveis, mas, cruzando a paz com a riqueza, obtém-se uma correlação ainda mais forte.[6]
5. **Nunca houve uma guerra entre dois países com McDonald's.** Obviamente esta visão trata de maneira metafórica o fato que o comércio, a globalização, a interdependência, o capitalismo, a semelhança cultural diminuem o incentivo e o risco de haver guerras (A. Panebianco). Mas há contraprovas empíricas: em 1988 os EUA bombardearam Belgrado, e, em 2014, a Rússia (com 433 McDonald's) invadiu a Ucrânia (com 77 McDonald's).

Talvez "a paz produziu mais democracia do que a democracia produziu paz". Alguns autores notam que o ciclo eleitoral das democracias afeta a probabilidade de entrar em guerra, que durante as campanhas eleitorais e conflitos internacionais acontecem com maior probabilidade,[7] especialmente quando o resultado eleitoral é muito incerto.[8] Outros estudiosos[9] notam que líderes sem experiência podem achar atrativo ameaçar e atacar

6 Mousseau; Hegre; Oneal, 2003; Mousseau, 2005.
7 Gaubtz, 1999.
8 Smith, 1996.
9 Gelpi; Greico, 2001.

outros estados e que, ao mesmo tempo, por temerem a própria inexperiência, tendem a fazer amplas concessões aos inimigos. Wolford chega a resultados ainda mais pessimistas, notando que os outros estados podem ter um incentivo a ameaçar e atacar para testar a reação do novo líder e que, ao mesmo tempo, o novato tem o incentivo a responder com violência para desencorajar futuros ataques. Isso geraria uma *turnover trap* de novos e mais conflitos depois das alternâncias no governo.

10.4 INSTITUIÇÕES

O estudo das instituições é tão importante que, talvez, possa parecer tudo óbvio, e sua definição soe um pouco vaga. Há várias definições de "instituição", todas bastante amplas e convergentes, mas, simplificando o máximo possível, as instituições são as **regras do jogo**. Há instituições formais e instituições informais, sendo as **formais**:

- O estado e todas as suas organizações internas.
- A Igreja.
- A escola.
- O dinheiro.
- O sistema jurídico.

E as **informais**:

- Cultura.
- Hábitos e costumes.
- Convenções.

Essa obviamente é uma lista muito breve, mas, se se pensar nas subdivisões de cada exemplo citado, haverá uma classificação infinita. A análise é ampla, mas aqui logicamente iremos focar somente nas instituições **políticas**. Com esse intuito, a melhor explicação é sem sombra de dúvida aquela de Acemoglu *et al.*, que dividem as instituições em dois tipos:

- **Instituições extrativistas**. Autocracia e planejamento econômico central.
- **Instituições inclusivas**. Democracia e mercado.

No primeiro tipo entram os sistemas totalitários, despóticos, autoritários, as monarquias absolutas, os impérios, as antigas sociedades hidráulicas, os sistemas escravocratas, as cleptocracias e o patrimonialismo. Fazendo algumas conexões com outros conceitos estudados em outras partes do livro, esses sistemas são fortemente *top-down*, apresentam uma hegemonia fechada, uma elite forte e estática, uma *winning coalition* pequena, tendem a fornecer poucos bens públicos e mais bens privados, tendem a ter muito *rentseeking*, corrupção, arbitrariedade, imprevisibilidade, abuso de poder e as regras tendem a ser baseadas mais no poder pessoal de alguns poucos que ocupam cargos públicos para fins privados.

As instituições inclusivas são o exato contrário: tendem a ter elites abertas, fracas, dinâmicas em concorrência entre elas, tendem até a dispersar o poder para baixo, tendem a ser poliarquias, sendo sistemas bastante *bottom-up*, tendem a ter uma *winning coalition* grande que coincide bastante com a totalidade do *selectorate* (da população geral), tendem a ter transparência, *rule of law*, previsibilidade, *accountability*, as regras tendem a ser respeitadas e o sistema se baseia nelas e não no poder personalista de alguém.

Analiticamente é o que distingue democracias abertas de autocracias e democracias totalitárias. Historicamente é o que distingue a democracia das monarquias absolutistas, dos despotismos, dos totalitarismos; geograficamente é o que distingue a Europa Ocidental, os EUA, a Oceania, o Chile, o Japão e a Coreia de África, América Latina e Ásia; culturalmente é o que divide o Ocidente do Oriente.

Nesse sentido, o tipo de instituição-chave da América Latina é o patrimonialismo, que merece uma breve análise, pois o interesse em entender os problemas da América Latina é sempre muito forte, e há um amplo consenso que as raízes da questão se encontram exatamente nesse tipo de sistema. O termo "patrimonialismo" vem de Weber. O grande autor austríaco distingue entre **dois tipos de dominação tradicional**:

- **Patrimonialismo.**
- **Feudalismo.**

O **patrimonialismo** é um tipo de instituição extrativista com as características descritas acima e pega o nome da raiz etimológica "*pater*", de pai, para sinalizar a semelhança com o velho poder de um pai, de um patriarca na própria casa, em cima da própria família, que depois "alarga a sua dominação doméstica sobre territórios, pessoas e coisas extrapatrimoniais, passando a administrá-los como propriedade familiar ou patrimonial" (Velez Rodríguez). Para que o soberano consiga dominar seu território, Weber mostra que são fundamentais a estruturação do aparato burocrático e o enquadramento dos funcionários do estado. Quando esses servidores ganham uma margem de poder próprio e vantagens econômicas, Weber fala de ***dominação estamental*** (o caso brasileiro). A forma mais extrema de patrimonialismo é a patriarcal, pré-burocrática, em que a autoridade não se baseia no dever de servir uma finalidade impessoal e objetiva, com normas e regras abstratas e gerais, mas na submissão ao *pater familia*, ao chefe, à autoridade, de forma personalista e não impessoal. É o sistema do Antigo Egito, do Império chinês (já analisamos o papel dos mandarins), da Rússia Czarista, da Espanha e de Portugal absolutistas, que depois exportaram e impuseram esse sistema na América Latina.

Velez Rodríguez mostra como depois da queda das civilizações pré-colombianas a primeira organização político-administrativa dos países latinos foram as capitanias hereditárias e as províncias subdivididas ulteriormente em vice-reinados. Esses entes derivam da distribuição das terras entre os amigos do rei. As novas terras descobertas/conquistadas no final século XV e início do XVI foram incorporadas à coroa (muito diferente da distribuição de terra para pessoas comuns na fronteira americana). O latifúndio colonial latino-americano, ao redor do senhor de engenho, surge como consequência da distribuição patrimonialista de terras entre os amigos e fiéis servidores do rei (muito diferente do latifúndio medieval europeu). No Brasil, por exemplo, essa dinâmica deu lugar ao regime de *sesmarias*, base das capitanias hereditárias.

Depois disso, foram construídas as cidades. O historiador Jorge Caldeira explica como elas surgiram na América do Sul e nos EUA e narra que, quando se criava uma nova cidade americana, os colonos, divididos em livres comunidades, começavam da igreja, construindo depois uma escola ao lado ou no porão e depois a prefeitura. Na América Latina, um delegado político construía primeiro a prisão, depois a receita, a igreja e depois o povo pedia para a igreja construir a escola.

Ao contrário, no **feudalismo** o poder do soberano não vem de cima para baixo, mas de baixo, ou horizontalmente, de seus pares, dos outros nobres. E o poder dos barões locais não deriva do rei, as propriedades terreiras deles não derivam de conquistas e concessões do rei. Weber mostra que Europa Ocidental, EUA, Canadá e Austrália se desenvolveram a partir daquele que ele chama de **modelo contratual**, no qual o estado surge a partir de negociações entre diversos grupos que lutam pelo poder, dando êxito a acordos que desembocam nas monarquias constitucionais, no parlamentarismo, na democracia e naquelas que sucessivamente chamamos de instituições inclusivas.

A política é dinâmica e as instituições obviamente mudam, mas o passado importa. A história e as instituições do passado influenciam as instituições presentes e futuras, influenciam o percurso que podemos tomar, que pensamos em tomar e o horizonte de ideias que consideramos. É a ideia de ***path dependence***, dependência com relação à trajetória. Isso explica também a resistência do *status quo* e a rigidez das instituições.

As instituições são as regras do jogo, criam o quadro de incentivos no qual os indivíduos agem.

Ao mesmo tempo as instituições mudam, às vezes gradualmente, às vezes menos. As **mudanças repentinas** trazem comoção social e política, podem gerar desamparo, transições problemáticas e conflitos ou podem ser implementadas rápida e eficientemente. As **mudanças graduais** tendem a ser sabotadas pela burocracia e pelos grupos de interesse.

As mudanças podem ocorrer mais facilmente em um momento de crise econômica e/ou política, mas é preciso ter grupos fortes e organizados com interesse em mudar o *status quo*.

PERGUNTAS

- Explique o que é e o que não é a democracia.
- Explique a diferença entre democracia e liberdade.
- Explique por que a democracia é um conceito procedimental e não substancial.
- Explique como e por que a democracia pode ser totalitária/pervasiva/não liberal.
- Explique a caixa de Dahl.
- Explique o processo de democratização.
- Explique a social-democracia.
- Explique a liberal-democracia.
- Explique a relação entre democracia e riqueza.
- Explique a relação entre democracia e guerra.
- As democracias fazem menos guerras? Segundo quais ideais é assim?
- Defenda a ideia que a democracia gera crescimento econômico.
- Defenda a ideia que a democracia não gera crescimento econômico.
- Defenda a ideia que democracia e crescimento econômico não têm alguma relação de causalidade.
- O que são as instituições?
- Quais as instituições políticas?
- Qual a diferença entre instituições formais e informais?
- Qual a diferença entre instituições extrativistas e inclusivas?
- Explique o patrimonialismo.
- Explique o feudalismo e o modelo contratual.
- O que é a *path dependence*?
- Explique as mudanças institucionais graduais e repentinas.

Terceira Parte

O TECNICISMO DA POLÍTICA

Capítulo 11

GOVERNO E DIVISÃO DE PODERES

De junho de 2010 a dezembro de 2011, a Bélgica esteve sem governo. Os dois principais grupos étnico-linguísticos (flamingo e francófono) que historicamente compartilham o poder não chegaram a um consenso, e houve um impasse, uma paralisia, não houve acordo para formar um governo. Do final de 2015 ao final de 2016, a Espanha ficou por um ano sem governo, pelas dificuldades de criar uma coalizão majoritária dentro do parlamento. Isso não significa que os dois países ficaram sem estado, sem uma organização que comandasse e governasse. O estado continuou funcionando, cumprindo as funções básicas de polícia, justiça, saúde, ensino, entre outras, ou seja, ordinária administração. Não havia governo para fazer novas legislações. Na Bélgica, o PIB cresceu muito (2,3%, em 2010, e 1,8%, em 2011) em relação aos anos precedentes e aos sucessivos e para os padrões normais dos países ricos; na Espanha, o PIB cresceu 3,2%.

Nos EUA, existe um mecanismo automático que pode levar ao ***shutdown***, ao fechamento do governo federal (não dos estaduais). Aconteceu 18 vezes, várias vezes nos anos 1980, cada vez por poucos dias, por 28 dias entre 1995 e 1996 e por 16 dias em 2013. Trata-se de um dispositivo legal automático que fecha o governo federal quando este está em dívida e sem recursos para continuar as atividades, pagar os salários, e assim sucessivamente. O governo precisa de mais dinheiro e/ou cortar gastos ou aumentar a arrecadação por meio de impostos ou contração de dívida, mas, visto que a lei impõe um ***debt ceiling***, ou seja, um teto à dívida, se o congresso não autorizar um aumento do teto, se os partidos não concluírem um acordo, o governo deve fechar.

Em ambos os casos, a ordinária administração estatal continua e a economia gira, pois os agentes econômicos são independentes do governo; a sociedade funciona. Como já vimos nas análises sobre poder, *boiling frogs*, impostos, gasto estatal, dívida etc., é fácil entender que no longo prazo a dívida aumenta. O que está acontecendo nos EUA é que, a cada quebra do orçamento, o teto da dívida é simplesmente aumentado por via legislativa (Figura 11.1).

FIGURA 11.1 AUMENTO DO TETO DA DÍVIDA

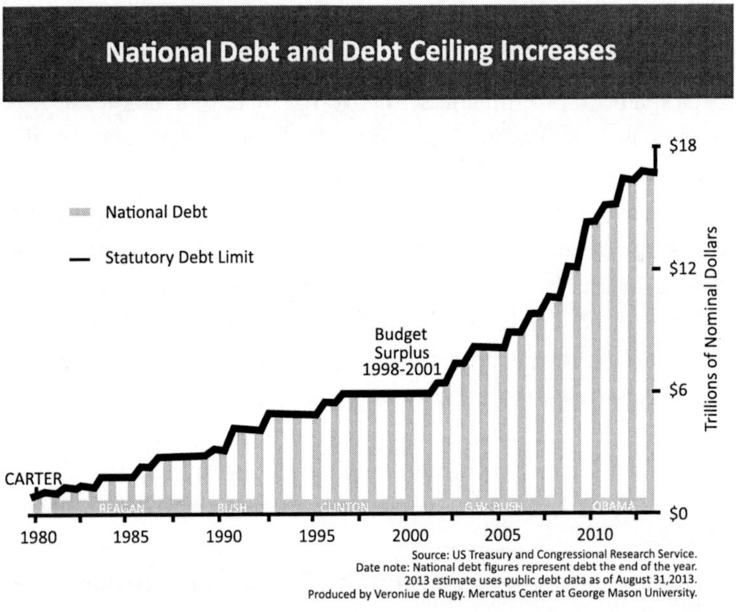

Fonte: Veronique de Rugy, Mercatus Center, George Mason University.

Nas primeiras décadas da era democrática, os parlamentos se reuniam somente por convocação do seu presidente ou do chefe de estado, quando necessário; depois, começaram a se reunir de duas a três vezes por semana; hoje, em muitos países, reúnem-se todos os dias. A história e a coincidente hiperlegislação contemporânea impõem uma reflexão séria e profunda sobre os princípios, a necessidade e as consequências do atual *status quo*.

Um pouco antes, com o fim das monarquias e com a vitória da democracia e ampliação do sufrágio, as assembleias se reforçaram em tamanho e poder, e surgiram dois modelos:

- Monarca substituído pelo parlamento (parlamentarismo).
- Monarca substituído pelo presidente (presidencialismo e semipresidencialismo).

E é daqui que surgem o presidencialismo, o parlamentarismo e o semipresidencialismo.

11.1 PRESIDENCIALISMO

O presidencialismo vem historicamente da substituição do monarca por um presidente eleito, que, por isso, junta as duas funções, de chefe de estado e chefe de governo. Por isso às vezes fala-se de "monarca eleito". Alguns países que adotam esse sistema são: EUA, Brasil e vários países da América Latina.

Eis algumas características:

1. **A figura predominante é o chefe de estado.** Este sistema é o único no qual os dois cargos de chefe de estado e chefe de governo vão à mesma pessoa. Mas entre esses dois papéis, o mais importante é o de chefe de estado. Banalmente, é como um gerente de uma empresa, que pode acumular dois cargos, de diretor e presidente, ou como um coordenador acadêmico que geralmente é

também professor. Note que no semipresidencialismo e no parlamentarismo, os cargos vão para duas pessoas diferentes, mas, no primeiro caso, o cargo mais importante é ainda o de chefe de estado, enquanto no parlamentarismo é o chefe de governo.

2. Geralmente, presidente é **diretamente eleito pelo povo**. Note que, nos EUA, formalmente, a eleição não é direta. Ao escolher o candidato à presidência, os votantes na verdade elegem um delegado e o instruem a votar naquele candidato no Colégio Eleitoral (atualmente de 538 delegados).
3. O presidente tem **poderes similares aos do rei**. Poder de veto, poder de indicar-escolher os ministros, é o chefe das forças armadas, representa o país e o estado no exterior e assina os tratados internacionais.
4. Há **eleições separadas** para assembleia e presidente. As câmaras não são eleitas em um mesmo pleito. Nos EUA, por exemplo, os senadores são escolhidos em eleições de ***midterm***, intervaladas de dois anos às presidenciais. A relevância dessas eleições separadas é que, depois de dois anos com o presidente no poder, as pessoas podem eleger um senado que tenha uma maioria de outro partido, para limitar o poder do Executivo ou porque estão insatisfeitas com o andamento das coisas. Isso servirá como contraste ao Executivo. Pelo mesmo motivo, no Brasil, o senado se renova em uma eleição 1/3 e na outra 2/3.
5. **Limite de mandato** do presidente. Nos EUA, por exemplo, há um limite de dois mandatos presidenciais. Essa tradição foi iniciada de modo informal por George Washington, que se recusou a se candidatar pela terceira vez. Todos os sucessivos presidentes respeitaram essa praxe como regra entre cavalheiros. O democrata F. D. Roosevelt (o do *New Deal*) foi o primeiro a que-

> brar a regra se candidatando uma terceira e uma quarta vez. Depois da sua morte, foi aprovada (em 1951) a 22ª emenda à Constituição, que proíbe a reeleição por mais de duas vezes. No Brasil, era proibido se recandidatar para a presidência até 1997, quando Fernando Henrique Cardoso alterou a Constituição e foi reeleito. Hoje, no Brasil, considera-se que esse limite seja duas eleições consecutivas. Um terceiro mandato apenas poderia ocorrer após um interstício de uma eleição. **Na Venezuela**, o mandato presidencial era limitado a no máximo dois mandatos consecutivos até 2009, quando Chávez conseguiu mudar esse limite e ser eleito para um terceiro mandato.

É bom lembrar que o presidencialismo é o único sistema em que o papel de chefe de estado e de chefe de governo são exercidos pela mesma pessoa. As eleições separadas e o limite de mandatos servem exatamente para balancear essa concentração de poder.

11.2 O PRESIDENCIALISMO BRASILEIRO

A organização política que governa o território brasileiro se baseia em um "**presidencialismo de coalizão**". Isso significa que se trata de um sistema presidencialista em que o partido que ganha pode não ganhar a maioria das vagas do Congresso, e isso é devido ao sistema eleitoral e ao sistema multipartidário.

A assembleia nacional, o Congresso, é dividido em duas "**câmaras assimétricas**", ou seja, com poderes diferentes.

As eleições são separadas. O presidente é eleito diretamente pelo povo e o mandato dura quatro anos. Durante a mesma votação há a eleição presidencial e a da Câmara dos Deputados (com colégios a multivagas). O Senado representa os estados, cada estado tem três representantes. Os 81 senadores têm um mandato de oito anos, mas as votações ocorrem a cada quatro anos: em uma eleição é renovado 1/3 deles e na segunda 2/3.

O sistema brasileiro é chamado "**presidencialismo de coalizão**", pois, diferentemente do americano, não tem um governo monopartidário, e geralmente o governo é composto por uma coalizão de partidos ou no mínimo um partido que toma a responsabilidade do Executivo e precisa ser apoiado por uma "base aliada" de outros partidos no Legislativo. Isso se dá pelo fato de o sistema brasileiro ser multipartidário e a lei eleitoral da Câmara ser proporcional. Em relação ao modelo clássico, o presidencialismo de coalizão dá relativamente menor poder ao presidente, ao partido dominante e ao Executivo, pois aqui eles precisam dialogar, agradar o resto da coalizão. A existência de um Executivo de coalizão freia e limita a liberdade de o partido dominante fazer o que quiser (no "bem" e no "mal") e aumenta a representatividade.

11.3 PARLAMENTARISMO

O parlamentarismo vem da substituição do monarca pelo parlamento, a câmara do povo. É o sistema mais diferente do presidencialismo e talvez o mais complexo. A instituição mais importante não é a presidência, mas o parlamento. Os votantes elegem os membros do parlamento. Alguns países que adotam esse sistema são: Inglaterra, Alemanha, Itália, Espanha, Canadá, Japão.

Eis as características mais relevantes:

1. **Os votantes elegem só os membros do parlamento**. O chefe de governo é votado sucessivamente pelos parlamentares. O centro é o parlamento.

2. Chefe de governo (chamado primeiro-ministro, chefe do conselho dos ministros, ou chanceler) e chefe de estado (presidente da república ou monarca) são dois cargos que vão para duas pessoas diferentes.
3. Entre os dois, o cargo com mais poderes é o **chefe de governo** (diferentemente do presidencialismo). O chefe de estado tem poucos poderes e, geralmente, de mera representação do estado.
4. **Balança e cooperação**. O parlamento elege o chefe de governo e às vezes pode recusar/demitir um ministro individualmente. E, para balançar o sistema, o chefe de governo (ou o presidente da república, em alguns casos) pode dissolver o parlamento e convocar novas eleições.

Funciona assim: há uma única eleição popular, os votantes elegem os membros do parlamento, dentro dele se elege o chefe de governo, que geralmente é o líder do primeiro partido; este último forma o governo (monopartidário ou de coalizão); o governo como um todo, com todos os membros, apresenta-se ao parlamento, o qual pode aprová-lo, recusá-lo ou (em alguns países) cassar um ministro individualmente. Quando o parlamento aprova o governo, diz-se que lhe foi dado um **voto de confiança** (uma peça central do sistema parlamentar). Nessa altura, geralmente o governo precisa da nomeação-investidura formal-oficial do chefe de estado. Depois disso, governa normalmente. Quando a coalizão de governo tem algum problema, algum desacordo que não consegue resolver, ou quando o parlamento não aprova alguns desenhos de legislação desejados pelo governo, este pode pedir outro voto de confiança. Ou seja, atrela a aprovação da legislação em questão ao voto de confiança. Se o parlamento aprova, dá ao mesmo tempo um novo voto de confiança ao governo, se não, ele cai. O governo usa o voto de confiança como uma arma, pois, se o parlamento faz cair o governo, têm que se dissolver as câmaras, e os parlamentares perdem cargo e salário. Atrelar a aprovação de uma legislação ao voto de confiança, então, é uma maneira para forçar o consentimento e continuar a governar mais tranquilamente.

Por isso o calendário eleitoral, no parlamentarismo, não é tão fixo e pode ser manipulado (legalmente). As eleições podem acontecer em qualquer momento, o governo é mais fraco.

Quando o governo é **monopartidário** (com maioria absoluta no parlamento), o governo e o parlamento funcionam em sincronia, fala-se então de **governo unificado**. Nesse caso, o chefe de governo tende a prevalecer em detrimento do parlamento, fala-se então de **ditadura eletiva**.

Ao contrário, quando o governo é **multipartidário**, um governo de coalizão-coligação, Executivo e Legislativo não trabalham em sincronia, fala-se então de **governo dividido** e pode haver **paralisia legislativa** (ou seja, nenhuma legislação passa no parlamento).

11.4 SEMIPRESIDENCIALISMO

O semipresidencialismo é um sistema similar ao presidencialismo, mas o chefe de estado e o chefe de governo são dois cargos cobertos por duas pessoas diferentes. As outras diferenças advêm desse ponto. Alguns países que o adotam são: França, Polônia, Rússia e Portugal.

Eis algumas características:

1. **Diarquia governamental**. Chefe de estado e chefe de governo compartilham os poderes executivos, mas a figura mais importante é a do chefe de estado.
2. Há **eleições separadas**.
3. A **assembleia pode demitir o chefe de governo**.
4. O **chefe de governo pode dissolver a assembleia** (apesar de ter tido eleições separadas).

O chefe de estado e o chefe de governo podem ser do mesmo partido ou de partidos diferentes. Quando são do mesmo partido, o consenso é mais provável e haverá mais governabilidade e estabilidade. Quando chefe de estado e chefe de governo são de dois partidos diferentes se fala de **coabitação** (visto que a relação será mais complicada) e pode haver governo dividido e paralisia legislativa. Quando os dois são do mesmo partido, esse sistema concentra muito poder; quando são de partidos diferentes, pode ser o sistema com mais paralisia e ingovernabilidade.

11.5 A DIVISÃO DOS PODERES, PESOS E CONTRAPESOS

Como vimos, historicamente o poder político sempre foi violento, arbitrário e concentrador. A ideia da divisão dos poderes é tão antiga quanto a tentativa de se defender do poder e de enfraquecê-lo. A primeira formulação dessa ideia, da qual temos registro histórico, é de Aristóteles. O filósofo defendia uma forma de governo misto (entre monarquia, oligarquia e *politeia*) e de certa forma hoje temos um chefe de estado ou de governo (órgão monolítico), um parlamento (composto por poucos), eleito pelo povo.

O primeiro a formular esse princípio de forma mais similar à moderna é Locke, com *Dois tratados sobre o governo*, de 1690, no qual divide entre os poderes Legislativo, Executivo (que inclui o Judiciário) e Federativo (política externa e defesa), atribuindo o primeiro poder ao parlamento e os outros ao monarca.

A clássica separação entre Legislativo, Executivo e Judiciário vem de Montesquieu (*O espírito das leis*, 1748), o qual argumentava: "Qualquer pessoa que tenha poder é levada a abusar dele; chega até onde não acha limites [...]. Para que não se possa abusar do poder, precisa que [...] o poder pare o poder".

Do ponto de vista histórico, Gustave de Molinari considera que a história da raça humana é a história da luta entre opressor e oprimido, espoliador e espoliado, a história da liberação da propriedade. Sob essa luz é fácil notar como houve ao longo dos tempos várias tentativas de limitar o poder político. As mais famosas e mais ou menos bem-sucedidas podem ser catalogadas com a tipologia a seguir:

1. **Separação Legislativo, Executivo, Judiciário**. Trata-se de uma ***divisão horizontal*** do poder.
2. **Constituição**. Considera-se que as modernas Constituições nascem gradualmente na Europa, entre o século XVIII e o XIX, com o movimento constitucionalista (dos liberais e dos democráticos), que pressionou as monarquias absolutas a conceder (por isso se fala de Constituição *octroyé* [concedida]) uma Carta, um Estatuto ou uma Constituição. A intenção era limitar o poder do soberano e garantir alguns direitos individuais básicos dos súditos. Em 1689, William III d'Orange aceitou conceder uma *Declaration of Right.* A Constituição Americana, de 1776, e a Declaração dos direitos do homem, francesa, de 1789, são outras grandes etapas desse percurso. Basicamente, as Cartas dispunham o que o soberano podia e não podia fazer contra os súditos. Hoje a coisa se reverteu e as Constituições contemporâneas estabelecem o que os indivíduos podem e não podem fazer.
3. **Parlamento**. A história dos parlamentos é antiga e complexa. Houve várias assembleias e instituições protopar lamentares na Sicília, na Islândia e entre os anglo-saxões, mas, geralmente, as consideradas como as raízes dos parlamentos modernos se referem ao *Parliamentum* inglês, estabelecido pela Magna Carta para limitar o poder do soberano. Sua função é exatamente limitar o poder do soberano, do executivo, e discutir com os representantes do povo uma lei antes de aplicá-la.

4. **Limite de mandatos** (no presidencialismo). No primeiro sistema presidencialista da história, o dos EUA, havia uma convenção não escrita, uma praxe, uma regra de cavalheiros inaugurada pelo primeiro presidente Washington, que não se recandidatou depois do segundo mandato. Essa regra foi observada estritamente. Alguns presidentes tentaram se recandidatar, mas sem sucesso (Grant, Cleveland, Theodor Roosevelt, Wilson), até quando F. D. Roosevelt conseguiu ganhar a presidência quatro vezes. Depois dele sentiu-se a necessidade de codificar a regra da não recandidatura e foi aprovada a 22ª emenda constitucional. Na Venezuela, o presidente Chávez mudou a Constituição para poder se recandidatar pela terceira vez. No Brasil, durante o primeiro mandato de FHC, foi aprovada uma emenda constitucional que amplia para, no máximo, duas vezes a candidatura a cargos eleitos executivos, a chamada "**reeleição**". Assim, FHC se recandidatou e ganhou. Em geral, a questão do limite de mandatos gera diferentes interpretações sobre se o limite se refere a mandatos consecutivos ou não.
5. **Veto presidencial.**
6. **Federalismo.** Trata-se da divisão do controle do território, da *polity*. Pode haver um estado central, unitário e centralizado (geralmente o exemplo é a França) ou um estado dividido em vários níveis: união-federação, estados-províncias-regiões, município, bairros, regiões metropolitanas, regiões transfronteiriças etc. (EUA, Brasil, China, Canadá). É a ***divisão vertical***; sua função é administrar e controlar melhor o território e dividir o poder (veja o Capítulo 23).
7. **O estado de direito.** É a ideia segundo a qual o soberano (não só o súdito) também deve ser sujeito à legislação e respeitá-la, de forma a limitar o próprio poder, a não po-

der abusar e a criar um ambiente de previsibilidade. O soberano, o governo, deve respeitar a legislação, o processo legislativo e não pode mudar as regras segundo as próprias conveniências. É a ideia do "governo da lei", imparcial e previsível contra o "governo dos homens", arbitrário e discricionário.

8. O Supremo Tribunal, a Corte Suprema ou Corte Constitucional exerce o **controle de constitucionalidade.** São os órgãos estatais que aplicam as constituições e as cartas constitucionais fundamentais (Magna Carta, Carta dos Direitos do Homem etc.).
9. O **Tribunal de Contas** e a Controladoria-Geral supervisionam e aprovam ou rejeitam as contas, o balanço, o orçamento, os gastos, os leilões, os limites legais de gasto etc. dos entes estatais (união, estados etc.).
10. **Agências reguladoras independentes**. Nas últimas décadas surgiram várias *Authorities*: CADE, ANATEL, ANVISA etc. Esses entes administrativos são compostos por pessoal técnico não eleito, regulamentam o próprio setor e sancionam práticas ilegais. Estas são funções que antes eram desenvolvidas pelos governos e seus ministérios para cada área. As autoridades fogem ao controle democrático, pois os membros não são eleitos, mas apontados pela classe política. A justificativa está no fato que essas questões são muito técnicas e complexas e precisa-se de trabalhadores qualificados, técnicos e independentes da política. É a famosa e recente tendência à **tecnocracia** (similar ao filósofo-rei de Platão). De fato, como já vimos, essas agências são independentes só da população, e não da classe política, visto que quem nomeia a equipe, quem decide o salário, de quem depende a carreira, e quem regulamenta suas profissões é a classe política. Além disso, apresentam graves problemas de

capture. Na verdade, essas agências não advêm da divisão dos poderes; essas agências são:

a. Uma forma de a classe política fugir do controle democrático, deslocar pessoal não eleito, burocratas, militantes partidários, políticos em declínio.
b. Uma forma de as empresas se defenderem da concorrência de livre mercado.

Passemos agora a analisar as consequências que cada sistema gera.

11.6 IMPLICAÇÕES E CONCLUSÕES

Tentando derivar algumas conclusões e algumas lições de tudo isso, pode-se fazer um elenco de consequências e implicações, e depois refletir sobre alguns pontos mais profundos.

1. O presidencialismo clássico gera um governo mais forte, mas não necessariamente mais intervenção do estado.
2. No parlamentarismo multipartidário, o governo é mais fraco, pois tem muito mais pessoas para serem contentadas, muitas minorias que o governo tem que agradar, e isso geralmente leva a um estado mais poderoso, porque para atender a todas as minorias o governo pode criar obras para atender um, para atender outro, e com isso o estado fica muito forte e presente em várias áreas.
3. A maior concentração de poder está no semipresidencialismo, quando o presidente e o primeiro-ministro são do mesmo partido.
4. Além das relações formais entre políticos de instituições diferentes, contam as relações de facto (poder dos partidos, regra eleitoral etc.).

5. Governabilidade e efetividade da tomada de decisão levam sempre e necessariamente a concentração do poder e arbitrariedade. Quando estado, governo e classe política têm muito poder, muita governabilidade e muita estabilidade, podem aprovar mais facilmente projetos eficientes e morais, mas também podem aprovar mais facilmente projetos imorais e ineficientes. Albert J. Nock falava: "na proporção na qual você dá poder ao estado de fazer algo para você, você dá o poder de fazer coisas a você".

De forma geral, "**a divisão do poder da soberania é a negação da lógica do poder decisório**" (Miglio). Reflitam: se estado, governo e classe política são representantes e delegados do povo, da vontade geral e estão lá para fazer o bem comum e o interesse geral, por que, então, dividir o poder, controlá-lo, atrapalhá-lo, limitá-lo? A Constituição francesa de 1793, baseada no princípio da **soberania popular** de Rousseau, concentrava todo o poder na assembleia jacobina em nome do **centralismo democrático**. Os estados comunistas, fascistas e nacional-socialistas recusaram explicitamente o princípio da separação dos poderes. Hobbes argumentava: "Se há uma soberania dividida não há alguma comunidade política, mas uma comunidade corrupta", ou seja, em crise.

O princípio da separação dos poderes é um ideal liberal, como atesta sua origem em autores como Locke e Montesquieu. As lutas contra as monarquias absolutas, o parlamento, as constituições, o estado de direito, o limite de mandatos, o federalismo, a corte constitucional, o tribunal de contas foram, historicamente, lutas liberais. Quem foca no medo do poder, mais que na confiança, é a tradição liberal. Quem propõe limites ao poder é a *Public Choice*, quem desilude que isso seja possível é a Escola Elitista, quem mostra a verdadeira essência e o funcionamento do poder é o Realismo Europeu, quem preza uma limitação radical do poder são o Liberalismo Clássico e a Escola Austríaca.

Sem entrar no mérito dessas discussões mais prescritivas, Miglio mostra que a divisão do poder é um **mito**, que na verdade há "divisão [dos poderes] sim, mas há **emergência de um deles**", invariavelmente. Uma das instituições mais importantes nesse sentido e mais radicada é o parlamento, que veio a existir sob pedido da população, para controlar o monarca e ser escutada antes de decidir. Legalmente, hoje a iniciativa e prerrogativa legislativa é função do parlamento (e não do governo), salvo exceções, como um decreto emergencial. Além da formalização jurídica, essas exceções foram aumentando gradual e inexoravelmente, e em todos os países. De fato, o que acontece é que o governo quer aprovar certa legislação, apresenta-a diretamente ao parlamento por meio dessas medidas especiais ou envia um parlamentar da base aliada apresentá-la. Como já vimos, as Constituições vieram para limitar o poder do monarca e hoje limitam a liberdade dos súditos. O estado de direito é abalado constantemente.

PERGUNTAS

- Como se chegou, historicamente, ao presidencialismo?
- Explique o limite de mandatos.
- Explique a história e a função do parlamento.
- Explique a coabitação.
- O que é a diarquia governamental?
- Como é eleito o chefe de governo no parlamentarismo e no presidencialismo?
- Explique como o calendário eleitoral pode mudar, como pode ser manipulado e em qual sistema isso acontece.
- Explique a divisão vertical dos poderes.
- Explique a função das agências independentes.
- Divisão dos poderes. Qual seria sua função e por que seria uma ilusão?
- Supondo que haja uma reunião internacional dos chefes de estado e dos chefes de governo dos países do G8, de quantas cadeiras precisa a mesa das decisões?
- Qual país tem sistema multipartidário, majoritário com maioria absoluta e semipresidencialismo?
- Qual país tem sistema bipartidário, majoritário com distritos a uma vaga e parlamentarismo?
- Qual país tem sistema multipartidário, proporcional com correções e parlamentarismo?
- Explique o presidencialismo de coalizão. Ao responder, explique que sistema eleitoral e sistema partidário incluem e qual país é assim estruturado.
- Em qual sistema o chefe de estado e o chefe de governo são duas pessoas diferentes e não compartilham poderes executivos? Explique.
- Em qual sistema o chefe de estado e o chefe de governo são duas pessoas diferentes e compartilham poderes executivos? Explique.

- Em qual sistema a moção de desconfiança tem muita relevância? Explique.
- Em qual sistema se pode manipular o calendário eleitoral? E como?

Capítulo 12

GRUPOS, FACÇÕES E PARTIDOS

Um partido político é uma organização formada para tomar posse do poder político, geralmente participando das eleições. Weber diz que os partidos são "associações constituídas para dar uma posição de poder aos próprios chefes dentro do grupo social e aos próprios militantes ativos possibilidades de conseguir fins objetivos e/ou vantagens pessoais".

Nessa perspectiva, o partido político é um grupo no qual as pessoas entram, alguns viram chefes, outros permanecem na base, com o objetivo de alcançar algumas vantagens, pessoais e coletivas (veja o Capítulo 7 sobre ação coletiva).

Um grupo pode ser uma simples **associação** ou **grupo de interesse** e virar um **grupo de pressão** (sindicato, movimento ecologista etc.) quando pressiona o governo, quando busca rendas políticas. Os partidos políticos juntam pessoas com o mesmo objetivo, mas com a intenção de chegar ao poder por meio das eleições (nos sistemas democráticos).

Os partidos não são o único coletivo relevante para a política. Muitas vezes há grupos de interesses transversais aos partidos, como as **bancadas** (ruralista, evangélica, sindicalista, dos advogados etc.). Nem sempre os partidos estão em contraposição, muitas vezes eles têm interesses em comum (fundo partidário, sistemas eleitorais, *cartel party*, salários e benefícios dos políticos, aumento do gasto estatal etc.). Ainda, os partidos são divididos internamente em "**correntes**". Afinal, o que conta são os integrantes, os indivíduos.

12.1 COMO NASCEM OS PARTIDOS POLÍTICOS

Hoje, especialmente nas democracias ocidentais, somos levados a pensar que os grupos políticos mais relevantes, ou até os únicos, sejam os partidos. Mas não é exatamente assim. Para tanto, precisamos fazer algumas comparações históricas, geográficas e enquadrar a questão do ponto de vista teórico.

Historicamente, os partidos políticos são um fenômeno muito recente e são apenas uma das várias formas que tomaram os grupos de interesse e de pressão. Posições, ideias, ideologias e interesses já se articularam em clãs, famílias, etnias, classes sociais, raças, categorias profissionais. O termo técnico mais preciso para definir todos esses diferentes tipos de agrupamentos políticos é "**facções**".

Duverger nos mostra que os partidos surgiram em três fases:

1. **Partidos parlamentares.** Nas antigas autocracias, monarquias e monarquias absolutas não havia partidos propriamente ditos. Os partidos surgem quando, gradualmente, os monarcas europeus são forçados a conceder a abertura dos parlamentos, e seus membros são apontados e escolhidos pelo rei. Então começam a se criar grupos dentro dessa nova instituição. Progressivamente os parlamentos aumentam a parcela de composição eleita pelo povo. Os primeiros eleitos eram os notáveis locais, da fazenda, do interior, da cidade, pessoas muito conhecidas e respeitadas localmente (o médico, o farmacêutico, o contador, o advogado da cidade); a tecnologia de comunicação era limitada e, então, pouquíssimos deles eram conhecidos nacionalmente. Eles eram eleitos pela comunidade e iam para a capital representar os interesses daquela comunidade. Quando essas pessoas chegam ao parlamento, formam-se os primeiros acordos, e, en-

tão, criam-se alguns grupos dentro do parlamento, algumas facções, alguns partidos.

2. **Partidos extraparlamentares**. Com o sufrágio universal, com a sociedade de massa, com o rádio e com sistemas sempre mais democráticos, novos políticos acham novas demandas políticas e novos nichos de mercados para serem eleitos; surgem os partidos de massa (socialista e democrático). A partir da sociedade e não da política nascem os partidos extraparlamentares.
3. **Partidos antiparlamentares**. O descontentamento e a insatisfação contra o *establishment* e contra os problemas dos novos regimes democráticos levam ao surgimento de partidos *antiestablishment*, extremistas e/ou antidemocráticos (partidos comunistas na Europa Oriental e na Ásia e fascista na Europa Meridional). Alguns deles tomarão o poder e reverterão a ordem democrática, outros serão oprimidos, derrotados e outros ainda entrarão nos parlamentos e moderarão suas posições.

Isso porquanto se refere à história. Quando se refere às diferenças ideológicas, de posição e de interesse entre os partidos, são muito notadas as **clivagens de Rokkan-Lipset**.

Os dois autores mostram a dicotomia entre empregadores-proprietários e trabalhadores (partidos comunistas, socialistas, dos trabalhadores); a dicotomia estado-igreja (partidos católicos, populares, cristãos, religiosos vários e partidos laicos, partidos militaristas, socialistas, comunistas); a dicotomia área urbana-área rural (partidos dos agricultores e partidos ambientalistas), e hoje geralmente nas cidades (ou grandes cidades) domina a esquerda, enquanto no interior geralmente domina a direita (tradicionalista); e enfim, a dicotomia centro-periferia, e nas periferias das cidades industriais foi geralmente predominante a esquerda (proletários, movimentos sindicalistas), que hoje está perdendo terreno em favor da direita.

FIGURA 12.1 CLIVAGENS DE ROKKAN-LIPSET

Fonte: Elaboração do autor.

A ideia é que todos os partidos ocidentais hoje existentes derivam dessas dicotomias.

12.2 TIPOS DE PARTIDOS

Existem vários tipos de partidos, várias maneiras de categorizá-los e várias tipologias baseadas em diferentes critérios. Uma tipologia útil proposta é a seguinte:

1. **Partidos endógenos**. Alianças entre membros do Poder Legislativo, para a coordenação de votações parlamentares e/ou para serem eleitos.

2. **Partidos exógenos**. Formados a partir da sociedade, para entrar no jogo político.
3. **Partidos de quadros**. Estrutura hierárquica bem definida, garantindo autonomia para a cúpula interna, que tem uma margem de ação muito grande e decide sem grandes problemas.
4. **Partidos de massa**. Partidos com muitos membros inscritos ou simpatizantes e com muitos votos entre não inscritos. Esse tipo de partido geralmente tem uma estrutura mais *bottom-up* que o partido de quadros, para dar benefícios e vagas à massa; pode, por exemplo, ter eleições primárias internas, mas não necessariamente.
5. **Partidos de militantes**. Trata-se de um partido no qual militantes, ativistas e inscritos ativos representam uma grande parcela do total dos votantes. Por isso, geralmente são partidos pequenos, de participação minoritária e engajada, com causas geralmente radicais, que contam com grande esforço dos aderentes. Quase todos os membros dos partidos de militantes são membros de outras associações ligadas à mesma causa do partido. Nos partidos verdes, por exemplo, os militantes participam de associações, ONGs que apoiam a mesma ou subcausas. Portanto, o tempo que eles dedicam à causa ambientalista é grande, são muito envolvidos, todo o estilo de vida deles está em linha com a missão do partido, participam de festivais, leem e escrevem para revistas com o mesmo tema, têm amigos do mesmo círculo etc.
6. **Partidos ideológicos**. Partidos que têm uma ideologia clara e se baseiam fortemente nela. Não necessariamente isso significa que serão coerentes e a aplicarão, visto que podem usá-la como quimera ou estratégia de propaganda, podem mudá-la ou moderá-la (partidos comunistas, socialistas, liberais, ambientalistas, fascistas).

7. **Partidos de governo**. São os partidos que estão sempre no governo ou na base aliada do governo. Mesmo quando não ganham, apoiam quem está no poder. Geralmente são partidos pivotais (veja os Capítulos 13 e 14), medianos, moderados, pequenos, não ideológicos (MDB).
8. **Partidos ônibus**. Os que incluem dentro diferentes correntes e vertentes, das mais moderadas às mais extremistas. Englobam várias ideologias, muitas pessoas. Geralmente são partidos grandes (podem ser partidos de massa), logo os partidos dos sistemas bipartidários pertencem sempre a esta tipologia. O partido democrata americano, por exemplo, tem correntes socialista, social-democrata, progressista e social-liberal. Alguns de seus presidentes foram F. D. Roosevelt (admirador de Mussolini e intervencionista extremo), Carter (social-democrata) e Clinton (bastante centrista e social-liberal). Da mesma forma, o partido republicano tem correntes religiosas-tradicionalistas (divididas em evangélicas, mórmons, católicas, amish etc.), a corrente constitucionalista (dos que querem respeitar fielmente os documentos constitucionais e o espírito dos *Founding Fathers*), a corrente liberal-libertária associada ao partido libertário, que almeja liberdade em temas de droga, homossexualidade, eutanásia etc., e a corrente conservadora-intervencionista. Seus presidentes variaram dos liberais Goldwater e Reagan aos intervencionistas Hoover, Nixon e Bush. No Brasil, o PT tem também várias correntes (Construindo um Novo Brasil, Movimento PT, Democracia Socialista, O Trabalho, Articulação de Esquerda, PT Militante e Socialista): do comunismo antidemocrático do MST à corrente progressista de Palocci. O PSDB vai do conservadorismo de Aluysio Nunes à social-democracia de FHC, Serra, Aécio etc.

Obviamente, como todas as tipologias, estas não são categorias exaustivas e excludentes: um partido pode pertencer ao mesmo tempo a vários tipos. Não são explicativas, mas ajudam a orientar a análise.

12.3 IDEOLOGIA

Alguns criticam os partidos não ideológicos por terem só interesses materiais; outros enxergam a ideologia como dogmatismo e cegueira. O termo "ideologia" pode ter uma conotação positiva ou negativa. Do ponto de vista da ciência política (e não da filosofia política), a ideologia é simplesmente **um conjunto de ideias**. Dessa forma, podem-se sintetizar várias ideias em algumas poucas ideologias. As principais ideologias políticas ocidentais, clássicas e atuais, são: comunismo, socialismo, fascismo, conservadorismo, liberalismo. Algumas religiões podem ser consideradas ideologias ou fazer parte de algumas ideologias, quando entram muito em questões políticas. Uma nova e talvez futura ideologia é o ambientalismo. Nacionalismo, estatismo, racismo e outros coletivismos também podem ser considerados ideologias. Uma ideologia, às vezes, mas não necessariamente, tem coerência interna, pode ser mais ou menos rígida e estática ao longo do tempo, ou pode mudar. Do ponto de vista filosófico, a questão é muito mais ampla; do ponto de vista da ciência política, analisa-se um espectro mais limitado. As funções da ideologia são:

1. **Facilita a comunicação**, pois a ideologia acaba sendo um rótulo que deixa claro quais as ideias de um candidato/partido sobre diversos assuntos. Perante um partido ou um agente político que se diz socialista ou liberal, geralmente sabemos quais as posições sobre um número relevante de temas.

2. Por esse motivo, a presença de ideologias **baixa o custo de ter informações.**
3. **Ajuda os partidos a obter votos**, pois cria uma série de seguidores que concordam e se reconhecem com sua ideologia, sem olhar proposta por proposta e às vezes defendendo a causa de forma apaixonada.
4. **Força os partidos a ser coerentes**, porque, para preservar sua reputação, eles têm que lançar propostas coerentes com sua ideologia; caso se contradigam, perderão votos.

Hoje, no Ocidente, os vários partidos com as mais diferentes ideologias (ou com nenhuma) tendem a ser ou são incentivados a se encaixarem na dicotomia **esquerda-direita**. Pode parecer que sejam dois termos e dois rótulos claros e entendidos no mundo inteiro sem grandes diferenças entre um lugar e outro. Trata-se de rótulos importantes e ao mesmo tempo vagos, mas na verdade têm grandes diferenças históricas, geográficas e teóricas. Esses eixos mudaram ao longo do tempo, assim como todas as ideologias também mudam ao longo do tempo.

1. Os termos "direita" e "esquerda" não existiram sempre, nasceram durante a constituinte da Revolução Francesa, de forma casual e acidental, simplesmente porque alguns sentaram à direita e outros à esquerda do semicírculo do parlamento.
2. No começo, a direita era o partido do rei, a elite nobre conservadora, que queria preservar o *status quo* e o regime monárquico. Logo, era controladora, planejadora, estatista, intervencionista, classista, conservadora etc. Ao contrário, a esquerda se opunha a tudo isso, queria abalar esse sistema, incluir os *outsiders* e dar-lhes mais poder, mais voz e mais bem-estar; não queria castas, re-

gras hereditárias baseadas no sangue, mas meritocráticas e livres; queria menos impostos sobre a população e mais liberdade de trabalhar, de comerciar, de empreender; era contra os grandes monopólios estatais que os amigos do rei ganhavam com força de lei (as várias companhias comerciais e marítimas como Companhia das Índias, a campanha do Mississippi etc. eram direitos de monopólio que o rei entregava formal e legalmente a alguns nobres, grandes proprietários, que o apoiavam); por tudo isso, a esquerda era a favor do livre mercado. O grande economista liberal Frédéric Bastiat era membro do parlamento francês nas filas do partido socialista e colaborava a distância com *Cobden e Bright* (na Inglaterra) no movimento "*the anti-corn law*" para acabar com o protecionismo inglês dos produtores de grão. À medida que a esquerda chegou ao poder e que as massas de *outsiders* foram incluídas no processo político, esses grupos passaram a mudar de agenda e querer proteger agora os novos *insiders*, por meio de mais regulamentação, protecionismo, estatismo. Com o surgimento do socialismo marxista e com a revolução russa as coisas mudaram. À medida que a esquerda foi se afastando da liberdade, alguns liberais foram incentivados a mudar de lado. A direita política (e não autores e pensadores) foi quase sempre estatista, e os casos Reagan e Thatcher são mais a exceção que a norma, a ponto de depois os respectivos partidos voltarem à linha normal. Hoje a esquerda recorda e foca nesses dois casos para rotular a direita de "liberal", termo que a direita mesmo recusa.

3. **Incoerência interna**. Algumas ideologias são ou podem ser incoerentes. Não existe um motivo lógico e teórico pelo qual a paz, a interferência estatal, direitos LGBT e ambientalismo estejam associados à esquerda nem que

façam parte da mesma ideologia. O ambientalismo não quer intervenção na natureza: é conservador e não intervencionista, mas é geralmente associado com a esquerda progressista e intervencionista em economia. O intervencionismo quer que se interfira na economia e no social, no que as pessoas podem falar, comer e beber, mas não em questões dos homossexuais. Você não pode escolher a comida e os medicamentos a inserir no seu corpo, mas, na hora de decidir matar um feto, o corpo é seu (inclusive o do feto); os intervencionistas não acreditam na autorregulação do mercado, mas a política não deve ter ninguém acima que a regulamente. Estado e Igreja devem ser duas esferas separadas, mas estado e economia, não.

4. O ponto é que a dicotomia esquerda-direita é binária, enquanto um plano cartesiano com quatro quadrantes, como na Figura 12.2, representa melhor as várias posições ideológicas.

FIGURA 12.2 QUADRANTES DAS IDEOLOGIAS

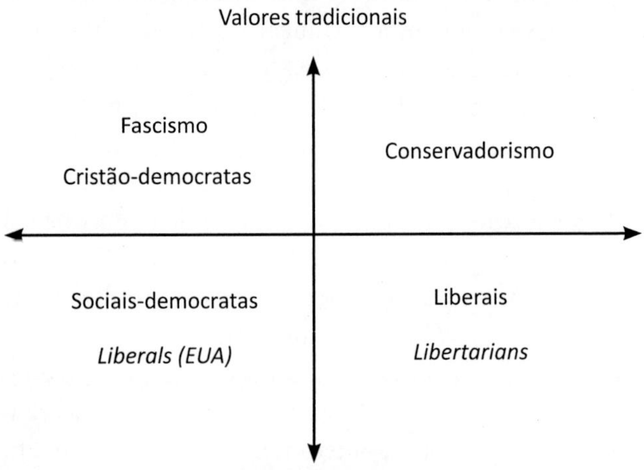

Dessa forma, conseguimos ver que:

- Comunismo, socialismo e social-democracia querem (em grau diferente) controle da economia e liberdade cívica.
- Fascismo e conservadorismo querem (em grau diferente) intervenção em ambas as áreas, social e econômica (com exceção da família).
- O liberalismo quer liberdade em ambas as áreas.
- Algumas misturas entre liberalismo e conservadorismo querem liberdade econômica e controle das liberdades individuais. Essas posições são inexistentes do ponto de vista da teoria política e econômica, mas existem e parecem relevantes na realidade política e partidária de alguns países.

É óbvio que esta é apenas uma das várias possíveis classificações; que algumas dessas ideologias, mesmo se ficarem no mesmo quadrante, se diferenciam por intensidade e grau de quanta liberdade ou controle querem (como fascismo e cristãos-católicos); que estamos falando de ideologias e tradições de pensamento, mas, quando cruzamos essa variável com os partidos que concretamente existem nos vários países, a coisa se complica.

Na Figura 12.2, ficam evidentes alguns **falsos cognatos** sobre o termo "liberal" que muitas vezes carregam alguns erros conceituais. Liberal é quem se refere ao liberalismo clássico e quer liberdade em todas as esferas. É e sempre foi assim em todas as línguas do mundo, mas, em 1932, F. D. Roosevelt explicitamente tentou e conseguiu aplicar esse termo à esquerda americana social-democrata. Desde então, nos EUA os social-democratas, progressistas (partido democrata) se reconhecem também como "*liberals*", mas sem ter internalizado as propostas de liberdade econômica dos liberais de verdade. É só uma questão terminológica, o nome é o mesmo, mas o conceito e o conteúdo são totalmente diferentes. As posições dos *liberals* americanos coincidem exatamente com as dos social-democratas, progressistas do resto do mundo. As posições dos liberais de verdade, nos EUA, hoje, são chamadas *"libertárias"*, *"libertarians"*. O nome é levemente diferente, mas o conteúdo, o conceito e as propostas são iguais.

Por isso, às vezes é melhor utilizar a classificação do famoso diagrama de Nolan (Figura 12.3), que especifica ainda mais a situação, criando cinco diferenciações:

FIGURA 12.3 DIAGRAMA DE NOLAN

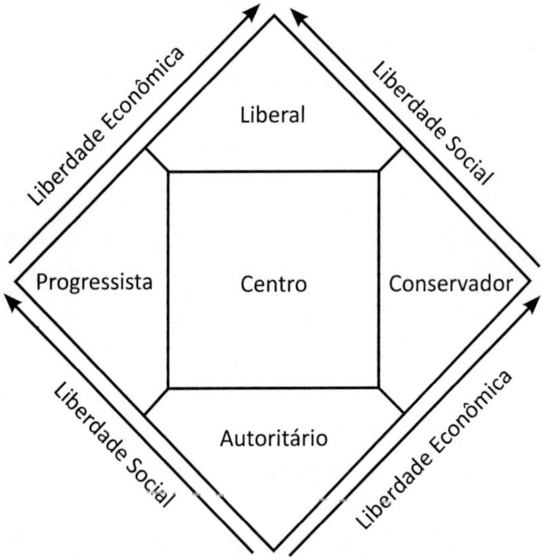

Fonte: Elaboração do autor.

Esse diagrama tenta escapar da terminologia partidária e focar mais nas ideias e nas posições filosóficas, utilizando as duas variáveis de liberdade individual e econômica.

12.4 FUNÇÕES

Falar cientificamente de fins dos partidos é impossível, visto que se trata de coletivos, agregados de pessoas com objetivos diferentes. Alguns objetivos são comuns entre os membros e até entre os membros de partidos diferentes. Então, a análise científica foca no que os partidos fazem de fato:

1. **Organização da ação coletiva.**
2. **Definição de agenda.** Estabelecer as propostas e os temas que serão tocados durante a campanha e durante o mandato (veja o Capítulo 15).
3. **Conexão sociedade-estado.** Interceptam demandas de alguns grupos da sociedade e as canalizam em direção ao estado e, na direção oposta, tentam persuadir a população que as medidas tomadas por meio do estado são justas e eficientes.
4. **Participar das eleições.** Já vimos como isso os distingue das outras facções políticas.
5. **Tomar e manter o poder.**
6. **Distribuir cargos** de poder aos próprios membros, no Executivo, assim como em empresas estatais, agências reguladoras e na administração pública de forma geral.
7. **Formação da assembleia e do governo** (veja os Capítulos 14 e 17).
8. **Gestão do estado e implementação das políticas públicas.**

Nem todas essas funções são exclusivas dos partidos. Sabemos também que os partidos são um agregado de individualidades e interesses diferentes, mas ao mesmo tempo todos os partidos e seus membros precisam passar por essas etapas se desejarem alcançar os próprios interesses por meio da política. São objetivos comuns, mas que não tornam a agremiação um ente coletivo com vontades e interesses próprios.

12.5 O PODER DOS PARTIDOS

Vimos como os partidos nasceram dentro da oligarquia política e como, ao longo da história, receberam pressões de baixo. Hoje ainda é forte o debate sobre em que escala os partidos respondem à população ou a interesses próprios (de seus membros). Não há consenso e respostas definitivas, mas, para orientar nosso julgamento, podemos analisar alguns aspectos e tendências.

1. **Lei de ferro da oligarquia.**
2. ***Cartel party***. Todos conhecem os cartéis entre empresas; na ciência econômica são estudados detalhadamente. Os cartéis existem também na política. Alguns partidos se aliam para não permitir que um ou mais partidos cheguem ao poder, para excluí-los do poder ou até da luta eleitoral. Por isso, Katz e Mair cunharam o termo "*cartel party*". O que acontece com um *cartel party* é o seguinte:
    a. Financiamento estatal aos partidos, fundo partidário, acesso à mídia e regras restritivas (assinaturas para criar partido, afiliação para se candidatar etc.).
    b. Ocupação do estado, aparelhamento.
    c. Nenhum dos partidos principais fica totalmente fora do poder.
    d. Programas e propostas sempre mais similares.
    e. Os membros dos partidos, que incialmente advêm da sociedade, viram gradualmente políticos profissionais, uma "Sociedade de profissionais e não

associação de ou para cidadãos". Os políticos se tornam colegas e não adversários.

f. O estado vira a "estrutura institucionalizada de apoio" para fins privados.

3. **Partidos monopolizam ligação sociedade-política.**
4. **Partidocracia.** Um sistema político dominado pelos partidos, que monopolizam a ligação sociedade-política, ocupa o estado e até a sociedade, criando assim um sistema no qual (por exemplo) para conseguir trabalhar é útil ou necessário se filiar a um partido ou a um partido poderoso. Um sistema similar ao totalitarismo, mas com vários partidos, em que a política é pervasiva. No Panamá, por exemplo, discute-se muito se é justo que para se candidatar à presidência seja necessário (como é atualmente) ser membro de um partido (aqui se fala de "candidatura avulsa", hoje proibida). Na Itália, a TV de estado tem três canais: o primeiro dirige-se sempre ao primeiro partido; o segundo, ao segundo; e o terceiro é sempre e historicamente do partido comunista. Esse aparelhamento, essa divisão, é um acordo explícito, transparente e público.

PERGUNTAS

- Definição e funções dos partidos.
- Definições e diferenças entre partido, grupo de interesse, grupo de pressão, bancada e corrente.
- Em que tipo de grupo se encaixa um sindicato?
- Em que tipo de grupo se encaixa uma ONG?
- Em que tipo de grupo se encaixa a FIESP?
- Em que tipo de grupo se encaixa uma igreja?
- Quais as etapas históricas do surgimento dos partidos?
- Explique as clivagens de Rokkan-Lipset.
- Esquerda e direita. Explique o surgimento dessas categorias e suas limitações.
- Definição e funções da ideologia.
- Explique a incoerência interna das ideologias.
- Explique onde se posiciona a família partidária social-democrata.
- Explique onde se posiciona a família partidária socialista.
- Explique onde se posiciona a família partidária conservadora.
- Explique onde se posiciona a família partidária liberal.
- Explique onde se posiciona a família partidária fascista.
- Explique a diferença entre os partidos americanos e europeus, do ponto de vista das famílias partidárias.
- Explique a diferença entre os partidos americanos e brasileiros, do ponto de vista das famílias partidárias.
- Explique a diferença entre os partidos brasileiros e europeus, do ponto de vista das famílias partidárias.
- Esclareça a confusão sobre o termo "liberal" no mundo.
- Explique o diagrama de Nolan. Explique o *cartel party*.
- Explique a diferença entre *cartel party* e coalizão de governo.
- Explique a diferença entre *cartel party* e partidocracia.
- Explique a partidocracia.

Capítulo 13

SISTEMAS PARTIDÁRIOS

Depois de ter estudado os partidos, vamos analisar a interação entre eles; qual a estrutura partidária de um sistema político; quais os tipos de sistemas partidários possíveis e como tudo isso interage com as ideologias políticas.

13.1 BIPARTIDARISMO

Os sistemas partidários ocidentais nasceram bipartidários: o partido do rei e a oposição. Só depois, gradualmente, o sufrágio universal incentivou o multipartidarismo. O melhor exemplo atual de bipartidarismo são os EUA, com o partido republicano e o democrata. Eis alguns aspectos relevantes desse sistema:

1. **A campanha eleitoral foca em poucos temas**. Isso porque se um terceiro partido, por exemplo, o ambientalista, não está na campanha eleitoral, então a questão ambiental provavelmente não será tocada.
2. O **governo será monopartidário**, logo será mais estável e eficaz (o que não significa eficiente).
3. Terá **menos representatividade**, porque só tem dois partidos. No multipartidarismo há mais representação, mas também há mais conflitos gerados por divergências de opinião. Dois partidos decidem mais facilmente; no

multipartidarismo alguns partidos podem atrapalhar os objetivos dos outros.

4. **Incentiva o voto estratégico.** Lembrando que o bipartidarismo nunca é perfeito e que há sempre alguns outros partidos menores. As pessoas entendem que um partido menor tem poucas chances de ganhar, logo são incentivadas a não votar em partidos menores, mesmo se mais próximos aos ideais delas, mas a votar em um dos dois partidos maiores que mais as agrada e que tenha chances de ganhar.

Obviamente, como vimos com Douglas Rae, sempre existem também outros partidos, no entanto são pequenos e irrelevantes. Por exemplo, nos EUA o terceiro partido é atualmente o partido libertário, mas já foi o partido personalístico de Ralph Nader. Analisando o **terceiro partido** no bipartidarismo, nota-se que:

1. É pequeno.
2. Baseado em uma causa específica (verde, pirata).
3. Pode ter nascido de uma cisão de um dos outros dois.
4. Tem um líder carismático.
5. Pode ter poder local.

13.2 MULTIPARTIDARISMO

O multipartidarismo é um sistema com três ou mais partidos relevantes. Alguns exemplos são Brasil, Itália, Grécia, Espanha, França, Alemanha etc. Nesses sistemas ocorrem os seguintes fenômenos:

1. Tendência a **politizar muitos assuntos**, pois há vários partidos e cada um precisa se diferenciar e priorizar um tema que não foi muito focado pelos outros.

2. Geralmente **nenhum partido tem a maioria absoluta dos votos**. Logo pode ter:
   a. **Um partido dominante**, mas que sozinho não consegue governar.
   b. Dois partidos principais coligados com outros ("**sistema 2 e meio**"). Nenhum partido consegue 50% dos votos, e com isso nenhum partido consegue governar sozinho. Imaginemos o partido A, que consegue 40% dos votos; o partido B, que consegue 35% dos votos; e vários partidos pequenos, que apresentam de 5% a 10% dos votos. O partido A não consegue chegar sozinho ao poder e, por isso, tem que se aliar a partidos menores para alcançar 50% dos votos. É o caso da Alemanha, onde geralmente ganha um dos dois partidos principais, Social-Democrata e ZDU, mas para governar precisam se aliar (respectivamente) com o partido liberal ou com o partido verde. No caso do Brasil, geralmente, mesmo que ganhe o PT ou o PSDB, ambos precisam se aliar ao MDB e a outros partidos menores.
   c. Ou **três partidos com porcentagens similares**. Logo, podem-se criar várias coligações de governo diferentes.
3. **Governo de coalizão**. É muito improvável que o governo seja monopartidário. Trata-se sempre de uma coalizão. Logo, é menos eficaz porque é mais difícil encontrar um acordo entre muitos partidos.
4. **Desincentiva o voto estratégico**. Pelos motivos opostos ao bipartidarismo. Qualquer voto conta, neste sistema, e não adiantaria nada votar para um outro, pois nenhum partido é fortemente dominante e nenhum conseguiria governar sozinho.

13.3 MONOPARTIDARISMO

Os sistemas democráticos têm mais de um partido, mas as autocracias podem ser de partido único. Todos os sistemas totalitários são de partido único; alguns autoritarismos e despotismos também. Sempre há mais grupos de interesse, grupos insatisfeitos com o *status quo* e potenciais opositores, mas às vezes o partido dominante consegue exterminá-los ou torná-los politicamente irrelevantes, e dessa forma um partido pode conseguir excluir outros partidos do jogo político.

É importante entender como são escolhidos os líderes nos sistemas monopartidários. Há três possibilidades:

- **Conexões e nepotismo**. Muitas vezes o novo líder é escolhido na base de alianças, jogos de poder, conexões, favoritismo etc.
- "**Meritocracia**". Às vezes, o poder não é o único aspecto a contar. Também importa o histórico dos candidatos, a reputação, o reconhecimento internacional, a capacidade diplomática, como ele agiu nos precedentes cargos e as *performances* econômicas das próprias gestões (das províncias, dos municípios, dos ministérios administrados no passado).
- **Ambas** as alternativas precedentes.

Basicamente, há sempre um *trade-off* entre lealdade e competência. Um novo líder leal à velha guarda, à oligarquia que o escolheu, é sempre preferido. A competência também importa, mas, se o líder é competente demais, pode se tornar uma ameaça. Isso pode levar a escolher líderes menos competentes e a uma "qualidade" inferior. Essa dinâmica se desenvolveu em todas as autocracias, da URSS a Cuba.

Atualmente, na China, por exemplo, um sistema de rotação de liderança (a cada 10 anos o comitê superior composto de nove pessoas escolhe um novo líder) leva os oligarcas a colaborar, a trabalhar juntos, tentando aumentar o PIB das próprias províncias, possibilitando assim a escolha de um dos líderes que atuaram de forma melhor entre esse grupo de fiéis.

13.4 COMO CONTAR OS PARTIDOS

Em cada país há sempre vários partidos registrados e oficialmente existentes, mas só um subconjunto menor está representado no parlamento, só um subconjunto ainda menor está no governo. E obviamente alguns têm mais poder que outros. Alguns têm representação nacional e local, enquanto outros têm membros somente nas assembleias ou câmaras locais. Dessa forma se põem alguns problemas: quantos partidos há em cada *polity*? Temos que contar até os partidos pequenos e irrelevantes? Temos que contar até os partidos sem membros no parlamento? Como se contam os partidos? Resumindo de forma simples: temos que contar todos os partidos, mas nem todos os partidos contam. Vamos ver.

Por meio do índice de fracionalização, analisam-se:

1) O número de partidos.
2) A igualdade relativa das cotas.

Observando a Tabela 13.1 e analisando esses dois fatores, conseguimos observar quanto um sistema partidário é fragmentado (fracionalizado) ou concentrado.

TABELA 13.1 FRACIONALIZAÇÃO DE SISTEMAS PARTIDÁRIOS

	POLITY 1	*POLITY* 2	*POLITY* 3
PARTIDO A	90%	45%	36%
PARTIDO B	9%	15%	33%
PARTIDO C	1%	40%	31%

Depois, com o **método de Douglas Rae**, temos que analisar (observe ainda a Tabela 13.1):

1. O número de partidos.
2. O percentual de votos ou de vagas.
3. A soma dos percentuais dos dois primeiros.

Graças a esse método sabemos quantos partidos contam (ponto 2) e se se trata de bipartidarismo ou multipartidarismo (ponto 3).

Atualmente, por exemplo, no Brasil existem vários partidos, mas alguns possuem só representação local. Na Câmara dos Deputados há 30 partidos e os quatro primeiros (PT, PSL, PP e PSD) têm apenas 35% dos assentos totais, menos da maioria necessária para aprovar um projeto de lei. A alta fragmentação atual é dada mais pela fracionalização dos primeiros quatro partidos que pela presença dos 30 partidos.[1]

1 Números oficiais após a eleição de 2018.

PERGUNTAS

- Explique o monopartidarismo e dê dois exemplos contemporâneos.
- Explique o bipartidarismo e dê dois exemplos contemporâneos.
- Mostre pelo menos cinco características do bipartidarismo.
- Explique o multipartidarismo e dê dois exemplos contemporâneos.
- Mostre pelo menos cinco características do multipartidarismo. Como se vê quanto é concentrado um certo sistema partidário?
- Por que alguns partidos não contam?
- Por que alguns partidos contam mais do que outros?
- Explique o índice de fracionalização.
- Explique o método de Douglas Rae.

Capítulo 14

SISTEMAS ELEITORAIS

Os sistemas eleitorais são sistemas para transformar os votos em vagas. Existem vários sistemas eleitorais, e podem ser divididos nas duas grandes famílias do **sistema majoritário** e do **sistema proporcional** (Figura 14.1).

FIGURA 14.1 SISTEMAS ELEITORAIS

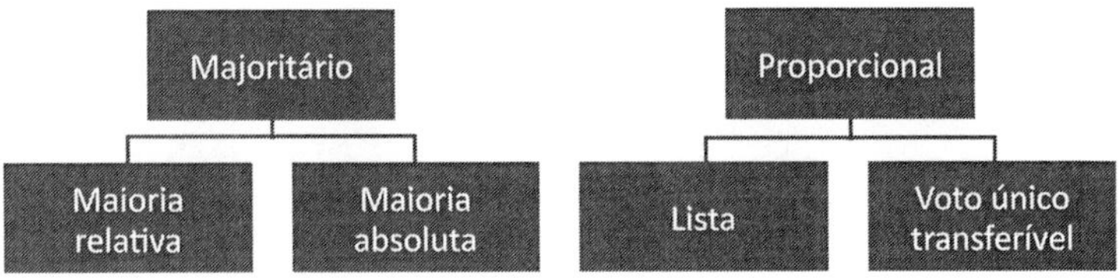

Obviamente, além dos ideal-tipos, na vida real podemos ter modelos mistos e muitas variações.

14.1 A REGRA DA MAIORIA

Para decidir em sociedade, existem três possibilidades:

1. **Voluntariedade**. Ninguém obriga ninguém. As pessoas decidem juntamente apenas quando concordam ou se convencem. É a regra do livre mercado, da ordem espontânea.

   a. **Unanimidade**. Trata-se de um simples caso do conjunto maior da voluntariedade.
   b. ***Exit* (individual ou coletivo)**. Quando uma pessoa não concorda com a decisão tomada por um grupo, pode sair, seja da empresa, do condomínio, do clube e, politicamente falando, do país (note que em alguns países como Cuba e Coreia do Norte emigrar é proibido). É sabido que sair do estado, mas permanecer no país ou até na própria propriedade privada, é proibido juridicamente e de fato quase impossível (David Thoreau tentou algo similar sem sucesso). Quando duas ou mais pessoas não concordam, dividem-se em grupos homogêneos dentro dos quais há consenso. Em termos políticos, quando várias pessoas não concordam com a decisão vencedora, podem fazer secessão, declarar independência etc. (obviamente o sucesso não é garantido). A secessão é um divórcio político, uma regra defendida por várias cartas internacionais, por meio do princípio de "autodeterminação dos povos", mas, ao mesmo tempo, é geralmente impedida pelos estados (no Brasil é proibida até pela Constituição).
2. **Minoria**. Uma ou poucas pessoas decidem e se impõem aos outros. É o caso das autocracias e das dinâmicas nas quais prevalecem as minorias organizadas.
3. **Maioria**. *A regra da maioria típica das democracias.*

A voluntariedade é geralmente descartada *a priori*, as imposições prevalecem e poucas pessoas concordam com essa regra. A unanimidade é muito difícil ou impossível de se conseguir. Caso existisse, bastaria uma pessoa entre milhões discordar que a situação não mudaria. Cada agente teria o poder de veto e haveria a "tirania do *status quo*". Quando uma minoria consegue se impor, a coisa fica clara e simples, mesmo se ineficiente e injusta para muitos. Essa regra não encontra muitas justificativas teóricas e éticas.

A regra da maioria pode-se aplicar às eleições de políticos e a votações internas de assembleias, congressos, câmaras, comissões etc. Para esses diferentes objetivos, há diferentes tipos de regras da maioria:

1. **Maioria simples**, ou **maioria absoluta**. Para ter um ganhador, precisa-se de mais de 50% + n dos votos. É usada para eleições políticas e para as votações internas das assembleias.
2. **Maioria relativa**. Para ter um ganhador, o partido, o candidato, a proposta precisa ter mais votos que os outros, mesmo sem alcançar o 50% + n. Por exemplo, se o partido X obtém 45% dos votos, o partido Y, 35% e o partido K, 17%, ganha X porque tem mais votos que os outros, tem a maioria relativa, em relação aos outros. Este sistema é também chamado "***The first past the post***". É usado para eleições de políticos e para votações internas de assembleias.
3. **Maioria qualificada**. Para haver um ganhador precisa-se de um número de votos maior que 50%, geralmente 3/5, 2/3, 3/4 dos votos. Este sistema não é usado para eleições de políticos, mas para alguns tipos de votações internas de algumas assembleias, mais especificamente para emendas constitucionais e para reaprovar uma legislação depois que recebeu o veto presidencial.

14.2 O MAJORITÁRIO PARA ELEGER O PRESIDENTE

É o sistema que geralmente é usado para eleger prefeitos, governadores e presidentes da república, ou seja, **cargos monocráticos** (com uma vaga só). Pode se basear em regras diferentes:

- **Maioria absoluta**. Ganha as eleições quem ganha 50% + n. Note, entretanto, que com este sistema pode acontecer de nenhum candidato alcançar 50% + n dos votos. Nesse caso, pode: a) ir-se ao segundo turno ou b) deixar diretamente ganhar quem alcançar a maioria relativa.
- **Maioria relativa** (ou ***the first past the post***). Visto que com a regra da maioria absoluta (e com a presença de mais de dois partidos) pode acontecer que ninguém alcance a maioria absoluta dos votos, pode-se estabelecer a regra da maioria relativa segundo a qual ganha o candidato com mais votos (mesmo se não for a maioria absoluta).

Se a regra for a maioria absoluta, ganha quem obtiver 50% + n, mas, se ninguém alcançar esse percentual, pode-se ir ao segundo turno. Há **dois tipos de segundo turno:**

- Passam ao 2º turno **os dois mais votados** (usado no Brasil).
- Passam ao 2º turno **todos os que alcançam certa cota**, por exemplo, de 20% (usado na França).

Note que no segundo turno pode-se ganhar até com maioria relativa. Quando há apenas dois candidatos, evidentemente é fácil que um ganhe 50% + n dos votos, mas, considerando que se levam em conta só os votos válidos e que em alguns sistemas podem ir ao segundo turno mais de dois candidatos, pode ganhar simplesmente quem ganhar mais votos, quem ganhar a maioria relativa (mesmo se menor do que 50% + n).

O resultado muda dependendo da regra, não só pelas regras *de jure*, mas também pelo número e pela força dos partidos que participam. O resultado depende, também, dos partidos pequenos que participam no primeiro turno, das chamadas "**alternativas irrelevantes**".

Por exemplo, um país com quatro partidos: EE (esquerda extremista), EM (esquerda moderada), DE (direita extremista) e DM (direita moderada). Imaginemos que cada partido tenha a distribuição de votos a seguir:

TABELA 14.2 DISTRIBUIÇÃO DE VOTOS NO MAJORITÁRIO

EE	EM	DM	DE
14%	37%	40%	9%

Nesse caso, se as eleições fossem decididas no primeiro turno por meio do *the first past the post*, o partido DM teria ganhado com a maioria relativa.

Com a regra da maioria absoluta, não haveria um ganhador. Logo, a eleição seria decidida no segundo turno. Agora, tendo só os primeiros dois mais votados, os votos de EE passam em grande parte para EM, e os de DE passam para DM, e assim o resultado da votação ficaria:

TABELA 14.3 DISTRIBUIÇÃO DE VAGAS NO SEGUNDO TURNO (DO MAJORITÁRIO)

EM	DM
51%	49%

Dessa forma, o partido EM, que no primeiro turno se classificou em segundo lugar, passa a ganhar as eleições. Então, o resultado seria diferente caso houvesse um ou dois turnos.

14.3 O PROPORCIONAL PARA ELEGER A ASSEMBLEIA

Quando, em lugar de escolher alguém para um cargo monocrático, temos que escolher a composição de um órgão com multivagas, como parlamento, congresso, assembleia, câmara municipal, senado etc., o majoritário não é aplicável. Para ser aplicado, seria necessário dividir as vagas fazendo eleições específicas para cada uma, como acontece nos distritos com uma vaga só, da Inglaterra.

Nos outros casos, então, usa-se o sistema proporcional, que basicamente distribui as vagas de forma proporcional aos votos recebidos. Logo, com a distribuição de votos precedente (como na Tabela 14.4).

TABELA 14.4 DISTRIBUIÇÃO DE VOTOS NO PROPORCIONAL

EE	EM	DM	DE
14%	37%	40%	9%

Agora, com o sistema proporcional, teríamos uma distribuição de vagas exatamente proporcional à porcentagem de votos, tal que:

TABELA 14.5 DISTRIBUIÇÃO DE VAGAS NO PROPORCIONAL

EE	EM	DM	DE
14%	37%	40%	9%

O proporcional puro leva a uma grande **fragmentação partidária, à instabilidade e à ingovernabilidade**. Por isso, geralmente não se usa o proporcional puro, mas se aplicam algumas correções:

1. **Cota de ingresso, coeficiente partidário ou quociente eleitoral**. Uma cota mínima necessária para entrar na assembleia e receber vagas. Por exemplo, na Alemanha é 8%; na Câmara italiana é 2% para os partidos coligados e 4% para os não coligados. Isso é feito para diminuir a fragmentação e incentivar os partidos a se coligarem.

No Brasil, atualmente, usa-se o quociente eleitoral (veja a Seção 14.8).

2. **Prêmio de maioria**. Ao primeiro partido, mesmo que tenha ganhado a maioria relativa dos votos, dá-se a maioria absoluta das vagas, os 50% + n. O restante das vagas se distribui em proporção aos votos recebidos pelos outros. Essa correção se aplica para garantir mais governabilidade.

Obviamente, podem-se, e muitas vezes acontece, aplicar as duas correções ao mesmo tempo, formuladas como se preferir.

Ainda o proporcional pode ser aplicado de várias formas: porquanto se refere aos **distritos ou às circunscrições**, pode-se:

1. Considerar o país **um único distrito nacional**, com vários eleitos dentro deste distrito. Geralmente acontece em países pequenos (Holanda e Israel).
2. Criar **vários distritos-circunscrições**.
   a. Com **um eleito por distrito**. Criando tantos distritos quantas vagas têm. Por exemplo, se na Câmara há 500 deputados, divide-se o país em 500 distritos (EUA, Reino Unido, França). Este *é o voto distrital* ou, mais propriamente, o "*The winner takes all*". Com um sistema de distritos monovagas o jogo vira de fato majoritário (com maioria simples, relativa, ou com segundo turno). O sistema distrital incentiva a criação de um sistema bipartidário.
   b. Com **mais eleitos por distrito** (Brasil, Itália, Alemanha). No Brasil, há 27 distritos (coincidem com os estados e o distrito federal) multivagas. O que mais elege deputados é o de São Paulo, com 70 deputados, e o que tem menos é o Acre, com oito

deputados federais. Não é correto afirmar que no Brasil não há distritos; há, mas são multivagas.

A escolha de um desses detalhes afeta o resultado de várias formas. Vamos analisar, por exemplo, dois casos: o de uma minoria étnica geograficamente concentrada e o de um grupo ideológico ou religioso geograficamente disperso. No caso da minoria concentrada geograficamente, aplicando um distrito nacional único, ela não conseguirá eleger nenhum partido, candidato, nenhum representante. Dividindo o país em vários distritos, acontecerá que, no distrito de pertencimento, essa minoria seja na verdade uma maioria, e dessa forma conseguirá eleger um ou mais representantes. Ao contrário, para o grupo geograficamente disperso, ocorrerá exatamente o oposto.

Do ponto de vista histórico, os primeiros sistemas eleitorais para eleger as assembleias eram majoritários, mas hoje os sistemas proporcionais são a maioria e estão aumentando.

14.4 LISTAS E VOTO ÚNICO TRANSFERÍVEL

No proporcional, visto que em cada distrito são eleitos mais candidatos, cada partido, então, não lança um único candidato, mas vários, apresentando uma lista de candidatos. Essa lista pode ser fechada ou aberta:

- **Lista fechada**. Há uma lista de candidatos cuja ordem de eleição é preestabelecida pelo próprio partido. O votante pode votar em apenas um partido e não pode escolher entre os candidatos.
- **Lista aberta**. Há uma lista de candidatos sem uma ordem de eleição preestabelecida. O votante pode escolher de três formas diferentes:

a. O votante pode **escolher um candidato** de sua preferência dentro da lista. Geralmente isso não é obrigatório e ele pode se limitar a votar no partido. Nesse caso, será o partido a distribuir os votos aos próprios candidatos (eleições brasileiras para deputados e vereadores).
b. **Voto separado**. Em alguns sistemas de lista aberta, existe a possibilidade de votar em um partido e em um candidato de outro partido. Nesse sistema, os números das vagas serão atribuídos com base nos votos que os partidos receberam.
c. O votante pode pôr todos os candidatos em uma ordem, atribuindo-lhes números (**voto único transferível**).

O **voto único transferível** é um sistema da família do proporcional e apresenta a grande diferença de o votante poder atribuir mais de uma preferência, elencando candidatos em uma ordem, lista de preferência, atribuindo-lhes números. Quando se abrem as urnas, as vagas se atribuem aos candidatos que receberam mais votos como primeira preferência. Se sobrarem vagas, faz-se a recontagem dos votos, atribuindo agora as vagas aos candidatos que receberam mais votos como segunda preferência, e assim por diante, até esgotar as vagas da assembleia.

Esse sistema dá mais margem de ação ao votante, possibilitando-o classificar os candidatos segundo a própria preferência, e diminui o número de abstencionistas. É usado em Malta, na Irlanda e no senado australiano; em nível local é aplicado, de formas diferentes, na Irlanda do Norte, na Escócia, na Austrália e na Nova Zelândia.

É importante mostrar agora diversas consequências dos dois tipos de listas:

- Quando a **lista é fechada**, o partido tem mais poder, porque é ele quem vai decidir quem vai assumir o cargo. **Os candidatos se esforçarão para convencer a cúpula do partido e os votantes.** Candidatos "ruins" podem ser colocados nas primeiras posições da lista e ter amplas chances de ser eleitos. Candidatos "bons", mas pouco poderosos ou pouco famosos, podem ser colocados nas últimas posições da lista e ter poucas chances de ser eleitos. Os membros da cúpula do partido tendem a se pôr nas primeiras posições e a ser sempre reeleitos com mais chances, menor câmbio geracional dentro do partido, mais favoritismo e corrupção no interior do partido.
- Quando a **lista é aberta**, os votantes têm mais margem de ação. **Os candidatos se esforçarão para convencer a cúpula interna do partido e os votantes.** Logo, os **custos da campanha tendem a aumentar**. Terá mais proximidade do candidato-votante, mais possibilidade de compra de votos e mais dinamismo dentro do partido. Este é o caso brasileiro atual, é por isso que se diz que as pessoas votam na pessoa e não no partido (a alternativa não é necessariamente uma coisa melhor), não por supostas questões culturais.

14.5 *GERRYMANDERING*

Em 1812, o governador do Massachussets, Elbridge Gerry, para favorecer o próprio partido, redesenhou os distritos do estado (para a eleição a governador) de forma estranha e com poucas proximidades geográficas. A mídia falou que esse corte parecia uma salamandra e cunhou o termo "*gerrymandering*" para essa prática. A começar daí, os distritos americanos evoluíram seguindo essa lógica, de modo que alguns, hoje, encontram-se como na Figura 14.6.

FIGURA 14.6 *GERRYMANDERING*

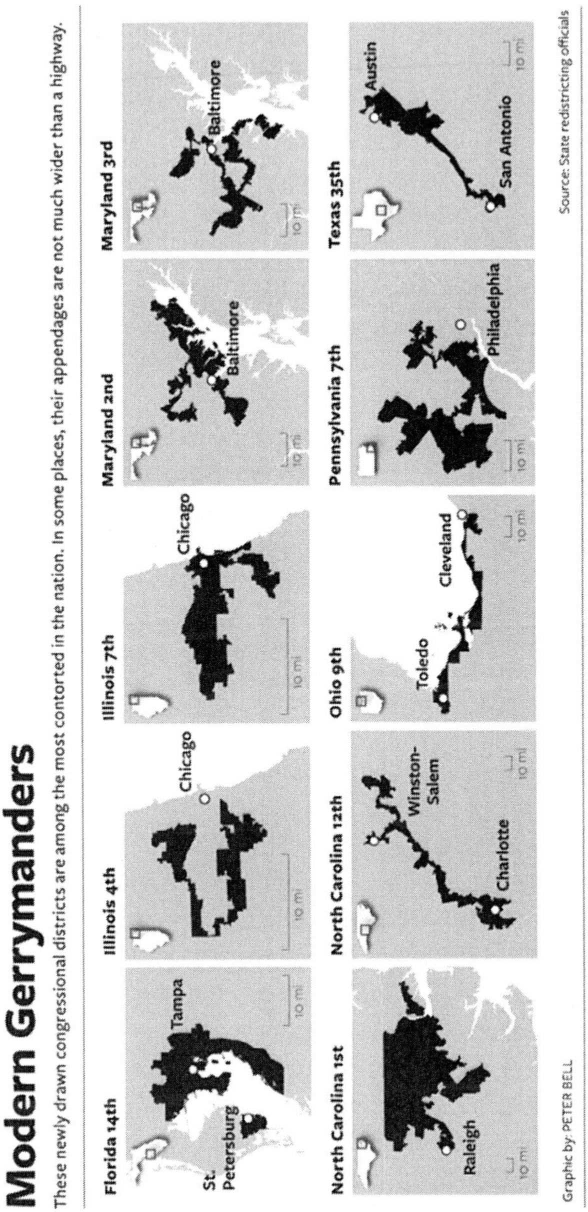

Fonte: State Redistrictingstate, Peter Bell.

O *Gerrymandering* é **a prática de definir as áreas dos distritos eleitorais para obter vantagens no número de candidatos eleitos**. Ele pode ocorrer quando há vários distritos (mono ou multivagas) e se tem que decidir como e onde cortar o território em questão. No começo, tenta-se criar vários distritos com o mesmo número de pessoas (ou o mais similar possível). Sucessivamente, a demografia muda (as pessoas emigram de um distrito para outro, em um distrito nascem mais pessoas, em outro morrem mais etc.). Para manter a proporção, o corte dos distritos tem que ser redefinido, alguns distritos têm que ser ampliados e outros diminuídos. E isso pode obviamente gerar manipulação e distorções. O critério que explicitamente se diz querer respeitar é a homogeneidade numérica da população, distritos com o mesmo número de votantes ou habitantes. Mas acontece com mais probabilidade com **distritos monovagas**, como nos EUA.

As soluções propostas, para evitar que o *Gerrymandering* ocorra, são:

1. Criar um **comitê conjunto**. Delegados dos partidos que controlam a definição das áreas dos distritos, de modo que, se todos os partidos têm voz no processo, ele deveria ser équo e justo. O problema é que gradualmente depois de algumas eleições isso não acontece. Os votantes querem eleições nas quais os candidatos precisem lutar por seus votos, enquanto os partidos querem eleições "seguras". O que acontece é que os partidos concordam em criar distritos seguros para todos.
2. Contratar **técnicos independentes** para desenhar as áreas dos distritos de forma neutra. O óbvio problema é que os técnicos podem não ser tão "técnicos", podem ter uma ideologia, uma preferência partidária e/ou podem ser pressionados e capturados (veja o Capítulo 19).

3. Ainda se pode **pagar os técnicos para gerar eleições apertadas**.
4. **A linha mais curta**. Há vários algoritmos matemáticos que podem desenhar os distritos de forma neutra e automática. Desenhando, por exemplo, as linhas mais curtas até o ponto de ter distritos os mais uniformes. Esta parece ser a regra menos modificável pelas diferentes vontades políticas.

14.6 GANHAR COM A MINORIA DOS VOTOS

Com distritos com uma só vaga, um partido pode ganhar a maioria dos distritos/vagas, mas com menos votos totais do outro partido; e o outro partido pode ganhar menos vagas, porém mais votos totais. Isso pode acontecer porque um partido pode ganhar mais distritos com várias margens pequenas e o outro partido pode ganhar menos distritos, mas com amplas margens. É raro, mas pode acontecer. Em 1951, Churchill ganhou 48% dos votos contra 48,8% de Attlee, mas mesmo assim ganhou 321 distritos contra os 295 do oponente. Em 1974, ainda na Grã-Bretanha, o *Labour Party* ganhou 37,2% dos votos e 301 vagas no parlamento, enquanto o Partido Conservador ganhou 37,9% dos votos e 297 vagas no parlamento. Nos EUA aconteceu quatro vezes, como quando, em 1888, Grover Cleveland perdeu a reeleição a presidente, mesmo tendo ganhado 48,6% dos votos contra 47,8% de Benjamin Harrison. Em 2000, G. W. Bush ganhou as eleições, mesmo Al Gore tendo recebido 543.816 votos a mais. Em 2016, Hillary Clinton ganhou cerca de 3 milhões de votos a mais, porém Trump ganhou em mais colégios de mais eleitores.

Essa é uma rara, mas normal, consequência do sistema *winners takes all.* De forma geral, considerando os votos dos terceiros partidos, abstencionismo, votos brancos e nulos, os políticos do

FIGURA 14.7 DISTRITOS COM A LINHA MAIS CURTA NOS EUA

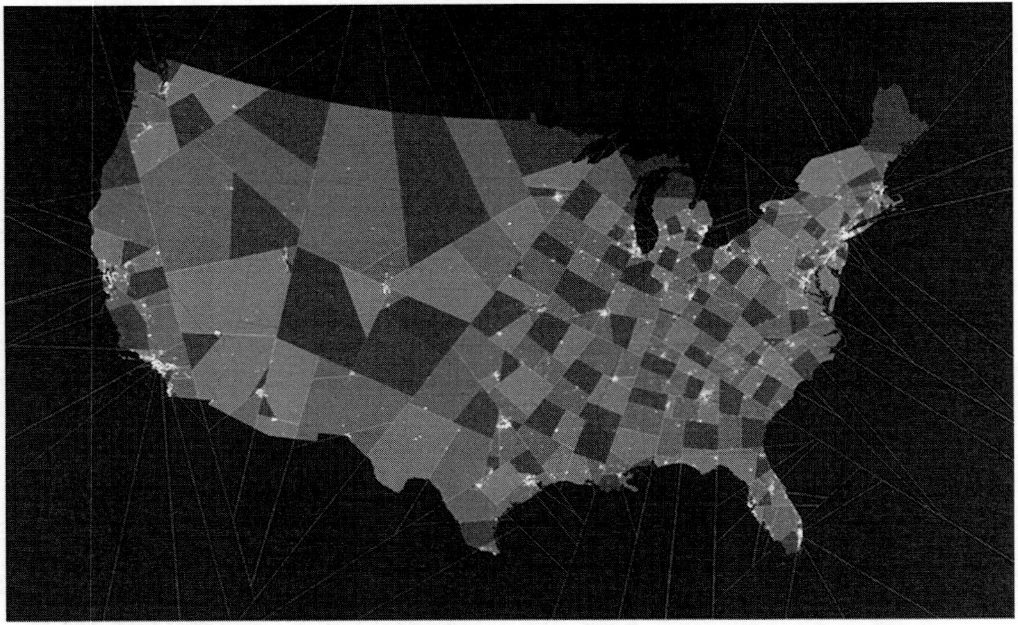

Fonte: Shortest splitline algorithm invented by Warren D. Smith, program implementing it by Ivan Ryan, underlying population & shape data from year 2000 US Census.

mundo inteiro são eleitos, muitas vezes, com uma minoria de votos. Ou seja, como já notava J. S. Mill, "a maioria da maioria pode ser uma minoria do conjunto".

14.7 CONSEQUÊNCIAS

Depois de ter descrito o funcionamento dos dois sistemas, já se notaram algumas consequências, mas é necessário tratá-las de forma específica.

Eis algumas consequências do majoritário:

1. Incentiva a criação de poucos partidos, porque os pequenos ficam excluídos, logo são menos representativos.
2. Mais concentração partidária, mais governabilidade, mais estabilidade.
3. **Mais votos estratégicos**. Se há mais candidatos, um simpatizante de um candidato menor pode votar no menos pior, com a estratégia *maximini.*
4. *The winner takes all*, até sem maioria absoluta dos votos.
5. **Mais alternância e mais sensibilidade às alterações nas preferências dos eleitores**, pois necessária e automaticamente um partido ganhará a maioria das vagas do parlamento e conseguirá formar um governo de partido único (sem se coligar com outros). Dessa forma, na sucessiva eleição pode acontecer a mesma coisa com o outro partido.
6. Maioria simples em dois turnos pode resultar na **derrota do candidato mais próximo ao eleitor mediano** (Capítulo 15, Seção 15.3).

Obviamente, as consequências do sistema proporcional são praticamente o contrário:

1. Incentiva a criação de muitos partidos, pois mesmo os partidos pequenos têm grandes chances de entrar em parlamento e talvez no governo. É mais representativo.
2. Mais fragmentação partidária, mais ingovernabilidade, mais instabilidade.
3. **Menos votos estratégicos** e menos abstencionismo, pois há muitos partidos, e cada votante terá algum deles bastante próximo às próprias posições e pode votar nele esperando que entre no parlamento e talvez no governo.
4. **Menos alternância e menos sensibilidade às alterações nas preferências dos eleitores**, pois muito provavelmente nenhum partido ganhará a maioria absoluta dos votos e das vagas; os partidos terão a necessidade de criar um governo de coalizão, podendo escolher com quem se aliar entre os vários grupos, depois das eleições, e não necessariamente de forma que coincida com as preferências dos votantes e dos próprios eleitores. Isso gera um sistema no qual alguns pequenos partidos pivotais possam sempre estar no governo, por anos ou décadas, ou até que a coalizão de governo seja sempre a mesma (ou muito similar) por décadas, apesar do voto. Na Itália, por exemplo, a Democracia Cristã (DC, partido católico da família dos partidos populares) conseguiu governar ininterruptamente de 1948 a 1994, sempre com alguns destes partidos: PSI (Partido Socialista Italiano), PSD (Partido Social-Democrata), PA (*Partito d'Azione*), PRI (Partido Republicano), PLI (Partido Liberal), chegando a coalizões de governo de quatro a cinco partidos (falava-se de "pentapartido"). O DC era sempre o maior partido, mas com percentuais que de uma eleição para outra variavam; logo, precisava se aliar a dois, quatro partidos, segundo as necessidades e segundo a força deles.

Como dito anteriormente, o majoritário consegue criar um vencedor muito facilmente, e esse vencedor com uma maioria forte consegue tomar decisões sem precisar do apoio de partidos menores. Então, por um lado as decisões são tomadas facilmente, mas, por outro lado, alguns partidos são muito representados (conseguem mais vagas), enquanto outros partidos que só conseguiram alguns votos não têm parcela de participação, diferentemente do que ocorre no proporcional, em que os partidos menores conseguem poucos ou nenhum voto.

14.8 A REGRA MICROMEGA

Quem escolhe as regras eleitorais é a classe política. Como obviamente políticos e partidos têm preferências e interesses, tendencialmente se observa que os partidos escolhem da seguinte forma:

1. **Partidos grandes preferem assembleias pequenas, distritos de magnitude pequena** (até monovagas) e regras baseadas em cotas de ingresso restritivas (quociente eleitoral), para excluir ou sobrerrepresentar os partidos pequenos.
2. **Partidos pequenos preferem assembleias grandes, distritos grandes** (pois nos distritos monovagas tende a ganhar só um partido grande) e quocientes eleitorais fáceis de superar, para poderem ser incluídos no jogo político.

Por isso, fala-se da regra micromega, no sentido que os partidos grandes preferem regras micro e os pequenos, regras mega.

Nota-se, então, que alguns partidos têm interesses em comum independentemente da própria ideologia. O fato de ser grande ou pequeno coloca alguns partidos no mesmo conjunto, e isso faz com que tenham os mesmos interesses. Por isso, geralmente os debates sobre reformas eleitorais veem de um lado os partidos grandes e do outro os pequenos, e não a clássica contraposição ideológica esquerda-direita.

14.9 O SISTEMA ELEITORAL BRASILEIRO

O sistema eleitoral brasileiro é misto, e as eleições para **presidente da república, governador, prefeito e senador seguem o sistema majoritário.**

Para a eleição do presidente da república, dos governadores e dos prefeitos de cidades com mais de 200 mil habitantes, o sistema é majoritário, com maioria absoluta e segundo turno (caso ninguém alcance a maioria absoluta no primeiro). Para a eleição dos prefeitos das cidades com menos de 200 mil habitantes, não é exigida a maioria absoluta, apenas a maioria relativa, portanto, não há segundo turno.

As eleições para **deputados federais, deputados estaduais e para vereadores são proporcionais com lista aberta.**

O votante pode votar no candidato ou somente no partido. Os votos válidos são somados e divididos pelo número de cadeiras para se obter o chamado **quociente eleitoral**, ou seja, o número mínimo de votos que um partido deve obter para conseguir uma cadeira. Os votos obtidos pelos partidos/coligações (somando-se votos na legenda e votos em candidatos dessa legenda), divididos pelo quociente eleitoral, resultam na quantidade de cadeiras a serem destinadas ao partido ou à coligação, o **quociente partidário.** Eventuais sobras são distribuídas por uma regra chamada "média", que distribui as vagas remanescentes entre os partidos ou as coligações que atinjam a maior média de votos por vagas obtidas.

Assim, os partidos/coligações recebem certo número de vagas e cada um preenche as vagas gradualmente com os candidatos mais votados. Por esse motivo, candidatos com muitos votos ajudam a eleger candidatos com menos votos. Existe, porém, uma cláusula de barreira que mitiga esse efeito – apenas podem ocupar uma cadeira candidatos cujos votos atinjam ao menos 10% do quociente eleitoral, regra que vale inclusive na distribuição das sobras pela regra da média.

14.10 O QUE NASCEU ANTES?

Agora que estudamos os partidos e os sistemas eleitorais, é interessante conectar os dois e se perguntar o que nasceu antes. Este é um grande e antigo debate. Os cientistas políticos tentam decidir **se é o sistema eleitoral que determina o sistema partidário ou o contrário**. De um lado há os que pensam que o sistema eleitoral determina o sistema partidário, pois as regras do jogo orientam os atores políticos. Nessa linha, seguindo Duverger, considera-se que:

1. O sistema proporcional leva ao multipartidarismo.
2. O sistema majoritário de único turno leva a um sistema bipartidário.
3. O majoritário com segundo turno leva a um multipartidarismo com inclinação a formar coalizões.

Do outro lado, outros cientistas se perguntam: "mas quem escolhe o sistema eleitoral?", e respondem: "os partidos". Assim, seriam estes últimos a criar e moldar o sistema eleitoral, e não o contrário. Lipset e Rokkan mostram que os partidos escolhem o "sistema de agregação mais provável de consolidar a própria posição".

É um debate infinito, antigo e que nunca terminará, pois não há como comprovar, verificar, falsificar nenhuma das duas teorias e pôr a palavra final, pois do ponto de vista lógico-dedutivo ambas fazem sentido.

PERGUNTAS

- Defenda a visão segundo a qual o majoritário cria mais desenvolvimento econômico, com pelo menos três argumentos.
- Defenda a visão segundo a qual o proporcional cria mais desenvolvimento econômico, com pelo menos três argumentos.
- Explique o sistema eleitoral brasileiro.
- Explique o sistema eleitoral francês.
- Explique o sistema eleitoral americano.
- Explique o sistema eleitoral britânico.
- Explique a lista fechada e suas consequências.
- Explique o voto único transferível.
- O que é o voto separado?
- Explique o sistema de lista aberta.
- *Gerrymandering*. O que é? Quando acontece? Quais são as propostas para evitá-lo?
- O que são as "alternativas irrelevantes"? O que podem gerar? Como isso se relaciona ao teorema do eleitor mediano e aos paradoxos do voto?
- Explique "*the first past the post*" e "*the winner takes all*".
- Como se pode ganhar com a minoria de votos? E o que isso tem a ver com o Elitismo?
- Explique a "regra micromega".
- Mostre e explique cinco maneiras nas quais a regra eleitoral afeta o resultado.
- Qual o sistema eleitoral que gera mais alternância? Por quê?
- Se você fosse o líder do segundo maior partido, em um debate de reforma eleitoral, quais posições defenderia? Por quê? Com quem se aliaria?
- Se você fosse um partido pequeno, gostaria de ter distritos mono ou multivagas? Por quê?
- Se você fosse um partido grande, gostaria de ter uma assembleia grande ou pequena? Por quê?

- No Brasil, alguns grupos querem implementar o voto distrital. Explique como funciona e mostre as consequências.
- Partidos e sistema eleitoral. Explique o debate sobre qual a causa e qual a consequência.

Capítulo 15

LUTA ELEITORAL E CAMPANHA

15.1 DA GUERRA ÀS ELEIÇÕES

De onde vem a regra da maioria? Por que é aplicada e considerada justa e eficiente? Ela não existe por ser considerada justa em si por alguma razão filosófica ou moral, existe por questões históricas, factuais, por questões de incentivos e de forças em jogo. Por isso, Miglio fala que nessa regra se esconde o princípio da **regra do mais forte**.

Durante a revolução americana, usava-se o *slogan*: "***No taxation without representation***" contra o aumento de impostos decidido pela coroa britânica. Baseando-se nas ideias lockianas, os revolucionários acreditavam que não pode haver taxação sem representação, sem consenso.

Por séculos, onde havia eleições, o sistema era **voto por censo**: votava só quem produzia certa renda, só quem pagava impostos, ou se tinha mais votos em proporção à produção/renda, como no caso dos pais de família que tinham votos múltiplos com base no número de familiares dependentes. Havia algumas diferenças entre alguns países, mas, *grosso modo*, o sistema era este. Quem não pagava impostos, quem não contribuía não tinha direito a decidir como as coisas deviam ir e como alocar o dinheiro alheio. De certo modo, o voto por censo é o outro lado da moeda do *slogan* americano: *No representation without taxation*. Fato é que hoje nenhum dos dois princípios é aplicado. Algumas pessoas (políticos, burocratas) não pagam impostos, e mesmo assim votam; outros não têm direito ao voto, mas têm que pagar impostos (os estrangeiros geralmente não votam ou votam só em eleições locais).

No fim do século XIX, as massas começaram a ganhar mais poder, os latifúndios e os latifundiários estavam em declínio, começaram a nascer novos partidos para receber os votos dessas camadas e atender às novas demandas, surgiram os partidos de massa, nasceu a democracia representativa, surgiu uma tendência de expansão do direito ao voto, passando para todos os homens adultos, depois às mulheres etc., até o **sufrágio universal** pleno.

Os interesses e as forças em jogo marcaram a história do voto e da regra da maioria. É por isso que, às vezes, a regra da maioria é aplicada até em questões que não tocam todos os sujeitos de uma comunidade e em questões individuais (regulamentação de comida, medicamentos, crenças, religião, educação dos filhos alheios, eutanásia etc.). Depende do embate entre poderes, não há e não se precisa de um embasamento teórico-filosófico, de uma justificativa moral ou consequencialista. A regra da maioria não postula e não precisa demonstrar que, se algo foi decidido pela maioria, é justo ou eficiente, não necessita respeitar as minorias por uma questão ética ou filosófica. Quando o faz, é porque o custo de reprimi-las seria alto. Por isso vários autores (Tocqueville, J. S. Mill, Ayn Rand, Marcuse, Nietzsche, Constant) ao longo da história apontaram o perigo da **tirania da maioria**. J. S. Mill duvida do "desejo comum" porque "instituições representativas podem ser meros instrumentos da tirania se não se vota em favor do interesse público, mas se se vendem por dinheiro ou se apoiam razões particulares". De fato, quem decide é "**a maioria da maioria**, que pode ser, como em geral é, não mais que uma **minoria do conjunto**", porque um candidato ganha por maioria, o parlamento decide por maioria simples e afinal quem decide são algumas dezenas de pessoas sobre milhões. Ou, como falou Constant: "Passa-se da totalidade à maioria e da maioria às mãos de poucos homens e muitas vezes na mão de um".

Essa atenta análise de Mill nos leva a notar que, por detrás do princípio da maioria, está a realidade factual organizada pelas **minorias organizadas**. Isso marca mais uma vez a distinção entre princípios (filosofia política) e fatos (ciência política). Quem decide, na verdade, são sempre algumas minorias.

Por isso Miglio fala do "sofisma da representação", e Leoni considera a representação o "mito do nosso século", como o destino na Idade Média.

Os vários partidos políticos, então, organizados nos mais variados sistemas partidários, lançam candidatos e se candidatam às eleições. A cúpula do partido, o candidato e os assessores têm que decidir em quais assuntos irão focar e quais vão tentar evitar na campanha eleitoral. E os fatores que influenciam as eleições são vários.

15.2 DEFINIÇÃO DA AGENDA E CAMPANHA ELEITORAL

Existem vários assuntos político-eleitorais: economia, meio ambiente, saúde, aborto, casamento *gay*, corrupção, criminalidade, política externa, entre outros. Durante a campanha não serão abordados todos com a mesma relevância, não receberão todos a mesma atenção e o mesmo tempo, até porque a campanha eleitoral não é uniforme. Alguns temas serão mais focados, outros menos. Isso pode depender das circunstâncias e das contingências econômicas e sociais. É claro que partidos e candidatos escolhem tratar dos temas de seu interesse e pelos quais serão favorecidos, pois cada um tem uma ou mais **vantagens comparativas**. Eles podem e devem (se querem ganhar) tentar influenciar esse processo.

As grandes questões políticas, os grandes debates políticos, não nasceram com o *big bang*, **surgiram em alguns momentos específicos**. Por exemplo, o ambientalismo hoje é um assunto relevante, mas nem sempre foi assim: no passado o meio ambiente não era uma questão política. O tema surgiu gradualmente a partir de 1989. Com a implosão da URSS e a queda do muro de Berlim, ficam públicos o fracasso do comunismo, a pobreza dessas autocracias, os *gulags*, a repressão dos partidos únicos, e essa ideologia e esses partidos perdem apelo e poder. Os rublos soviéticos não podem mais financiar Cuba e os partidos comunistas ao redor do globo, a classe política desses partidos fica desorientada e sem amparo; deve-se achar reparo em outros movimentos e partidos para manter a própria profissão; vários cientistas e técnicos especializados em cenários de guerra atômica, quase sempre com cenários cataclísmicos e apocalípticos, encontram-se agora desempregados e com um conhecimento não mais relevante para um mundo sem guerra fria. Todos se direcionaram para os movimentos e partidos ambientalistas; os primeiros membros desses partidos advinham dos velhos partidos comunistas, e os analistas aplicaram os cenários apocalípticos atômicos a estudos sobre desastres ambientais. Gradualmente, então, a Europa Oriental sai da ditadura e melhora o próprio bem-estar, com o aumento de renda, quando as pessoas começam a satisfazer as necessidades primárias, começam a valorizar mais bens imateriais e intangíveis etc. **A hierarquia das necessidades de Maslow** (Figura 15.1) mostra que as pessoas precisam primeiro satisfazer as necessidades fisiológicas primárias, depois a segurança, para depois se ocuparem com as questões de afeto e de pertencimento, de estima e, enfim, de autoafirmação. A **curva de Kuznets** (Figura 15.2) mostra que no começo do processo de desenvolvimento de um país se usam mais recursos naturais, mas após alcançar certo ponto esse uso diminui. Isso acontece, pois a lógica da eficiência é exatamente fazer mais com menos e porque, depois de certa renda, as pessoas podem se permitir o luxo de se preocupar com questões diferentes (como mostra a hierarquia de Maslow). A curva de Kuznets é originariamente aplicada à questão ambiental, mas pode se estender a todos os aspectos econômicos, sociais, culturais etc.

FIGURA 15.1 HIERARQUIA DAS NECESSIDADES DE MASLOW

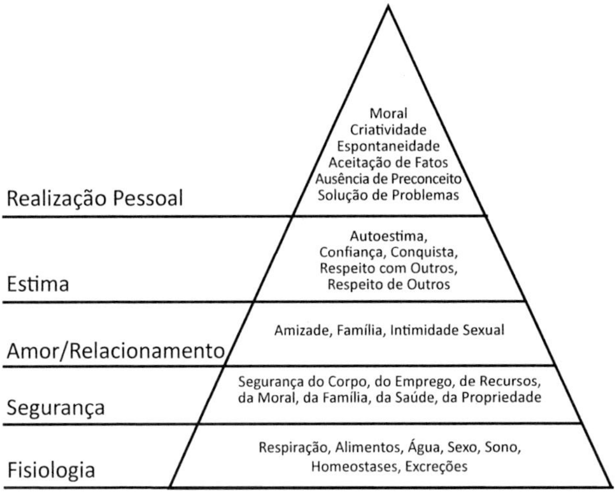

Fonte: Elaboração do autor.

FIGURA 15.2 CURVA DE KUZNETS

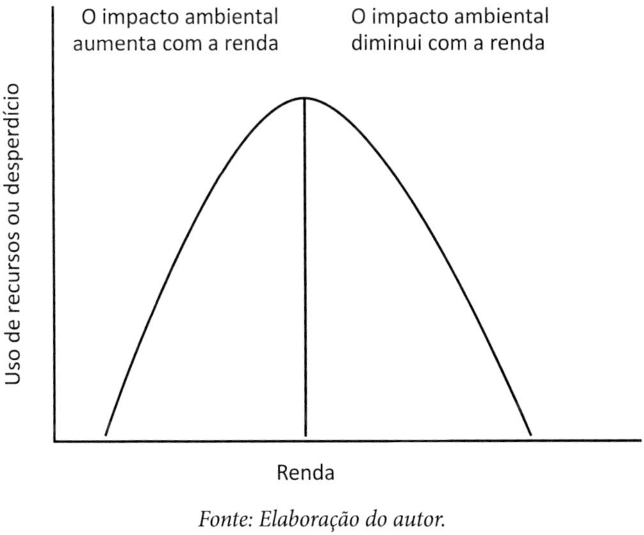

Fonte: Elaboração do autor.

Outra importante questão é que um tema pode esconder outro, pode (ser escolhido para) desviar a atenção. Já vimos como isso pode acontecer nas guerras com as teorias do Bode Expiatório e com o *Rally 'round the flag*. Pense, por exemplo, em grandes eventos esportivos como Olimpíadas e Copa do Mundo, e o efeito que isso pode ter sobre os temas da criminalidade e do baixo crescimento econômico.

Um importante estrategista republicano falou: "Se em outubro estivermos falando de Rússia e defesa nacional e quem pode gerenciar a América em um mundo difícil, John McCain será presidente. Se estivermos falando amplamente de assuntos domésticos e saúde, Barack Obama será provavelmente presidente. Os eventos, em todo o caso, podem afetar esta conversa. Se a Rússia invade outro país ou o Irã usa uma arma atômica, daria vantagem a McCain; se ocorre uma falência tipo Bear Stearns, ou um colapso do mercado de capitais, isso colocaria alguns pontos do lado de Obama".[1]

As campanhas eleitorais são longos eventos afetados por diversas variáveis; algumas fogem do controle dos partidos-candidatos, outras são mais previsíveis e manipuláveis. Há dois tipos de campanha:

1. **Exógena**. Influenciada por eventos externos à política (não necessariamente um fator externo à *polity*). Por exemplo, na campanha eleitoral espanhola entre Aznar (PPE) e Zapatero (PSOE), de 2004, o primeiro era favorecido em todas as pesquisas de opinião. Três dias antes das eleições houve o ataque terrorista na estação de Madri. O incumbente Aznar falou imediatamente de um ataque dos separatistas do ETA, que presumivel-

1 NYT, 7 de setembro, 2008.

mente teria lhe dado certa vantagem eleitoral (pois o PPE tem uma linha mais dura com o ETA). Pouco depois, a polícia confirmou que o responsável era a Al-Qaeda; isso levou a população a pensar que o ataque fosse consequência da participação do governo na guerra do Iraque. Os resultados eleitorais se inverteram e Zapatero, que prometia uma linha mais flexível com Al-Qaeda, ganhou. Pode levar a tratar um assunto sobre o qual o candidato tem desvantagem.

2. **Endógena**. Influenciada por eventos internos ao jogo político (não em relação à *polity*).

Partidos e candidatos tentam influenciar e manipular essa dinâmica de duas maneiras:

1. ***Heresthetics***. A arte de escolher quais questões politizar. Alguns assuntos são escolhidos intencionalmente para criar tensões e desviar atenção. Para o eleitor é perigoso votar sobre um assunto não muito relevante, porque depois não necessariamente vai ser implementada a promessa relativa àquele tema.
2. **Retórica.** A arte de convencer, por meio do:
   a. **Argumento positivo**, em favor de algo, propondo algo.
   b. **Argumento negativo**, contra algo, contra o *status quo*, contra o opositor.

Em todo caso, tenta-se influenciar a campanha e manipular os temas, pois há algumas temáticas mais controláveis e outras menos. Isso depende também de cada partido-candidato. Podemos observar três tipos de *issues*:

1. ***Issue Ownership***. Temas e questões que são vistas como "propriedade" de um partido-candidato específico, sobre as quais ele tem vantagem comparativa forte. Por exemplo, a ajuda aos pobres é geralmente vista como um tema de esquerda; a defesa, de direita; o meio ambiente, dos partidos verdes etc. Isso pode acontecer por motivos ideológicos, históricos ou por ignorância dos votantes, não importa. Deriva-se que, mesmo que um partido tentasse copiar ou superar um opositor sobre uma *issue ownership*, muito provavelmente não adiantaria nada. Isso cria duas consequências:
   a. Os partidos tendem a não ir atrás dos temas de propriedade dos outros.
   b. Cada partido pode negligenciar os próprios temas de propriedade, pois manterá essa vantagem em todo caso por certo período de tempo e de maneira fácil. Não precisa focar muito nessa questão se em todo caso a população lhe dá crédito e o percebe como o defensor dela.
2. ***Valence issue***. São as questões sobre as quais há um consenso geral ou muito amplo, como a existência do estado, a provisão do serviço de defesa nacional e dos bens públicos puros básicos. Aqui não há debate, pois todos concordam, todos querem, todos têm a mesma opinião. Geográfica e historicamente, as *valence issues* podem mudar, aumentar ou diminuir. Por exemplo, a política do "berço ao túmulo" foi inventada pelo *Labour Party* depois da Segunda Guerra Mundial; depois, quase todos os partidos do mundo se adaptaram e a internalizaram, copiaram-na. Hoje é uma *valence issue*. A política do **equilíbrio do orçamento** era a normalidade absoluta, a praxe, não era taxada negativamente

de "austeridade", todos concordavam, era uma *valence issue*. Chegou aos EUA em 1890, desapareceu na Europa com as duas guerras mundiais e chegou ao Brasil na década de 1990 com a Lei da Responsabilidade Fiscal. O ambientalismo, como vimos, nasceu em 1989 com alguns partidos específicos, mas virou gradualmente um tema de consenso. É ao mesmo tempo um tema de propriedade dos partidos verde e uma *valence issue*. Visto o amplo consenso sobre as *valence issue*, pode-se tender a pensar que o governo deveria se limitar a tratar somente desses assuntos. Isso acontece rara e principalmente nas democracias da Europa do Norte e até por isso, muitas vezes, os dois partidos principais conseguem governar juntos.

3. ***Position issue***. São os temas que sobram e sobre os quais há o verdadeiro debate político-eleitoral, em que há competição entre diversas propostas. Trata-se da maioria das questões.
   a. Durante a campanha eleitoral, todos os partidos têm o incentivo a mostrar que discordam dos outros incisivamente.
   b. Depois das eleições, durante o mandato, todos os partidos têm o incentivo a fazer o contrário, a firmar acordos, a receber apoio, a focar nos pontos em comum, visto que preferem permanecer no poder sem grandes conflitos e precisam aprovar e implementar as próprias propostas.

Tendo em vista a definição da agenda e as temáticas tratadas nas eleições, passemos agora a analisar a interação entre os candidatos e os votantes.

15.3 O TEOREMA DO VOTANTE MEDIANO[2]

Em uma eleição bipartidária, um partido fica necessariamente mais à esquerda (vamos chamá-lo de partido A), e o outro (partido B) propenderá mais à direita. Os eleitores se dispersam de forma uniforme em um espectro político binário que vai da extrema esquerda à extrema direita, de modo que teremos o mesmo número de votantes em cada vetor. Cada votante escolhe o candidato mais próximo à própria posição; logo, os votantes de esquerda extremistas, mesmo que A seja um partido muito moderado para eles, não vão votar em B de nenhuma forma; então, eles vão votar no partido mais próximo, que é o A. Segue que o partido A não precisa se preocupar com os extremistas de esquerda, assim como B não precisa se preocupar com os extremistas de direita, porque já tem os votos deles garantidos.

Dessa forma, ambos os partidos têm que lutar para conquistar os votantes do meio, mais corretamente do votante mediano, movendo-se para o centro. Indo para o centro, os dois partidos, então, ganham mais votos até chegar a 49%, mas, para vencer, ambos precisam do voto adicional do último voto do meio, o do votante mediano. O partido-candidato que mais agradá-lo e que ganhará seu voto ganhará a maioria dos votos e as eleições. Deriva-se que, em um pleito bipartidário, os partidos precisam convergir para o votante mediano, e ganhará quem conseguir esse objetivo. Quem decide as eleições é o único voto do votante mediano.

2 O nome original desse fenômeno é *Median Voter Theorem*. Em português, é geral e erroneamente traduzido como "Teorema do Eleitor Mediano". A tradução correta, literal e conceitualmente, é Teorema do Votante Mediano, pois existe uma grande diferença conceitual e factual entre votante e eleitor, que analisaremos no Capítulo 16.

FIGURA 15.3 TEOREMA DO VOTANTE MEDIANO

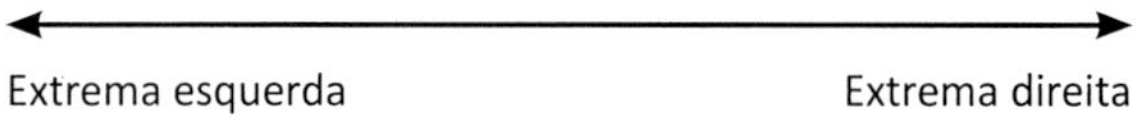

O votante mediano não é necessariamente "moderado" ou médio, pois "mediano" é um conceito estatístico bem preciso. A **mediana** é o valor que separa a metade maior e a metade menor de uma amostra, uma população ou uma distribuição de probabilidade. É o valor do meio de um conjunto de dados, e nesse caso se refere ao votante que está perfeitamente na metade e que divide o espectro político em 50% dos votantes de um lado e 50% dos votantes de outro.

Consideremos agora um gráfico com dois eixos, no qual no eixo horizontal temos ainda a posição ideológica da extrema esquerda até a extrema direita, e no eixo vertical temos a quantidade de votantes (Figuras 15.4, 15.5 e 15.6).

Geralmente, os votantes se posicionam como na Figura 15.4, pois estatisticamente falando, a distribuição ocorre de forma "normal", seguindo a Curva de Gauss. Ou seja, comumente, a maioria das pessoas está no meio, a maioria dos votantes é moderada, logo o eleitor mediano pode ser moderado também. Mas nem sempre é assim.

FIGURA 15.4 DISTRIBUIÇÃO NORMAL

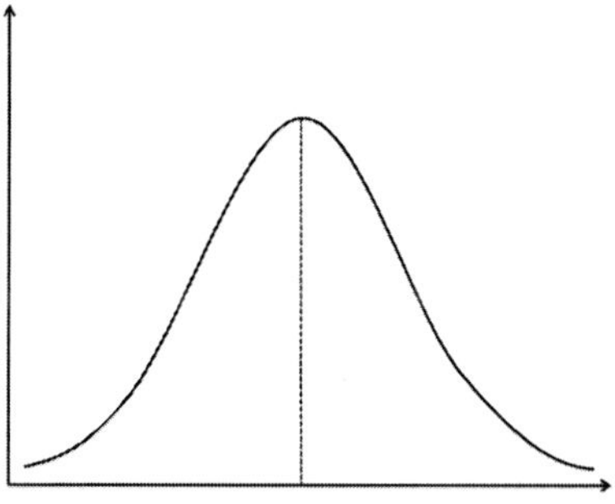

Fonte: Elaboração do autor.

O votante mediano não é necessariamente "moderado", pois, por exemplo, em um país com uma cultura política muito marxista, ele será mais à esquerda (Figura 15.5), enquanto em um país com uma cultura política mais conservadora, ele será mais à direita (Figura 15.6). De forma genérica e superficial, mas de modo a ajudar o entendimento, por exemplo, o votante mediano da América do Sul é provavelmente mais à esquerda da Europa, ainda mais dos EUA.

FIGURA 15.5 DISTRIBUIÇÃO ASSIMÉTRICA

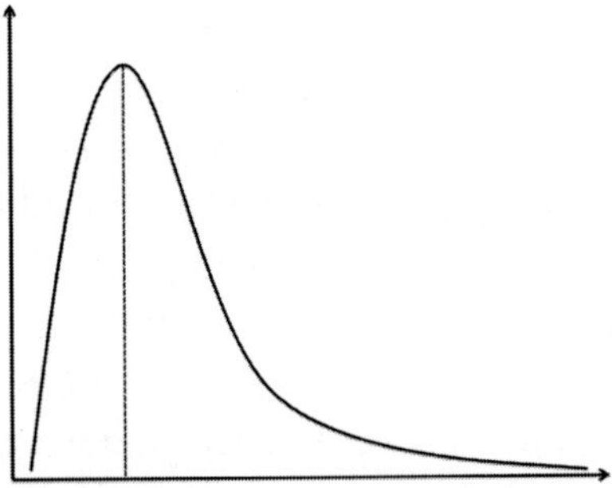

Fonte: Elaboração do autor.

FIGURA 15.6 DISTRIBUIÇÃO ASSIMÉTRICA

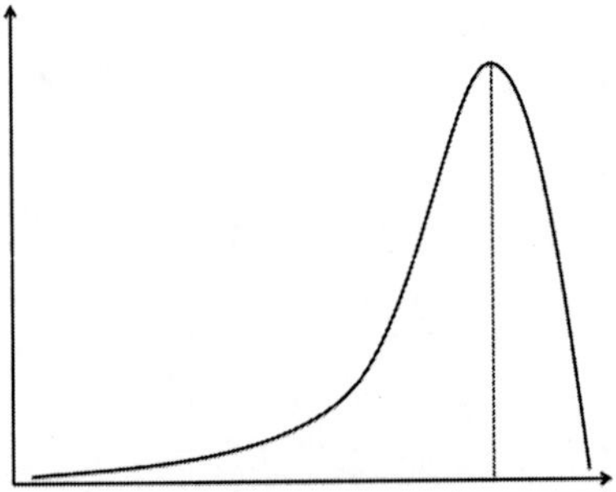

Fonte: Elaboração do autor.

Nesses casos (Figuras 15.5 e 15.6), o eleitor mediano evidentemente não é moderado.

Concluindo, o votante mediano é aquele que se encontra no ponto mediano. Do ponto de vista sociológico, por uma série de fatores dos mais variados: pode ser um indeciso, não militante, sem partido-ideologia, sem fortes convicções, moderado, muito ignorante em política ou muito exigente, que confere atentamente programas e propostas.

É preciso agora analisar **como os partidos se aproximam do votante mediano**. Nesse sentido, as estratégias usadas são:

- **Promessas**. Partidos e candidatos fazem promessas, podem ser diferentes dos compromissos do adversário, ou podem ser similares e se apresentar como melhores.
- **Mostrar-se melhor que o adversário** sobre cada assunto e cada atividade, no exercício do cargo e na vida privada, no futuro e na vida passada.
- **Mostrar realizações anteriores**. Os partidos tentam mostrar as coisas boas que já fizeram no passado, mesmo com outros membros e outros candidatos. Os candidatos mostram as boas realizações passadas como políticos (ministros, prefeitos etc.) e na vida privada (como empresário, intelectual, operário, militante etc.).

Esse fenômeno tem importantes **consequências**:

1. Ganha o partido mais próximo do eleitor mediano.
2. Os partidos-candidatos convergem para o centro. Farão propostas-discursos similares focando em poucas *issues* (Figura 15.7).
3. Aplicação de políticas medianas-moderadas. Isso se o partido-candidato que ganha implementa o programa, e só aquele proposto durante a campanha eleitoral.

FIGURA 15.7 CONVERGÊNCIA PARTIDO REPUBLICANO E DEMOCRATA

Fonte: Elaboração do autor.

É importante ressaltar que o teorema não se aplica a nenhuma eleição, apenas às **eleições com dois partidos**, seja em um sistema bipartidário, seja em um segundo turno de um sistema multipartidário.

15.4 *WIN-SET*

Passando do espectro binário do teorema do votante mediano para um plano cartesiano, conseguiremos analisar outros aspectos importantes; é assim que se utiliza o *win-set*. Os eleitores não se movem só horizontalmente entre esquerda e direita, mas horizontal e verticalmente em um plano entre duas propostas, pedindo mais ou menos de dois serviços.

Curva de indiferença

Para chegar ao *win-set*, à interação entre mais votantes, devemos antes analisar as ações de um único votante.

Em um plano multidimensional, o votante tem que se posicionar na escolha de dois serviços, sobre dois temas, duas *issues*. Vamos imaginar uma eleição em que se joga principalmente sobre dois assuntos: economia (*issue* Y) e criminalidade (*issue* X). O ponto 0 (zero) representa a posição de não querer nada, nenhuma intervenção do estado sobre os dois temas; movendo-se nos eixos em direção ao 10 se passa a querer mais políticas públicas. O votante se coloca em uma posição qualquer, preferindo certo nível de intervenção do estado na *issue* Y e outro na *issue* X; o votante do nosso exemplo se coloca no ponto A, querendo uma intervenção intermédia em ambas as áreas. O ponto ideal, ótimo, dele é o ponto A. Se um partido-candidato promete exatamente as mesmas coisas e se posiciona no mesmo ponto, será o preferido do nosso votante.

FIGURA 15.8 CURVA DE INDIFERENÇA INDIVIDUAL

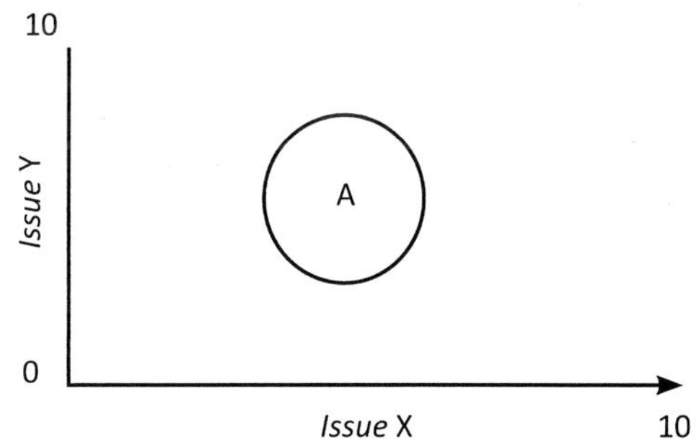

Isso é obviamente difícil e improvável, e, tendo vários partidos, quanto mais um candidato se distancia do ponto ótimo, menos chances terá de ter o voto.

O círculo é a curva de indiferença do votante, e todos os pontos da curva são equidistantes do ponto ideal; logo, o votante é indiferente entre eles: se alguns partidos se posicionam exatamente em cima da curva, mesmo em pontos diferentes, o votante será indiferente entre eles; todos os pontos dentro da curva são preferidos aos pontos fora dela; logo, os partidos-candidatos posicionados dentro da curva serão preferidos aos de fora.

Quanto mais indiferente às alternativas for o votante, mais ampla será a curva de indiferença, e, com isso, aumenta a margem para novas propostas dos partidos. Quanto mais exigente, mais a curva será pequena.

Isso vale para um votante. A situação fica mais complexa quando se analisam vários votantes ao mesmo tempo, no cruzamento de várias curvas. Fica mais realista, mas a lógica é a mesma.

Vamos então cruzar três curvas de indiferença de três diferentes votantes, como na Figura 15.9.

FIGURA 15.9 O *WIN-SET*

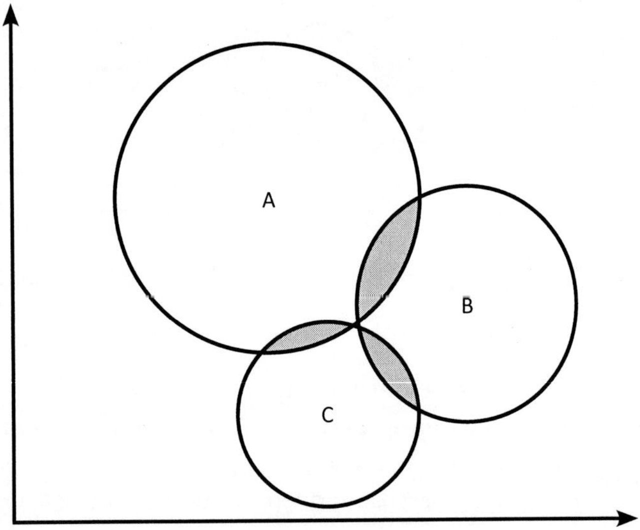

Fonte: Elaboração do autor.

Os votos se ganham dentro das curvas. Como não precisa ganhar todos os votos (a unanimidade), mas precisa da maioria (nesse caso, dois votos), os partidos podem se posicionar nas interseções A-B, A-C e B-C. O conjunto dessas interseções, todas as pétalas, formam o *win-set*. O ***win-set*** é a área que inclui todos os potenciais ganhadores em um espaço multidimensional.

As **consequências** são:

1. Todos os votantes deverão aceitar alguma insatisfação, pois nenhum deles conseguirá escolher um candidato que tem exatamente a mesma posição.
2. A satisfação dos votantes em uma eleição multidimensional é menor do que seria em uma série de votações separadas sobre cada assunto. Caso pudesse votar sobre cada assunto separadamente, por exemplo, com referendos temáticos, ou votando para cada ministro individualmente, ou mais precisamente como acontece quando você compra uma roupa de uma marca, outra roupa de outra, um carro de outra ainda etc., cada votante poderia encontrar um bem ou serviço mais próximo das próprias preferências.
3. A insatisfação sobre algumas políticas cria espaço de manobra para outros partidos-candidatos.
4. O partido escolhe alguns assuntos para politizar, e até se os outros o copiarem, ele terá uma vantagem por ter chegado primeiro. Aquele tema, aquela bandeira, na percepção do público, ficará associado a ele.

Quando se passa de três votantes para milhões, a situação fica mais complexa, mais realística, mas a lógica permanece a mesma. Milhões de indivíduos terão várias curvas de indiferenças, algumas nem se tocariam, algumas se intersectariam, algumas seriam similares.

15.5 A VANTAGEM DO INCUMBENTE

Nos EUA, desde 1948, os presidentes se recandidataram 10 vezes e ganharam 7. Quando o presidente não se recandidatou, a oposição ganhou cinco vezes em seis. Na Alemanha, desde 1953, o incumbente concorreu todas as 16 vezes e ganhou 13. Nas eleições presidenciais republicanas brasileiras, o incumbente ganhou sempre (FHC, Lula e Dilma). Em outros países aconteceu o mesmo várias vezes. Até para governador e prefeito a tendência é a mesma.

Ou seja, **quando o incumbente se recandidata, tende a ganhar**. Trata-se de uma forte regularidade empírica que *ex post* os cientistas tentam explicar. Os analistas criaram então uma teoria que possa explicar essa correlação e criar uma hipótese de causalidade. Pensa-se que isso possa acontecer por vários motivos:

1. **Experiência e realizações passadas**. O incumbente pode mostrar as boas realizações passadas contra as meras promessas do opositor. As pessoas votam também com base no passado (*restrospective vote*).
2. **Gestão do estado**. É o fator mais forte, não necessariamente o que afeta mais essa correlação, e pode tomar várias formas:
    a. **Controle da máquina**. O incumbente pode e tem o incentivo de controlar (direta ou indiretamente) as instituições estatais-chave, como o Banco Central, para manipular a economia e os dados oficiais; polícia e tribunais para reprimir a oposição e favorecer os amigos; Tribunal Eleitoral para controlar ou manipular os resultados; a TV de estado; a Administração Pública, de forma geral, para deslocar os funcionários a fazer propaganda e militância para o partido, para boicotar o opositor etc.

b. ***Political business cycle***. O incumbente pode estimular a economia antes das eleições, criar uma bolha e dar a ilusão de crescimento. Em agosto de 2014, pouco antes das eleições presidenciais brasileiras de outubro, o Banco Central injetou R$ 25 bilhões. Logo depois das eleições, o governo fez reajustes no preço da gasolina, da energia elétrica, substituiu o ministro keynesiano-desenvolvimentista Mantega por Levy.

c. O candidato-partido incumbente pode usar a máquina estatal para fazer **propagandas institucionais**, em nome e por conta da prefeitura, com o seu logo, mas que acabam mostrando as realizações daquele partido específico: é o caso das propagandas das prefeituras que mostram como a cidade cresceu, como a infraestrutura e os indicadores econômicos melhoraram. Indiretamente, mas de forma clara, associam-se esses resultados àquele do incumbente.

d. **Controle das informações**. Geralmente os governos tendem a controlar (direta e indiretamente) vários institutos, entes e centros de pesquisa estratégicos, de análise de dados sobre inflação, PIB, desemprego, criminalidade, crédito, confiança dos agentes econômicos, investimentos e vários outros dados relevantes (ex.: IBGE, IPEA, INSS, BACEN, TSE etc.). O incumbente pode e tem o incentivo de **fraudar, esconder ou postergar os dados** negativos para depois das eleições. A mesma coisa pode acontecer com o controle de entes privados e da mídia privada.

3. **Os apoiadores correm menor risco**. Os apoiadores do incumbente (grandes empresários, sindicatos, movimentos, igrejas, organismos internacionais, militares e partidos

aliados) já governaram juntos por um mandato, ficaram incluídos na elite de poder por vários anos, trocaram favores; logo, têm muitos e bons motivos para ficar no mesmo time, ainda mais visto que todos os agentes políticos sabem da vantagem do incumbente. Eles precisam evitar ser excluídos da coalizão ganhadora, portanto, tendem a apostar e a apoiar o incumbente. Mudanças de lados acontecem e fazem muita notícia exatamente porque são raras, e são tais, pois, para quem as faz são custosas e arriscadas.

4. **O voto cauteloso.** Os votantes podem, e na média é o que ocorre, não estar totalmente satisfeitos com o incumbente, mas eles não sabem como o opositor iria atuar no cargo. Se o incumbente e seu passado mandato não são percebidos como muito ruins, os votantes podem tender a confirmá-lo, para evitar *o ris*co de mudar para pior. É a estratégia maximini de maximizar o pior resultado possível. O problema é que o futuro mandato, mesmo se do mesmo presidente, nunca será como o passado.

Obviamente, esses não são os únicos fatores que decidem uma eleição. Vamos agora analisar outros.

15.6 OUTROS FATORES QUE INFLUENCIAM A ELEIÇÃO

Uma eleição é um fenômeno multivariável. Os aspectos que influenciam o seu decorrer e que têm que ser analisados são vários. O que conta não são só as propostas, o conteúdo, as ações legais, mas também a aparência dos candidatos, as estratégias, armadilhas, fraudes, os eventos externos etc. Eis alguns fatores relevantes:

1. **As posições dos candidatos.** Ou seja, importam as opiniões e as propostas dos candidatos sobre vários assun-

tos. Eles precisam se aproximar do eleitor mediano e ficar dentro do *win-set* para obter mais votos.

2. **Aparência dos candidatos.** As características pessoais, a vida privada e a sua família. O que conta não é somente a posição dos candidatos sobre determinados assuntos, eles precisam parecer competentes, carismáticos, gentis, simpáticos, decididos, honestos etc. As pessoas querem uma imagem de um presidente forte. Isso se divide em três pontos:
   a. Identificação. Alguns votantes se identificam com um candidato e podem tender a votar nele por isso (veja o conceito de representação como espelho no Capítulo 16, Seção 16.1).
   b. Se um político se ocupa de questões "sociais", tende a ser visto como uma pessoa benevolente e não se pensa que as questões sociais sejam somente seu foco eleitoral, seu trabalho. O mesmo não acontece com as empresas e os homens de negócios.
   c. As características pessoais são importantes e contam muito, especialmente em votações para órgãos monocráticos, a cargo único, com candidatos em vez de partidos, como eleição a prefeito, a governador e a presidente da república.
3. **Sobre o que é a eleição.** Cada eleição tem um tema mais relevante, que pode ser uma guerra, uma crise internacional, um surto de criminalidade, corrupção, andamento da economia etc. Dependendo da relevância do tema, o resultado da eleição pode mudar (veja o conceito de agenda no Capítulo 15, Seção 15.2).
4. **Controle da máquina estatal.** Quem está no poder tem certo controle da máquina; quem já está ocupando a vaga e se recandidata pode usar e manipular o sistema para os próprios fins (veja a vantagem do incumbente, Capítulo 15, Seção 15.5).

PERGUNTAS

- Historicamente, como se chegou às eleições políticas?
- Qual a relação entre guerra e voto?
- Por que o voto do votante mediano tem mais poder? Em qual sistema isso ocorre?
- As campanhas eleitorais são neutras? Explique.
- No Brasil pode-se aplicar o teorema do votante mediano? Por quê?
- O que é o *win-set*? Quais as consequências dele? Qual a moral da história?
- Teoricamente, o que resolveria o problema apontado pelo *win-set*?
- Como se comportam os partidos e os candidatos nas campanhas eleitorais?
- Dê dois exemplos de *issue ownership*, dois de *valence issue* e dois de *position issue.*
- Em uma eleição entre um incumbente e um *newcomer*, quem tem vantagem? Por quê?
- O que é o voto cauteloso?

Capítulo 16

REPRESENTAÇÃO E PARADOXOS DO VOTO

16.1 REPRESENTAÇÃO POLÍTICA

A representação não é um fenômeno exclusivamente político. O termo "representar" vem do latim *repraesentare*: tornar de novo presente, substituir, agir para alguém em nome de, cuidar dos interesses de alguém, reproduzir, refletir as características de alguém, personificar. Representar tem, então, dois sentidos: a) agir para outra pessoa; b) reproduzir algumas características (de coisa ou pessoa), por exemplo, quando falamos algo do tipo: "aquela pintura representa x", "este estilo o representa".

Somos representados todos os dias de formas diferentes por pessoas diferentes em áreas e atividades diversas; alguns desses momentos de representação são políticos, outros não. O primeiro uso político do termo data de 1649, na ata que tira o poder do Rei e o dá ao parlamento (como representante do povo). Antes não havia a ideia que o Príncipe e os governantes fossem representantes do povo. Como vimos, antes a ideia era o poder pelo poder. Na democracia direta da antiga Grécia e dos *referenda*, cada indivíduo se apresentava individualmente e defendia os próprios interesses: não havia representação. Nos sistemas autocráticos, pode haver ou não representação, a elite dominante usualmente alega estar representando os interesses do povo, mas isso geralmente não é considerado verdadeiro ou eficaz. Em geral, a representação se situa entre a democracia direta e os regimes ditatoriais, absolutistas.

Representação para quê, com qual objetivo, em qual área de atuação? A necessidade da representação política surge com o acontecimento de fenômenos e eventos que tocam a todos, e por isso deveriam ser aprovados por todos.

16.2 MODELOS DE REPRESENTAÇÃO

Há vários tipos de representação e níveis de detalhe. Vamos começar com as primeiras distinções e tipologias:

1. Representação por delegação. É o tipo de representação na qual uma pessoa delega outra para fazer algo. Por exemplo, você contrata um advogado, juntos decidem qual estratégia jurídica seguir, ele lhe sugere o que fazer, porém a decisão final é sua. Ele vai ao tribunal aplicando a estratégia que você escolheu e tentando alcançar o objetivo que você almeja. Se ele não concordar, pode tentar convencê-lo ou deixar o caso, mas não pode agir de outra maneira sem seu consentimento. Caso ele o faça, você o demite e pode até denunciá-lo. Ele é seu delegado, seu representante. Nesse caso, fala-se de **mandato imperativo**: você delega, você dá um mandato imperativo. Quem representa é um simples executor sem autonomia e margem de ação.

Esse tipo de representação ocorre com os advogados, com o contador, com o médico, com o corretor, com qualquer tipo de intermediador de forma geral, ou seja, nas relações voluntárias, na ordem espontânea, no mercado.

Na política, esse tipo de representação é mais difícil. Súditos, cidadãos e votantes não têm o poder de dar um mandato imperativo a um político, ele sempre vai ter uma ampla margem de ação. Mas um político pode dar mandato imperativo a outro político. Por exemplo, quando um ministro envia um diplomata, um subsecretário ou um técnico a um órgão internacional, ele tem que obedecer às ordens de seu superior. O mandato imperativo existe entre os agentes políticos e *top-down*.

Súditos, cidadãos e votantes não podem dar mandato imperativo aos políticos. Às vezes, fala-se de mandato imperativo em relação aos votantes, mas em um sentido bem diferente. Nesse caso, refere-se exclusivamente ao fato que, quando determinado político é eleito em uma assembleia, ele pode ou não mudar de partido. Em alguns países os políticos eleitos podem mudar de partido durante o mandato, em outros não. Quando se fala de mandato imperativo, fala-se nesse sentido restrito. Geralmente esse tipo de mandato imperativo é proibido nas Constituições, ou seja, o político pode mudar de partido, com a alegação que a função do parlamentar ou deputado é complexa e precisa de avaliações pontuais e caso por caso *ex post*. Vamos ver agora este caso.

2. Relação de confiança. Em *Discurso aos eleitores de Bristol*, Burke se refere aos votantes do próprio colégio eleitoral como candidato ao parlamento inglês. O que expõe o historiador e filósofo é o seguinte: eu sei que vocês gostariam e acham que seria justo dar uma delegação, um mandato imperativo ao seu candidato preferido, mas isso não é possível de fato, pelos seguintes motivos:

a. Porque nenhum candidato consegue saber a vontade de todos os votantes do seu distrito, nem as pessoas sabem perfeitamente o que querem sobre cada assunto e muito menos sobre questões complexas, e ainda mudam de ideia ao longo do tempo.
b. Porque, de fato, os votantes não têm como controlar o eleito depois.
c. Durante o mandato, o eleito tem que votar sobre novos assuntos que surgirem depois da eleição e sobre os quais não tem como saber a opinião dos próprios eleitores.

Nas palavras do mesmo Burke, "Vocês elegem um membro do parlamento que pensará no interesse do país inteiro e não só dos eleitores (daquele distrito)". O pacto político não é um contrato, mas um "pacto de confiança"; você elege alguém que considera bom, honesto, e ele vai fazer o interesse geral.

A política não consegue funcionar de outro jeito. Esse é o modelo que temos na política. O político pode ter até um programa eleitoral, mas, se ele não o cumprir, não pode ser demitido. É impossível, e contra a lógica da política, mudar isso.

3. Representatividade por espelho. Este modelo é uma questão mais sociológica que política, e por esse motivo não é excludente em relação aos dois precedentes.

Por exemplo: quando se fala que a população do aeroporto não é representativa da população geral, é porque geralmente as pessoas do aeroporto são mais ricas, mais novas e há mais homens que o resto da população, ou seja, não representam as características gerais do povo, não representam a média do povo.

Um político pode ser mais ou menos **representativo** que outro. Por exemplo, em um país relativamente pobre, um político rico, com alto grau de escolaridade e idoso, talvez seja pouco representativo da população. Talvez um político pobre, com baixa escolaridade e jovem seja mais representativo. Uma política mulher e operária é representativa das mulheres e dos operários. Isso não significa que ela represente de fato os interesses das mulheres e dos operários; da mesma forma um político homem e rico não representa necessariamente os interesses dos homens e dos ricos. Representatividade é diferente de representação.

Em todo caso, pode-se eleger alguém que represente, que se assemelhe às nossas características, mas, depois que ele é eleito, afasta-se mais da sua realidade, pois melhora de vida, ganha poder, vira político de profissão, podendo não representar mais seu eleitorado: a representatividade diminui ao longo do tempo.

A importância desse último modelo reside no fato que às vezes, algumas pessoas podem votar desta forma: uma mulher vota em uma mulher, um negro vota em um negro, um jovem vota em um jovem, um operário vota em um operário, um empreendedor vota em um empreendedor etc., sentindo-se representados, enquanto não necessariamente eles representarão algo a mais que as características sociológicas. É o que hoje nos EUA é chamado de *identity politics*. Nesse sentido, Miglio fala de "representação virtual", notando que às vezes as pessoas se sentem (e não são) representadas. A representatividade não tem nada a ver com as eleições; pode haver representatividade até sem eleições ou entre um político e um cidadão que não votou nele, pois é uma questão sociológica, não política.

Esses três são os modelos teóricos; é claro que na realidade temos uma mescla desses modelos: ou seja, um administrador de confiança, controlado, que em algumas características reflete os seus eleitores.

16.3 VOTANTE E ELEITOR

"Votante" é um termo e um conceito diferente de "eleitor". Em inglês, usa-se sempre o primeiro termo (*voter*); em português, o segundo, mas é tecnicamente errado.

Há a população de determinado território, a *polity*. Nela várias pessoas têm o direito (em alguns países é um dever) de voto (às vezes, crianças, estrangeiros, analfabetos, presos, juízes, policiais e militares são excluídos). Depois, há os que têm o direito de votar e votam de fato, os votantes (tirando então quem se abstém). Alguns dos votantes votam em candidatos que são eleitos, e outros em candidatos derrotados; só os primeiros elegeram alguém, só eles são então eleitores (veja a Figura 16.1).

FIGURA 16.1 VOTANTES – ELEITORES

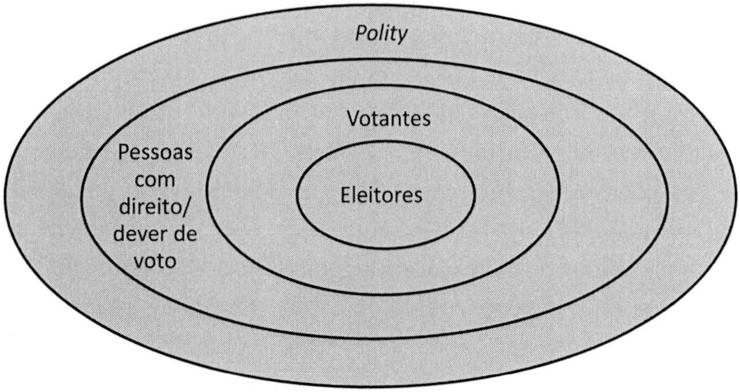

Fonte: Elaboração do autor.

Aplicando essa definição às eleições presidenciais brasileiras de 2014, por exemplo, podemos observar que havia cerca de 202.768.562 pessoas residentes; 135.803.366 tinham o direito ao voto; e 78,9% delas, 106.606.214, votaram; a candidata vencedora recebeu 51,64% dos votos, que equivalem a ser eleita com 38,2% dos que têm direito ao voto (incluindo os que se abstiveram e os que votaram branco ou nulo).

Introduz-se assim a questão do abstencionismo e dos diversos comportamentos eleitorais.

16.4 POR QUE SE VOTA?

Algumas pessoas votam, outras não. Analisaremos por que se vota e depois iremos nos adentrar em como e no que se vota. Por que alguns votam? Por que alguns não votam? Por que e para que uma pessoa acompanha a campanha eleitoral, sai de casa e vota? Quais são os motivos para enfrentar esses custos? Quais os benefícios esperados?

A literatura politológica se interroga sobre isso há muito tempo. Podemos resumir assim as teorias:

1. **Funcionalismo da "integração social"**. Autores como Gosnell, Merriam e Lipset consideram que as pessoas são socializadas, politizadas, educadas, de forma que acabam internalizando o hábito de votar, e assim fazem. Trata-se do "***dependent voter***", que é determinado pelo ambiente externo. Nos anos 1970, essa vertente se moderou e passou a falar de "***responsive voter***", um votante influenciado pelo ambiente externo, pela família, pela política etc., mas não mais determinado.
   Nesta visão, o abstencionismo não é uma escolha intencional, é simplesmente um comportamento determinado/influenciado pelo ambiente. Empiricamente, os abstencionistas tendem a ser mais pobres e menos escolarizados. Com base nisso se afirma que o abstencionismo seria devido a esses fatores sociais, isto é, a condições pessoais, sociais e econômicas dos indivíduos. É o "eleitor sociodeterminado". É a despolitização do abstencionismo.
2. ***Rational choice***. Autores da *Public Choice*, como Anthony Downs, sociólogos da *rational choice*, como Jon Elster, os neoclássicos e a escola de Chicago, de forma geral, consideram que os indivíduos fazem uma escolha racional quando decidem votar ou não e como votar. Se o indivíduo vota é porque seu custo é baixo e o benefício, alto. A corrente se divide em dois ramos:
   a. **Instrumental**. Os indivíduos votam da mesma maneira que escolhem no mercado os produtos a comprar, os recursos a alocar. Fazem um **cálculo custo-benefício** e decidem se e como votar, se o benefício é maior que o custo e decidem por quem lhes entrega um benefício maior.

b. **Expressivista**. Os indivíduos votam como torcem no estádio. Eles sabem que não mudarão o resultado em campo, mas, de forma um pouco mais emotiva que racional, querem participar, se sentir parte de um grupo, gritar contra o adversário. Não se vota para receber um benefício e não se vota para o candidato que concede mais benefício, mas para se mostrar um bom cidadão, que está cumprindo seu dever cívico, para expressar pertencimento a um partido, a um grupo, a uma ideologia, a uma causa, ao próprio círculo de amigos etc.

3. **Escola Austríaca**. Os indivíduos votam porque preferem fazer assim. Não importa o motivo, não importa se foram socializados, se fazem um cálculo custo-benefício, se querem expressar algo, se planejaram bem ou se o fazem por força de inércia e quase sem pensar; os motivos são individuais, subjetivos e desconhecidos ao analista. Vários indivíduos têm diferentes motivações e objetivos, cada um deles escolhe se vai votar e como de forma intencional e proposital, e as causas e os objetivos podem ser diferentes. O que importa é o que está no meio, o processo, que é sempre e para todos a preferência subjetiva de votar ou não.

Em 1951, Anthony Downs demonstrou em um trabalho seminal que, saindo para ir votar, há mais probabilidades de morrer em um acidente de carro que mudar o resultado. Isso porque o número de pessoas que votam é enorme, logo cada voto tem um peso ínfimo. Para seu voto poder afetar o resultado, deveria haver um empate perfeito, exceto seu voto; nesse caso, um voto faria a diferença. Obviamente, isso é altamente improvável. Quanto maior for o número de pessoas que votam, mais é improvável; ou seja, menor é o peso de cada voto, logo, menor é a chance de você mudar o resultado. É claro que, se ninguém votasse, seu voto pesaria estatisticamente mais. Sendo assim, os cientistas políticos se perguntaram: "Mas então por que as pessoas votam?". É por isso que depois da visão instrumentalista veio a expressivista.

16.5 ABSTENCIONISMO, VOTO BRANCO, VOTO NULO

Algumas pessoas votam, outras decidem se abster ou votar em branco ou simplesmente anular o voto. Existe uma vasta literatura sobre esse assunto, mas, de forma geral:

- toda essa área é geralmente chamada a "***non vote area***", a "área do não voto";
- esses "comportamentos eleitorais" ou, mais corretamente, "ações eleitorais", são geralmente mostrados como "comportamentos anômalos" e como "patologia eleitoral";
- são consideradas causas: desinteresse e/ou protesto.

Outros autores veem o voto branco como "abstencionismo ativo" ou "voto não expresso". Na literatura politológica, nota-se claramente uma forte **visão negativa** contra essas ações eleitorais, que são mostradas como apatia ou anomalia estatística e lógica. Mostra-se que o abstencionista é estatisticamente pobre, com baixo nível de ensino, mora nas periferias do país e das cidades etc. Até que os notórios Lijphart e Fruncillo vão além da descrição avaluativa (neutra) própria da ciência política e passam a afirmar explicitamente que o "abstencionismo deve ser combatido porque é moralmente inaceitável". A preocupação aqui parece ser mais política que científica.

Ao contrário, dois grandes cientistas como Lipset e Burnham levantam a hipótese do "abstencionista satisfeito", um agente que não vota porque, não obstante tudo, está satisfeito com o *status quo*, não é movido por grandes forças, não tem ou não percebe grandes motivos e objetivos para a mudança e para votar.

Na verdade, do ponto de vista estritamente descritivo:

1. O motivo psicológico dessas ações eleitorais é irrelevante, seja apatia, protesto ou satisfação.
2. O voto branco não é "abstencionismo ativo" ou "voto não expresso", visto que: a) o abstencionismo já é uma ação (logo, já e sempre ativa por definição); b) o voto branco é um voto, logo, não é abstencionismo; e expressa algo, mesmo que não expresse apoio a um dos candidatos-partidos disponíveis. O fato que o analista pode não entender não significa que não expresse algo.
3. O voto branco é um voto de protesto. O voto nulo, dependendo do sistema, pode ser um voto anulado intencionalmente por parte do votante ou anulado pelo juiz (por irregularidades várias). Nesse segundo caso é mais correto falar de "voto não".
4. Não se trata de uma única grande "área do não voto", é mais correto falar de "área do voto não".

Abstencionismo, votos brancos e nulos são fenômenos político-eleitorais relevantes. O fato que usualmente os ordenamentos jurídicos não os consideram e não lhes atribuem alguma ou muitas consequências não faz com que parem de ser política e cientificamente importantes. A ciência política não parte, não termina no campo delimitado pela legislação, pela política.

16.6 IGNORÂNCIA RACIONAL E IRRACIONALIDADE

Churchill falava que "o melhor argumento contra a democracia é uma conversa de cinco minutos com um eleitor médio", isso porque as pessoas tendem a não entender de política e a ser desinformadas. Realmente, todas as pesquisas mostram que pouquíssimas pessoas, por exemplo, sabem o nome do presidente e dos ministros mais importantes (enquanto sabem muitos nomes dos jogadores de futebol), poucas pessoas sabem qual o peso da carga tributária, poucas conhecem a Constituição etc. As pessoas tendem a ser ignorantes em política, mas isso é normal e racional. O custo de se informar é muito alto, visto que se deveria acompanhar todos os eventos políticos (domésticos e internacionais), ler jornais, assistir ao noticiário, ler as propostas, aprofundar-se em revistas especializadas, ler mais pontos de vista, estudar ciência política, economia, história, sociologia, direito, acompanhar os resultados profissionais dos políticos etc. Mesmo se alguém fizer tudo isso, a maioria da população não vai fazer a mesma coisa por falta de interesse, de tempo e de capacidade de entender. Portanto, o benefício que se tem em estar informado e "votar bem" é ínfimo comparado aos altíssimos custos. Logo, ser e ficar ignorante é racional. Então, a maioria das pessoas tem pouco conhecimento político, porque não é viável adquirir conhecimento sobre todas as opções, sobre todos os candidatos; como os votantes têm pouco conhecimento político, é difícil que saia um "bom resultado" das urnas.

Para alguns autores, tudo isso não seria um problema porque haveria o "**milagre da agregação**": alguns votantes votam errado em uma direção, e outros erram na direção oposta. Assim, no final, no agregado, os erros se anulam. Os **erros são casuais e difusos igualmente** nas várias direções; logo, se anulam reciprocamente e com isso o resultado é sempre *bom*.

Recentemente, Bryan Caplan, com o livro *The myth of rational voter. Why democracies choose bad policies*, desafiou essa visão e está obtendo muito consenso. Ele alega que as pessoas não cometem erros casuais, elas cometem **erros sistemáticos** e tendem a errar todas na mesma direção, apresentando:

- **Tendência antimercado** (por exemplo, em relação a protecionismo, salário mínimo, tarifas, lucro etc.).

- **Tendência antiestrangeiros**. As pessoas pensam que os estrangeiros roubam os empregos, baixam os salários e fazem mal à economia.
- **Tendência a criar empregos**. As pessoas não focam na produtividade, no desenvolvimento da economia, no aumento do PIB, mas no desemprego, no número de vagas criadas, no trabalho. Algo que Caplan explica quando fala que "ter um trabalho" não necessariamente significa "fazer um trabalho", ou fazer um trabalho produtivo. Se fosse assim, a solução simples seria o estado contratar/empregar todo mundo, e a economia melhoraria. O ponto é que tecnicamente a melhora das condições de vida (aumento da economia) dá-se só por meio de um aumento da produtividade de bens que serão consumidos.

Essas três tendências são muito difundidas entre os leigos, enquanto, por outro lado, especialistas e economistas sabem que são objetivamente erradas.

Por isso, os votantes não seriam só ignorantes, mas seriam também **irracionais** porque estariam votando contra a própria conveniência.

16.7 OS PARADOXOS DO VOTO

O "paradoxo do voto" ou "**paradoxo de Condorcet**" é uma situação descoberta pelo marquês Condorcet, na qual as preferências individuais, quando agregadas coletivamente, tornam-se cíclicas e não produzem um ganhador final. Vamos supor que três pessoas tenham que votar para decidir coletivamente como gastar uma quantia de dinheiro à disposição. Elas têm três opções: gastar em saúde, em imóveis ou em ensino. Aí eles vão votar. Cada pessoa tem uma escala de preferência diferente (Tabela 16.2).

TABELA 16.2 O PARADOXO DE CONDORCET

VOTANTE 1	A	B	C
VOTANTE 2	B	C	A
VOTANTE 3	C	A	B

Em uma série de votações binárias, eis o que aconteceria (observe a Tabela 16.2):

- Entre B e C, ganha B, pois os votantes 1 e 2 preferem B a C.
- Entre A e B, ganha A, pois os votantes 1 e 3 preferem A a B.

Logo, se B ganhou de C e A ganhou de B, já parece que, pela propriedade transitiva, A deveria ganhar também de C e ser a opção preferida no final, mas não é isso o que acontece, pois:

- Entre C e A, ganha C, pois os votantes 2 e 3 preferem C a A (observe a tabela).

Concluindo: as preferências individuais podem ser tais que, quando se agregam, não haja uma opção vencedora e se criem resultados cíclicos, dependendo da ordem de votação. A propriedade transitiva não funciona nesse caso.

Moral da história: a ordem e as combinações binárias de votação afetam o resultado, de maneira que quem decide a ordem e as combinações binárias determina o resultado.

Outra importante situação das eleições em um sistema representativo é o **Paradoxo de Ostrogorski**. Imaginem que haja uma eleição entre dois partidos (A e B) que têm diferentes propostas sobre três temas diferentes (diminuir a poluição das fábricas, fazer uma obra para um rio navegável e fechar o centro ao tráfego de veículos). Os eleitores têm diferentes opiniões. Os trabalhadores e os donos das empresas não querem fechar as fábricas, querem um rio navegável e querem fechar o centro. Os moradores das margens do rio querem limitar a poluição, querem um rio navegável e não querem fechar o centro. Os moradores do centro não querem fechar as fábricas, querem o rio navegável e não querem fechar o centro. Os votantes votarão para o candidato com o qual concordam mais sobre mais temas, mas o paradoxo está no fato que o vencedor pode não ser o candidato preferido se tivesse votado sobre cada tema (um por um). O partido A quer fechar as fábricas, tornar o rio navegável e fechar o centro (é o partido do sim). O partido B quer exatamente o oposto (o partido do não).

TABELA 16.3 PARADOXO DE OSTROGORSKI

	Fechar algumas velhas fábricas poluidoras	Fazer obras para tornar um rio navegável	Fechar o centro ao tráfego de veículos	Partido vencedor
Empresários	**Não**	**Sim**	**Sim**	**A**
Habitantes das margens do rio	**Sim**	**Sim**	**Não**	**A**
Habitantes do centro	**Não**	**Sim**	**Não**	**B**

Os empresários e os habitantes ribeirinhos votarão no partido A, pois concordam com duas propostas de três. Os habitantes do centro concordam mais com o partido B.

Como se nota da Tabela 16.3, o partido A ganha as eleições, pois recebe mais apoio.

O paradoxo está no fato que, se tivessem votado de forma direta sobre cada tema, as propostas de fechar as fábricas e de fechar o centro não teriam passado e mais pessoas teriam ficado satisfeitas. Ao contrário, agora, todas as propostas serão atuadas. É um problema de agregação de preferências. Dessa forma, a democracia representativa pode gerar resultados subótimos e ampla insatisfação.

PERGUNTAS

- Explique a diferença entre votante e eleitor.
- Explique a representação por delegação e em quais casos ela se aplica.
- Explique a representação por confiança e em quais casos ela se aplica.
- Explique a representação por espelho e em quais casos ela se aplica.
- Uma mulher que vota em uma mulher, um operário que vota em um operário. Como podem ser explicados esses fenômenos? Quais problemas essas pessoas enfrentam?
- Quais são e o que falam as teorias que tentam explicar os motivos do voto?
- Como são tratados o abstencionismo, o voto branco e o voto nulo na literatura *mainstream*?
- Por que o voto branco e o voto nulo não são "abstencionismo ativo"?
- Por que é racional não se informar sobre a política? Como se chama esse conceito? Explique.
- Qual a contribuição de Bryan Caplan para a racionalidade do voto?
- Por que a ordem com a qual se vota pode ser importante? Explique.
- Explique o Paradoxo de Condorcet.
- Explique o Paradoxo de Ostrogorski, faça a tabela e mostre qual seria a solução.

Capítulo 17

GOVERNO E PROCESSO LEGISLATIVO

Fonte: Public Domain. Ambrogio Lorenzetti, Mau governo, 1338-1339, Sala della Pace, Palazzo Pubblico, Siena, Itália.

Nas eleições de *mid-term* americanas de 2014, o senado ficou com a composição mais republicana da história e a governança do presidente democrático Barack Obama se complicou. Em 2005, Michelle Bachelet foi vencedora das eleições chilenas, mas conseguiu só 1/8 das vagas do parlamento e teve que governar junto de outros partidos na "coalizão para a democracia".

Em 2010, David Cameron venceu as eleições inglesas, mas não conseguiu a maioria do parlamento, e teve assim que formar um governo com Nick Clegg, do Partido Liberal-Democrático.

No Brasil, o multipartidarismo e o presidencialismo de coalizão costumam fazer com que a negociação contínua seja necessária.

Quem ganha as eleições não consegue sempre governar sozinho e como gostaria. A política é também *compromise*. Dessa forma, os governos podem ser de três tipos:

- Monopartidário.
- Multipartidário.
- Governo de minoria, em que um partido (ou mais) chega ao poder, mas sem ter a maioria dos votos do parlamento, e alguns partidos apoiam o governo, mas sem fazer parte (mais comum na Escandinávia).

Um governo pode ter mais ou menos governabilidade, estabilidade. Dependendo disso, deverão ser incluídas ou excluídas algumas questões e propostas para contentar a coalizão de governo e a base parlamentar. Ou seja, a composição afeta a agenda e a governabilidade.

17.1 MONTAR O GOVERNO

Uma vez realizadas as eleições, forma-se o governo. Quando se trata de um governo monopartidário, as coisas são simples. Quando se trata de um governo multipartidário de coalizão, há a tendência de acontecerem os seguintes fenômenos:

1. ***Minimum winning coalition***. O primeiro partido precisa formar uma coalizão mínima possível. Criando uma coalizão ampla, asseguram-se muitos votos no parlamento, mas torna-se necessário contentar e mediar vários partidos. A coalizão ficaria instável e o partido

principal ficaria refém de agremiações menores. Por isso, a melhor coalizão não é a maior, mas a menor possível para poder governar.

2. A coalizão mínima vencedora inclui partidos conectados e **afins** em termos ideológicos, de interesses etc.
3. Alguns **partidos afins** podem não ser numericamente necessários para formar a coalizão mínima, mas podem ser chamados a entrar para:
    a. Manter a afinidade ideológica.
    b. Fazer a mediação com outro partido mais distante.
4. Os **partidos mais medianos** terão muitas chances de ser incluídos.

Dessa maneira, começa-se a ver que os partidos, seus pesos e suas posições têm uma importância estratégica na formação dos governos. Por isso, alguns fatores importantes são:

1. **Poder de barganha e poder de ameaça** de cada partido.
2. **Partidos pequenos podem** ter poder desproporcional.
3. Quanto é **pivotal** (central) um partido.

De modo específico, quanto um partido é pivotal para formar um governo é mensurável por meio do número de coalizões de governo possíveis nas quais poderia entrar.

Então, dadas todas as coalizões possíveis, em quantas coalizões de governo um partido poderia entrar? Considerando, por exemplo, seis coalizões de governo possíveis, tenta-se medir em quantas cada partido (Px, Py, Pk) pode entrar.

$$Px = 2\backslash 6$$
$$Py = 5\backslash 6$$
$$Pk = 3\backslash 6$$

Resulta que, nesse caso, Py é essencial em cinco coalizões de seis, logo é muito provável que faça parte do governo. Isso pode ser porque é grande ou porque, apesar de pequeno, é necessário para chegar à maioria dos votos do parlamento em virtude de ser mediano e necessário para garantir a continuidade ideológica da coalizão. O motivo não importa, importa a força em jogo.

O caso mais extremo de partido pivotal é o do **partido dominante**, aquele que é necessário para qualquer coalizão, não necessariamente o maior partido (Pd = 6\6).

Uma vez estabelecidos os equilíbrios e decidida a coalizão passa-se a montar o governo propriamente dito, a **distribuir os ministérios.** Nesse caso, observam-se três conceitos e regularidades importantes:

- A distribuição (número de ministérios e suas importâncias) é proporcional ao poder do partido.
- Afinidade. Geralmente, os partidos ficam com os ministérios das áreas afins: os verdes pegam o ambiente, a agricultura; os católicos, o ensino; os de esquerda, o do trabalho e o das políticas sociais; a direita, o do interior e o da defesa etc.
- O partido principal geralmente fica com a presidência e os ministérios mais importantes.

Tudo isso coloca ordem no que pode parecer uma confusão quando se monta um governo. Vamos agora ver diferentes tipos de governo.

17.2 GOVERNO UNIFICADO, DIVIDIDO OU DE MINORIA

O governo pode ter mais ou menos controle do parlamento, da própria coalizão e do processo legislativo. Isso obviamente depende da sua composição e do jogo de poder interno. Nesse sentido, há três tipos de governos:

1. **Unificado.** O partido do chefe de governo tem a maioria na assembleia. Fala-se também de governo **quase unificado** quando o partido principal não tem a maioria, mas é relativamente grande e é o pivotal.
2. **Dividido.** O partido do chefe de governo não tem a maioria na assembleia e se cria então uma coalizão.

Tudo isso pode acontecer por vários motivos:

a. Os votantes podem preferir diferentes partidos para o Executivo e o Legislativo.
b. Os votantes podem preferir diferentes partidos para nível local-nacional.
c. Os votantes querem limitar o governo e/ou o poder dos partidos.
d. Os votantes querem punir o governo.
e. Há regras eleitorais diferentes. Às vezes, por exemplo, o Senado tem regras eleitorais diferentes da Câmara.

3. **De minoria.** O governo não tem a maioria do parlamento.

O governo de minoria seria um governo composto por um ou mais partidos que não têm a maioria do parlamento e é apoiado por uma **base aliada**, uma **coalizão externa** ao governo, partidos que apoiam o governo mas não participam diretamente dele; ou se trata de uma situação na qual o governo não tem uma base aliada definida e fixa, mas tem que achar cada vez um novo consenso.

Trata-se de um fenômeno raro, pois nenhum partido tende a aceitar governar desse modo, uma vez que ficaria sempre refém de outros partidos e seria muito instável. Eis algumas **características** desse tipo de governo:

1. Se o partido dominante é minoria, pode acontecer que os outros queiram apoiar o governo só de fora.
2. O governo:
   a. Às vezes é apoiado por uma base aliada fixa.
   b. Às vezes precisa negociar uma nova base de apoio para cada votação.
3. Obviamente, o governo de minoria é raro, mas a possibilidade de acontecer é maior se:
   a. A distância entre os partidos for pequena.
   b. Os outros partidos forem muitos e muito divididos.
   c. O clima político for harmônico, ou seja, se houver reconhecimento e confiança entre os partidos.

É uma estrutura de governo mais presente na Escandinávia e em alguns executivos locais.

Nesse caso mais complexo, mas também nos outros, os partidos jogam um papel fundamental; eles podem **fazer a ponte** entre poderes separados (Executivo-Legislativo).

17.3 NOMEAÇÃO, DURAÇÃO E DISSOLUÇÃO

Uma vez formado, obviamente o governo tem uma duração preestabelecida, mas pode cair antes.

Os governos podem terminar por:

1. **Fim do mandato**.
2. **Demissões voluntárias**. Se um governo, geralmente multipartidário, não consegue governar e aprovar as próprias legislações, se alguns partidos da coalizão ou da base aliada não apoiam mais as iniciativas do governo, alguns ou todos os partidos podem decidir terminar o governo e pedir novas eleições.

3. **Moção de desconfiança**. O parlamento pode mover uma moção de desconfiança coletiva (ao governo todo) ou o governo pode ameaçar o parlamento de novas eleições e atrelar um voto de confiança à aprovação de uma legislação e, caso perca a votação, cai. Isso acontece no parlamentarismo (veja como ele funciona no Capítulo 11, Seção 11.3).
4. ***Impeachment***. Trata-se de um processo no qual um oficial do estado é acusado de conduta ilegal e, em caso de confirmação da suspeita, é prevista uma sanção que pode ser o afastamento do cargo. Nesse caso, estamos falando do presidente da república nos sistemas presidencialistas. As causas, o processo e as consequências jurídicas dependem do país. É um processo de tradição anglo-saxã que nasce na Inglaterra, passa pelos EUA e hoje está presente em vários países. No Brasil, podem passar por tal processo o presidente da república, os governadores estaduais e os prefeitos. Obviamente, os casos mais famosos são os de Fernando Collor de Mello (1992), que foi considerado culpado, removido do cargo e declarado inelegível por oito anos; de Bill Clinton (1998), que foi processado por abuso de poder, obstrução da justiça e perjúrio, e foi considerado inocente; de Richard Nixon (1974), que estava quase sendo processado, mas que se demitiu antes; e de Dilma Rousseff (2016).
5. **Golpes e revoluções**.

Todos os governos democráticos têm um mandato temporário (geralmente de quatro ou cinco anos). A **duração** formal e a real, no entanto, nem sempre coincidem. A duração pode ser afetada por vários fatores:

1. **Mais partidos** na coalizão ou na base aliada geram mais instabilidade e ingovernabilidade que um governo monopartidário.

2. Se há **investidura formal**, o governo dura mais. Trata-se de uma simples correlação empírica. Talvez o ritual público tenha algum efeito psicológico sobre os decisores políticos.
3. Quando a **moção de desconfiança** é juridicamente possível, o governo é obviamente mais vulnerável.
4. **Eventos externos** ao governo que mudam a opinião pública.
5. **Nos governos multipartidários**, a coesão interna de cada partido é relativamente alta, porém baixa entre os partidos da coalizão de governo.
6. **Nos governos monopartidários**, os conflitos ocorrem dentro do partido e pode haver **conspirações internas** para substituir o primeiro-ministro durante o mandato ou na eleição seguinte.

Uma vez criado, o governo quer obviamente governar e influenciar o processo legislativo. Passemos agora a estudar esse fenômeno.

17.4 O PROCESSO LEGISLATIVO

Formalmente, a competência legislativa é função das assembleias, do parlamento, mas se desenvolve, de fato, por meio de uma complexa dinâmica entre Legislativo e Executivo. Dessa maneira pode haver duas situações possíveis:

- **Domínio do Legislativo** (sobre o Executivo).
- **Domínio do Executivo** (sobre o Legislativo).

E isso pode depender do número de partidos que compõem o governo:

- O governo monopartidário legisla tendencialmente como quer, pois geralmente tem uma base aliada do mesmo partido, coesa e alinhada.
- Quando o governo é bipartidário, há uma alta probabilidade de ser um governo dividido.
- Quando o governo é multipartidário há mais opções, o partido do presidente tem mais possibilidades de firmar acordos, até porque a distância com outros partidos é menor que no bipartidário.

A disciplina interna dos membros dos partidos em seguir as ordens da cúpula também assume muita importância:

- Se os partidos são **disciplinados**, a cooperação Executivo-Legislativo é difícil, pois os líderes dos partidos conseguem ditar as linhas e manter a fidelidade dos membros, por exemplo, em casos de abstenção ou votação contra o governo.
- Quando os partidos são mais **indisciplinados**, ou seja, quando os membros dos partidos não seguem muito as ordens da cúpula e dos líderes e votam segundo interesses individuais, o governo e o partido do presidente acabam sendo favorecidos, pois conseguem obter apoio de vários parlamentares individualmente.

No Brasil, para essas articulações, a figura-chave é o ministro da Casa Civil.

De fato, e cada vez com maior frequência, o processo legislativo acontece nas **comissões**. A assembleia geral, na maioria dos casos, passa a ser somente uma câmara de debate e de aprovação ou negação. As comissões são microassembleias dentro da assembleia geral; grupos de deputados e parlamentares são filtros legislativos, comissões temáticas que decidem sobre temas específicos. Há, por exemplo, a comissão tributária, de meio ambiente, constitucional, de orçamento e balanço, de direitos humanos etc. Cada proposta legislativa é discutida e votada antes na comissão da própria área e somente quando é aprovada passa para o plenário, para a assembleia geral, que dá a aprovação final.

17.5 *LOGROLLING* ENTRE PARALISIA E INFLAÇÃO LEGISLATIVA

Quando o governo é monopartidário, há bastante estabilidade e governabilidade e o processo legislativo é tranquilo. Há domínio do Executivo e o governo basicamente legisla como quer. Quando o governo é multipartidário ou de minoria, pode haver **paralisia legislativa**, que acontece porque os partidos estão satisfeitos com o *status quo* ou porque querem mudá-lo, direções opostas. Logo, não se acha um acordo e prevalece o *status quo.* Vamos supor que o *status quo*, a atual regulamentação (de uma atividade econômica específica), seja posicionado à extrema direita e à direita de ambos, o governo e o legislador mediano (o legislador necessário para a maioria na assembleia), como na Figura 17.1.

FIGURA 17.1 LEGISLADOR MEDIANO

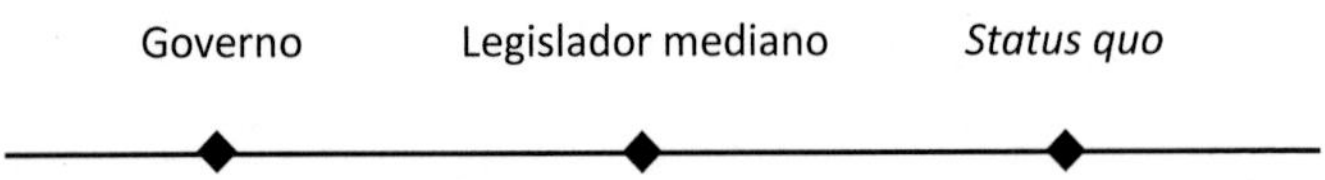

Nesse caso, o governo e o parlamento concordarão em modificar a legislação. O que acontecerá é que o *status quo* será alterado e levado dentro do intervalo entre governo e legislador mediano. O ponto exato, se mais perto do governo ou do legislador mediano, dependerá das forças em jogo.

Quando o *status quo* fica entre o governo e o legislador mediano, os dois atores gostariam de mudá-lo em direções opostas e, então, não haverá acordo, mas uma paralisia legislativa. Todas as questões posicionadas no intervalo entre os dois atores ficarão na paralisia. E todas as questões sobre as quais não se encontra um acordo estão nessa posição. Esse intervalo é o ***deadlock interval.***

FIGURA 17.2 *DEADLOCK INTERVAL*

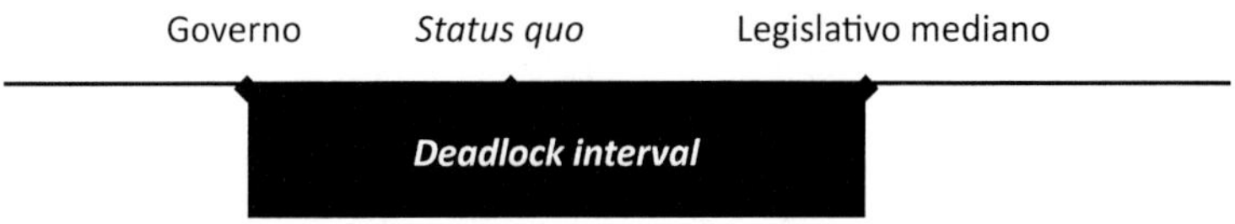

Esse tipo de situação incentiva os membros do governo e os parlamentares a buscar acordos individuais, tentando se convencer e se apoiar reciprocamente. Trata-se do ***logrolling***: a troca de votos entre legisladores, do tipo "você apoia a minha proposta, eu apoio a sua".

A diferença de preferências e os custos difusos e benefícios concentrados fazem com que o *logrolling* aconteça. Nunca todos os atores políticos são interessados e tocados por todos os projetos de lei da mesma forma. Um deputado professor será mais interessado em questões referentes ao ensino; um ambientalista, ao ambiente; um religioso, a questões referentes à família; um operário, à lei trabalhista; um empresário, à reforma tributária etc. Nenhum deles conseguiria fazer passar uma proposta que lhe interessa, mas, se se apoiam reciprocamente, podem conseguir. Vamos agora analisar as causas, formas e consequências do *logrolling*.

Algumas **causas** são:

1. Paralisia legislativa.
2. Cada legislação afeta cada grupo de maneira diferente.

3. Custos difusos e benefícios concentrados.
4. Lobismo.

Formas:

- **Explícito.**
- **Implícito.** Em lugar de um legislador votar o projeto do outro, e vice-versa, apresenta-se um único grande **pacote** (de legislações) com vários artigos sobre assuntos diferentes, que contêm as propostas de interesse dos vários legisladores. Os legisladores aprovam o pacote e, se questionados pela mídia ou pelo próprio eleitorado, podem responder que o votaram por incluir a proposta que eles apoiam e não por incluir as propostas de outros.
- **Nas comissões**, mais que no plenário. Quando os projetos chegam ao plenário, geralmente os jogos já estão decididos.
- **Transparente ou não.** Nos EUA, essa prática é transparente, admitida pelos legisladores, conhecida pela mídia e pela opinião pública. Nos outros países, geralmente é muito menos transparente, pois não tem boa reputação. É o conflito de sempre entre realismo e idealismo.

Consequências:

1. Favorece a produção legislativa.
2. *Pork barrel system.*
3. Lei de ferro da oligarquia.

O *logrolling* não é de maneira nenhuma uma patologia, é a fisiologia, a normalidade do processo. Não há outra forma possível de aprovar uma legislação, ainda mais visto que hoje há um número crescente e mais específico de legislações: mais legislações, mais *logrolling*. Isso nos leva à questão da **inflação legislativa**. Atualmente, no mundo inteiro, em alguns lugares mais, em outros menos, o conjunto de normas aumenta a um ritmo aceleradíssimo. As assembleias legislativas, que antes se reuniam duas ou três vezes por semana, reúnem-se agora todos os dias. A legislação básica, fundamental e geral já existe, mas todos os dias é inventada e aprovada uma série de novas regulamentações sobre cada aspecto da vida das pessoas. Regulamenta-se agora o que as pessoas podem comprar, o que podem comer, o que podem falar, como devem ser feitas milhões de atividades humanas, processos bancários, processos produtivos dentro de empresas, fábricas, escolas, escritórios e até em casa. No Brasil, desde 1988, foram publicados 5,4 milhões de textos normativos (leis, medidas provisórias, instruções normativas, emendas constitucionais, decretos, portarias e atos declaratórios), 769 normas por dia útil. Só ao nível federal foram publicadas 163.129 normas, 15,96 por dia. Para cada cidadão, em média, se trata de 163.129 normas federais, 54.110 estaduais e 690 municipais, com um total de 217.929 normas em cima de cada um. Só 4,3% das normas não sofreram nenhuma mudança. As consequências são várias:

1. **O fim das leis gerais e universais**. Para reger uma sociedade, bastam poucas regras que se apliquem de forma geral (diferente de genérico) e universal. Princípios como "é proibido violar a propriedade privada alheia" explicam a maioria dos casos de conflitos, como, por exemplo, roubar, agredir, matar, estuprar etc. Não é necessária uma legislação para o estupro, outra para a agressão, outra para a agressão contra mulheres, contra menores, outra específica para a palmada etc. Toda agressão é violação da propriedade privada. Se o legislador começa a fazer leis específicas e a diferenciar, significa que vai inevitavelmente tratar alguns melhor que outros, ou seja, a discriminar e a privilegiar. A legislação trabalhista e o sistema fiscal hoje são altamente fragmentados com milhares de regras diferentes para

categorias diferentes. Neste esquema, os mais poderosos obtêm tratamento privilegiado.

2. **Arbitrariedade**. Segue que a cada caso o legislador escolhe qual regra aplicar, ou seja, discricionariedade e arbitrariedade.
3. **Imprevisibilidade.** Dessa forma, o sistema torna-se imprevisível.
4. **Insegurança jurídica**. E segue que se gera mais insegurança jurídica.
5. **Menos conhecimento da lei**. Quando as regras aumentam, torna-se difícil e depois simplesmente impossível conhecê-las e respeitá-las. Mesmo assim, o princípio da ignorância da lei é proibido e a classe política cobra obediência pressupondo e exigindo conhecimento da legislação toda.
6. **Menos eficácia e menos eficiência da lei**. Torna-se difícil e depois impossível até aplicar esse número crescente de regras.
7. **Aumento da interferência estatal**. Tudo isso é uma das várias formas de interferir sempre mais na vida das pessoas. E, uma vez que se cria tal sistema de tratamentos diferentes e privilégios, é o mesmo sistema a incentivar as pessoas a demandar tratamento diferente e privilégios. O sistema cria a sua própria demanda.
8. **Ampliação da máquina burocrática**. Obviamente, para aplicar concretamente tudo isso, precisa-se de mais burocratas, mais legisladores, mais técnicos assessores, mais advogados, mais juízes, mais fiscais, mais policiais etc.
9. **Niilismo legislativo**. Como todas as inflações (por exemplo, a monetária), quando algo aumenta em quantidade, seu valor (unitário) diminui. As pessoas nem conhecem mais todas as regras impostas, não as respeitam moralmente, não as obedecem.

PERGUNTAS

- Explique o governo de minoria.
- Você é o líder de um partido que ganhou as eleições, mas, sem maioria absoluta, como formará seu governo?
- Explique *minimum winning coalition* e *minimum winning connected coalition*.
- Explique o partido pivotal e sua relevância.
- Como se poderia aumentar a estabilidade de um governo? Elenque e explique cinco motivos.
- Explique o *logrolling*: definição, formas e consequências.
- Explique as moções de confiança e de desconfiança e a relativa importância delas.
- Desenhe e explique o *deadlock interval*.
- Explique a paralisia legislativa.
- Explique a inflação legislativa.
- Quais as consequências da inflação legislativa?
- O que é o niilismo legislativo?
- Como e por que as legislações podem passar a valer menos, a ser ineficientes e ineficazes?
- Quais as causas da insegurança jurídica?
- O fim das leis gerais e universais. Explique o que é, quais as causas e as consequências.

Quarta Parte

OUTPUTS E TEMAS DA POLÍTICA

Capítulo 18

IMPOSTOS

Quase nenhum manual de ciência política analisa os impostos. Não se estudam e não se ensinam. Mas dá para ter política sem impostos? Como se sustenta a política senão por meio dos impostos? Os impostos são a seiva da política. Não se pode estudar a política transcendendo deles. Quais são as implicações de um estudo da política sem os impostos? Por que não se estudam? Alguém tira vantagem dessa falta? Estudar os impostos de forma analítica e científica traz implicações importantes e talvez perigosas?

18.1 ORIGEM DOS IMPOSTOS

Vimos que na terceira etapa de Oppenheimer, o estado começa a cobrar alguma forma de tributo. Agora o excedente passa a ser levado regularmente pelos camponeses aos pastores. Essa prática também surge por conveniência. Os agricultores evitam as não gratas visitas na própria comunidade, onde as mulheres podiam ser estupradas e alguns serem ameaçados, humilhados, agredidos etc. e os pastores, poupando o tempo da viagem, podem se dedicar a outras conquistas. Os bandos de pastores-caçadores que dominam algumas comunidades de camponeses, então, começam a cobrar impostos de forma moderna. Quando isso acontece exatamente varia de lugar para lugar e importa mais para a história política. Os impérios assírio, egípcio, romano etc. cobravam impostos de forma mais sofisticada, mas com a mesma lógica. É nessa época que nascem as finanças públicas, a contabilidade estatal. Alguns escribas cultos começam a anotar a arrecadação do império em tábua de argila, de pedra e em papiros. Os sumérios inventam a escrita (cuneiforme) exatamente com essa função. No feudalismo, o senhor, o barão, o duque eram donos da terra. Eles passavam com um pequeno exército e obrigavam a pagar. Os camponeses tinham que pagar para não morrer, para sobreviver, para poder morar nas terras. Com o advento do estado-nação, as coisas tomam ainda mais o caráter contemporâneo. A primeira fonte de arrecadação foi o comércio interno e externo; depois ativos tangíveis e materiais como animais, dinheiro, bens e terras; os impostos sobre a renda (a maior fonte de arrecadação atual) são uma invenção relativamente recente, chegando apenas no século XX, quando os estados começaram a aumentar exponencialmente os gastos, especialmente com guerras e com o *welfare-state*. Esse tipo de imposto é direto, explícito, e ficou imediatamente muito impopular. Dessa maneira, surgiram novas tipologias mais indiretas e sutis, como o imposto sobre o valor agregado.

Os impostos não surgiram com o fim de criar hospitais, escolas, melhorar saúde; surgiram como um fim em si mesmo: para ganhar dinheiro e poder, eram cobrados sem fornecer nada. Gradualmente, os governantes vão vendo que podem ganhar mais cobrando mais, mas as pessoas ficam sempre mais insatisfeitas. Os governantes, então, começam agora a construir pontes, ruas, para poder manter a obediência, aumentar ainda mais os impostos e legitimar o fisco.

A lógica dos impostos, portanto, não é que se paga para ter escolas e outros benefícios, mas é que se entrega algo para poder continuar aumentando os impostos sem revoltas. A essência dos impostos é a obrigação, não importa se é uma obrigação para o bem ou uma obrigação para o mal.

O próprio termo "impostos" mostra isso.

18.2 TIPOS DE IMPOSTOS

Técnica e juridicamente é útil distinguir entre várias tipologias de impostos:

1. **Diretos**. Sobre propriedade, renda, ou seja, sobre situações permanentes.
2. **Indiretos**. Sobre comércio, transações, consumo etc. Hoje a maior parte da arrecadação do estado brasileiro vem de impostos sobre o consumo.
3. **Pessoais ou subjetivos**. Trata-se dos impostos que se aplicam só a algumas pessoas ou a algumas categorias, ou seja, quando o legislador discrimina entre tributados segundo, por exemplo, a renda, o estado civil, a residência, o sexo, a idade, a profissão etc.

Uma das diferenças mais importantes é aquela entre **impostos e taxas**. A taxa de iluminação pública, a taxa de incêndio, a de limpeza urbana têm esse nome pois são pagas para ter em contrapartida um serviço específico e porque, quando o estado as arrecada, é vinculado a gastar naquele serviço específico.

A taxa é aquilo que se paga para poder fazer algo, para ter algo em troca, paga somente quem utiliza. É específica e não geral, paga-se por estar "fazendo" algo. O imposto é geral, é para fazer funcionar a máquina estatal. As pessoas têm que pagar porque ganham, por uma condição, porque "são" algo, são ricos, são classe média, são homens, são advogados etc. e não recebem algo em troca. O estado não é obrigado a alguma nova função, a prestar algum novo serviço. Paga-se por ter capacidade econômica. Tudo isso é resumido na Tabela 18.1.

TABELA 18.1 DIFERENÇA ENTRE IMPOSTOS E TAXAS

IMPOSTO	TAXA
Geral	Específica
Paga-se por *ser* alguma coisa	Paga-se para *fazer* algo
Paga quem é/está naquela situação/categoria	Paga quem faz aquela determinada ação
Vai para o funcionamento da máquina estatal de forma geral	Vai para uma atividade estatal específica (limpeza urbana, iluminação etc.)

Obviamente, quando se fala que as taxas são para uma atividade específica, estamos nos referindo à intenção declarada pelos mesmos agentes políticos e detentores do poder, e ao que afirma o ordenamento jurídico. Isso não quer dizer que *de facto*, do ponto de vista político, seja sempre assim, que não haja desvio, corrupção, que as intenções não sejam outras etc.

Fato é que no caso das taxas há menos margem de manobra, visto que legalmente deveriam ir para um lugar específico; é mais difícil para o administrador estatal desviá-las.

Desse modo, com as taxas há mais transparência (o custo e o preço do bem ou serviço ficam mais claros), enquanto com os impostos pode-se gerar a ilusão que o serviço seja grátis, quando na verdade está sendo financiado pelos impostos por trás e pode ficar muito custoso.

18.3 SISTEMAS FISCAIS

Os diversos tipos de impostos não são excludentes entre eles, são complementares e coexistem em um dado sistema fiscal, dando vida a vários sistemas tributários. Podemos distinguir três:

1. **Progressivo**. Quanto maior a renda, maior a porcentagem de impostos. As alíquotas crescem de maneira mais que proporcional, por exemplo: 27%, 35%, 45%. É o sistema mais comum.
2. ***Flat tax.*** Existem dois tipos de *flat tax* teoricamente possíveis, apesar de o segundo ser raro:
   a. **Em percentual** (todos 35%, por exemplo). Independentemente da renda, paga-se a mesma percentagem de impostos, todos 35% da própria renda. Em termos absolutos, os ricos continuariam pagando mais que os pobres, visto que 35% de uma renda alta é mais que 35% de uma renda baixa. Ainda assim, geralmente as faixas mais baixas podem ser isentadas totalmente.
   b. **Absoluta** (por exemplo, todos 20 mil). Neste modelo, independentemente da renda, os produtores de riqueza pagariam a mesma quantidade de impostos. Isso cortaria alguns custos da administração pública de complexidade fiscal, faria poupar tempo e dinheiro (por exemplo, de contadores) aos pagadores de impostos. Considerando o conceito de igualdade como tratar todos da mesma forma, este sistema não cria problemas, mas, interpretando a igualdade como tratamento diferenciado para pessoas diferentes (segundo o *mainstream* atual), permanecem sérios problemas éticos. É por esses motivos que este sistema não é aplicado como imposto sobre a renda. Mas note que permanece nos impostos sobre o consumo, que são iguais para todos.
   c. Na verdade, quando há um piso fiscal, uma no *tax area*, abaixo da qual não se pagam impostos, a *flat tax* continua sendo progressiva. Se, por exemplo, a no *tax area* é a R$ 10.000, quem ganha 50 mil

pagará impostos sobre 40 mil, quem ganha 100 mil pagará sobre 90 mil e quem ganha 10.000 ou menos não pagará nada.

3. **Regressivo**. Ao aumentar a renda, a alíquota diminui, por exemplo, 35%, 27% e 21%. Ou seja, você pagaria 35% sobre os primeiros 20.000 (por exemplo), 21% sobre os outros 30.000 etc. Em termos absolutos, os resultados são misturados: pode acontecer que alguns ricos paguem menos que em outros sistemas e outros mais. Geralmente seriam alíquotas, em todo o caso, menores que as do sistema progressivo; assim, a maior poderia ser menor que a inferior do progressivo, não prejudicando ninguém. Dessa maneira, este sistema geraria incentivos para produzir mais, desincentivos a declarar rendas baixas falsas, custos de administração menores, atração de investimentos e empresas estrangeiras e aumento da arrecadação total.

Todo este discurso se refere às alíquotas, mas quando se somam os impostos sobre a folha de pagamento, os impostos sobre consumo etc., o sistema pode muitas vezes virar regressivo, como no caso do Brasil, onde quem paga a maioria dos impostos são os mais pobres (como mostra a Tabela 18.2).

TABELA 18.2 ARRECADAÇÃO REGRESSIVA

BRASIL 2014	POPULAÇÃO	%	ARRECADAÇÃO R$ TRILHÃO	%
Até 3 salários mínimos	159.620.400,00	79,02	537.937.743.190,66	53,79
De 3 a 5 salários mínimos	20.482.800,00	10,14	126.459.143.968,87	12,65
De 5 a 10 salários mínimos	15.352.000,00	7,60	166.342.412.451,36	16,63
De 10 a 20 salários mínimos	4.848.000,00	2,40	96.303.501.945,53	9,63
Mais de 20 salários mínimos	1.696.800,00	0,84	72.957.198.443,58	7,30
	202.000.000,00	100,00	1.000.000.000.000,00	100

Fonte: Elaboração do autor a partir de Instituto Brasileiro de Planejamento e Tributação 13.8.2014.

18.4 ILUSÕES FISCAIS

Para entender melhor, vamos seguir o raciocínio dos economistas Puviani e Buchanan: os governantes extraem fundos por meio do fisco. As pessoas tentam pagar o menos possível, às vezes de forma legal, outras vezes, ilegal. Logo, o **objetivo do pagador de impostos é minimizar o pagamento, e o objetivo dos governantes é maximizar a arrecadação e minimizar a resistência.** A resistência pode ser minimizada mostrando: a) que o peso é menor do que é e b) que o valor dos bens e serviços fornecidos é maior do que é. Isso gera algumas ilusões fiscais, principalmente por meio de dois canais: a entrada do dinheiro nos cofres estatais (impostos) e a saída (despesas).

A diferença entre o dinheiro realmente usado para a provisão do serviço e a parcela utilizada individualmente por cidadão (ou seja, o filtro burocrático) é obscurecida assim:

1. **Esconder quanto se ganha com os serviços estatais.** Não há como saber quanto cada pessoa recebe em termos de serviços estatais. Quanto cada um de nós usa ruas, estradas, hospitais, escolas, segurança etc. estatais? São perguntas sem respostas. Simplesmente não há como fazer esse cálculo.
2. **Embutir o imposto no preço.** A carga tributária que suportamos não é só a da declaração de renda. Há muitos impostos (por exemplo, sobre o comércio) embutidos no preço de todos os produtos. Quanto imposto há em cada produto? É outra pergunta cuja resposta é impossível. Há só respostas aproximativas. Nos EUA, a VAT (taxa sobre o valor agregado, similar ao ICMS) é explícita; quando você compra um produto, vê o preço de mercado e depois a taxa adicional. Por um lado, isso aumenta a transparência fiscal, por outro, pode-se criar

a ilusão que os impostos sobre aquele produto sejam só o VAT, mas não é assim. Há toda uma série de outros impostos que caem direta e indiretamente sobre a venda de todos os produtos, série que varia de país para país. No Brasil, está-se tentando seguir a mesma linha. Agora é obrigatório, para os comerciantes, mostrar o valor dos impostos na nota fiscal. Mas o problema é o mesmo.

3. **Dívida pública**. A dívida pública é um tipo de imposto. A classe política, por meio da máquina estatal, e em nome de toda a população, faz *déficit* e dívida. A dívida anual é chamada *déficit*, sua acumulação é chamada dívida pública. Tal dívida então fica para o futuro, quem pagará são as gerações futuras, os jovens e os nossos filhos. Enquanto a dívida não se paga, há outros efeitos: como a dívida é uma importante variável que representa a saúde (ou menos) de uma organização, os estados com mais dívida são mais fracos, mais próximos ao fracasso, então será mais difícil para eles pegar outros empréstimos; portanto, têm que pagar juros maiores. Os estados pagam os juros sobre a dívida; quem tem mais dívida paga mais juros a uma taxa maior. Isso faz com que mais impostos devam ser recolhidos. O círculo continua a girar.
4. **Inflação**. Inflação não é o aumento de preço, e sim o aumento da massa monetária, cuja consequência é a elevação de alguns preços. Quando a classe política, por meio do banco central, imprime mais papel-moeda, ele obviamente passa a valer menos (pela simples lei da escassez); quando então o dinheiro vale menos, o que temos nos nossos bolsos e contas vale menos, isso retira poder de compra do dinheiro circulante. Ao mesmo tempo, tendo em vista as notas e as moedas, o papel-moeda aumenta, as pessoas aumentam a disponibilidade em desembolsar notas em troca dos produtos e, visto que todo mundo o faz,

os preços nominais aumentam. A inflação é um imposto oculto, intencionalmente infligido pelas elites políticas.

5. **Medidas temporárias que viram eternas.** Muitas vezes, cria-se um imposto urgente para uma situação específica e momentânea, como uma guerra, uma catástrofe natural etc. A classe política tem o incentivo de tentar manter essa medida e postergá-la indefinidamente no tempo, o que às vezes acontece. Na Itália, ainda existe um imposto sobre a gasolina para financiar a guerra contra a Etiópia, de 1935; na Alemanha, ainda existe um imposto para a batalha de Champanhe, da Primeira Guerra Mundial.
6. **Eventos isolados e/ou prazerosos.** Casamentos, heranças, loterias, presentes, dividendos, vendas de imóveis, jogos, diplomas, esportes, licenças para abrir negócios são eventos nos quais é mais fácil pôr um imposto e encontrar menos resistência, visto que as pessoas estão felizes em todo caso pelos eventos em si e, portanto, a elasticidade é menor.
7. **A tática do medo.** Se as pessoas se preocupam e estão com medo, estão dispostas a desembolsar mais, a pagar mais impostos. Cenários negativos e apocalípticos fazem com que a população oponha menos resistência a um aumento de impostos. Impostos sobre a poluição e impostos por questões de segurança (interna e externa) seguem essa linha. Evidentemente, preocupação e medo podem aumentar naturalmente ou de forma induzida.
8. **Retenção na fonte.** Em muitos casos, para todos os empregados assalariados, o imposto já é retido na fonte, ou seja, é descontado na folha de pagamento. O trabalhador não recebe o salário bruto e não deverá pagar depois os impostos; ele recebe o salário líquido, já descontado dos impostos. O estado obriga o empregador a descon-

tar esse valor e passá-lo diretamente para a receita. Geralmente, o valor total inclui o pagamento de vários impostos (INSS, FGTS, Imposto de Renda, imposto sobre o trabalho etc.). Às vezes é muito complexo para o trabalhador entender exatamente o que e quanto está pagando. Este fenômeno cria outra ilusão fiscal: a dicotomia empregador-empregado. O empregado percebe quanto está recebendo e não se dá conta claramente quanto o empregador está realmente pagando para ele, pois a diferença é entregue diretamente para o estado. Se o salário recebido é considerado baixo, o responsável vai parecer o empregador e nem se percebe que outros atores estão tomando uma parte. O conflito entre pagadores de impostos (empregado e empregador) e recebedor de impostos se desloca para a nova dicotomia artificial empregador-empregado. Esta é talvez a ilusão fiscal mais importante.

9. **Tendência a esconder as contas reais**. A complexidade fiscal e a falta de transparência dificultam a compreensão do sistema tributário e da percepção de quanto se está realmente pagando e quanto se está recebendo. O Brasil, por exemplo, tem o sistema fiscal mais complexo do mundo (Tabela 18.3).
10. **Aparentar mais dinheiro para os programas populares**. Atualmente, no Brasil, o governo gasta cerca de 6% do PIB com subsídios do BNDES, e 0,4% com o Programa Bolsa Família. Essa ilusão fiscal diz que os governos têm o incentivo de focar, mostrar e propagandear o segundo caso mais que o primeiro. Em algumas situações, o programa popular pode ser um fantoche para desviar a atenção e para aprovar/ampliar o outro programa mais relevante do ponto de vista político.

TABELA 18.3 COMPLEXIDADE FISCAL

Horas trabalhadas para pagar impostos			
Os mais rápidos		Os mais lentos	
Emirados Árabes Unidos	12	Camarões	654
Bahrein	36	Equador	654
Catar	48	Senegal	666
Bahamas	58	Mauritânia	696
Luxemburgo	59	Chad	732
Oman	62	Venezuela, RB	792
Suíça	63	Vietnã	872
Arábia Saudita	72	Nigéria	956
Seychelles	76	Bolívia	1.025
Hong Kong SAR, China	78	Brasil	2.600

Fonte: Elaboração do autor a partir de Banco Mundial, Report Doing Business 2013.

11. **Diminuir um serviço e não cortar os impostos.** Quando o estado liberaliza, privatiza ou cessa de fornecer um serviço, precisa de menos recursos e poderia diminuir a tributação. Quando, por exemplo, o estado vende uma empresa estatal em perda, ele não precisa mais bancar essa empresa e ainda passa a receber impostos dos novos donos privados; quando uma prefeitura cria faixas de pagamento para o estacionamento ou fecha o centro da cidade e cobra um preço para o ingresso de carros, ou privatiza o transporte coletivo, está cessando de dar um serviço que antes era pago por meio do fisco geral e passa a fornecê-lo com uma taxa paga diretamente pelos usuários. Em todos esses casos, o ente estatal precisaria de menos recursos e poderia diminuir a carga tributária. Obviamente isso não acontece e os impostos são deixados no mesmo nível, o que equivale a

um aumento líquido de impostos, pois agora os usuários dos serviços deverão pagar duas vezes.

12. **Aposentadoria mostrada como um seguro**. Pensa-se que, quando você trabalha e paga os impostos para a aposentadoria (INSS), cada trabalhador está pagando e poupando dinheiro para a própria futura aposentadoria. Na verdade o que acontece é o seguinte: quem trabalha e paga os impostos para a aposentadoria hoje está pagando para os aposentados de hoje. Quando esse trabalhador se aposentar, o dinheiro que receberá será aquele dos trabalhadores do futuro. Esse deslize intertemporal não é neutro e sem perigos. Pode acontecer, e geralmente acontece, que as sociedades tendam a envelhecer. Quando isso ocorre, não há trabalhadores suficientes para cada aposentado. Vamos ver como a pirâmide etária do Brasil está mudando e como geralmente todos os países mudam à medida que ficam mais ricos.

FIGURA 18.4 PIRÂMIDES ETÁRIAS DO BRASIL

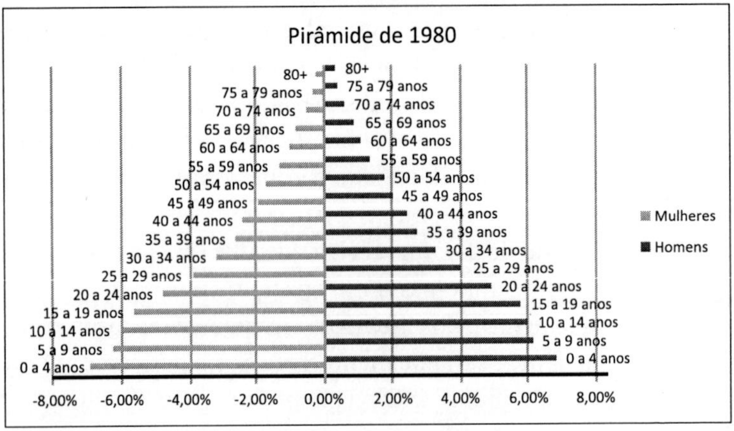

Fonte: Elaboração do autor.

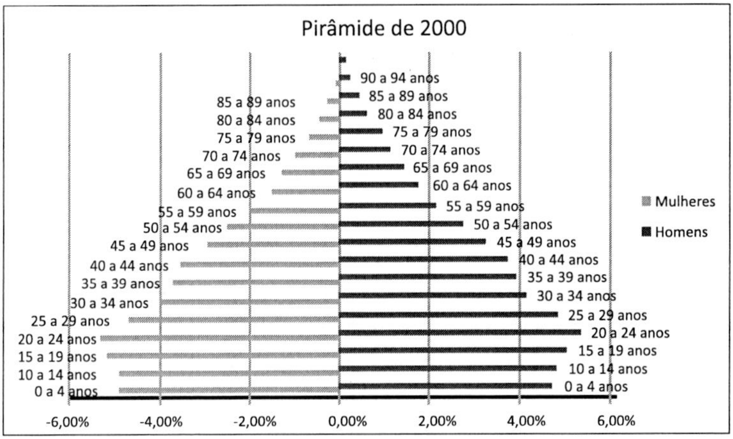

Fonte: Elaboração do autor.

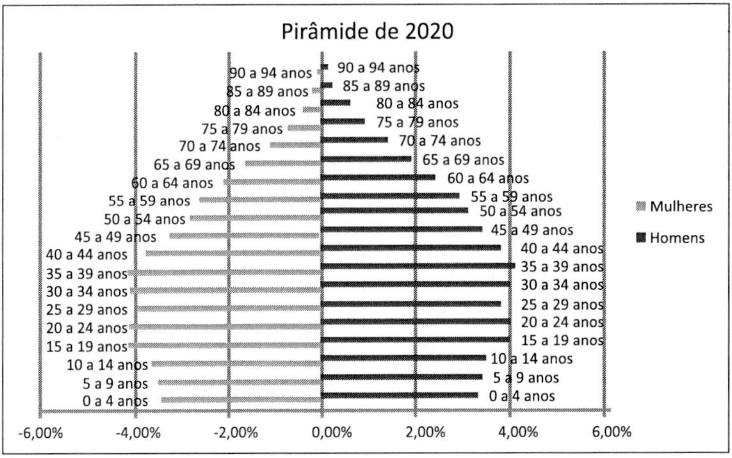

Fonte: Elaboração do autor.

Há somente três possíveis situações:

- Mais trabalhadores que aposentados.
- Mesmo número de trabalhadores e aposentados.
- Mais aposentados que trabalhadores.

No primeiro e no segundo casos, haverá bastantes pessoas para pagar as aposentadorias; no terceiro, não haverá recursos para pagar as aposentadorias. Todas as sociedades sempre se moveram e sempre se movem da primeira à terceira situação. Quando isso ocorrer, o governo deverá pegar recursos de outros lugares. A aposentadoria estatal não é um seguro como a privada.

13. **Burocratas e políticos não pagam impostos**, eles são pagos por meio dos impostos. Se amanhã os impostos fossem abolidos ou diminuídos, os empregados estatais ganhariam mais ou menos que antes? E os trabalhadores privados? Para quem os empregados públicos e os políticos deveriam pagar impostos? Para eles mesmos?! Quando aumenta o número de empregados públicos, temos mais impostos pagos ou precisamos de mais impostos para pagar seus salários? Políticos e burocratas não pagam impostos, eles recebem. Na folha de pagamento dos salários dos políticos e dos burocratas aparece uma soma destinada ao pagamento de impostos. É uma manobra contábil, uma ficção jurídica, uma ficção contábil, legal e absolutamente normal. As consequências são duas: não se percebe que os empregados estatais não pagam impostos, e essa manobra contábil aumenta o custo do pagamento dos salários, visto que para administrar essa contabilidade precisa-se de outros funcionários estatais. É nesse sentido que John C. Calhoun fala de "pagadores de impostos" e "consumidores de impostos".

Uma consequência geral que se pode derivar dessa lógica é que, tentando maximizar a arrecadação, os atores políticos tendem a cobrar mais impostos sobre os bens e serviços nos quais a demanda é tendencialmente **inelástica**. Por isso, geralmente há muitos impostos sobre álcool, cigarros, esporte e atividades recreativas.

Há também algumas **ilusões pessimistas**:

1. As pessoas focam nas alíquotas e não na carga tributária. Às vezes, então, podem decidir **ganhar ou declarar menos para não subir de alíquota**.
2. Algumas pessoas **recebem mais do que pagam**, e outras **recebem menos do que pagam**. Imaginem duas pessoas que ganham exatamente o mesmo e que pagam a mesma quantia de impostos. O governo gasta com universidades estatais, Bolsa Família, estradas e SUS. O primeiro homem (A) utiliza as estradas e tem um filho na universidade estatal. O governo gasta R$ 16.000,00 por mês por aluno da universidade estatal, e gasta R$ 500,00 da renda de todas as pessoas para as estradas; com isso, a pessoa A ganha R$ 16.500,00 por mês e paga R$ 5.000,00, ou seja, ele recebe mais do que paga. O agente B somente utiliza o SUS e as estradas. O governo gasta com isso R$ 500,00 da renda de todas as pessoas para as estradas e R$ 200,00 para o SUS, então a pessoa B paga R$ 5.000,00 de impostos e recebe o equivalente a R$ 700,00 em benefícios, ou seja, recebe menos do que paga.
3. Nos países ricos, a maioria da receita é paga pela **classe média**, pois esta é geralmente a mais ampla. Nos países pobres, a maioria da receita é paga pelos pobres, pois são o grupo mais numeroso.
4. Quem trabalha mais para pagar impostos são os mais **pobres**, pois eles arcam com a maioria dos próprios impostos sobre o consumo (e não na renda). Por exemplo, hoje, no Brasil, os pobres podem chegar a pagar mais de 70% de impostos.
5. Comerciantes e empresas **descarregam os impostos no preço final**. Todos os impostos em cima das empresas, dos comerciantes, vão encarecer os produtos. Aí quem

paga de verdade esses impostos são os consumidores. Outros consumidores não conseguirão comprar, pois o preço final subiu. O efeito em cima do empresário-comerciante é a redução de vendas (devida ao aumento de preço), logo a redução do lucro.

6. No total, o efeito líquido é uma **diminuição geral de crescimento, uma perda líquida de bem-estar**. A atividade de cortar e distribuir o bolo é diferente da atividade de fazer o bolo ou aumentar seu tamanho. São duas coisas diferentes: uma coisa é o processo de criação de riqueza, outra é a redistribuição.

Conhecer e analisar as ilusões fiscais permite notar como os pagadores de impostos tentam reduzir o fardo e como os recebedores de impostos tentam aumentar o tesouro, o que, aplicado aos vários casos concretos estudados, permite fazer diversas **previsões** sobre novos impostos, sobre o aumento ou a diminuição da carga tributária etc.

18.5 GASTO ESTATAL

Dívida pública e emissão de papel-moeda são tipologias de impostos também. Vamos ver:

1. **A dívida pública** é um imposto sobre as gerações futuras, pois se cria uma dívida que alguém terá que arcar no futuro. O estado quer dinheiro, então pede crédito no mercado, emite títulos públicos; quem compra está emprestando dinheiro ao estado em troca de alguns juros de retorno. Ao mesmo tempo é um imposto sobre o presente porque o estado remunera esse crédito com juros e financia seu pagamento por meio de outros impostos.

2. **Emissão de papel-moeda.** O estado, geralmente por meio do banco central, cunha a moeda e emite papel-dinheiro. Quando se injeta novo dinheiro na economia, ou seja, inflaciona-se a moeda, o dinheiro fica mais abundante, logo perde valor. Isso retira poder de compra do nosso dinheiro. As pessoas agora possuem mais notas de papel-moeda, por isso estão dispostas a desembolsar mais desse papel para comprar os vários produtos, logo os preços vão necessariamente aumentar. A elevação dos preços não é a inflação, é a consequência da inflação. A inflação é o aumento da quantidade de dinheiro, da massa monetária.

De forma geral, o gasto estatal mundial aumentou muito nos últimos 100 anos, pois a economia cresceu de forma exponencial e foi possível subtrair mais recursos, como demonstram a Tabela 18.5 e a Figura 18.6 sobre a situação mundial.

TABELA 18.5 EVOLUÇÃO DO GASTO ESTATAL

Nome do país	1960	1970	1980	1990	2000	2010	2015
Áustria	12,75	14,13	17,31	17,75	19,04	20,38	19,92
Bélgica	15,50	16,66	22,69	20,06	20,87	23,55	23,91
Canadá	14,55	20,82	21,61	22,70	19,17	21,53	21,03
França	16,68	16,86	20,90	20,95	22,08	23,83	23,93
Alemanha	X	16,14	20,74	18,97	18,66	19,12	19,25
Itália	14,22	15,08	16,60	19,66	17,88	20,42	18,93
Japão	11,46	10,68	14,08	13,29	16,85	19,49	19,85
Países Baixos	15,75	18,23	23,00	21,64	20,44	26,48	25,33
Espanha	8,99	9,89	13,63	16,28	16,73	20,51	19,38
Suécia	16,06	20,32	27,32	25,27	24,54	25,18	25,98
Suíça	7,58	X	9,43	10,87	10,82	10,66	11,33
Reino Unido	16,66	17,31	20,78	18,11	16,59	21,52	19,38
Estados Unidos	15,65	18,07	15,89	15,85	14,04	16,85	14,44
União Europeia	14,54	15,88	19,70	19,41	19,06	21,49	20,65
Membros da OCDE	13,96	15,74	17,09	16,87	16,48	18,95	17,93
Mundo	13,34	14,72	15,98	16,22	16,13	17,50	17,15

Fonte: Elaboração do autor a partir de World Development Indicators.

FIGURA 18.6 DÍVIDA PÚBLICA MUNDIAL

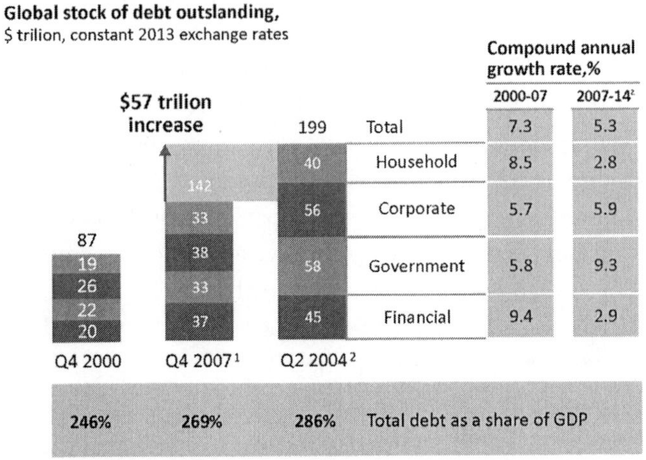

[1]Figures no not sum to total, because of founding.
[1]Q2 2014 data for advanced economies abd China; Q4 2013 data for other developing counties.

Source: Bank for International Settlements; Haver Analytics; International Monetary Fund World Economic Outlook; national sources; McKinsey Global Institute alalysis

Obviamente, a mesma tendência se observa no Brasil (Figura 18.7):

FIGURA 18.7 GASTO ESTATAL/PIB, NO BRASIL

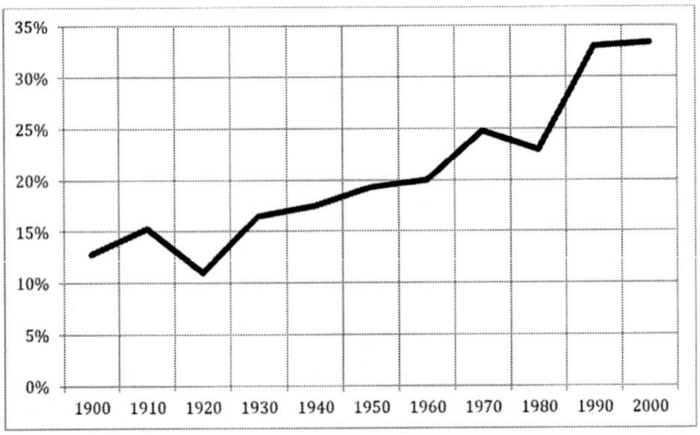

Fonte: Elaboração do autor a partir de Centro de Estudos Fiscais IBRE/FGV.

Afinal, é sempre a mesma tendência da política a se expandir, nesse caso, na questão do gasto e da dívida.

18.6 REDISTRIBUIÇÃO

Uma das justificativas mais fortes dos impostos é a redistribuição, e geralmente quer se dizer dos mais ricos para os mais pobres. O imposto nasce também com a justificativa de que não há caridade. Se a função dos impostos é a redistribuição, se os ricos doassem grandes quantias para os pobres, talvez não se precisasse dos impostos. Nessa perspectiva, os impostos servem, então, para tentar diminuir as desigualdades econômica, monetária, social.

De fato os impostos são uma forma de redistribuição, que pode ocorrer de várias formas e em várias direções; às vezes, dos mais ricos para os mais pobres (por exemplo, no caso de subsídio de desemprego e renda mínima), às vezes, na direção oposta (por exemplo, com obras em bairros da classe alta, com subsídios à música clássica, com um banco de desenvolvimento etc.). Isso, claramente, depende do tipo de imposto: alguns tendem a redistribuir para os pobres, outros para os ricos, outros ainda para a classe média etc. Isso porquanto se refere aos recebedores. Precisa-se analisar também o outro lado da moeda e ver quem paga: há tipos de impostos pagos pelos ricos, outros pela classe média, pelos pobres etc. Essas não são as únicas categorias relevantes: há impostos pagos pelos velhos, pelos jovens, pelos consumidores, pelos trabalhadores etc. A composição demográfica também afeta. O sistema é complexo e cada pessoa cai ao mesmo tempo em várias categorias; então, é impossível ver se e quanto cada pessoa específica paga e quanto recebe.

Depois, pode-se fazer uma média e ver em qual direção determinado sistema fiscal, como um todo, tende a se redistribuir. E, como já vimos, o atual sistema fiscal brasileiro é regressivo, faz redistribuição dos pobres aos ricos.

Procedendo dessa maneira, nota-se que os impostos são necessariamente arrecadados da fatia de sociedade na qual há mais dinheiro; nos países ricos, essa parcela é geralmente a classe média, nos países pobres geralmente se trata dos pobres. Isso porque nessas nações há muitos pobres, pouca classe média e pouquíssimos ricos, assumindo tendencialmente a forma de uma **pirâmide**, enquanto nos países ricos há poucos pobres e poucos ricos, mas muita classe média, assumindo tendencialmente a forma de um **hexágono**.

Desse modo, no Brasil atual, a maioria dos impostos arrecadados pelo governo vem das faixas mais pobres. Cada pobre paga pouco em termos absolutos, muito em termos percentuais à própria renda, e, sendo eles muitos, no agregado pagam muito.

Os ricos pagam muito em termos absolutos, não tanto assim em termos percentuais à própria renda, e, sendo eles poucos, pagam uma soma pequena do total arrecadado pelo estado.

A tudo isso deve-se somar sempre o custo do filtro burocrático, cuja média mundial gira em torno de 40% a 60%. Os estados mais eficientes gastam 40% do que arrecadam com o gasto da máquina estatal em si (despesas correntes como gasto com o pessoal etc.), os menos eficientes dos quais temos estatísticas confiáveis chegam a 60%.

Ou seja, por cada mil reais pagos em impostos, 40%-60% ficam com políticos e burocratas, e o resto vai para os serviços (veja a Tabela 18.8).

Matematicamente, resulta, então, que uma grande parte da redistribuição vai para a classe política-burocrática, e é paga pelos pobres nos países pobres, e pela classe média nos países ricos. No caso dos bens públicos, isso se vê com mais clareza. A **Lei de Director** mostra que os serviços sociais de fato beneficiam a classe média e são pagos com impostos provenientes dos ricos e dos pobres, isso porque essa faixa de renda constitui um grupo de pressão relevante, numericamente útil do ponto de vista eleitoral, e será assim o maior usuário.

TABELA 18.8 FILTRO BUROCRÁTICO (EM BILHÕES DE REAIS, 2012)

Aposentadorias do setor privado e benefícios sociais	335
Aparato estatal	209
Transferências para estados e municípios	198
Juros e encargos da dívida pública	134
Salários dos servidores	123
Aposentadorias e pensões dos servidores federais	81
Bolsa Família	21
Transportes	11
Educação	10
Defesa	8
Infraestrutura urbana	4
Saúde	4
Outros	35

Fonte: Elaboração do autor a partir de Principais Gastos do Governo.

18.7 CONSEQUÊNCIAS

As consequências dos impostos são várias, interconexas, complexas e dependem também do sistema fiscal e do tipo específico de impostos. Mas há alguns efeitos gerais e universais:

1. Ampliação da intervenção do estado.
2. Desvio da alocação de mercado.
3. Filtro da burocracia e jogo de soma nula.
4. Redistribuição da classe média para os empregados estatais.
5. Redução da possibilidade de fazer caridade.

6. Desaceleração do desenvolvimento.
7. Perda líquida total de bem-estar.
8. Para avaliar a desejabilidade dos impostos e de quantos impostos, tem-se que ver antes os efeitos reais. Esta é a abordagem científica.

PERGUNTAS

- Explique a história dos impostos.
- O que são os impostos ocultos? Dê alguns exemplos.
- Se você fosse o arrecadador de impostos, como tentaria aumentar a arrecadação?
- Se você fosse o pagador de impostos, o que tentaria fazer? E como?
- Qual a diferença entre taxa e imposto?
- Explique os vários tipos de sistemas fiscais.
- Como é possível que a *flat tax* seja progressiva?
- O que são as ilusões fiscais?
- Por que burocratas e políticos não pagam impostos?
- Por que a aposentadoria estatal não é um seguro?
- Explique a relação entre impostos e bens com demanda tendencialmente inelástica.
- Como os impostos redistribuem a riqueza?
- Explique a Lei de Director.
- O que é a retenção na fonte? Quais suas consequências?
- O que gera embutir os impostos nos preços?
- Quais as consequências dos impostos?
- Como você desenharia um sistema fiscal mais conveniente para o pagador de impostos?
- Aponte e explique pelo menos três mitos sobre os impostos.

Capítulo 19

REGULAMENTAÇÃO

A regulamentação é uma das atividades estatais que 1) cresceram mais rapidamente nas últimas décadas; 2) em muitos países, têm mais impacto que os impostos; 3) tendem a ser sempre mais detalhadas. Muitas vezes as regulamentações são complexas, incoerentes ou contraditórias, e os atores econômicos não sabem ao certo bem como se adaptar. Eis dois gráficos que mostram seu aumento nos EUA (onde há mais dados). No Brasil e no mundo inteiro a tendência é a mesma:

FIGURA 19.1 NÚMERO TOTAL DE RESTRIÇÕES 1997-2010

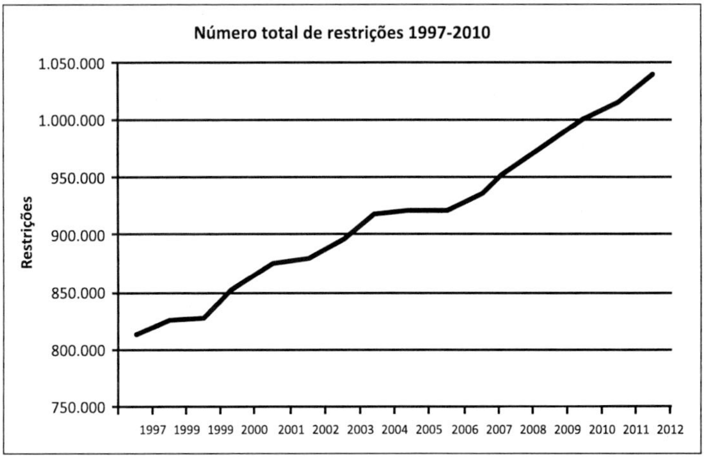

Fonte: Elaboração do autor a partir de Mercatus Center, George Mason University.

FIGURA 19.2 NOVA REGULAMENTAÇÃO FEDERAL. PÁGINAS POR DÉCADA

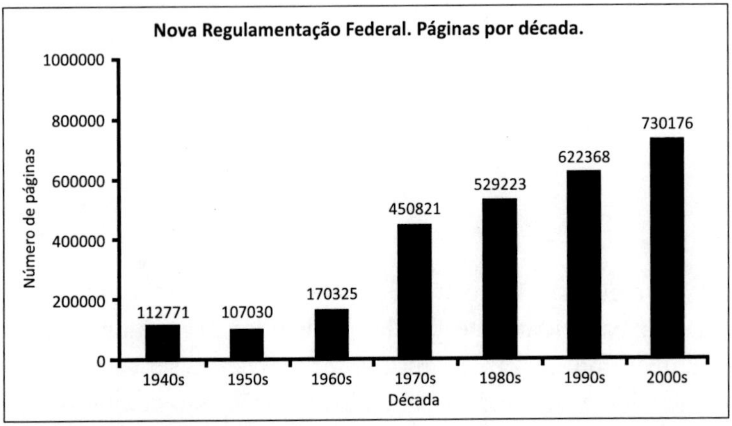

Fonte: Elaboração do autor a partir de National Archives and Record Administration, Office of the Federal Register.

19.1 TEORIAS

A regulamentação é estudada e interpretada por meio de várias formas e pontos de vista. Eis quatro importantes teorias que ajudam a entendê-la:

1. **Captura**. Quando o legislador está prestes a regulamentar determinado setor, é evidente que os regulados não ficarão de braços cruzados, irão pressioná-lo e obviamente os mais poderosos e mais ricos terão mais chances de impedir novas formas. Logo, a consequência é **o regulado capturar o regulador**. Essas pressões podem se dar por meio de pagamentos (legais ou ilegais, tanto faz), ameaças ou prestação de consultoria, informações etc. O regulado conhece sempre melhor que o regulador o próprio setor e, dessa forma, afinal, para regulamen-

tar os detalhes da situação, o regulador precisará inevitavelmente recorrer a ele para adquirir informações. O legislador não tem como conhecer bem setores diversos como armas, medicamentos, construção civil, ensino etc. Há vários especialistas dispostos a dar pareceres e consultorias sobre como legislar melhor e cada um deles defenderá que a regulamentação melhor é a que favorece a própria empresa e desfavorece as demais, seja por interesse, seja porque sinceramente acredita que eles fornecem o melhor produto\serviço. Trata-se então de um problema de interesse, de conhecimento (que o legislador não pode ter) e de custos de agência. Pode-se falar que:

a. O *big business* e outras minorias organizadas pressionam a classe política para regulamentar os concorrentes.
b. O regulador não tem conhecimento específico. E há assimetria informativa.
c. O regulador pode vir daquele setor, pode ter trabalhado, trabalhar ou querer trabalhar no futuro naquela área. Isso cria um claro conflito de interesses.
d. O regulado captura o regulador.

   Recentemente, por exemplo, descobriu-se que a proposta de novo código de mineração (que regulamenta as atividades do setor) foi editada por meio de um computador de um escritório de advocacia que tem como clientes duas importantes empresas de mineração.

2. ***Special Interest***. A teoria da captura parece explicar bem a regulamentação, mas não consegue prever quem (entre os vários grupos interessados) consegue capturar o regulador. Dessa maneira, o mesmo Stigler, com o colega Peltzman, mostra que se pode prever quem capturará

o regulador observando quem tem mais a perder ou a ganhar, quem está disposto a fazer a oferta maior, a pressão mais forte. É como um leilão ao maior ofertante.

3. ***Money for Nothing***. Em 1991, McChesney formulou essa teoria, que mostra como o dinheiro pode ser desperdiçado no processo de regulamentação. Pense em um mercado ainda não regulamentado (um novo produto, uma inovação tecnológica, uma nova indústria, uma nova atividade econômica). Este setor não é ainda organizado politicamente, não tem associação, não tem um sindicato específico, não financia partidos e campanhas eleitorais. Nesse ponto, alguns políticos podem anunciar uma regulamentação específica para o setor para a defesa do consumidor, podem abrir uma consulta, uma reunião aberta com os operadores da área, podem fazer alguns projetos de lei sobre o assunto. Os agentes econômicos desse mercado, esperando poder minimizar o impacto e o custo da futura regulamentação, começam a se organizar, a criar associações de categoria, a contratar lobistas ou a abrir diretamente um escritório na capital, fazer contribuições a candidatos e a campanhas. Nesse momento, os políticos podem retirar as propostas de regulamentação ou amenizá-las. Nada é feito, mas eles receberam dinheiro, que às vezes poderia ser exatamente o objetivo real.
4. ***Bootleggers and Baptists***. Em 1983, Bruce Yandle cria a teoria dos *Bootleggers and Baptists*, que explica como dois ou mais grupos diferentes podem apoiar a mesma regulamentação. De um lado, um grupo que defende a moralidade, a importância social da medida, que mostra sua bondade, sua necessidade e sua eficiência, os *baptists. Do* outro lado, os *bootleggers* têm interesse concreto em regulamentar para prejudicar os concorrentes.

> Medidas proibicionistas (sobre drogas) são geralmente apoiadas por grupos religiosos, conservadores, talvez por alguns grupos de médicos, algumas empresas concorrentes (por exemplo, o álcool, no caso da proibição de droga). Da mesma forma a proibição das armas pode ser sinceramente defendida por alguns grupos e pelos criminosos por mero interesse. A mesma coisa acontece no caso da regulamentação de questões ambientais, defendida por ambientalistas sinceros, empresas e potências estrangeiras que produzem aquele bem. Essas medidas acabam favorecendo ao mesmo tempo os apoiadores sinceros e os diretos interessados. Os dois lados têm o mesmo interesse. Uns por motivos morais, científicos, ideais etc., outros por motivos econômicos, políticos e de poder, mas estão na mesma linha. Obviamente o segundo grupo não fará uma campanha explícita porque seus argumentos não são aceitos pela sociedade, mas se beneficia da campanha moralista que os outros fazem. São *os Bootleggers and Baptists.* Note que: a) os *baptists* podem estar sendo totalmente sinceros, mas isso não muda o fato que têm o mesmo interesse que o outro grupo; b) os dois grupos podem ser aliados ou não, a essência não muda.

Fica evidente como essas últimas perspectivas conseguem descrever, explicar e prever melhor. De forma geral, o critério com o qual uma regulamentação é aprovada não é sua eficiência econômica ou sua moralidade, mas a força política, o lobismo de seus apoiadores. A visão segundo a qual a regulamentação responde ao interesse público é o senso comum dos leigos e uma premissa implícita de vários autores, mas não é uma teoria científica, logo, não é defendida por alguma escola e nenhum autor. É na verdade um ideal, mais que uma descrição.

19.2 FINS, TIPOS E ATRASOS

Os "fins da regulamentação" não existem, e a regulamentação não tem objetivos. Como sempre, os fins são individuais, são vários os indivíduos que apoiam e criam determinada regulamentação e, portanto, são diversos. Erroneamente, muitos analistas estudam supostos fins. Mas a ciência social não consegue e não se interessa pela sua investigação e evita os perigos do psicologismo. Sendo assim, podem-se analisar só os fins declarados e depois cruzá-los com as consequências reais. Eis um conjunto de alguns fins declarados e os logicamente possíveis:

1. **Interesse geral.**
2. **Interesses específicos.**
3. **Nível mínimo de qualidade, segurança, padronização** etc.
4. Criar incentivos para que depois as pessoas modifiquem seu comportamento voluntariamente. Por exemplo, o caso da regulamentação dos hábitos alimentares, do tamanho das porções, das bebidas, do conteúdo de alguns alimentos, do uso de medida de segurança como cinto de segurança, vestuário de trabalho etc.
5. **Aumentar a concorrência.** O típico exemplo é a regulamentação do CADE e das agências regulatórias, que alegam ter o objetivo de aumentar a concorrência.

Isso porquanto se refere aos fins declarados, como dito. Mas é necessário também analisar como os regulamentadores tentam alcançar esses fins, com qual tipo de regulamentação. Eis alguns tipos de regulamentação:

1. **Genérica.**
2. **Detalhada.**

3. **Obrigatória**. É quase toda regulamentação existente.
4. **Sugerida**. Trata-se de uma regulamentação sem coerção, facultativa, também chamada de "planejamento indicativo". Algumas regulamentações, por exemplo, sugerem explicitar os valores nutritivos dos alimentos, outras sugerem explicitar os riscos de alguns produtos, outras sugerem medidas de segurança etc. Isso é raro, pois na maioria dos casos a regulamentação estatal é obrigatória.
5. **Voluntária**. Existiam e ainda existem casos de autorregulamentação de alguns setores, de algumas categorias profissionais. Em alguns países mais, em outros menos. Por exemplo: todos os códigos éticos e deontológicos, de médicos, advogados, jornalistas etc.; empresas privadas que qualificam; selos de qualidade privados não obrigatórios (*Great place to work, Underwriters laboratories, Green Seal, Consumer Reports, Good housekeeping, Council of better business* etc.). Na verdade, indo mais fundo, de um ponto de vista técnico todas as relações sociais são regulamentadas voluntariamente pelas pessoas: as regras de boa educação, as de boa vizinhança, o que é oportuno ou não falar aos outros, as boas maneiras, as etiquetas sociais etc.

Obviamente, essas tipologias não são todas excludentes e exaustivas. Uma regulamentação ou é genérica, ou detalhada, para então se tornar ou obrigatória, ou sugerida, ou voluntária.

Ainda vale perguntar, dados os objetivos declarados e dadas as formas com as quais se tenta alcançá-los, se a regulamentação é de fato **efetiva**. *Ex ante*, não há como saber se vai dar certo. Não se pode prever todas as consequências não intencionais que ocorrerão (veremos isso no Capítulo 22). O processo legislativo e burocrático de regulamentação é lento. Estendendo as palavras de Milton Friedman sobre o banco central, para a regulamentação de forma geral nota-se que há três tipos de **atrasos**:

1. **Atraso de reconhecimento**. Um problema é geralmente descoberto muito tempo depois do seu início, e muito tempo ainda se passa para medir sua magnitude; os dados podem ser revistos, o que faz o atraso no reconhecimento ser ainda maior. Por exemplo, a recente recessão americana teve seu fim em junho de 2009, mas só foi reconhecida em um anúncio em setembro de 2010. A crise brasileira que começou entre o final de 2014 e o começo de 2015 também atrasou para ser reconhecida.
2. **Atraso de ação**. Depois do reconhecimento (atrasado) de um problema, políticos devem tomar decisões sobre **como agir**. Ainda que eles estejam de **acordo** sobre o que fazer, a ação pode demorar – **votação**, aprovação de leis etc. A autorização para conduzir o gasto público e a execução total dos recursos podem levar **meses ou até anos**.
3. **Atraso de efeito**. Obviamente, demora para ter efeito.

Dito tudo isso, vamos agora ver os custos e as consequências da regulamentação.

19.3 CUSTOS E CONSEQUÊNCIAS

Sabemos que "não existe almoço grátis". A regulamentação também não foge dessa regra. Às vezes há custos que podem gerar efeitos até maiores que a imposição fiscal. Existem várias tipologias de custos possíveis. Vamos ver algumas:

1. **Custos orçados**. São os custos previstos pela burocracia estatal.

2. **Custos de cumprimento**. Os que os agentes não políticos enfrentam para se adequar. Hopkins cria uma interessante subdivisão dos custos de cumprimento:
   a. Controle de preço e diminuição da liberdade de acesso a mercados. Este tipo de regulamentação está hoje diminuindo.
   b. Custos administrativos (documentos e tempo).
   c. Regulamentação ambiental e redução de risco (segurança no trabalho, risco financeiro etc.). Este último tipo está aumentando muito nas últimas décadas.
3. **Custos ocultos**. Como fala Bastiat, há "o que se vê e o que não se vê". Nem todos os custos se veem e nem todos são mensuráveis. A regulamentação cria custos **indiretos**, ou seja, externalidades. A regulamentação dos medicamentos, por exemplo, pode ser importante, mas ao mesmo tempo proibir novas descobertas ou demorar para aprová-las acarreta problemas de morte e graves problemas de saúde. Durante o confisco da poupança do governo Collor, as pessoas não podiam sacar dinheiro da conta, e várias pessoas quebraram a empresa, morreram por não poder se curar etc. A regulamentação ambiental desacelera, freia o crescimento econômico, e quem mais sofre com isso são os pobres e as futuras gerações. Há sempre vários ***trade-off***; com os recursos gastos, seus legítimos proprietários teriam feito outra coisa, teriam investido e gastado de outras formas, teriam ido para outras áreas, atividades e pessoas que desta forma não estão recebendo. Há sempre um desvio e uma perda que não dá para conhecer e para medir.
4. **Impossibilidade de medir** exatamente todos os custos, pois estes são sempre custo/oportunidade, ou seja, o custo é o que se sacrifica e muitas vezes, por definição, não é possível saber o que se sacrificou, o que teria acon-

tecido se tivesse sido tomada outra decisão. Além disso, os custos são sempre e todos subjetivos, portanto, não há como quantificar e ainda menos como comprar e agregar.

Como vimos, para fazer o controle dos possíveis objetivos da regulamentação, é preciso cruzar as finalidades declaradas com as consequências reais. Eis algumas **consequências**:

1. **Padronização**. É, por exemplo, o caso da regulamentação das tomadas, dos carregadores de celular, do controle remoto, do pau de *selfie*, das telhas dos telhados etc.
2. **Aumento do nível mínimo de exigência**. Só os produtos mais seguros, mais higiênicos etc. que respeitam a regulamentação ficam no mercado, os outros são proibidos. Os mais caros sobrevivem e aumentam de preço, os mais baratos desaparecem. Isso faz com que os mais pobres tenham menos acesso àquele determinado produto.
3. **Lobismo**. Visto que alguém ganha com a regulamentação, os outros tentarão fazer o mesmo pedindo regulamentação do próprio setor para prejudicar os concorrentes. Vendo que fazer lobismo tem sucesso, obviamente terá mais lobismo ainda. A concorrência então diminui e o mercado se oligopoliza.
4. **O regulador não paga os custos** da regulamentação que cria, quem paga são os regulados, as empresas e os consumidores.
5. **Transferência de custo para o consumidor**. Visto que a regulamentação gera um novo custo adicional para os agentes econômicos, cria-se um efeito cascata no qual as empresas aumentam os preços da cadeia de produção e o custo adicional se repassa para o consumidor final.
6. **Aumento da regulação**. Esta dinâmica de custos difusos e benefícios concentrados onde legislador, burocrata

e lobista se beneficiam faz com que se entre em uma espiral de regulamentação crescente.

7. Dessa maneira, **as agências reguladoras aumentam** e se expandem, como mostra a Figura 19.3.

FIGURA 19.3 NÚMERO DE EMPREGADOS NAS AGÊNCIAS REGULATÓRIAS FEDERAIS (NOS EUA)

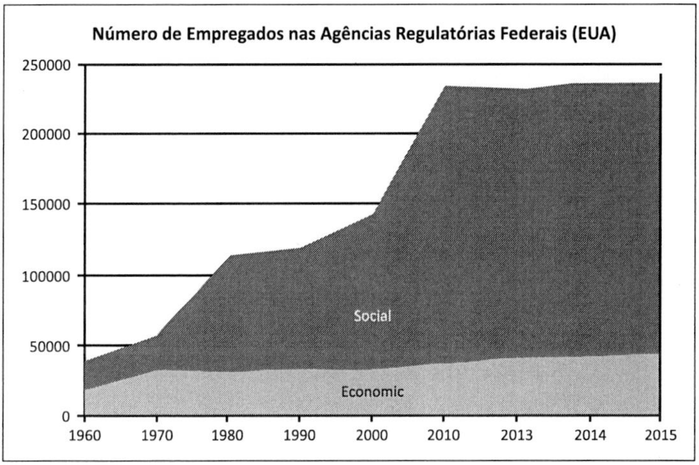

Fonte: Elaboração do autor a partir de Weldenbaum Center, Washington University and the Regulatory Study Center, The George Washington University. Budget of the United States Government.

8. **Corte desuniforme**. Visto que a regulamentação aumenta os custos das empresas, algumas empresas conseguem enfrentar esse custo, mas outras não. Geralmente, as que não conseguem são as menores. Logo, haverá menos concorrência e menos empresas pequenas. A regulamentação afeta de maneira desuniforme os agentes econômicos, toca mais os menores. Adicionando o processo de lobismo que inevitavelmente vai acontecer, o que ocorre é que quem consegue fazer um lobismo de

sucesso são os atores mais poderosos. Isso representa outro corte desuniforme.

9. Mais regulamentação, menos concorrência, menos opções, menos produção, **menos crescimento**.
10. **Mercado informal**. Alguns produtos, cuja elasticidade da demanda é fraca, têm uma forte tendência a sobreviver, e, uma vez declarados ilegais, ir para o mercado informal. Por exemplo, drogas, armas, medicamentos, órgãos e serviços médicos em geral.

Visto tudo isso, surge espontaneamente a pergunta: qual seria o custo-benefício de ter mais serviços menos regulados?

19.4 PROBLEMAS

Segundo o economista Frances Turgot, a regulamentação acarreta produtos piores e mais caros. Não seria tão eficiente e tão necessário regulamentar, visto que:

1. Se compra sempre o melhor produto (na relação preço/qualidade).
2. Regulamentação estatal leva a ter **produtos piores e mais caros**.
3. Quem frauda arruína sua reputação.
4. É impossível que o governo resolva os problemas que se dispõe a resolver.
5. Se intervém, acaba **limitando também as inovações**.
6. Dá poder a burocratas, que podem ter interesses pessoais. É o **mito da tecnocracia**. Não é porque entrou em um órgão técnico que agora não tem mais interesses pessoais e ideologia.

7. Tudo isso tem um custo e às vezes pode ser maior que o benefício.

Outro importante problema é que a regulamentação joga fora do mercado alguns atores econômicos, levando assim ao oligopólio\monopólio, em que é mais fácil formar cartéis e de onde muitas vezes as empresas não saem mais, visto que agora podem se permitir fazer práticas ineficientes e desrespeitar o consumidor, que na falta de concorrência, não tem muitas opções. Ou seja, dessa forma se reduz a **responsabilidade individual** dos agentes econômicos. A "Petição de Bastiat" do boxe seguinte mostra como e por que as empresas pleiteiam a regulamentação.

PETIÇÃO DOS FABRICANTES DE VELAS, CÍRIOS, LAMPARINAS, CASTIÇAIS, POSTES DE LUZ, ESPEVITADORES, APAGADORES DE VELA E PRODUTOS FEITOS COM SEBO, ÓLEO, RESINA, ÁLCOOL E TUDO O QUE, DE UM MODO GERAL, SE REFERE A MATERIAL DE ILUMINAÇÃO.

Aos senhores membros da Câmara dos Deputados.

SENHORES,

Vós estais absolutamente certos. [...] Preocupai-vos sobretudo com o destino do produtor. Quereis livrá-lo da concorrência estrangeira. Em uma palavra: desejais reservar o mercado nacional para a indústria nacional.

[...] Atualmente vivemos sob a intolerável concorrência de um rival estrangeiro. Ele possui, ao que parece, condições altamente superiores às nossas para produzir luz. Este rival inunda nosso mercado nacional com preços fabulosamente reduzidos. E basta que ele apareça para que todas as nossas vendas cessem. Todos os consumidores se

dirigem a ele. Com isso, boa parte da indústria francesa, que possui inúmeras ramificações, fica diretamente atingida por uma estagnação completa. Este rival, que não é outro senão o sol, declarou contra nós guerra tão ferrenha que suspeitamos nos tenha sido ele enviado pela pérfida Álbion [...]

Vimos, então, pedir-vos que editeis uma lei determinando que sejam fechadas todas as janelas, lucarnas, frestas, e também contraventos, postigos, cortinas, persianas, claraboias, estores, enfim, todas as aberturas, buracos, fendas e fissuras por onde a luz do sol possa penetrar nas casas, provocando enorme prejuízo para as indústrias que temos o orgulho de ter criado em nosso País. [...] Não haverá quem não venha a usufruir de aumentos de salário e de bem-estar, desde o pobre resineiro, no alto de sua colina, até o triste mineiro, no fundo das galerias de sua mina. [...] Não haverá um único francês, do opulento acionista da Companhia Anzin ao mais humilde vendedor de fósforos, a quem o sucesso de nossa petição não venha a favorecer. [...]

F. Bastiat

19.5 CASOS

É agora útil analisar alguns exemplos, alguns estudos de casos, encaixá-los teoricamente e derivar algumas lições.

- **Regulamentação obrigatória**
  a. **Urbanismo.** A regulamentação das cidades é de longe a área mais coletivizada e planejada entre todas. Se depois da queda do muro de Berlim o planejamento central demonstrou mundialmente seu fracasso e perdeu reputação, no urbanismo todo mundo pensa que se deva planejar, regulamentar estrita e ostensivamente, ninguém nem imagina

como funcionam as cidades espontâneas. Hoje, quase no mundo inteiro, as prefeituras legislam sobre as cidades: a terra é domínio público; há lei de zoneamento; limites à verticalização; as prefeituras decidem quais infraestruturas construir, a destinação comercial ou residencial dos vários bairros; onde têm que ser construídos hospitais, escolas, cemitério, arenas esportivas, parques; a coleta do lixo; o transporte coletivo é altamente regulamentado e geralmente dado em gestão a monopólios privados; em várias cidades a prefeitura decide quantas vagas de garagem têm que ter os prédios, os horários de funcionamento das lojas e das atividades noturnas; a distância mínima entre postos de gasolina, farmácias, padarias, bancas de jornal etc. A cidade, lugar vivo onde moram e trabalham milhões de pessoas, é tratada como um Lego: você vai morar na zona residencial aqui, vai trabalhar na zona dos escritórios ali, vai fazer compras na zona comercial, vai nesses parques, desloca-se por meio destes transportes aqui e se tem dinheiro consegue escapar disso e vai de carro próprio.

b. **Finanças**. Diferentemente do que os leigos pensam, a finança é geralmente um dos setores mais regulamentados. Nos EUA, por exemplo, as áreas mais regulamentadas são finanças e saúde. A SEC (a autoridade de bolsa americana) tem uma regulamentação tão detalhada que chega até a estabelecer que entre o avaliador das Agências de Rating e os avaliados das empresas cotadas não pode ter presentes por um valor maior de US$ 50 (para supostamente evitar a corrupção). No Brasil, também a regulamentação financeira é muito detalhista e restritiva.

c. **Microrregulamentação**. Tendo já regulamentado quase todas as esferas da atividade humana, hoje uma das últimas tendências é a regulamentação de fenômenos micro, de detalhes. A União Europeia regulamenta o tamanho das bananas que podem ser vendidas no território para fazer protecionismo qualitativo contra os importados; recentemente no Brasil foram regulamentados o plástico dos palitos, dos canudos, os guardanapos, o sal, o açúcar de restaurantes e lanchonetes; nos EUA foram regulamentados o tamanho dos lanches e dos refrigerantes. Na área de segurança do trabalho também a regulamentação está ficando sempre mais detalhada; no Brasil hoje estamos vivendo uma forte regulamentação da liberdade de expressão, com toda uma série de palavras que não se podem mais usar. De forma transversal a várias áreas, o fio comum é a microrregulamentação.

- **Regulamentação voluntária**. WhatsApp, Netflix, Skype, Uber e Cabify são regulamentadas pelo consumidor; Oi, TIM, Claro, SKY, NET e os táxis são regulamentados pelo estado. É evidente quais funcionam melhor. Os casos voluntários se referem a todos nos quais a política não intervém e deixa o mercado regular.

    a. ***Lex mercatoria***. A *lex mercatoria* (latim) é um corpo de leis que durante a Idade Média veio a regulamentar o comércio internacional. Trata-se de um ordenamento privado nascido espontaneamente e criado pelos mesmos comerciantes para fazer contratos de forma mais eficiente, justa e segura. Baseia-se em usos e costumes de forma similar à *common law* e fez um amplo uso de cortes de arbitragem, mais rápidas e neutras que as estatais. Dessa maneira, conseguiu baixar os custos das transações internacionais, aumentando muito o comércio da época. Marco Polo, a via da seda, as especiarias, as Repúblicas Marítimas (Veneza, Amalfi, Genova, Pisa, Ancona, Ragusa) são dessa época e se desenvolveram graças à *lex mercatoria*.

b. **Mobilidade urbana**. Recentemente, a abertura de empresas como Uber, Cabify, Lyft, Blablacar, LetzGo, Wheeliz, Allocab, Jugnoo gerou muitas questões referentes à mobilidade urbana. A situação jurídica difere de país para país, mas de modo geral pode-se observar que:
   - essas empresas entram em mercados geralmente muito regulamentados (táxis funcionam com licenças municipais, com tarifas políticas e número de placas planejado; ônibus municipais e intermunicipais funcionam muitas vezes como empresas privadas) com concessão estatal;
   - todas essas empresas são reguladas pelos mesmos usuários (sem regulamentação política), provendo geralmente mais satisfação para o cliente que os serviços estatais ou os regulamentados.

c. **Internet** é provavelmente o máximo e melhor exemplo de espaço totalmente livre e regulado de forma voluntária. Várias empresas como Ebay, Kiva, GiveWell, Rabbi Bitcoint e Amazon que trabalham nesse espaço se baseiam na avaliação dos próprios clientes com um sistema de *feedbacks*. Além disso, a internet é um sistema livre, anárquico, que se autorregula.

d. **Relações sociais**. A **moda**, por exemplo, autorregula-se: o que vende mais, o que as pessoas preferem; como essas preferências mudam ao longo do tempo e do espaço, dependem exclusivamente de relações interpessoais voluntárias: as pessoas experimentam, inovam, ousam, olham os outros, emulam, copiam, modificam. As empresas do setor tentam interceptar qual a demanda futura e tentam influenciar o público, algumas conseguem, outras não, aquelas mais apreciadas pelos consumidores fazem mais sucesso. A moda se espalha entre as pessoas de forma desuniforme: algumas pessoas seguem determinado estilo; outras, estilo distinto; outras ainda não se importam muito e não mudam ao longo do tempo. Gostos diferentes convivem pacificamente. As ruas das grandes metrópoles são arco-íris de pessoas que expressam a própria personalidade de forma diferente. Ninguém nem pensa em obrigar os outros a se vestir como o agrada. A mesma coisa acontece na **gastronomia**. Não há uma receita certa, única, da feijoada, do churrasco. Cada um tem seu gosto e faz como quer. E cada receita se desenvolveu de forma espontânea, voluntária, *bottom-up*, experimentando, por meio de tentativas e erros. As várias línguas que existem no planeta, a contabilidade, a moeda, as relações sociais, as relações entre casais, entre vizinhos, entre países, entre amigos, os hábitos, os valores, a cultura, os costumes são todos fruto da ação humana, mas não do desenho, do planejamento da interferência política.

- **Desregulamentação**. Não se pode, enfim, falar de regulamentação sem falar de desregulamentação: uma questão politicamente tão polêmica quanto importante no plano teórico, econômico e social. Nos anos 1970 e 1980, nos

EUA, houve a famosa *deregulation* no setor de aviação, caminhões, estradas, telefonia, gás natural, bancário. Em todos os casos, os custos e preços caíram, e a demanda aumentou.

Nos anos 2000, o governo irlandês desregulamentou os táxis. O resultado foi: quatro vezes mais táxis, menos filas, preços menores, mais clientes, menos carros de propriedade, menos trânsito, menos poluição.

O estado guatemalteco vendeu o monopólio estatal de telefonia Guatel, e o resultado foi o mesmo: um aumento exponencial dos consumidores (Figura 19.4).

FIGURA 19.4 AUMENTO DA TELEFONIA NA GUATEMALA

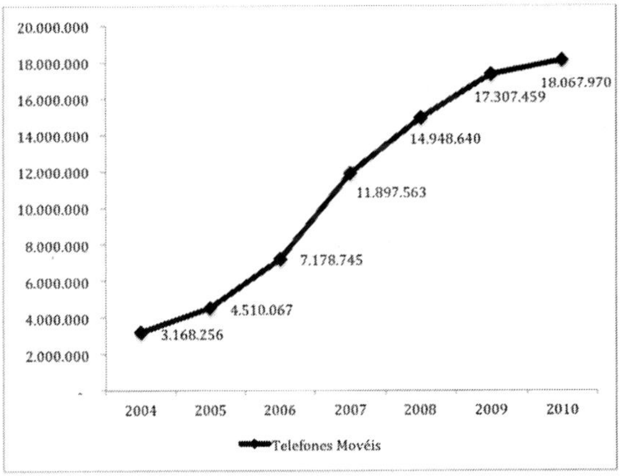

Fonte: Elaboração do autor a partir de dados da Superintendencia Telecomunicaciones Guatemala.

A Alemanha acabou de desregulamentar o transporte coletivo de longa distância, e em um ano o número de passageiros aumentou 230%.

Os casos poderiam continuar, mas os efeitos são sempre os mesmos: os custos caem, logo o preço cai e os consumidores aumentam.

PERGUNTAS

- Quais seriam os fins da regulamentação? Por que cientificamente é melhor evitar falar desses fins?
- Elenque e explique pelo menos cinco efeitos da regulamentação.
- Explique a teoria da captura.
- Explique a teoria do interesse geral.
- Explique a teoria do *Money for nothing*.
- Explique a teoria dos *bootlegers and baptists*.
- Dê dois exemplos de regulamentação e ache os *bootlegers and baptists*.
- Supondo que o objetivo da regulamentação seja o interesse geral, como isso poderia ser distorcido?
- Supondo que o objetivo seja interesses específicos, por que e como os agentes criariam a regulação?
- Explique o que é a assimetria informativa e qual a relação dela com a captura.
- Assimetria informativa e questão do conhecimento segundo a Escola Austríaca. Explique os dois conceitos e depois os compare.
- Contraponha a teoria do bem comum e a do *baptists and bootlegers*.
- Quais os custos da regulamentação?
- Quais os custos de cumprimento?
- Quais os custos ocultos?
- Por que é impossível medir os custos?
- Quais as 11 consequências da regulamentação?
- Explique os Atrasos de Friedman.
- Explique a questão da efetividade da regulamentação.
- O que fala Turgot sobre a regulamentação?
- Por que com mais regulamentação aumenta o lobismo?
- Por que com mais regulamentação diminui o crescimento econômico?

Capítulo 20

RENDA POLÍTICA E CORRUPÇÃO

A corrupção é um dos assuntos que interessam mais aos leigos e à mídia. Cada escândalo dá uma boa manchete de jornal, uma boa primeira página e parece ser cada vez uma história nova e diferente. Isso gera vários riscos:

1. **Estéril reclamação.**
2. **Visão acidental.** "*Shit happens*", fala um ditado americano. A ideia é que coisas erradas acontecem, é a vida, os erros são normais, são os acidentes de percurso. A corrupção é uma falha da política, é um acidente, uma exceção estatística, uma anomalia, uma patologia, um desvio da alta e nobre função da política. Esta visão acidental poderia até ser o ponto conclusivo de uma análise científica, mas se é o ponto de partida aí se exclui *a priori* a possibilidade que se trate da normalidade da política, de parte integrante dela, de uma característica inerente a ela.
3. **A falácia do caso específico.** Às vezes, tende-se a observar e analisar os diferentes casos de corrupção que acontecem todos os dias no mundo inteiro. As notícias da mídia geram público, escândalo e indignação. As pessoas acompanham os detalhes do último caso vendo exatamente como, quando, quanto quem desviou de dinheiro etc. Alguém pode se perder nesse mar de in-

formações aparentemente diferentes, que na verdade tem sempre a mesma lógica e a mesma essência. É a falácia do caso específico. É uma abordagem jornalística à política. É a ideia de analisar caso por caso, *ad hoc*, sem ver o seu mínimo comum, divisor comum, a lógica da questão e que, além da forma aparente, há constantes e regularidades e que a essência é sempre a mesma. Depois de ficar observando os vários casos, dever-se-ia parar e analisar mais em profundidade as causas, as variáveis, as consequências etc.

4. **Propor soluções erradas**. Se não se conhecerem as causas e as consequências da corrupção além das fáceis indignações populares, as propostas de solução serão erradas.
5. **A corrupção é o maior problema**. Pensar que, resolvida a corrupção, resolve-se tudo. Às vezes, pode-se pensar que a corrupção seja o maior dos problemas sociais e políticos, e pode ser, mas essa posição pode também ser fruto de uma indignação imediatista e emotiva, e pode levar a crer (implicitamente) que, resolvida a corrupção, resolvem-se todas as mazelas.

A corrupção não é só um bom assunto de conversa. Todos se dizem indignados, ninguém faz nada, ninguém sabe como fazer algo, mas todos dispensam soluções fáceis. A corrupção pode ser e é estudada cientificamente pela ciência política e econômica. Há toda uma literatura científica que trata desse tema. Causas, correlações, consequências e soluções são individualizadas. Para o técnico, o reformador que quer mudar as coisas, é indispensável antes saber do que se está falando, o que foi já demonstrado, quais soluções já foram testadas, quais as causas para saber o que propor. Não há outros caminhos.

A maioria dos trabalhos científicos sobre a corrupção é de cunho empírico.

20.1 CORRUPÇÃO E POBREZA

Sempre se liga a corrupção à pobreza. Os países mais corruptos são pobres, e os mais pobres são corruptos. Olhando o mapa e as Figuras 20.1 e 20.2, a correlação parece clara.

O dilema surge quando se tenta entender a relação causa-efeito. Será que é a corrupção que causa a pobreza (como a maioria dos leigos pode tender a pensar) ou é a pobreza que gera corrupção? Ou, ainda, não há relação e causalidade?

Tentando responder a esses quesitos, começa-se a notar que:

- **A corrupção afeta mais os pobres** que os ricos. Isso em termos de países pobres e de pessoas pobres. Os países pobres são mais afetados, e dentro deles os mais pobres são mais afetados que os ricos. Também nos países ricos, as pessoas mais pobres são mais afetadas.
  a. Quanto mais uma pessoa é pobre, menos ela tem como escapar da corrupção. Quando se submete (paga ou faz um favor), isso afeta uma parcela maior dos próprios recursos e do próprio bem-estar. É uma questão de simples necessidade e não de falta de moralidade.
  b. Quanto mais rica uma pessoa é, mais ela tem como evitar a corrupção e, mesmo quando tem que se adaptar, a parcela afetada dos seus recursos é uma parcela menor. Às vezes, ela pode até ser a beneficiada nesse processo.

Outro grande problema é que, pelo simples fato de um país ser muito corrupto, os dados não são confiáveis e as instituições são corruptas. A China, por exemplo, tem um problema de corrupção endêmica tão intenso e grave que até as publicações científicas chinesas são analisadas com muita cautela em nível internacional, pois várias vezes fraudes e plágios foram encontrados. Além disso, até organismos internacionais como a ONU desconfiam de dados do governo argentino sobre inflação, pois são constantemente mais otimistas que a realidade.

FIGURA 20.1 *RANKING* DA CORRUPÇÃO EM 2016

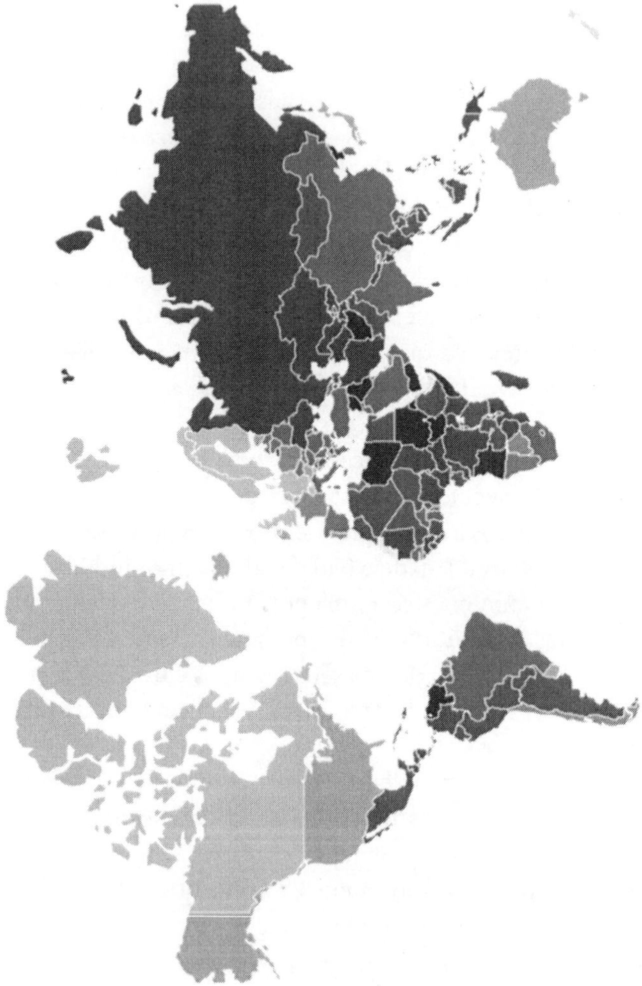

Fonte: Elaboração do autor a partir de dados do Transparency International Index.

Rank	País	Score	Rank	País	Score	Rank	País	Score	Rank	País	Score
1	Denmark	90	23	France	69	44	Latvia	57	64	South Africa	45
1	New Zealand	90	24	Bahamas	66	46	Grenada	56	64	Suriname	45
3	Finland	89	24	Chile	66	47	Cyprus	55	69	Greece	44
4	Sweden	88	24	United Arab	66	47	Czech Repub	55	70	Bahrain	43
5	Switzerland	86	27	Bhutan	65	47	Malta	55	70	Ghana	43
6	Norway	85	28	Israel	64	50	Mauritius	54	72	Burkina Faso	42
7	Singapore	84	29	Poland	62	50	Rwanda	54	72	Serbia	42
8	Netherlands	83	29	Portugal	62	52	Korea (South	53	72	Solomon Isla	42
9	Canada	82	31	Barbados	61	53	Namibia	52	75	Bulgaria	41
10	Germany	81	31	Qatar	61	54	Slovakia	51	75	Kuwait	41
10	Luxembourg	81	31	Slovenia	61	55	Croatia	49	75	Tunisia	41
10	United Kingd	81	31	Taiwan	61	55	Malaysia	49	75	Turkey	41
13	Australia	79	35	Botswana	60	57	Hungary	48	79	Belarus	40
14	Iceland	78	35	Saint Lucia	60	57	Jordan	48	79	Brazil	40
15	Belgium	77	35	Saint Vincent	60	57	Romania	48	79	China	40
15	Hong Kong	77	38	Cape Verde	59	60	Cuba	47	79	India	40
17	Austria	75	38	Dominica	59	60	Italy	47	83	Albania	39
18	United State	74	38	Lithuania	59	62	Sao Tome an	46	83	Bosnia and H	39
19	Ireland	73	41	Brunei	58	62	Saudi Arabia	46	83	Jamaica	39
20	Japan	72	41	Costa Rica	58	64	Montenegro	45	83	Lesotho	39
21	Uruguay	71	41	Spain	58	64	Oman	45	87	Mongolia	38
22	Estonia	70	44	Georgia	57	64	Senegal	45	87	Panama	38

Rank	País	Score	Rank	País	Score	Rank	País	Score	Rank	País	Score
87	Zambia	38	108	Ethiopia	34	131	Nepal	29	154	Zimbabwe	22
90	Colombia	37	108	Guyana	34	131	Russia	29	156	Cambodia	21
90	Indonesia	37	113	Armenia	33	131	Ukraine	29	156	Democratic I	21
90	Liberia	37	113	Bolivia	33	136	Guatemala	28	156	Uzbekistan	21
90	Morocco	37	113	Vietnam	33	136	Kyrgyzstan	28	159	Burundi	20
90	The FYR of N	37	116	Mali	32	136	Lebanon	28	159	Central Afric	20
95	Argentina	36	116	Pakistan	32	136	Myanmar	28	159	Chad	20
95	Benin	36	116	Tanzania	32	136	Nigeria	28	159	Haiti	20
95	El Salvador	36	116	Togo	32	136	Papua New (	28	159	Republic of (	20
95	Kosovo	36	120	Dominican R	31	142	Guinea	27	164	Angola	18
95	Maldives	36	120	Ecuador	31	142	Mauritania	27	164	Eritrea	18
95	Sri Lanka	36	120	Malawi	31	142	Mozambique	27	166	Iraq	17
101	Gabon	35	123	Azerbaijan	30	145	Bangladesh	26	166	Venezuela	17
101	Niger	35	123	Djibouti	30	145	Cameroon	26	168	Guinea-Bissa	16
101	Peru	35	123	Honduras	30	145	Gambia	26	169	Afghanistan	15
101	Philippines	35	123	Laos	30	145	Kenya	26	170	Libya	14
101	Thailand	35	123	Mexico	30	145	Madagascar	26	170	Sudan	14
101	Timor-Leste	35	123	Moldova	30	145	Nicaragua	26	170	Yemen	14
101	Trinidad and	35	123	Paraguay	30	151	Tajikistan	25	173	Syria	13
108	Algeria	34	123	Sierra Leone	30	151	Uganda	25	174	Korea (North	12
108	Côte d'Ivoire	34	131	Iran	29	153	Comoros	24	175	South Sudan	11
108	Egypt	34	131	Kazakhstan	29	154	Turkmenista	22	176	Somalia	10

Fonte: Elaboração do autor a partir de dados do Transparency International Index.

FIGURA 20.2 CORRUPÇÃO E PIB *PER CAPITA*

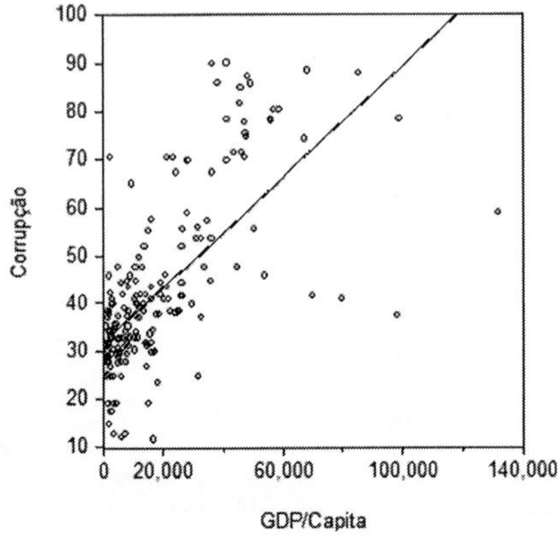

Fonte: Elaboração do autor a partir de dados da Heritage Foundation.

Então, como medir a corrupção em um país corrupto? Considere o caso da Figura 20.3. Pode-se tender a pensar que quando são descobertos/investigados/apurados mais casos de corrupção é um sinal que ela está aumentando, mas sabemos que pode ser que polícia/tribunais/mídia estejam sendo mais eficientes e menos tolerantes.

FIGURA 20.3 CASOS DE PROPINA

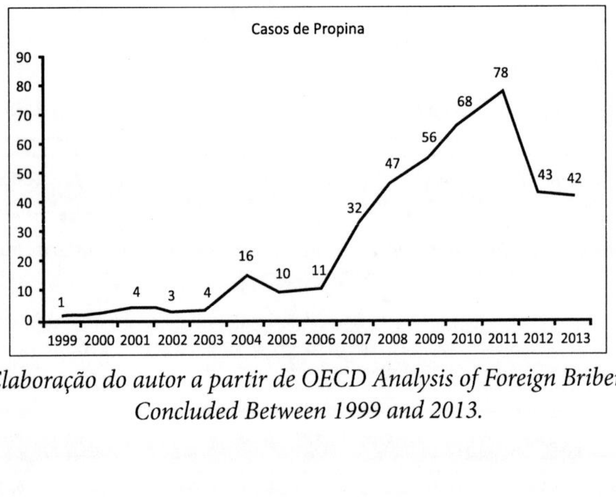

Fonte: Elaboração do autor a partir de OECD Analysis of Foreign Bribery Cases Concluded Between 1999 and 2013.

Da mesma maneira, se um país tem poucos registros de casos de corrupção, não significa que tenha pouca corrupção.

Países que mais combatem a corrupção poderiam parecer mais corruptos. Por isso, o índice mais importante em nível mundial que mede a percepção da corrupção é a melhor maneira possível de medi-la.

20.2 CORRELAÇÕES EMPÍRICAS

Há vários estudos empíricos que seguem essa linha de raciocínio, tentando cruzar a corrupção com outras variáveis. E na verdade, a literatura científica se limita quase na sua totalidade a isso. Assim, algumas correlações encontradas são:

1. Afeta mais aos mais pobres.
2. Corrupção e instabilidade política.
3. Corrupção e baixos investimentos.
4. Corrupção e mais intervencionismo.
5. Corrupção e mais imunidade política. Em alguns países, os cargos mais importantes ou até os parlamentares têm imunidade política. No Brasil se fala de "foro privilegiado".
6. Mais corrupção nos níveis locais que nos nacionais. Pode ser interpretado como um argumento contra o federalismo (veja o Capítulo 23).
7. Correlação positiva com fracionalização. Quanto mais heterogênea (em termos étnicos, religiosos, linguísticos) a sociedade, mais corrupção, pois pessoas diferentes tendem a não se reconhecer como pares e tentam então se sobressair em meio aos outros.
8. Mais corrupção nos sistemas parlamentares, proporcionais e multipartidários.

9. Onde há mais corrupção existem regulamentações específicas para empresas estrangeiras e órgãos reguladores de importação e de exportação.
10. Corrupção e menos liberdade econômica. Estudos como Carden, 2010; Colombatto, 2003; Blattman, 2012; Wallis, 2006, mostram a forte correlação com a falta de liberdade de empreender, de investimento, de comércio etc., como se nota na Figura 20.4.

FIGURA 20.4 CORRUPÇÃO E LIBERDADE ECONÔMICA

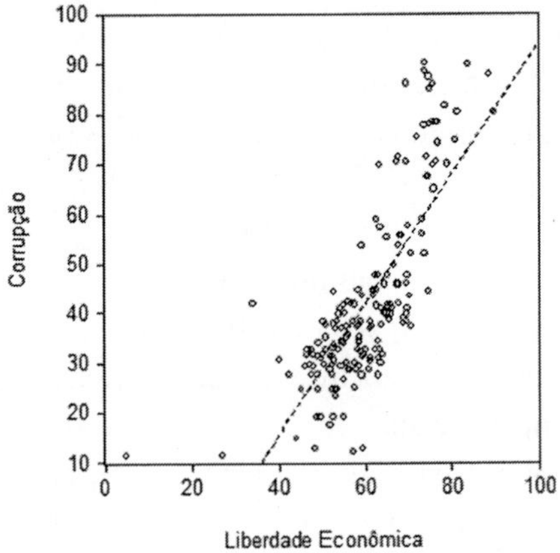

Fonte: Elaboração do autor a partir de dados da Heritage Foundation.

Todas essas correlações são empíricas; o que depois os autores tentam fazer é interpretar os dados para fazer hipóteses de causa-efeito, estabelecer uma conexão lógica e criar uma teoria.

Agora fica claro por que dois famosos autores como Parente e Prescott fizeram algumas considerações interessantes sobre ***rentseeking***, protecionismo e corrupção. Eles notaram que a corrupção gera:

1. Regulamentação mais dura contra empresas estrangeiras.

2. *Enforcement* assimétrico contra empresas estrangeiras. Ou seja, mesmo com um conjunto de regras e legislação igual para todos, os fiscais, os tribunais e o aparato executivo de forma geral aplicam de forma mais dura a legislação contra empresas estrangeiras. Nesse *ranking*, o Brasil se encontra em primeiro lugar.
3. A necessidade de licenças para poder comprar novas tecnologias. Note, por exemplo, que no Brasil você precisa de várias autorizações para importar maquinários.
4. Logo, a não importação de tecnologia é melhor.

Tudo isso obviamente tem um forte impacto na economia. Vejamos.

20.3 CORRUPÇÃO E ECONOMIA

É óbvio que a corrupção afeta negativamente a economia, ou seja, reduz o bem-estar teoricamente possível. Para isso, não se precisa de muitos livros, mas, para notar efeitos mais complexos, é necessária uma análise mais profunda. O termo e o conceito "corrupção" representam um conjunto bastante amplo. Há na verdade dois tipos de corrupção:

- **Propina**. Um agente político recebe dinheiro do agente econômico-social.
- **Desvio** de dinheiro já do governo.

Trata-se de dois casos muito diferentes. Um exemplo do primeiro caso é este: alguns medicamentos à base de maconha são proibidos. Alguns pais os importaram ilegalmente para tentar salvar a vida dos próprios filhos. Não sabemos, mas vamos supor que alguém seja parado por um fiscal da alfândega.

Eles podem entrar em acordo, e, por exemplo, o pai pode pagar R$ 1.000,00 para o fiscal deixá-lo entrar com os medicamentos. Os dois ganham. O jogo é *win-win*. Ainda, um norte-coreano que foge do regime e suborna um soldado, e um judeu que paga um SS para não ter a loja fechada são os mesmos exemplos de *win-win*.

Outro caso é, por exemplo, o de um político que, segundo a lei, deveria alocar R$ 10 milhões na construção de um estádio, mas subtrai R$ 500 mil e os desvia para uma empresa própria. Nesse caso, o dinheiro advinha de impostos, já havia sido pago pelo contribuinte. Dever-se-ia demonstrar que a segunda alocação é menos eficiente que a primeira, segundo a fórmula:

$$A_1 > A_2$$

Além do sentido comum, da indignação, da questão moral e legal, resolver essa equação é cientificamente impossível. Não se pode demonstrar o que teria acontecido se o dinheiro tivesse sido gasto de outra forma, ou as externalidades e os efeitos em cascata que teriam criado. Quando o dinheiro é desviado de uma escola ou de um hospital para a própria conta, é intuitivo. Quando é desviado de um "elefante branco", de uma obra feita para fins eleitorais, a coisa fica mais difícil. Em ambos os casos, precisamos demonstrar cientificamente.

Sobre o segundo caso, então, pode-se falar midiática, legal e moralmente, mas economicamente é mais complexo. O primeiro, às vezes, é um caso de corrupção eficiente, pois os agentes teriam ficado em uma situação pior se tivessem respeitado a regra. A simplicidade e a lógica da questão são: **quando a regra é economicamente ineficiente, é economicamente eficiente não respeitá-la**. É exatamente isso que explica por que as pessoas pagam propinas.

Isso não significa que a corrupção seja eficiente em termos absolutos. Significa que é economicamente mais eficiente que uma regra ineficiente e o respeito a ela. As situações possíveis são três:

a. Ausência de regra ineficiente.
b. Regra ineficiente cumprida.
c. Regra ineficiente descumprida.

A eficiência dessas situações se representa assim: a > c > b.

20.4 O PARADOXO DE TULLOCK

O grande economista Gordon Tullock dedicou a vida inteira ao estudo do *rentseeking* e analisou, portanto, também a corrupção.

Ele notou que normalmente se consegue um grande favor de um político/burocrata com uma propina relativamente pequena se comparada ao benefício que se ganha. Vista a grande recompensa, o volume de dinheiro envolvido podia ser até maior. Além da nossa indignação, note que geralmente as propinas pagas são de um valor muito pequeno relativamente ao "prêmio" que se ganha. Tullock se pergunta como isso é possível e dá três explicações:

1. **Competição entre os agentes baixa o preço.** Os agentes político-burocráticos sofrem uma mínima competição, pela qual, se um não aceita uma propina baixa, o agente econômico pode receber o mesmo favor de outro político-burocrata a um preço menor.
2. **Falta de confiança.** Como em todos os mercados negros, os dois agentes não podem usar recursos legais como contratos e seguros, de maneira que a relação tem que se basear exclusivamente na confiança. Assim, como ninguém pode assegurar o cumprimento do acordo, o preço fica menor do que poderia ser.
3. **Pressão da opinião pública.** Ainda que possa ser fraca e não efetiva, às vezes e em alguns países pode se fazer valer.

Concordando ou não, Tullock faz importantes reflexões, que podem gerar bons *insights*.

20.5 CAUSAS, CONSEQUÊNCIAS E SOLUÇÕES

Agora é o momento de nos aprofundarmos e vermos as questões mais relevantes sobre as quais precisamos da ajuda não só dos casos empíricos, mas também da teoria.

Pode parecer que a corrupção tem várias causas, mas na verdade são todas reconduzíveis a duas categorias essenciais:

- **Causas antropológicas**. Todas as teorias de acordo com as quais a corrupção é uma questão de costume, de hábito, de "jeitinho", de genética, de cultura, de gênero, de nacionalidade, de religião, de ganância, de sede pelo poder, são subteorias da teoria antropológica, segundo a qual a causa é o homem e sua natureza.
- **Causas sistêmicas**. Segundo esta visão, é uma questão de incentivos, de regras, de sistema, como: muito poder aos agentes políticos, poder arbitrário, estado forte, intervencionismo, incentivos perversos, sanções fracas, salários estatais baixos.

Não há outras causas possíveis. Todas se encaixam nessas duas categorias e todas são subteorias delas. As propostas para solucionar a questão da corrupção deveriam ser coerentes com aquela que se considera sua causa.

Antes disso, é necessário ver as consequências:

1. **Menor desenvolvimento**. Devido a menor investimento, menos concorrência, menos inovação, menos opções, menos consumo, menos produção, menos produtividade.

2. **Espiral da corrupção.** Incentivo a mais corrupção. Para sobreviver em um sistema corrupto, a única maneira é se adaptar.
3. ***Shorttermism.*** Visão de curto prazo.
4. **Monopólios.**
5. **Mais desigualdade**, pois afeta os mais pobres.

Como vimos, as soluções dependem de quais sejam consideradas as causas, logo podemos manter a mesma classificação.

- **Soluções antropológicas.**

1. Confiar na boa-fé dos agentes políticos e econômicos. Por exemplo: "Ah, se as pessoas fossem boas!"
2. Operação cultural-ético-religiosa.
3. Substituir os agentes. Colocar a pessoa certa, os puros, os honestos, os incorruptíveis; nomear técnicos, estrangeiros, mulheres, professores, em lugar de políticos de profissão.

- **Soluções sistêmicas.**

1. Transparência.
2. Reduzir o tamanho do estado. Limitar, tirar o poder arbitrário de burocratas, fiscais e políticos. Desregulamentar e liberalizar.
3. Departamento anticorrupção ou de infiltrados específicos. Valem ambos para a polícia e para os tribunais.
4. Tribunais específicos para casos de corrupção.
5. Metas claras.
6. Meritocracia.
7. Auditoria e *accountability* (de quem é a culpa?).
8. Propagandear casos.
9. Aumentar salários de policiais e de vários burocratas.

   a. Esta prática foi aplicada em Cingapura, que, ao mesmo tempo, passou de um dos países mais corruptos a um dos menos corruptos. Parece ter funcionado, mas é claro que outras variáveis podem ter intervindo.
   b. Por meio da Teoria do Salário Eficiente, foi estudado que (para ter este efeito) os salários estatais deveriam ser de três a sete vezes maiores do que os salários do setor manufatureiro, e em todo caso, os resultados seriam no médio-longo prazo.
3. Aumentar sanções negativas.
4. Fazer índices, reportagens etc.

Quando uma ponte desaba, não se condena a força da gravidade. Os engenheiros deveriam ter construído uma ponte levando em conta as leis da física, os dados da natureza. Da mesma forma, um sistema deve prever a natureza humana e sua imperfeição (e corruptibilidade). Um sistema que precisa de pessoas boas não é um bom sistema, são as pessoas a serem boas (e aí o tipo de sistema se torna irrelevante). Um sistema é bom quando minimiza o dano que as pessoas podem gerar.

20.6 CONCLUSÕES

Tacitus notou que "quanto mais corrupto é um estado, mais legisla". É a espiral da corrupção. Mais corrupção leva mais poder às mãos dos poderosos, e mais poder leva a mais corrupção.

A corrupção sem poder é inócua, na verdade nem existe. Como pode corromper, ou ser corrompido alguém, sem o mínimo poder? Quem tem mais possibilidade de corromper ou de ser corrompido: alguém com pouco ou alguém com muito poder? A corrupção é um dos efeitos do poder, é o seu abuso, é o desvio do seu caminho declarado, é o sintoma, e não a doença.

Se queremos minimizar o problema da corrupção, temos as duas vias, antropológica e sistêmica, à nossa disposição. A única via da ciência política é a sistêmica; a antropológica é o caminho da sociologia, da antropologia, da psicologia, dos estudos culturais, da religião etc. Pode até se tratar de propostas concretas, mas não pertencem à área da Ciência Política. Os estudos da Ciência Política e as reformas políticas se baseiam nas causas e soluções sistêmicas, de reforma da legislação, dos incentivos, da estrutura, das regras do jogo.

Logo, as conclusões podem ser resumidas da seguinte forma:

1. Mais poder gera mais corrupção.
2. A corrupção sem poder não existe.
3. Mais que uma causa, a corrupção é um efeito.
4. As soluções políticas são sistêmicas.

Corrupção de quê? Corrupção relativa a quê? O que significa exatamente corrupção? Quando um ato e uma pessoa são corruptos? Quando fazem algo diferente a respeito do que "deveriam" fazer, segundo a legislação e segundo a moral? Ou segundo a natureza da sua função?

Se o que se "deveria" fazer é com respeito à legislação e à moral, tem pouca conversa, todos concordam então sobre o que é corrupção. Mas se o que se "deveria" fazer é relativo à natureza da sua função, a natureza dos cargos políticos e da política em si entra em jogo e fica a questão mais relevante. Ou seja, pode-se falar de corrupção apenas se se considerar que a função da política seja o bem comum, o interesse geral etc., do qual, então, se alguém se afasta, pode ser definido por corrupto. Se, às vezes, as funções dos cargos políticos e da política em si são consideradas de ordem mais individual e mais interesseira, os atos que geralmente os leigos definem como corrupção seriam normais, em linha com sua função, e desviariam só dos fins declarados, e não dos reais. Tudo depende da definição dos objetivos da política.

PERGUNTAS

- "A corrupção gera pobreza". Argumente em defesa desse raciocínio.
- "É a pobreza que gera corrupção, e não vice-versa". Argumente em defesa desse raciocínio.
- Explique o paradoxo de Tullock.
- Em quais casos poderia haver um tipo de corrupção eficiente? Explique.
- Quais as relações entre intervencionismo, liberdade econômica e corrupção?
- Faça três propostas de soluções antropológicas e as justifique com argumentos baseados nos mesmos tipos de causas.
- Faça três propostas de soluções sistêmicas e as justifique com argumentos baseados nos mesmos tipos de causas.
- Quais as consequências da corrupção?
- Explique a proposta de aumentar os salários e o caso de Cingapura.
- A corrupção é sintoma ou doença? Argumente.
- Qual a relação entre corrupção e poder?
- A corrupção parece relembrar um jogo. Seria melhor para todos se não houvesse corrupção, mas individualmente há o incentivo a desrespeitar a regra. De qual jogo se trata? Explique.

Capítulo 21

OS BENS PÚBLICOS

21.1 ENTRE FATOS E TEORIA

Ao longo da história, as organizações estatais se fortaleceram, tomaram sempre mais poder e começaram a fornecer mais bens e serviços. No começo, a elite política passou a prover defesa e segurança enquanto tentava defender o território conquistado. As habilidades militares, então, acharam uma nova área de aplicação: segurança interna e policiamento. Em seguida, veio a administração da justiça para decidir quem está certo e quem está errado; depois foi o turno das primeiras infraestruturas (estradas e pontes); gradualmente, começou-se a ditar regras e condutas de vida (surge a legislação) sobre os mais variados aspectos da vida social; agora a elite passa a dar títulos nobiliários e entregar direitos de monopólios; paulatinamente, alguns estados passaram a produzir e fornecer praticamente tudo: Mussolini criou uma grande *holding* estatal (a I.R.I.) sob a qual colocou todas as *empresas* estatais, chegando a produzir até *panettone* de estado. Hoje os estados fornecem vários tipos de bens, alguns são definidos como **bens privados** (como Correio, hospitais, escolas, teatros etc.) e outros **bens públicos** (defesa nacional, faróis, alarmes).

É preciso agora especificar a definição técnica de bens privados e públicos. Para fazer isso, antes se deve esclarecer **o que os bens públicos não são**:

1. Os bens públicos não são os bens fornecidos pelo estado.
2. Bem público não é qualquer um fornecido pelo estado.
3. Nem todos os bens fornecidos pelo estado são públicos.
4. Há também bens públicos que não são fornecidos pelo estado.
5. Bens importantes como hospitais e escolas não são bens públicos.

É uma questão técnica, a definição científica de bem público é: **aqueles bens que não são rivais e que não são excludentes, ou o bem cujo produtor não é capaz de escolher seus usuários.**

Os exemplos clássicos de bens públicos são ar limpo, farol, alarme, conhecimento e defesa nacional. As obras dessa área são muitas vezes chamadas de "literatura do farol".

O economista Samuelson[1] desenvolveu uma teoria (que hoje é a teoria *mainstream*) que dita o seguinte: todos podem utilizar a luz do farol para a navegação, até um navio que não pagou. Visto que não se consegue excluir ninguém de utilizar esse bem, os usuários perceberiam que podem utilizá-lo sem pagar, tendo um fortíssimo incentivo a não pagar e a fazer ***free riding*** (pegar "carona"), gerando assim uma espiral na qual ninguém ou quase ninguém pagaria voluntariamente. Isso faz com que o fornecedor do bem não tenha lucro. Dessa maneira, os agentes não teriam incentivo para fornecer esse bem. Mas, se o mercado não dispõe, quem pode oferecer? O estado. Segundo a teoria, esta seria uma

1 O mesmo Paul Samuelson que previu repetidamente o predomínio econômico soviético. Em 1961, ele escreveu que teria acontecido possivelmente até 1984, mas provavelmente até 1997. Em 1980, mudou as datas para 2002 e 2012. Ainda em 1989, escreveu: "A economia soviética é a prova de que, contrariamente ao que muitos céticos tinham acreditado precedentemente, uma economia socialista de comando pode funcionar e até prosperar" (*Economics*, 1989, p. 837). A citação é do seu manual de economia, que foi, e ainda é, um dos mais usados em todas as universidades do mundo.

das falhas de mercado e a solução seria a intervenção do estado, que deve fornecer esses bens e arrecadar o dinheiro necessário por meio da imposição fiscal geral.

Vamos agora esclarecer Rivalidade e Exclusão.

Bens rivais: são aqueles bens que, quando alguém os utiliza, estão impedidos de serem usados por outra pessoa, simultaneamente. (Um carro, uma pizza, uma geladeira, um celular, um vestido, se usados por alguém, não podem ser usados ao mesmo tempo por outra pessoa.) Ao contrário, os bens não rivais podem ser consumidos ou usados por várias pessoas ao mesmo tempo (um filme, uma rua, um parque etc.).

Bens excludentes: são aqueles bens cujo uso pode ser tecnicamente impedido a alguém (carro, água canalizada, telefone, estrada, museu, hospital, escola, restaurante são bens dos quais algumas pessoas podem ser tecnicamente excluídas). Ao contrário, os bens não excludentes são aqueles para os quais seria impossível excluir alguém do seu uso (praia, mar, ar, defesa nacional, farol, alarme, iluminação pública etc.).

Observando a Tabela 21.1, no primeiro quadrante temos os **bens privados**, que são geralmente produzidos e fornecidos pelo privado sem nenhum grave problema. O mercado consegue produzi-los e fornecê-los porque são rivais e excludentes. No quadrante oposto, temos os **bens públicos puros**, impossíveis de serem produzidos e fornecidos pelo mercado, pois não há rivalidade nem exclusão.

Os **bens de clube** são bens não rivais, mas em que há a possibilidade de exclusão, como clube de charuto, museu, TV fechada, estrada com pedágio, aula etc. Basicamente, dentro de um clube fechado, esses bens funcionam como os bens públicos puros: não há rivalidade.

Os **bens comuns** são geralmente recursos naturais, como um estoque de peixes, a caça, o petróleo, os diamantes etc. São bens rivais (se eu consumo, afeto seu consumo) e não excludentes (não há como excluir). Exatamente por isso, geram a notória "**tragédia dos comuns**". De forma geral, a teoria dos bens públicos fala que esses bens não podem ser fornecidos voluntariamente (pelo mercado), mas a contradição da teoria é que muitos desses bens públicos já foram produzidos pelo mercado ou foram até inventados pelos privados, exatamente como no caso do famoso farol! O mesmo Ronald Coase mostrou que faróis privados na Inglaterra resolveram o problema da cobrança do dinheiro.

TABELA 21.1 BENS PÚBLICOS

	Exclusão	**Não Exclusão**
Rivalidade	Bens privados	Bens comuns ou quase públicos
	Comida, vestuário, automóveis, combustível, eletrodomésticos. Eletricidade, gás e água canalizada doméstica. Telecomunicações, mobiliário, casa.	Recursos naturais: peixes em um lago, caça, cogumelos na floresta, estrada, recursos de madeira, jazidas de carvão, pedreiras, praia, água de uma nascente.
Não Rivalidade	Semipúblicos (bens de clube)	Bens públicos puros
	Cursos de dança, cinema, estrada com portagem, museus, parques privados. Televisão por satélite. Serviços sociais e recreativos para os seus sócios. Bens de acesso restrito.	Televisão de canal aberto. Segurança pública, justiça, defesa nacional. Farol na orla marítima, fogo de artifício, romaria, ponte não congestionada, iluminação pública, ar. Estrada vazia, praças, ruas.

Em termos de teoria dos jogos, os bens públicos e o problema do *free rider* são representados pelo dilema do prisioneiro: a cooperação seria a melhor opção agregada, mas o incentivo é fazer a defecção, *free riding*. Se fosse assim, então os bens públicos não poderiam ser fornecidos voluntariamente.

21.2 A TRAGÉDIA DOS COMUNS

Aristóteles notava que, quando alguns bens e produtos são de propriedade e uso comum, há uma tendência ao descuido e a usar-gastar demais. Ninguém tem o incentivo de diminuir ou parar o consumo porque o custo é bancado por outros, e porque a redução de consumo por parte de cada um não faria diferença.

Por exemplo, em um condomínio no qual a conta de água é única e dividida entre os moradores, todos vão ter incentivos a usar mais água que o estritamente necessário porque a conta vai ser dividida em partes iguais. Com isso, todos acabam gastando mais e a conta fica muito mais alta do que seria se fosse uma conta exclusiva para cada apartamento.

É um dos vários casos aplicados de **custos e benefícios concentrados**: o custo se espalha entre várias famílias, e algumas vão se beneficiar. As famílias que consomem menos acabam subsidiando as que consomem mais. Em termos de teoria dos jogos, trata-se do dilema do jantar (veja o Capítulo 2).

Internacionalmente, alguns anos atrás, fez muito barulho o perigo da extinção dos rinocerontes brancos. Vários desses animais estavam sendo mortos para utilizar seus chifres. Em um primeiro momento, o governo respondeu com as clássicas ferramentas políticas: vetar (a matança) e sancionar (em caso de transgressão). Isso criou um mercado informal, em que atuavam só os mais dispostos a se arriscar, e então o preço e a margem de lucro aumentaram, fazendo com que as mortes continuassem. Depois o governo tentou outra solução: permitiu a posse dos rinocerontes. As pessoas começaram a ter propriedade de rinocerontes para explorá-los economicamente. A grande diferença é que agora as pessoas eram donas, e então não tinham o incentivo de matá-los todos, mas de preservá-los para exploração no longo prazo. Isso criou um mercado transparente e a população de rinocerontes voltou a aumentar; o perigo de extinção é só uma lembrança. É exatamente a mesma coisa que acontece com vacas, ovelhas, galinhas, porcos, salmões etc.

Geralmente o estado tenta regulamentar para fazer racionamento (concessão, cotas etc.), tenta proibir, sancionar, multar. A única solução tecnicamente possível para a tragédia dos comuns é: privatizar, liberalizar, instituir direitos de propriedade.

A contrapartida do que falava Aristóteles é a evidência que a nossa casa é sempre mais limpa que a rua. Ninguém joga lixo, papel sujo no chão da própria casa, mas ninguém tem incentivo para catar um papel na rua porque, como a rua é pública, podem vir outras pessoas depois e jogar outros papéis. É o mesmo motivo pelo qual os centros comerciais são mais limpos, mais seguros e às vezes mais ornamentados que a rua.

21.3 SOLUÇÕES E CONCLUSÕES

De fato, quando os direitos de propriedade são bem estabelecidos, o *free riding* não acontece ou não é um problema relevante. As interações voluntárias entre as pessoas e a ordem espontânea resolvem isso de várias formas. Por exemplo, *sites* de internet, *blogs*, fóruns de discussão *on-line* são bens públicos e são fornecidos voluntária e privadamente; as pessoas escrevem, dão dicas na internet mesmo sem ter um retorno claro, direto e ingente. Os artistas de rua que entretêm as pessoas são outro exemplo e paga só quem pode e quem quer, os outros pegam carona. De forma mais geral, o conhecimento humano é um bem público, de enorme importância e sempre produzido voluntariamente por indivíduos privados. A sociedade, o mercado, resolve de várias formas:

1. **Combinação de bens**. Na maioria das vezes, os agentes econômicos fornecem um bem público junto a um bem privado e cobram para este último. Por exemplo, programas de TV grátis, *sites* de internet, juntos à propaganda.
2. **Contrato unânime**. Ao entrar em determinado grupo, um condomínio, uma associação, estabelece-se como critério o pagamento de determinado serviço. Quem não quer não entra ou sai depois. A segurança privada nos condomínios é fornecida dessa forma.
3. **Minoria privilegiada**. Os mais ricos bancam o custo inteiro. Nas universidades americanas, 40% dos alunos estudam de graça, só 60% pagam. Até por isso se cobra muito, para cobrir o custo dos outros, para permitir o acesso a quem não poderia. É interesse da instituição ter alunos que tenham boas notas, uma carreira promissora e um bom salário, mesmo se não puderem pagar. Fazer com que os ricos paguem mais é uma forma de distribuição voluntária para obter esse resultado. É o mesmo caso dos artistas de rua. Nos centros comerciais acontece a mesma coisa: pode entrar todo mundo, alguém não irá comprar nem gastar nada, mas mesmo assim desfrutará da segurança, da estética do lugar, dos serviços sanitários, da música, das atrações durante as festividades; isso representa um custo para os administradores. Quem paga? Paga quem compra alguma coisa no centro comercial, que geralmente pagará um

preço maior para cobrir todos esses serviços. O *free rider* gera um custo para os administradores do centro, que transferirão esse custo para as lojas, cobrando taxas de ingresso e aluguel, e as lojas por sua vez passarão esse custo para o consumidor final.

4. **Sanções sociais**. Em alguns bairros, os habitantes escolhem pagar uma empresa de segurança privada. Para inibir o problema do *free rider*, as empresas colocam adesivos e placas nos prédios dos clientes. Se alguém não tem a placa, fica explícito para os vizinhos que não pagou. As sanções sociais enfrentadas pela comunidade de vizinhos, que passam a olhar mal, a não fazer favores e gentilezas, a não cumprimentar, funcionam. Em um mundo quase totalmente gerido pela legislação positivista, tendemos a esquecer e a subestimar as sanções sociais, que, na verdade, demonstram-se muito efetivas à prova empírica.
5. **Fechar o bem** e excluir algumas pessoas do uso (um *show* "grátis" em uma praça provavelmente ficará lotado, mas já com um preço só vai quem realmente der um valor maior àquele espetáculo).
6. **Liberalizar** o serviço ou fazer um leilão (com ou sem regulamentação governamental) e definir direitos de propriedade, como vimos especialmente para a tragédia dos comuns.
7. Fechando o bem e estabelecendo direitos de propriedade, se excluem algumas pessoas do uso e se pode redistribuir para os últimos da sociedade ***vouchers***, bolsas, subsídios, entradas grátis, isenções etc. Ou seja, o estado não produz o bem\serviço, deixa de fornecê-lo ao privado, mas subsidia as pessoas para garantir o acesso ao consumo.

FIGURA 21.2 BEM PÚBLICO PRIVADO

Um exemplo dos pontos 1, 4 e 7.

Fonte: tuul.tv

Não há consenso sobre o que é um bem público e ainda menos sobre quem deveria fornecê-lo. Há vários problemas:

1. Quando se fala que não é possível excluir, quer-se dizer que **o governo não consegue excluir**. Isso não significa que o privado não consiga excluir o que o mercado se importe em não excluir. A tecnologia que permite fechar um bem e a combinação de bens são exemplos do primeiro caso. A minoria privilegiada é exemplo do segundo.
2. A obrigação de pagar é **moralmente válida**? Se alguém pode potencialmente usar sem pagar, é um motivo moralmente válido para obrigá-lo a pagar? Obrigar todos a pagar, para evitar o *free riding*, implica que até as pessoas que de fato não iam e não queriam usar irão pagar mesmo assim (ex.: deficientes usam menos estradas; idosos frequentam menos *shows* públicos etc.).

3. **A lista é infinita** e a escolha é direcionada. É o poder político que decide.
4. Há uma tendência, teórica e histórica, a um **aumento exponencial** dos bens públicos por dois motivos: econômico e político:
   a. O aumento da riqueza levou as pessoas a demandar mais bens públicos do governo.
   b. A redistribuição implícita na produção dos bens públicos favorece alguns grupos de interesses.
5. **Mercado como tipo ideal**. Mesmo se alguns mercados em certas épocas e lugares não conseguissem prover alguns bens que algumas pessoas acham que outros deveriam fornecer, isso não representa uma falha de mercado. As pessoas produzem e fornecem o que querem e o que conseguem; se algum bem não surge, a responsabilidade não é dos outros; muito pelo contrário, isso deixa uma margem de ação em que o descontente pode empreender. A teoria *mainstream* demonstra presunção de conhecimento perfeito, abuso da razão e uma visão estática e ideal-típica do mercado.
6. **Quem produz os bens públicos?** Quando o estado intervém nessa questão, passa a produzir diretamente o bem ou entrega em regime de monopólio, oligopólio e/ou leilão a produção a uma empresa privada. Algumas empresas serão escolhidas, outras não. Isso gera um enorme problema de escolha pública, com todos os perigos de interesse político, clientelismo, corrupção, ineficiência, lobismo etc. A teoria *mainstream* foca apenas nos usuários dos bens públicos e desconsidera totalmente seus produtores/fornecedores. O cidadão é visto só como usuário, como recebedor passivo, e não como produtor ativo.

É no estado e por meio do estado que é possível ser um recebedor líquido de bens públicos, de impostos e de fazer *free riding.*

PERGUNTAS

- O que são e o que não são os bens públicos?
- O que são os bens de clube?
- O que são os bens privados?
- O que são os bens comuns?
- O que são os bens públicos puros?
- Defenda a ideia que os bens públicos devem ser fornecidos pelo estado.
- O que é o *free riding*? Por que seria um problema? Por que não seria um problema?
- Explique a tragédia dos comuns. Fale com quais tipos de bens acontece e dê dois exemplos contemporâneos.
- Como o estado fornece os bens públicos?
- Como o mercado fornece os bens públicos?
- Quais são alguns bens públicos que geralmente não são fornecidos pelo estado? Como isso é possível?
- Explique o que é a "combinação de bem" e qual problema resolveria.
- Teoria dos bens públicos. Quem a inventou? Qual a visão do mercado subjacente?
- Qual a relação entre o conceito de falhas de mercado e a teoria dos bens públicos?
- Produzir um bem público é um bem público? E quais as consequências disso?

Capítulo 22

ANÁLISE DAS POLÍTICAS PÚBLICAS

Continuando no estudo específico dos *outputs* da *politics*: as *policies*, as políticas públicas, analisaremos como são aprovadas, quais são os interesses em jogo e como analisá-las, observá-las e medir seu impacto.

22.1 O PROCESSO LEGISLATIVO. GRUPOS, ELITES E *GARBAGE CAN*

A primeira fase do processo de criação de uma política pública é a politização de determinada questão. Alguns atores sociais, seja porque consideram que dada questão deve ser resolvida por meio da atuação política, seja porque querem ganhar alguma renda política, organizam-se (ação coletiva) em grupos de interesse, grupos de pressão, minorias organizadas, e fazem lobismo para inserir tal questão na agenda dos grupos políticos que movem o estado. Outras vezes, e ao mesmo tempo, os próprios atores políticos querem politizar determinada questão, seja para sinalizar proatividade ao eleitorado, seja para resolver um problema real, e buscam o apoio de outros agentes políticos e também de atores sociais vários para emplacar sua agenda. Como vimos no estudo da burocracia, atores políticos e agentes sociais se apoiam reciprocamente.

A **segunda fase** é a de elaboração da proposta. Nesse momento várias coisas podem acontecer: consultoria de técnicos, professores, cientistas, interessados, população geral; reuniões privadas, fechadas, audiências públicas, seminários, estudos, pesquisas de opiniões; a proposta entra na esfera política formal por meio dos canais oficiais (iniciativa parlamentar, iniciativa popular, comissões, plebiscitos etc.). Obviamente, o produto final desse processo é uma mistura de interesses, um *compromise* que depende das forças em jogo.

Na **terceira fase** a proposta é votada. Isso acontece, normalmente, antes nas comissões temáticas (veja o Capítulo 17) e depois no plenário. Ainda nas comissões e no plenário o projeto pode sofrer modificações. Enfim, geralmente o presidente da república tem o poder de veto.

A **quarta fase** é a da **implementação**. Os ministérios responsáveis farão os regulamentos seguindo as diretrizes da lei geral; a população obedecerá, e a polícia e o Judiciário farão o *enforcement*.

A quinta e **última fase** é a das consequências e das avaliações: as pessoas viverão as consequências (positivas e negativas) da obrigação legislativa e as avaliarão segundo o próprio juízo; os legisladores e os burocratas também farão as próprias avaliações.

FIGURA 22.1 PROCESSO LEGISLATIVO

Politização da temática	Elaboração e apresentação	Votação e sanção	Execução	Avaliação

Em linha com a *Public Choice*, o **modelo de grupo** mostra como as políticas públicas não são demandadas e não se aplicam à população como um todo, mas advêm de demandas de grupos específicos, e muitas vezes, se aplicam apenas a algumas categorias. O processo político gera *compromises* entre interesses conflitantes. As agências reguladoras são capturadas (veja o capítulo sobre regulamentação).

O **modelo de elite** parece estar de acordo com a escola elitista e mostra como as políticas públicas são um reflexo das opiniões e dos interesses dessas classes mais que das massas, visto que são as elites que detêm poder político, que influenciam e manipulam a mídia.

De forma abrangente, a teoria que explica melhor o processo decisório legislativo é o **Garbage Can Model**. Esse modelo considera que o processo decisório é desleixado e aleatório. As decisões advêm da interação entre quatro fluxos diferentes:

1. Problemas.
2. Soluções.
3. Participantes.
4. Opções de decisões.

Segundo este primeiro gráfico simplificado:

FIGURA 22.2 *GARBAGE CAN MODEL* SIMPLIFICADO

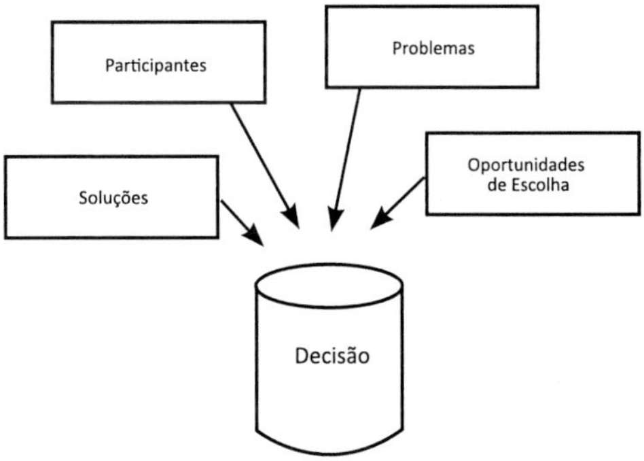

Fonte: Elaboração do autor a partir de Cohen, Malch and Olsen, 1972.

O modelo trabalha em dois níveis. No primeiro, analisa-se o fato de as escolhas serem fundamentalmente ambíguas. Há uma incerteza radical. A existência de múltiplas opções de decisão atrai várias demandas de *policies*, gerando assim oportunidade de *rentseeking*. Essas demandas chegam ao mesmo tempo, em um fluxo contínuo. O esquema de análise de um problema por vez, com calma, com cuidado e com abordagem técnica não é realístico. Problemas, soluções, interesses, objetivos, opiniões são apresentados todos ao mesmo tempo. As relações causa-efeito não são claras. O tempo é escasso e os resultados dependem também de como o tempo para decidir é alocado.

No segundo nível, descreve-se como as decisões são tomadas. A conexão entre um problema e uma "solução" depende muito da simultaneidade de suas chegadas, enquanto as escolhas dependem de como os decisores alocam o próprio tempo, de maneira que os momentos de decisão podem ficar facilmente superlotados, ao ponto de muitas vezes as decisões serem tomadas somente depois que os problemas se moveram para outras arenas e então não serão resolvidos.

As várias decisões serão então fruto de diferentes opiniões e interesses, agregados de modo casual.

Isso acontece porque as situações concretas nas quais as decisões são tomadas englobam os três seguintes fatores:

- **Participação fluida**. O grau de interesse e de atenção das pessoas é muito variável. Os decisores entram e saem da arena por motivos casuais.
- **A decisão tecnológica**. As relações de causa-efeito são muito obscuras, pouco claras aos participantes durante a decisão. Muitas vezes essa relação vai emergindo e ficando mais clara só depois que a decisão já foi tomada, ajudando assim a racionalizar *ex post* a escolha feita.
- **As preferências problemáticas**. Os agentes tendem a descobrir as próprias preferências durante as ações exercidas, durante o processo de decisão e sua aplicação, mais que tender a escolher segundo uma estrutura forte e clara de preferências preestabelecidas.

O resultado final pode ser de três tipos:

- **Solução**. O problema é resolvido de verdade, pois é de fácil compreensão, de simples solução e os participantes são informados, interessados e participam ativamente.
- **Negligência**. Toma-se uma decisão que não resolve o problema de verdade, mas que aparenta resolver, legitimando a existência da organização.
- **Fuga**. O problema é evitado, postergado ou passado a outros atores.

Visto tudo isso, de modo geral, algumas das implicações do modelo são:

1. Soluções são propostas até quando não existe problema algum.
2. Escolhas são feitas sem resolver os problemas.
3. Os problemas podem persistir depois das decisões.
4. Poucos problemas são resolvidos.

É por tudo isso que às vezes se fala: "Leis, como salsichas, deixam de inspirar respeito à medida que descobrimos como são feitas",[1] e Robert Pear continua: "Em vários modos, essa citação é ofensiva aos produtores de salsichas; seu processo é mais bem controlado e mais previsível".[2]

Porquanto concerne a estrutura de incentivos, especialmente quando se trata de questões econômicas e alocação de recursos, vale a síntese do Prêmio Nobel Milton Friedman na Tabela 22.1.

---

1 Há controvérsias se a frase é de Saxe ou Bismarck.

2 Pear, R. If Only Laws Were Like Sausages. *New York Times*, 4.12.2010.

TABELA 22.1 QUADRANTE DE FRIEDMAN

Gastando dinheiro	Usando seu próprio dinheiro	Usando dinheiro de outros
Para si mesmo	Preocupa-se muito com qualidade e preço	Preocupa-se muito com qualidade e pouco com preço
Para outra pessoa	Preocupa-se muito com preço e pouco com qualidade	Preocupa-se pouco com qualidade e preço

Evidentemente, isso vale tanto para ações individuais e privadas de pessoas comuns, quanto para o gasto estatal e as políticas públicas.

22.2 A POSTURA DO ANALISTA

A primeira regra da Análise das Políticas Públicas é: **analisam-se os resultados** concretos, as consequências reais, e **não as supostas intenções**. É impossível conhecer as reais intenções dos vários atores políticos e estas são totalmente irrelevantes do ponto de vista factual. Essa simples postura científica já tem enormes implicações: um regime comunista, por exemplo, não será avaliado pela declaração de querer ajudar os últimos da sociedade, mas pelo que cumpre de fato; uma regulamentação ambiental não será avaliada pela justificativa de querer salvar o planeta, mas pelos efeitos concretos que criará; uma medida de privatização não será analisada pelas suas intenções ou pelas críticas às intenções, mas pelas consequências concretas que trará.

A atitude séria e científica do analista continua: **prever e não torcer**. É preciso deixar os preconceitos, os julgamentos políticos, a ideologia, as esperanças, a emotividade. Não se torce para que uma certa medida funcione porque se gosta dela ou de seu proponente; o analista tenta prever os efeitos reais. Não se afirma que uma política pública funcionará porque é assim que gostaríamos, isso é *wishful thinking*, e nada tem a ver com uma análise séria e objetiva.

Para começar, o analista precisa antes simplificar a questão para entender os pontos centrais do problema, para então poder entender os fatos na sua complexidade. Nesse sentido recorre-se a uma abordagem **reducionista**. O bom analista entende a essência da reforma, ele a reduz ao essencial e depois observa os detalhes. Geralmente, todas as ações políticas podem ser resumidas nas categorias da figura seguinte.

FIGURA 22.3 ESSÊNCIA DA LEGISLAÇÃO

Sancionar	Liberalizar
Proibir	Privatizar
Obrigar	Regulamentar
Aumentar gasto estatal	Reduzir gasto estatal
Legalizar	Descriminalizar

Como analista, é preciso antes observar e depois agir. Deve-se observar bem, sabendo o que observar. Às vezes, os fenômenos políticos parecem muito complexos e cheios de detalhes. A mídia pode facilitar essa percepção trazendo à tona notícias, acordos políticos, escândalos de corrupção, jogos de poder etc. Mas na verdade, para o cientista, esses eventos são novos e diferentes só em aparência: a essência, a origem, a lógica são sempre as mesmas. É importante não cair na **falácia do caso especial** acreditando que cada caso seja diferente. Mises mostra como a forma emergente dos fenômenos é sempre diferente, mas o conteúdo e a lógica são sempre os mesmos.

Seguindo essa linha reducionista, o analista deve observar se a política pública em análise **age na raiz ou no sintoma**. Às vezes, algumas políticas públicas agem exclusivamente no sintoma. Uma política pública, uma reforma que, por exemplo, subsidia os pobres, que coloca cotas nas universidades para grupos desfavorecidos está agindo nos sintomas dos problemas, e não nas raízes. E é evidente que seria melhor agir na raiz, mas às vezes, politicamente, o que acontece é que a ação tomada é imediatista e populista. Quando uma política é criada dessa forma, é chamada ***panic legislation***. Por exemplo, quando há uma crise econômica, é difícil que um político fale que as regras já são boas e que simplesmente crises acontecem porque o mundo é imperfeito, que isso é normal e que não há muito o que fazer. Se ocorre uma tragédia, pessoas morrem em um acidente de barco, uma criança morre em uma piscina etc., é muito provável que políticos e burocratas mostrem a necessidade de rever a legislação e a regulamentação do setor. Os agentes políticos têm o incentivo a falar que algo tem que ser feito e que eles estão lá para isso. Geralmente, as medidas aprovadas no calor do momento têm consequências ruins.

Isso nos remete ao conceito de legislação-álibi: uma nova legislação que dá uma aparente solução a um determinado problema, cria a imagem de um estado que responde às necessidades da população, e pode até induzir uma sensação de satisfação, mas, de fato, não resolve nada.

22.3 AS FERRAMENTAS DO ANALISTA

Como ensina Hayek, o analista tem que estudar e tentar prever as **consequências intencionais, as não intencionais e até as não desejadas.** É por isso que se pode tentar estimar o **grau de incerteza** das consequências que serão criadas. Maior é a **complexidade do problema** enfrentado, maior é a **complexidade da política implementada**, maior é o **prazo** dos efeitos, maior será sua complexidade, o que se resume na fórmula:

$$I = CPR \,.\, CPOL \,.\, P$$

Como ensina Bastiat, um bom analista estuda "**o que se vê e o que não se vê**". Quando, por exemplo, analisa-se a criação de uma empresa estatal, é preciso ver o que isso gera de forma evidente, mas também de onde vem o dinheiro e de quais atividades econômicas está sendo desviado e subtraído.

Precisa-se sempre fazer uma análise **custo-benefício**. Quando agimos na nossa vida privada, fazemos cálculos custo-benefício implícitos continuamente. Quando escolhemos se devemos ir à universidade ou trabalhar, qual curso ou qual trabalho fazer, quanto dinheiro, tempo e esforço investir, estamos fazendo cálculos custo-benefício. Todos nós poderíamos pôr torneiras de ouro em casa, gastar todo o salário, comprar os bens mais caros, investir todo o nosso dinheiro em ações da bolsa; se e quando não fazemos isso é porque o consideramos perigoso, ousado, ineficiente ou ineficaz. A mesma coisa fazem os estudiosos quando analisam as políticas públicas, quando se observa uma medida, como a construção de infraestrutura, a criação de um novo ministério, o gasto estatal no setor de ensino. Se não se analisa o custo de cada medida, acaba-se observando só os benefícios, e então é óbvio que a medida pareceria criar só benefícios. E não haveria nada de científico nem de sério em tal análise. Na verdade, todos os custos são subjetivos, portanto incomparáveis, visto que o custo é o que não se faz, o que se sacrifica para fazer outra ação. Assim, é impossível construir uma boa política pública baseando-se em uma comparação agregada de custos-benefícios de vários indivíduos, mas essa análise pode ser usada como uma *proxy* na hora da análise de uma política que já está sendo implementada e que prevê certo gasto.

Às vezes, por exemplo, quando os custos são proibitivos, quando o orçamento não o permite, certa política pública pode ser simplesmente impraticável. É importante analisar a **praticabilidade** concreta da medida.

Para entender os interesses em jogo e quem se beneficiará de uma medida específica é sempre bom se perguntar ***Cui prodest***?

(*A quem favorece?*). Perante qualquer proposta política é útil construir a tabela dos beneficiados e dos prejudicados.

Alguns dos beneficiados podem estar entre os proponentes ou tê-la apoiado. Alguns poderiam ser beneficiados casualmente e não ter apoiado a medida. Os prejudicados provavelmente serão contra e poderão até protestar e se opor (mas este é um problema de ação coletiva).

22.4 ANÁLISE DE IMPACTO

Chegando agora à verdadeira análise técnica, o tipo de análise das políticas públicas mais utilizado atualmente é a análise de impacto. Basicamente, ela tenta prever e medir as consequências econômicas, sociais, ambientais etc. de um projeto de lei e compará-las com o caso de o projeto não ter sido aprovado. A análise de impacto pode ser subdividida em:

- Econômica.
- Regulatória.
- Ambiental.

A mais importante e famosa é a ***Regulatory Impact Analysis*** (RIA) da OCDE; na União Europeia, fala-se de *Impact Assessment* (IA); no Canadá, de *Regulatory Impact Analysis Statement* (RIAS); na Inglaterra, de *Better Regulation*; diferem um pouco, mas, de forma geral, trata-se de uma análise *ex ante*, que busca ver se os resultados desejados serão alcançados e a qual custo-benefício. Dessa maneira, então, se a regulamentação não gera o efeito desejado ou se o custo é maior que o benefício, deveria ser rejeitada.

O número de países que adotam uma análise desse tipo e que a exigem antes de fazer uma nova regulamentação é crescente (Figura 22.4).

FIGURA 22.4 PAÍSES QUE ADOTAM A *REGULATORY IMPACT ANALYSIS*

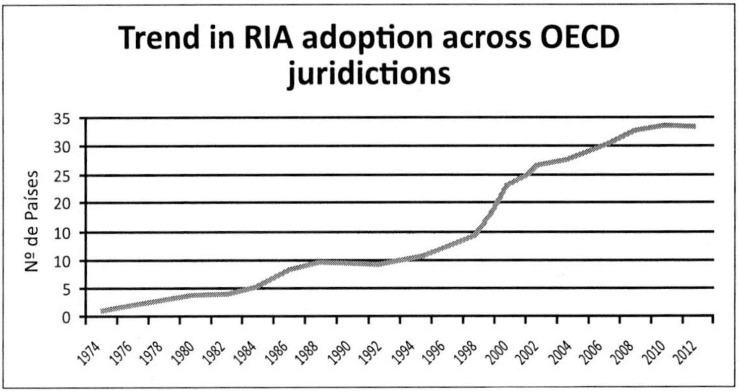

Fonte: http://www.planejamento.gov.br/arquivos-e-imagens/secretarias/Arquivos/seges/arquivos/ocde2011/oecd_regulatory_impact.pdf/view. Acesso em: 07/05/2020.

Alguns pontos importantes e originais da RIA são:

1. **Análise custo-benefício** (mais conhecida pela sigla em inglês CBA).
2. **Análise custo-efetividade**. A análise custo-benefício é importante, mas, quando não é possível, é necessário fazer, pelo menos, a análise custo-efetividade, que mede os custos das várias opções legislativas à disposição para poder escolher o menor custo. Isso não explica se a legislação é menos custosa que seus benefícios, não responde à pergunta se a legislação tem que ser aprovada e implementada, mas indica qual tipo ou como deveria ser aplicada caso seja útil.
3. **Analisar o ponto de quebra** (*break-even analysis*). É um tipo de análise a ser feita quando os custos são claros, mas os efeitos são incertos. Nesse caso, calculam-se os custos e depois se pergunta: "Quanto deve ser efetiva a regulação para que seu benefício supere o *custo*? Quanto é provável que isso aconteça?". Por exemplo: "Quantos

acidentes, infortúnios e mortes precisam ser evitados para que seja eficiente a imposição de capacetes para ciclistas?". Este também é um tipo de análise que se faz quando a análise custos-benefícios não é possível.

4. **Efeitos de substituição.** Todas as análises têm que levar em consideração o efeito de substituição. Uma regulamentação que vise aumentar a segurança no mercado de aviação, por exemplo, pode ter o efeito direto de reduzir acidentes, infortúnios e mortes, mas também aumentará os custos e os preços, levando alguns clientes a viajar de carro, efeito que tende, em alguns casos, a aumentar acidentes, visto ser este transporte muito mais inseguro que o avião. Os usuários tendem a substituir um produto por outro. Este efeito é um tipo de consequência não intencional.
5. **Fracasso da regulação.** Obviamente, uma medida legislativa pode fracassar, e isso acontece por vários motivos:
   a. Captura.
   b. Baixa implementação e adesão à norma.
   c. Uma política pública mal desenvolvida que não alcança seu objetivo.
   d. Impossibilidade que o problema seja resolvido.

Para ver como se aplicam esses conceitos e como é feita, de fato, a RIA, é muito útil recorrer a uma versão simplificada dos instrumentos e das tabelas que a OCDE usa:

1. **Identificar o problema.**
   a. Descrever a **natureza e a extensão** do problema.
   b. Identificar os agentes **afetados.**
   c. Identificar as **causas.**
   d. Desenvolver os **cenários** possíveis.
2. **Definir os objetivos.**
   a. Estabelecer os objetivos de acordo com o problema e as causas identificadas.

   b. Definir os objetivos, indo **do geral ao específico e do curto ao longo prazo.**

3. **Desenvolver as principais opções de *policy*.**
   a. Listar todas as opções disponíveis.
   b. Princípio da **proporcionalidade**: grandes propostas para grandes problemas, pequenas propostas para pequenos problemas.
   c. Cruzar as várias propostas com os critérios de efetividade e eficiência e começar a definir as melhores medidas.
4. **Analisar os impactos.**
   a. Identificar os impactos econômicos, sociais, políticos (diretos e indiretos) das várias políticas públicas e como eles ocorrem (causalidade).
   b. Identificar quem é afetado.
   c. Definir o impacto em termos quantitativos e monetários. Se a quantificação não é possível, explique o porquê.
   d. Identificar o custo para a administração pública.
   e. Considerar o risco e a incerteza das políticas públicas.
5. **Comparar as opções.**
   a. Pesar os impactos positivos e negativos de cada opção legislativa na base dos objetivos iniciais.
   b. Quando possível, mostrar resultados agregados e desagregados.
   c. Apresentar comparações entre opções, categorizando os diferentes impactos.
   d. Identificar a melhor opção.
6. **Identificar critérios para a avaliação.**
7. Identificar quais as variáveis e os critérios para avaliar futuramente os resultados concretos da implementação da legislação.

8. Explicar como coletar os dados e observar as variáveis.
9. **Avaliação.**
    a. Após a implementação, deve-se fazer concretamente a avaliação.
    b. Coleta de dados, observação de variáveis.
    c. Avaliação de curto (geralmente até dois anos), médio (geralmente entre dois e 10 anos) e longo prazos (geralmente mais de 10 anos).

Esta é apenas uma introdução à RIA; para entender como fazê-la concretamente, onde encontrar dados e variáveis para analisar uma política pública são disponíveis vários manuais, bancos de dados, literatura científica, etc. Afinal, trata-se de um trabalho técnico desenvolvido por burocratas e especialistas que têm essas ferramentas à disposição.

PERGUNTAS

- Explique o processo legislativo desenhando seu fluxo.
- Explique o modelo de grupo.
- Explique o modelo de elite.
- Por que o processo legislativo seria anárquico? Qual conceito o explicaria? Explique.
- Explique o conceito *cui prodest* e como ele pode ajudar na análise das políticas públicas.
- Explique o conceito de *custos-benefícios* e como ele pode ajudar na análise das políticas públicas.
- Explique o conceito de praticabilidade e sua importância.
- Explique o conceito de consequências não intencionais e como ele pode ajudar na análise das políticas públicas.
- Considere duas políticas públicas recentemente aprovadas ou em discussão e tente identificar prejudicados e beneficiados. Use a tabela abaixo.

PREJUDICADOS	BENEFICIADOS

- Explique o grau de incerteza.
- Intenções ou resultados, o que se deve avaliar na análise das políticas públicas? Por quê?
- O que é a *panic legislation*?
- Explique a falácia do caso especial e como evitá-la.
- Explique o *Garbage can model.*
- Como e por que há uma tendência a agir no sintoma e não na raiz dos problemas? O que tem que estudar o analista, nesse sentido?

- Explique a análise de custo-efetividade.
- Explique o que significa analisar o ponto de quebra.
- Explique o fracasso da regulação.
- Explique o efeito substituição.
- Faça uma lista e explique como a OCDE indica fazer a RIA.

Capítulo 23

TERRITÓRIO E FEDERALISMO

O domínio político de um território não é fixo. O Tibete, por exemplo, foi conquistado pela China em 1949, ao passo que Hong Kong foi devolvida ao país apenas em 1997, depois de 156 anos sob o controle do Reino Unido. A Grã-Bretanha já controlou uma grande parte do mundo por meio da *Commonwealth*. França, Bélgica, Holanda, Inglaterra, Portugal e Itália foram protagonistas do colonialismo na África, na América Latina, no Caribe e na América do Norte. O atual estado italiano só se constituiu em 1861, passando depois por várias alterações territoriais. A Alemanha é ainda mais recente: 1871. O império russo se tornou União Soviética e incorporou vários estados satélites do Leste Europeu e da Ásia, depois implodiu e se fragmentou em diversos estados menores. A Iugoslávia também se fragmentou em vários estados menores, e até 1992 a Tchecoslováquia incorporava a atual República Tcheca e a Eslováquia. As colônias americanas originárias dos EUA eram 13, hoje são 51 estados. A atual Louisiana (o nome vem do Rei Louis XIV) até meados do século XIX era uma colônia francesa; o Novo México fazia parte do México e foi anexado em 1912. Argentina e Chile já negociaram e mudaram as próprias fronteiras muitas vezes. Recentemente o governo da Rússia invadiu e conquistou parte do território da Ucrânia; o Sudão se dividiu em Sudão do Norte e Sudão do Sul. A história do território hoje chamado Brasil é notória e mostra exatamente a mesma lógica. Exemplos desse tipo poderiam continuar por páginas e páginas, e continuarão por milhares de anos.

O território está lá fixo e seu controle político muda com base em:

Conquista.

1. **Acordo/Tratado.**
2. **Compra.** O Acre foi comprado da Bolívia pelo Brasil por meio do Tratado de Petrópolis, em 1903, e o Alasca foi comprado pelo governo americano do russo, em 1867, por 7,2 milhões de dólares.
3. **Independência.**
4. **Secessão.**
5. **Novos territórios.** É a descoberta de novos territórios, ilhas e cantos remotos, como no passado e na criação de novos territórios, como os aterros de Dubai e Cingapura. Trata-se também da emersão de novas ilhas e ilhas que ficam submersas e reemergem depois de vários anos (como algumas em Tonga, no Japão e nas Ilhas Salomão). Esse fenômeno voltará a ser relevante, no médio-longo prazo, com a possibilidade de exploração de territórios fora do planeta Terra.

Como vimos, o estado é um sistema político moderno. Em 1600, Bodin inventou o conceito de soberania, e hoje o estado tem soberania territorial, ou seja, monopólio interno do poder e não interferência nos negócios dos outros estados. O tratado de Vestfália ratificou esse conceito. Ao longo da história, o tipo de ente político que dominou os vários territórios mudou. De forma genérica, passou-se dos impérios às cidades livres da Idade Média e delas ao estado-nação.

Praticamente nenhum território permaneceu imune aos impérios, como o assírio, chinês, persa, romano, bizantino, império árabe dos califas, otomano, indiano, hispânico, britânico, francês e o império russo moderno. Hoje se discute se os EUA e a União Europeia atuam ou não como impérios. Atualmente, o tamanho potencial de um império poderia aumentar graças à tecnologia e à comunicação, e poderia haver mais **impérios** contemporaneamente.

As características do império são:

1. **Grande território**.
2. **Ausência de fronteiras fixas.**
3. **Diversos grupos e diversas unidades territoriais.**
4. Um conjunto de **jurisdições multiníveis**, muitas vezes em sobreposição. Não há uma única autoridade que decide sobre todos os assuntos, geralmente ela atua por meio de autoridades locais. Há divisão de poder vertical.
5. Funciona como um **guarda-chuva institucional** e desencoraja as guerras internas, mas nas fronteiras tende-se a fazer guerras, especialmente se confinam com outros impérios. Ao mesmo tempo há menos fronteiras.

Já vimos o gradual surgimento do **estado-nação** e suas etapas:

1. Mercantilismo e absolutismo.
2. Vestfália.
3. Dissolução dos impérios europeus nas Américas.
4. Primeira Guerra Mundial com a queda dos impérios austro-húngaro, russo e otomano.
5. Fim do colonialismo (África, sudeste asiático e Oriente Médio).
6. Queda da URSS, cisão da Tchecoslováquia e da Iugoslávia.

O **estado-nação** é a forma de domínio político mais aplicada atualmente. Há quase 200 estados-nações inscritos na ONU. Suas características principais, que o distinguem das outras instituições, são:

1. **Tamanho médio, tanto em termos de população quanto de território.**
2. **Território fixo e fronteiras formais.**
3. **Monopólio e soberania.**
4. **Homogeneidade.** Hierarquia interna de poderes, administração uniforme, homogeneização social-cultural de aspectos relevantes.

Tivemos e temos também organizações menores com vários nomes e de vários tipos, como as *polis* gregas, as cidades suíças, os burgos italianos, a vila, a comuna, a municipalidade, a república, a província, o condado, a cidade, a colônia. Os burgos e as cidades da Idade Média surgiram todos por associações privadas (por exemplo, de profissionais), produzindo a administração pública, a justiça e a defesa militar.

Existem ainda hoje 41 **microestados** com menos de 1 milhão de pessoas (como Vaticano, Mônaco etc.) e 70 **miniestados** entre 1 e 10 milhões de pessoas (Botsuana, Estônia, Irlanda, Uruguai e outros).

23.1 TAMANHO DO TERRITÓRIO

Existe toda uma literatura sobre o tamanho do território e o tamanho ótimo do território. Platão considerava o tamanho ótimo de uma *polity* 5.040 chefes de família; Aristóteles considerava que uma comunidade não devia ultrapassar o tamanho no qual todos se conhecessem pessoalmente; Montesquieu falou que "em uma república pequena, o bem comum é sentido de forma mais forte, é conhecido melhor e mais próximo a cada cidadão".

Mais recentemente, Tiebout e Buchanan trataram a questão territorial a partir de teorias sobre os **bens públicos** locais e os **clubes**. Tiebout mostra como, se houvesse liberdade de entrada e saída, as pessoas "votariam com os pés" migrando para locais distintos de acordo com o conjunto de bens públicos que a autoridade daquele território provê. Já Buchanan nota que, se as nações fossem comunidades voluntárias como os clubes (associações de pessoas com mesmas preferências), o tamanho de equilíbrio se encontraria no ponto ao qual adicionar um novo membro leva a uma redução do custo marginal maior do que o custo de adicioná-lo.

Se, de fato, os estados que hoje controlam os vários territórios são geralmente maiores que o tamanho ótimo, é porque há interferência da coerção e da capacidade de domínio. Nessa linha, David Friedman mostra que um território é conquistado, comprado ou trocado de acordo com a **capacidade de um estado de coletar mais impostos**; uma organização estatal mais hábil consegue coletar impostos e dominar um território maior. Logo, territórios maiores vão para os estados que conseguem coletar mais.

De modo geral, há uma série de ***trade-offs***:

1. Territórios maiores permitem **dispersar mais os custos** entre os vários cidadãos e diminuir o custo marginal.
2. Territórios maiores têm um **mercado interno maior**, o que leva a uma tendência a pôr mais barreiras alfandegárias.
3. Maior é a comunidade, maior é a heterogeneidade de pessoas, preferências, crenças, interesses, valores, costumes, demandas etc. Isso gera mais dificuldade de contentar a todos, diminuição da satisfação marginal, tendência a se criar vários grupos que tentam redistribuir de uns para os outros, maiores custos de administração.[1] Isso é chamado de "**custo da heterogeneidade**".

---

1 Nos últimos anos, várias pesquisas mostraram que maior heterogeneidade é inversamente correlata a crescimento econômico, liberdade econômica e qualidade de governança (Easterly; Levine, 1997; La Porta *et al.*, 1999; Alesina *et al.*, 2003).

4. Territórios maiores dão **mais poder militar** ao estado, pelo menos em princípio. Isso pode ser visto positiva ou negativamente. Uma das consequências é que em períodos de mais conflitos os países tendem a crescer, enquanto em períodos de paz há descentralização, secessões e reduções de tamanho (e vice-versa).
5. A **força militar** é que, de fato, historicamente, fez com que os territórios sob controle de uma única organização aumentassem de tamanho. Os exemplos são inúmeros.

Outras importantes questões são:

1. **Economias e deseconomias de escala**. Assim como pode haver economias de escala, pode também haver deseconomias, ou seja, um território pode ser grande demais para ser controlado por um estado. Nesses casos, alguns estados podem minimizar o problema descentralizando o controle, criando, por exemplo, uma estrutura federalista.
2. **Impérios descentralizados**. Todos os impérios tinham uma estrutura de controle descentralizada.
3. **As antigas instituições políticas europeias eram pequenas**. Entre a queda do Império Romano e o gradual surgimento do estado-nação, as antigas instituições políticas europeias eram pequenas, e uma das causas poderia ser a incapacidade de coletar impostos em territórios maiores.
4. **A tecnologia ajuda o estado a coletar mais**. À medida que a tecnologia melhora, pode ajudar o estado a controlar mais a sociedade e a coletar mais impostos. Há muito debate sobre isso, sobre as consequências em favor do estado, da sociedade ou neutra, mas aqui se quer apenas levantar essa hipótese-possibilidade.

5. **Países pequenos** tendem a ser mais abertos e a comerciar mais com outros países, por isso são também **mais ricos.**
6. **Países pequenos** tendem a ser mais abertos e a comerciar mais com outros países; essa interdependência e harmonia de interesses levam a **menos conflitos.**

Todo esse discurso lança alguns interessantes *insights* sobre o futuro do estado-nação e seu tamanho: visto que a capacidade bélica e a de cobrar impostos estão aumentando, os tamanhos dos estados aumentarão? Ou a globalização, a paz, os mercados, levarão a mais interdependência, mais harmonia, mais países pequenos?

23.2 FEDERALISMO

Trata-se da divisão do controle do território, da *polity*. Pode haver um estado central, unitário e centralizado (geralmente o exemplo é a França) ou um estado dividido em vários níveis, quais sejam união-federação, estados-províncias-regiões, municípios, bairros, regiões metropolitanas, regiões fronteiriças e outros (como EUA, Brasil, China, Canadá). É uma ***divisão vertical***: sua função é administrar e controlar melhor o território e dividir o poder. O federalismo é, então, um sistema com **níveis múltiplos de governos com responsabilidades específicas, diferentes políticas públicas, bens públicos e governantes**.

O primeiro grande país a se organizar de forma federal é a América, que não por acaso se chama politicamente Estados Unidos da América, ou seja, trata-se de uma união entre estados, uma federação. São os estados que comandam a federação, ao menos em tese, e ao menos no começo da fundação dos EUA. O Brasil é outro país federalista, seu nome político é República Federativa do Brasil. Em tese, seria uma união de estados autônomos.

O aspecto formal-jurídico nem sempre coincide com o factual-político. Os EUA migraram gradualmente de um sistema muito federalista, em que à federação tocava apenas poderes e competências residuais, para um sistema sempre mais centralizado. O Brasil, de fato, não tem um sistema federal, pois quem tem mais competências é a federação, depois os estados e só enfim os municípios. No sistema federal, essa pirâmide é totalmente invertida. Por isso, o sistema mais verdadeiramente federal é a Suíça, onde os municípios têm muito poder, depois os cantões e só no final o estado.

Guerra Fiscal é a disputa entre os estados em conceder incentivos fiscais para atrair investimentos. Hoje, no Brasil, esses incentivos são dados no âmbito do ICMS. O estado reduz o imposto para atrair mais empresas.

Atualmente, no Brasil, o governo da União e os executivos dos estados mais desenvolvidos querem acabar com essa prática.

Apesar dos discursos políticos e midiáticos, a chamada "guerra fiscal" é na verdade uma simples "competição fiscal", caso específico do conjunto maior de "competição institucional". Seus efeitos são: diminuição da carga tributária, melhora do gasto estatal, atração de negócios, aumento do PIB.

Um elemento essencial do verdadeiro federalismo é o **federalismo fiscal**, ou seja, os entes federados (municípios, províncias ou estados) devem ter a autonomia de arrecadar impostos como e quanto querem para serem verdadeiramente responsáveis por fornecer serviços. A maioria dos impostos, então, deveria ir para os níveis mais locais, e só uma pequena fatia para o nível mais abrangente. Se não há federalismo fiscal, não há federalismo. Um sistema no qual a maioria dos impostos vai para a federação e apenas alguns decimais voltam para os níveis locais não é federalista.

O federalismo se baseia na ideia que as atividades estatais podem ser cumpridas de forma mais eficiente em nível local. Trata-se do critério da **subsidiariedade**: "preferir sempre o nível mais baixo, quando possível" (previsto no Tratado de Maastricht, de fundação da União Europeia). A ideia é que:

- o decisor político local conhece melhor a realidade do lugar do que um político distante na capital originário de outro lugar;
- o cidadão consegue controlar melhor os decisores políticos – os políticos são mais *accountables*.

Nessa ótica, os serviços estatais podem ser fornecidos por entes diferentes de forma descentralizada. Há, por exemplo, algumas lógicas e evidentes separações entre áreas e níveis de competências, que podem ser classificadas dessa maneira:

1. Nível **global**. Cuidar da atmosfera, do mar, da segurança, do terrorismo.
2. Nível **continental**. Rotas de transportes e comunicação.
3. Nível **médio**. Estradas, água, legislação e justiça.
4. Nível **local**. Lixo, parques, escolas, hospitais, bibliotecas, museus.

Obviamente, alguns desses níveis podem se ocupar de maneira conjunta de alguns assuntos, pois alguns serviços podem ser fornecidos de forma eficiente em vários níveis. Há, por exemplo, museus, escolas, hospitais, nacionais e locais.

Pode haver também **instituições transversais**, como áreas metropolitanas e regiões fronteiriças.

23.3 PRÓS E CONTRAS DO FEDERALISMO

De maneira geral, na literatura politológica e econômica, há um amplo consenso sobre a eficiência do sistema federal. Isso seria algo teórico e lógico, mas também com fortes evidências empíricas. E, de fato, concorda-se que, por exemplo, o motivo pelo qual a Europa e o Ocidente se desenvolveram antes e muito mais do que outras áreas do planeta é exatamente o federalismo, a fragmentação política, a concorrência institucional. Mas existem também críticas. Comecemos analisando alguns pontos geralmente levantados a favor do federalismo:

1. **Diversos serviços para pessoas diferentes**. Algumas pessoas têm preferência por serviços para crianças; outras, para idosos; alguns querem poucos serviços públicos; outros, muitos; alguns preferem cidades com casas, ruas amplas e carros; outros preferem prédios, alta densidade, transporte coletivo. Cidades, províncias, estados e bairros podem se especializar, tornar-se melhores na provisão de diferentes serviços locais e contentar mais demandas, pois, quanto **maior é a diversidade**, maior é a dificuldade de o governo fazer todos felizes.
2. **Concorrência**
   a. Existência de vários serviços em competição: escolas, polícia, bombeiros, eletricidade, água etc., cuja qualidade então aumentaria.
   b. Vários municípios estarão em concorrência para atrair moradores, trabalhadores e empresas. É o que se chama "**concorrência institucional**".
3. **Economias de escala**. A princípio, o governo central teria a vantagem da economia de escala, mas isso não é sempre verdade.

a. Há também **deseconomias de escala**. Quando o território é grande demais, o governo central pode não conseguir controlar com eficiência.
b. Administrações locais podem ter economias de escala se juntando quando necessário e conveniente. Muitas cidades pequenas ao redor do mundo fornecem em conjunto com cidades vizinhas serviços de ônibus, polícia, bombeiros, hospitais, escolas, esgoto, água, eletricidade etc.; governos locais podem contratar empresas *privadas* e baixar os custos (a cidade de Sandy Spring, na Geórgia americana, é um estudo de caso de administração pública que terceirizou quase todos os serviços).

4. **Cada voto pesa mais**. Em nível nacional, um voto conta muito pouco; **em nível local, conta mais**. Mesmo um pequeno número de eleitores interessados em um assunto específico terá mais voz e mais atenção.
5. A política fica **menos ideológica** e mais voltada a questões concretas.
6. **Atrai políticos com menos sede de poder**. Os cargos políticos passam a ter menos poder, visto que não se trata mais de governar um grande território; logo, em termos hayekianos, atraem-se os "menos piores". Por exemplo, na Suíça os políticos têm poucos poderes e se assemelham mais a síndicos.
7. **Decisões diretas.** Nos EUA e na Suíça há muitas votações e referendos sobre questões específicas e locais, como ruas, pontes, escolas, igrejas, impostos etc.

De maneira geral, o **Teorema da Descentralização** (Oates, 1972) afirma que a descentralização da provisão de bens públicos produz maior bem-estar do que a centralização quando não há economias de escala ou externalidades interjurisdicionais.

Agora, é importante analisar também as questões geralmente apontadas como problemas dos sistemas federais:

1. **Perda de economia de escala.** Um sistema central tem mais economia de escala. O ministério da saúde nacional, por exemplo, se precisar comprar maquinários médicos, pode comprar muitos e obter assim maiores descontos.
2. **Mais corrupção.** No capítulo sobre corrupção vimos como há mais corrupção nos níveis locais do que nos nacionais. Mas é importante ressaltar que isso é o que acontece hoje, sendo os sistemas bastante centralizados. Não é claro se haveria a mesma correlação em um sistema federal.
3. **A burocracia contra.**
   a. Políticos e burocratas centrais tenderão a reverter o sistema porque perdem vagas de trabalho e recursos quando têm que competir com os outros níveis.
   b. Políticos e burocratas locais querem participar do governo central e fazem pressão para projetos locais, mas pagos centralmente. Hoje, por exemplo, muitas vezes a federação requer que os estados produzam alguns serviços, mas não repassam dinheiro suficiente para tal.
4. **Temporário.** Há e haverá sempre uma tendência à centralização do poder. No longo prazo, caminha-se para um sistema centralizado.

Em todo caso, além da preferência por um ou outro sistema, do ponto de vista descritivo se assiste sempre a uma gradual tendência à centralização. Essa é uma das consequências da **lei da concentração do poder** e da **força centrípeta do poder**.

23.4 SECESSÃO

A secessão é um divórcio político. Hoje o termo tem uma conotação negativa, enquanto o conceito de "autodeterminação dos povos" parece soar melhor: o ponto, entretanto, é o mesmo. Um estado de uma federação, uma província de um estado central, um município de uma região podem ter um grau menor ou maior de liberdade e poder. A autonomia está em um grau menor em relação à independência e à secessão.

Atualmente, há vários pedidos de independência, tensões, conflitos e tentativas de secessão: Catalunha (da Espanha), Veneto (da Itália), Escócia (do Reino Unido), Tibete (da China), a separação da Bélgica, a divisão da Califórnia em seis estados independentes, Texas (é um caso histórico, sempre se fala dele, mas por enquanto nada aconteceu).

Como mostra a Figura 23.1, trata-se de um fenômeno em expansão.

FIGURA 23.1 NÚMERO DE MOVIMENTOS SECESSIONISTAS 1816-2011

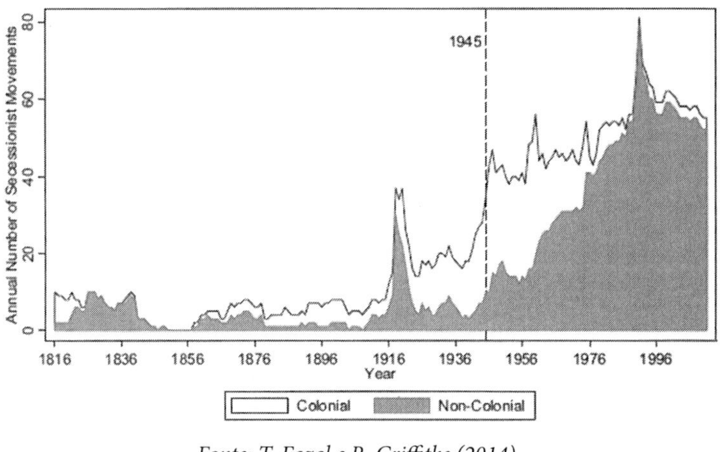

Fonte: T. Fazal e R. Griffiths (2014).

Na história já ocorreram muitos casos desse tipo. O Brasil e os EUA ficaram independentes (na verdade, trata-se mais de uma secessão) dos estados originários que os dominavam. No Brasil, os estados de Pernambuco, Santa Catarina e Rio Grande do Sul já tentaram fazer secessão mais de uma vez.

Alguns dos atuais países que nasceram de uma secessão (no sentido estrito do termo) são:

- Estados Unidos da América (1776)
- Brasil (1822)
- Uruguai (1825)
- Bélgica (1830)
- Noruega (1905)
- Finlândia (1917)
- Paquistão (1947)
- Bangladesh (1971)
- Eslovênia (1990)
- Macedônia (1991)
- Croácia (1991)
- Estônia (1991)
- Letônia (1991)
- Lituânia (1991)
- Bósnia (1992)
- Eritreia (1993)
- Timor Leste (2002)
- Montenegro (2006)
- Kosovo (2008)
- Sudão do Sul (2011)

Para uma secessão ocorrer é necessária certa coordenação da ação coletiva; muitos agentes têm que se coordenar e vários interesses se sobrepor.

Há vários tipos de secessão:

1. **Secessão a partir de um estado nacional unitário** ou **de uma federação ou confederação.**
2. **Nacional**. Secessão a partir de um estado nacional unitário; ou **local**; secessão de uma entidade do estado nacional, como um estado, uma província ou um município. Às vezes, uma área se separa de um município, para ingressar em outro ou constituir um novo município independente.
3. **Central ou enclave**, quando o território que faz secessão está completamente dentro de outro território; é **periférica** quando o território fica nas fronteiras do estado nacional.
4. **Separação**, quando uma ou mais unidades se separam, mas a unidade central permanece. **Dissolução**, quando todas as entidades políticas tiram seus laços com a unidade política central e se criam novas entidades políticas.
5. **Irredentismo**. Uma secessão para anexar o território a outro estado do qual se considera parte, com o qual percebe ter cultura e história comuns.

Há também algumas subcategorias:

1. **Colonial**. Quando advém de uma guerra de independência contra um país colonizador ou um estado imperialista.
2. **Minoritária ou majoritária** (dependendo do número de pessoas que fazem secessão).
3. Secessão de uma região **mais rica ou mais pobre** que o resto ou a média do país.

Essas subcategorias são casos específicos das precedentes mais gerais e por isso têm relevância menor.

Há teorias em favor da secessão e teorias contra. Além do julgamento de valor e das questões prescritivas, vamos focar na questão descritiva, mais científica. Se e quando uma secessão ocorre, é uma questão de força. Se o grupo secessionista é mais forte, ganha e se separa, se não, é militarmente reprimido. A ameaça e a tentativa de secessão, às vezes, podem ser usadas como estratégia para ganhar mais autonomia e poder.

Na maioria dos casos, as entidades políticas que querem a secessão são ricas, ou, mais corretamente, mais ricas que o resto do país. Isso acontece porque na política contemporânea geralmente o estado central obriga esses territórios a subsidiar as áreas mais pobres. Uma das soluções para se evitar a secessão pode ser dar uma maior autonomia fiscal e econômica às diversas áreas. Da mesma forma, o estado central e as áreas mais pobres podem não concordar com a separação pelo mesmo motivo econômico de continuar a receber recurso do território mais rico. Nesse caso, o motivo da secessão é o mesmo para a união.

23.5 CIDADES

Mais da metade da humanidade vive hoje em cidades, e a cada mês 5 milhões de pessoas se movem da zona rural para a urbana.

Se compararmos todos os países do mundo, veremos que aqueles com uma urbanização acima de 50% têm maior renda e desenvolvimento humano e menor índice de mortalidade infantil. A cidade é "a grande invenção da nossa espécie" (Glaeser).

Eis a história da cidade: depois da queda do Império Romano, os latifundiários viviam em castelos nas áreas rurais. Na cidade havia artesãos e comerciantes; alguns conseguiam pagar um imposto fixo (*testaticus*) e se libertar da condição de escravos comprando a própria liberdade. Em algumas cidades não se pagavam impostos, ou se pagavam impostos muito baixos, com contínuas isenções fiscais. Essas cidades viraram "burgos livres" (*villafranca*, *freiburg* etc.). É a "**anarquia feudal**", que, segundo Smith, permitiu o surgimento do capitalismo.

O sociólogo Simmel mostra que o habitante da cidade tem uma liberdade praticamente ilimitada de escolher entre os fornecedores que não se pode comparar com a condição do homem do campo. Segundo um noto alemão, "o ar da cidade torna livre".

Ainda hoje as cidades geram mais riqueza, mais oportunidades de trabalho, mais concorrência, mais variedade, mais opções de escolha, mais arte, mais eventos, mais empresas, mais estilos, mais grupos diferentes, mais heterogeneidade em termos de moda, música e *hobbies*. Muitos deixam o interior, os pequenos centros urbanos, as fazendas, para encontrar trabalho, renda, liberdade sexual, trabalhos diferentes, culturas variadas. As cidades são o motor do mundo. Há alguns aspectos interessantes sobre a **pobreza urbana**:

- **As cidades são ricas**. O índice de pobreza na província de Bengala Ocidental é duas vezes maior que o de Calcutá. Cerca de três quartos dos habitantes de Lagos têm acesso à água potável, enquanto a média nigeriana está abaixo dos 30%. Em todos os países do mundo, as cidades criam mais riqueza do que as áreas rurais; a maior parte do PIB é produzida lá, são mais ricas. Como diz o economista de Harvard, "há muito a apreciar na pobreza urbana" (E. Glaeser), porque ela continua sendo melhor do que a pobreza rural.
- **As cidades atraem os pobres, não criam pobreza**. As cidades reduzem a pobreza, pois criam e espalham riqueza. Em algumas cidades notam-se muitos pobres nas ruas, porque os atraem com uma vida melhor que a oferecida pelo campo. Na cidade, os pobres conseguem viver em uma economia de caridade, de restos e de pequenos serviços terceirizados.

Isso acontece também nas **favelas** (América do Sul) e nas ***slums*** (Ásia). Comparadas com o resto das cidades, essas áreas são mais pobres, mas, comparadas com o resto do país, com o interior e as áreas rurais, são relativamente mais ricas. No Brasil, as favelas nasceram gradualmente depois que o estado reverteu sua política de escravismo. Os ex-escravos foram abandonados, não tinham outros lugares para onde ir senão os morros e as terras abandonadas ou desocupadas. Algumas dessas terras eram de propriedade privada, outras, estatais. Em muitos casos, os ex-escravos foram mandados para os morros excluídos da cidade pelas prefeituras, como no famoso caso do Rio de Janeiro, quando se construiu a rua da praia de Copacabana. Por isso, ainda hoje os problemas são vários, mas todos advêm de um problema originário que desencadeou todos os outros: a **falta de direitos de propriedade**. Na quase totalidade das favelas, os moradores não têm propriedade legalmente reconhecida da própria casa. Isso gera vários e graves problemas; sem garantias sobre a propriedade não se pode sair de casa para trabalhar tranquilamente; não há incentivos para reformar e melhorar a propriedade; não se acessa facilmente serviços como luz, água ou gás; não se pode pegar empréstimos por hipoteca; não se pode pedir a construção de infraestrutura pública à prefeitura ou aos órgãos privados (pois a propriedade não é registrada nem reconhecida).

Por isso, o economista peruano Hernando de Soto tem uma importante ONG que tenta convencer os governos dos países pobres a reconhecer os direitos de propriedade das favelas e das periferias deixadas à margem da legalidade. Projetos desse tipo foram implementados em vários países da África e da América Latina, inclusive no Brasil, na favela do Cantagalo.

Como diz o famoso economista Rodrik: "Não existe uma única maneira para a *governance*, precisa aplicar o princípio da diversidade institucional". Hoje, "o estado-nação ficou pequeno demais para resolver os grandes problemas, e grande demais para os pequenos problemas" (D. Bell). E pode até ser que "em uns trinta anos, os atuais estados-nações serão substituídos por centenas de cidades-estado" (K. Ohmae).

PERGUNTAS

- Quais as características do Império?
- Quais as características do estado?
- Explique como mudou o tamanho do território ao longo da história.
- Por que o tamanho do território é relevante?
- Explique as ligações entre tamanho do território, bens públicos e clubes.
- Explique a teoria de David Friedman sobre o tamanho do território.
- Explique os *trade-offs* de ter um território grande.
- Explique por que territórios grandes são correlatos com mais protecionismo e mais conflitos.
- Explique por que territórios pequenos são correlatos com menos protecionismo e menos conflitos.
- O que é o custo da heterogeneidade?
- Explique as questões das economias e das deseconomias de escalas relativas ao território.
- O que é o federalismo?
- O que é o irredenteísmo?
- Explique os prós e contras do federalismo.
- Explique o teorema da descentralização e o critério da subsidiariedade.
- Mostre a relevância econômico-social da cidade.
- Mostre a relevância política da cidade.
- Explique o projeto de Hernando de Soto.

Capítulo 24

RELAÇÕES INTERNACIONAIS

Os atores políticos agem e têm relações internas às fronteiras políticas do próprio território e também externas. Estas últimas são chamadas relações internacionais. O estudo das Relações Internacionais representa hoje uma disciplina em si, que nasceu da Ciência Política e agora constitui um campo de observação com peculiaridades próprias.

Historicamente, o globo terrestre nem sempre foi dividido em fronteiras políticas e governado por um cartel de organizações políticas. Essa realidade, como vimos, é muito recente na história da humanidade. A geopolítica veio gradualmente substituindo a geografia. A história do ser humano é uma história de migrações de lugares áridos e inóspitos para lugares férteis e com clima moderado. Até a **história registrada**, o mundo era mais aberto do que pode parecer. Depois, **Roma** mudou várias vezes a própria estrutura política, a própria forma de estado (de ditadura a república, de triunvirato a império etc.), e dentro dela conviviam várias etnias e povos diferentes. Estrangeiros chegavam até a ser governantes, como no caso do imperador Adriano (era espanhol).

A **Idade Média**, sendo fragmentada em pequenas e frágeis entidades políticas, era muito aberta do ponto de vista internacional: os comerciantes viajavam pela Europa inteira para comprar e vender as mercadorias e se reuniam anualmente nas grandes feiras internacionais, sendo a mais famosa a **Feira de**

Champanhe (depois destruída pela regulamentação restritiva de Felipe, o Belo). As Repúblicas marítimas (Gênova, Amalfi, Pisa e Veneza) eram tão livres que viraram potências comerciais internacionais (mesmo se pequenas territorialmente). Marco Polo traçou a Via da Seda e trouxe especiarias e vários outros produtos para o Ocidente. Os intelectuais viajavam, ensinavam, davam palestras (na língua comum, que era o latim) na Europa toda sem restrições. O italiano Tomás de Aquino (da Calábria), por exemplo, foi estudar em Colônia (na Alemanha), e depois ensinou em Paris, Roma, e depois de novo na França. Até 1600, um cardeal da igreja católica (Richelieu) podia tranquilamente ser ministro de um rei francês por 20 anos e depois deixar o lugar a um siciliano: Mazzarino.

Hoje, do ponto de vista político, o planeta é organizado em estados-nações, federações, confederações, microestados, miniestados, organismos supranacionais e internacionais. De fato, o **sistema internacional** é um sistema no qual as 8 bilhões de pessoas existentes tentam ampliar a própria esfera de poder, algumas se coalizam em grupos, alguns grupos cooperam, outros concorrem e outros entram em conflito. Nesse sistema complexo, estados-nações, organismos internacionais, empresas, ONGs, igrejas, famílias, minorias étnicas, poderes fortes, minorias organizadas e elites várias geram uma agregação de interesse que se estrutura em determinado sistema complexo. Os estados e os órgãos internacionais se reconhecem como tais e se atribuem reciprocamente a legitimidade do monopólio do poder. O sistema internacional é **anárquico** no sentido que não existe uma única organização mundial com monopólio de poder, mas é também **governado por um cartel de organizações políticas nacionais e supranacionais.**

O **Tratado de Vestfália** (1648) ratificou e enraizou esse conceito, do ponto de vista factual e jurídico. Desse momento em diante, o monarca, o estado-nação, o estado é soberano absoluto, monopolista do ponto de vista doméstico e é reconhecido internacionalmente entre os pares que concordam com a não interferência em seus afazeres internos. Os governantes de toda a Europa se autoatribuem o monopólio do poder interno e se reconhecem reciprocamente. O estado começa agora a ter personalidade jurídica internacional e, para ser reconhecido como tal, a convenção demanda a existência de um estado, um território e um povo. Ou seja, que haja um estado-nação com o monopólio do poder *de jure* e *de facto*. Os estados reconhecem o poder interno e as fronteiras; a legitimidade de tratar como bem entender os movimentos secessionistas, as revoluções, as tentativas de golpes. Também se organizam para boicotar e combater os paraísos fiscais, o terrorismo não estatal, as moedas privadas, a livre migração etc.

Não há uma organização única com o monopólio do poder sobre todo o território terrestre, mas há vários monopólios locais (os estados) e há uma convivência e sobreposição de centenas de diversas organizações internacionais e supranacionais (ONU, OTAN, FMI, Banco Mundial, OMC, Mercosul, UE etc.). Obviamente, algumas organizações são mais poderosas e importantes que outras.

Os EUA representam hoje a superpotência mundial, mas antes foram Inglaterra e Roma. Além do Ocidente, China e Rússia (e a URSS) sempre foram superpotências. Outras importantes organizações de relevância política são: Al-Qaeda, o movimento ambientalista, a Igreja Católica, piratas, bancos, multinacionais, ONGs etc. No passado houve outras importantes organizações políticas, como Espanha, Portugal, França, Internacional Socialista, Alemanha, Bélgica, Holanda, Igreja Católica, Império Otomano, Templários, Cruzados, Império Austro-Húngaro, Muçulmanos, Mongólia, mouros, Grécia Antiga, Egípcios, Fenícios, Sumérios, Cartagena.

Em épocas diferentes ou até contemporaneamente, todas essas organizações tiveram pesos diferentes. É por isso que se fala de mundo **unipolar, bipolar, ou multipolar**, quando há a supremacia de uma, duas ou várias organizações (e logo nenhuma). O conceito de **balança de poder** se refere a um mundo no qual duas ou mais organizações se equilibram. Trata-se de categorias e classificações que, como sempre, explicam algumas coisas, mas simplificam também: nunca nenhum desses modelos ideal-típicos descreveu perfeitamente os fenômenos; a realidade é sempre um *mix* mais complexo.

O estudo clássico das Relações Internacionais foca exclusivamente nos fenômenos políticos; explicitamente desconsidera todas as questões internacionais privadas e os atores considerados são todos coletivos (ONGs, exércitos, organizações internacionais, empresas etc.), com uma ênfase especial para o estado-nação. Trata-se de um viés político e não científico, com importantes e significativas consequências. O coletivismo metodológico não é uma ferramenta científica, é uma arma política. A única unidade de análise é o indivíduo.

As pessoas têm milhares de relações internacionais em continuação. Os produtos que temos em cima da nossa mesa, dentro da nossa geladeira, dentro do armário e sobre o nosso corpo, cada parte, cada componente e cada etapa do processo produtivo deles foram feitos em lugares diferentes; eles são ***made in the world***.

Na **internet**, as pessoas entram em *sites* estrangeiros, compram produtos de outros países, conversam e fazem amizade com estrangeiros. A **gastronomia** de todos os países do mundo é uma mistura de várias civilizações, os sobrenomes de seus amigos vêm de longe no tempo e na história.

24.1 O SER HUMANO SE ESPALHA PELO PLANETA TERRA. MIGRAÇÃO

O gênero animal *Homo* apareceu na Terra 2,5 milhões de anos atrás, na África; 2 milhões de anos atrás começou a se espalhar pela Eurásia. Há 500 mil anos surgiram os Neandertais na Europa e no Oriente Médio; 200 mil anos atrás surgiu o *Homo sapiens* na África Oriental. Há 70 mil anos os sapiens se espalharam a partir da África, 15 mil anos depois começaram a povoar a Austrália e 16 mil anos atrás povoaram a América. Há 30 mil anos os Neandertais se extinguiram, 17 mil anos depois se extinguiu também o *Homo florensis*, e o *Homo sapiens* virou a única espécie humana da Terra (outras espécies extintas são *homo erectus, homo soloensis, homo denisova, homo rudolfensis, homo ergaster*). Há 12 mil anos tivemos a Revolução Agrícola e os primeiros assentamentos permanentes; 5 mil anos atrás, os primeiros reinos, a escrita, o dinheiro e as religiões politeístas; 4,25 mil anos atrás surgiu o Império Acádio de Sargão (parte dos atuais Irã, Iraque e Síria), o primeiro sistema imperial do mundo (veja o capítulo sobre monarquias e impérios); 2 mil anos atrás tivemos o Império Han na China e o Império Romano no Mediterrâneo. Daqui para a frente a história é mais conhecida, até chegar aos atuais estados-nações.

Os seres humanos continuam viajando e **migrando**, e hoje isso significa cruzar fronteiras políticas e passar de um país (terminologia moderna) para outro. Hoje 200 milhões de pessoas (3% da população mundial) vivem fora dos países de nascimento; entre 1975 e 2000 o número de migrantes dobrou, enquanto a população mundial aumentou em 50%; 40% dos adultos dos países mais pobres "gostariam de se mudar permanentemente para outro país" (*Gallup World Poll*). É a "era da migração".[1]

1 Castles; Miller, 1993.

TABELA 24.1 O AUMENTO DA MIGRAÇÃO

Ano	Migrantes (milhões)	População mundial (bilhões)	Migrantes / População mundial
1975	85	4,1	2,1%
1985	105	4,8	2,2%
1990	154	5,3	2,9%
1995	164	5,7	2,9%
2000	*175*	*6,1*	*2,9%*

Fonte: Elaboração do autor a partir de dados do International Migration Report, 2006 (ONU).

A maioria dos emigrantes vem de países pequenos. Nem todos os emigrantes vão para países ricos.

FIGURA 24.2 ORIGEM E DESTINO DOS MIGRANTES

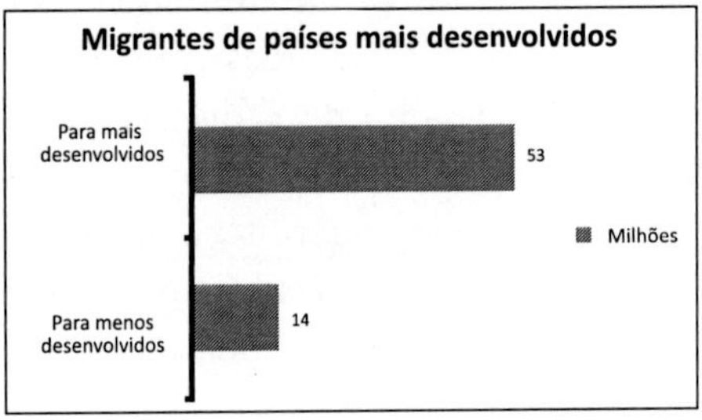

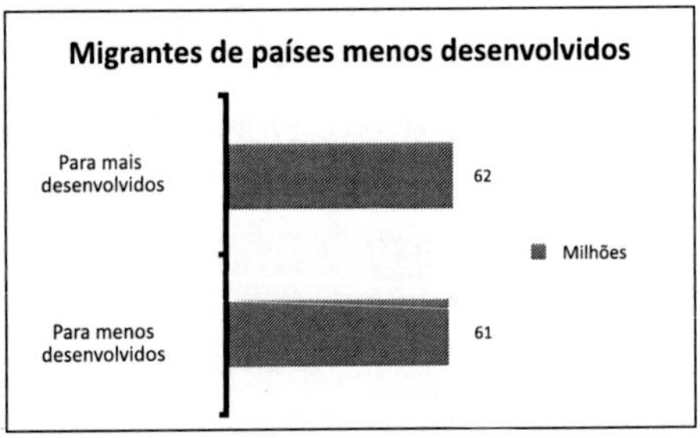

Fonte: Elaboração do autor a partir de ONU, Departamento de Questões Econômicas e Sociais, Divisão População, International Migration Report (2006); e ONY, International Migration 2006 (Wall Chart).

São os migrantes dos países ricos a ir para outros países ainda mais ricos, mas os migrantes dos países pobres também vão para países similares. É o caso, por exemplo, dos migrantes do sudeste asiático que vão para Dubai, para a África; dos migrantes que se mudam de um país da América Latina para outro, de um país da África para outro.

Eis **quem emigra**:

- Pobres e profissionais pouco qualificados.
- Ricos e profissionais muito qualificados.
- Profissionais de setores que não dependem do conhecimento da cultura local (médicos, engenheiros, informáticos, pedreiros, empregadas domésticas etc.).

Eis os países que recebem mais migrantes:

FIGURA 24.3 PAÍSES QUE MAIS RECEBEM MIGRANTES

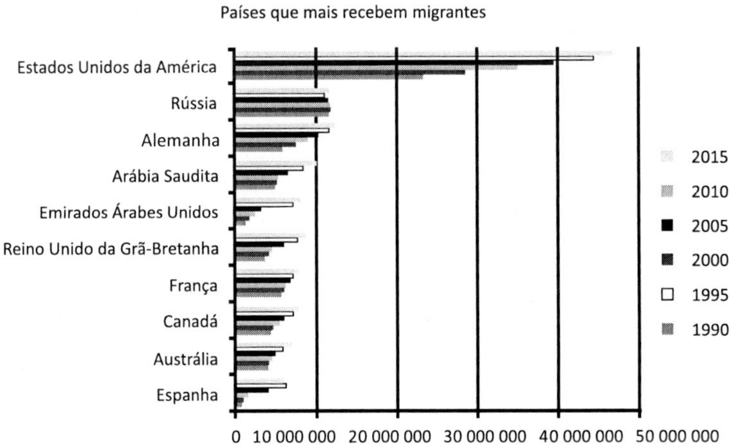

Fonte: Elaboração do autor a partir de United Nations, Department of Economic and Social Affairs (2013). Trends in International Migrant Stock: the 2013 Revision-Migrants by age and sex.

São vários os **fatores que aumentam a imigração**, causados por aspectos micro ou macro:

1. **Pobreza** do país de origem.
2. **Conflitos**. Levam a deslocamento de refugiados e maior preocupação humanitária.
3. **Abertura de regimes fechados**. Alguns governos fecham o país e impedem as pessoas de ir embora. Atualmente é o caso de Cuba e da Coreia do Norte. Quando esses regimes caem, muitas pessoas fogem imediatamente.
4. **Melhorias na comunicação** aumentam a informação sobre benefícios da migração e contatos com amigos e parentes no exterior.
5. **Migração passada** incentiva migração futura. Geralmente os migrantes tendem a ir para países, cidades e até mesmos bairros de parentes, amigos que emigraram precedentemente.
6. **Redução dos custos do transporte**.
7. **Crescimento populacional** (com paridade de riqueza) nos países pobres, e envelhecimento dos países ricos com políticas assistencialistas.

Do ponto de vista cultural, as consequências são muitas e polêmicas. É quase impossível afirmar algo cientificamente. Porém, do ponto de vista econômico, as **consequências** são mais claras e objetivas:

1. A grande maioria de migrantes faz um **trabalho que os locais não fazem**: trabalhos braçais e pouco qualificados que os habitantes dos países ricos não querem mais fazer, e trabalhos especializados que os nativos dos países ricos não sabem fazer.
2. **Os empregadores ficam mais eficientes**. Quando uma empresa contrata um imigrante ou uma pessoa física

contrata o serviço de um imigrante (empregada doméstica, pedreiro etc.), eles o fazem porque esse profissional é mais produtivo e/ou mais barato. Os dois ganham.

3. **Mais empreendedorismo**. Os migrantes empreendem mais que a média dos nativos. Isso porque geralmente não podem ou não conseguem fazer concursos públicos, têm quase nenhum contato e dificilmente são contratados. Dezoito por cento das maiores 500 empresas do mundo (lista da revista *Fortune*) são fundadas por migrantes; os migrantes registram 300% mais patentes; nos EUA, cada imigrante paga US$ 1.800 de impostos a mais *do que recebe* em benefícios; as empresas da Silicon Valley, a fronteira da inovação mundial, é composta por grande percentual de imigrantes.
4. ***Brain gain***. O país que recebe ganha produtividade.
5. Por todos esses motivos, **a economia do país que recebe cresce**.

As consequências para o país de origem são:

1. **Remessas** (veja a sucessiva caixa de texto sobre remessas).
2. **Aquisição**. A perspectiva de poder emigrar incentiva as pessoas a estudar, qualificar-se, aprender mais línguas etc.

Por esses e outros motivos, vários estudos científicos mostraram que "sem barreiras à migração" o PIB mundial dobraria (Figura 24.4).

A migração sempre foi livre. Hoje é uma questão política e é regulamentada pelos governos. O passaporte foi inventado nos EUA em 1913. Os governos limitam o ingresso de imigrantes de várias formas, com cotas anuais, controles às fronteiras, emissão de visto, exigências de requisitos penais, renda, língua etc.

FIGURA 24.4 PIB MUNDIAL SEM BARREIRAS À MIGRAÇÃO

Ganhos de eficiência com a eliminação de barreiras internacionais (em porcentagem do PIB mundial)

Eliminando todas as barreiras ao comércio	
1,8%	Goldin, Knudsen e van der Mensbrugghe (1993)
4,1%	Dessus, Fukasaku e Safadi (1999)
0,9%	Anderson, François, Hertel, Hockman e Martin (2000)
1,2%	World Bank (2001)
2,8%	World Bank (2001)
0,7%	Anderson e Martin (2005)
0,3%	Hertel and Keeney (2006)
Eliminando todas as barreiras ao movimento de capitais	
1,7%	Gourinchas e Jeanne (2006)
0,1%	Caselli e Feyrer (2007)
Eliminando todas as barreiras à mobilidade dos trabalhadores	
147,3%	Hamilton e Whalley (1984)
96,5%	Moses e Letnes (2004)
67%	Iregui (2005)
122%	Klein e Ventura (2007)

Fonte: Elaboração do autor.

As **remessas** são o dinheiro que os migrantes mandam em pátria, para amigos, familiares, ou na própria conta, para pagar dívidas ou para investir. Trata-se sempre de pequenos e frequentes envios, mas que consistem em uma grande fatia do PIB de muitos países com muitos emigrantes (Filipinas, Guatemala, El Salvador, Líbano etc.), chegando até a 42% da economia inteira do Tajiquistão. Em 2014, o volume de remessas chegou a US$ 413 bilhões, mais que toda a ajuda externa mundial (US$ 135 bilhões).

24.2 A POLÍTICA SE EXPANDE. IMPERIALISMO E COLONIALISMO

Como vimos, os homens se agregam em organizações políticas, de maneira que as primeiras organizações políticas às quais hoje atribuímos nomes são reinos e impérios. Uma das características dos impérios é exatamente o imperialismo, que pode ser definido como **uma prática, um conjunto de ações políticas orientadas a expandir o próprio poder e dominar outras *polities***. Do ponto de vista histórico, lembram-se vários imperialismos: o do Império Otomano, o da Grã-Bretanha (Figura 24.5), o da França, o da Alemanha, o da Espanha, o de Portugal, o da Holanda, o do Japão, o da URSS, o dos EUA (Figura 24.6). Há outros casos mais antigos, como Império Romano, Assíria, Babilônia, Pérsia, Índia, China antiga etc. Hoje, fala-se muito de imperialismo russo na Europa do leste e de imperialismo chinês, por exemplo, na África.

Nesse sentido, sempre houve imperialismo, mas nem sempre foi um tema de discussão política e científica. Tal questão veio à tona com o livro *Imperialism* (1902), de Hobson, e depois com a famosa obra de Lenin, *Imperialism. The highest stage of capitalism* (1917). Mais do que fatos em si objetivamente demonstrados, trata-se de interpretações de fatos, de ações políticas. E é assim que há várias interpretações e vários julgamentos de valor do imperialismo, sendo a mais famosa e mais aceita a versão leninista.

Hoje, quando se fala de imperialismo, pensa-se imediatamente nos EUA, antes se pensava no Reino Unido, em outras áreas do mundo se pensa no imperialismo chinês, no muçulmano, e já se pensou no soviético e no japonês, mas também houve o espanhol e português.

O imperialismo é e sempre foi **um fenômeno político**, e não de mercado; trata-se de **uma política militar agressiva, expansionista e iliberal**.

FIGURA 24.5 TODOS OS TERRITÓRIOS QUE FIZERAM PARTE DO IMPÉRIO BRITÂNICO AO LONGO DA HISTÓRIA

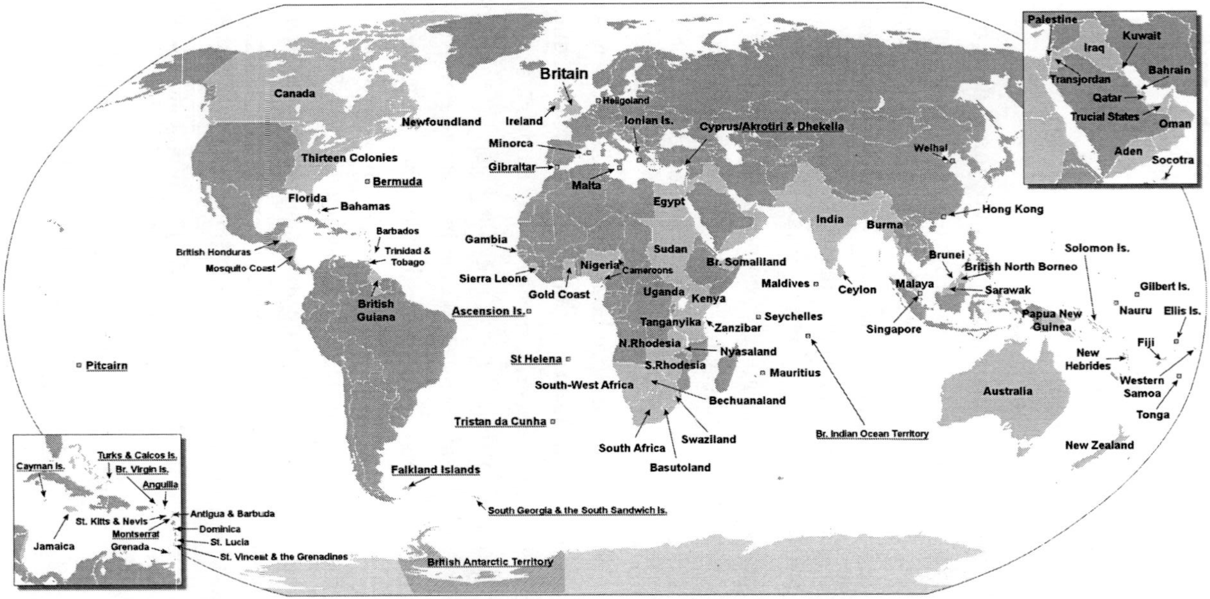

Fonte: BROWN, Judith (1998). The Twentieth Century, The Oxford History of the British Empire, Volume IV, Oxford University Press e Dalziel, Nigel (2006) The Penguin Historical Atlas of the British Empire, Penguin.

FIGURA 24.6 BASES MILITARES DO GOVERNO AMERICANO

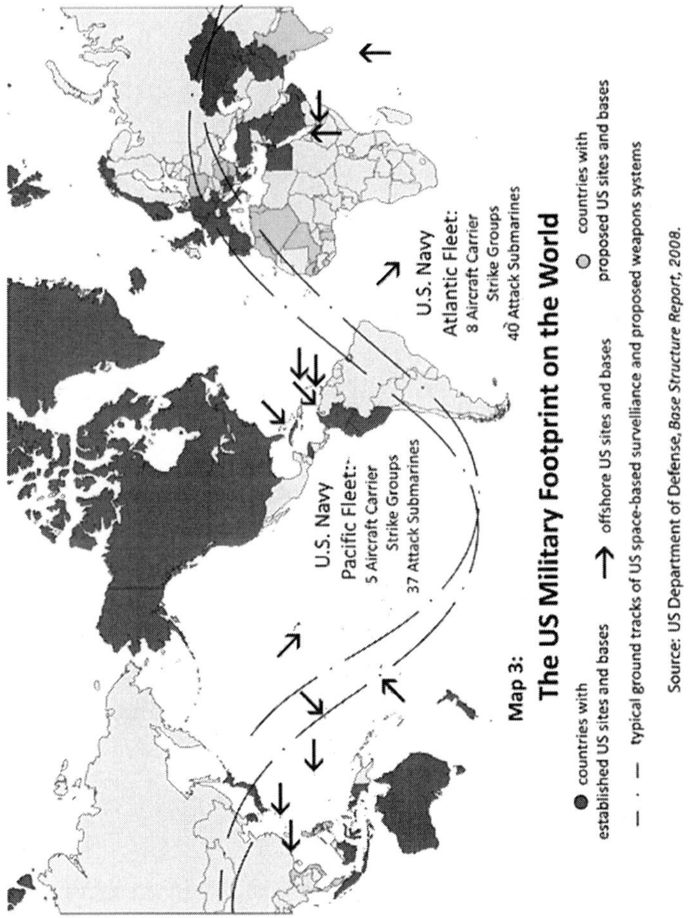

O imperialismo pode ser de dois tipos:

- **Direto.** O estado de origem conquista outro território e o controla diretamente.
- **Indireto.** O estado de origem controla outros territórios por meio de governos de fachada.

O imperialismo tem uma forte ligação com o colonialismo: geralmente, quando o império se expande, cria colônias nos novos territórios. Há **dois tipos de colônias**:

- **Estatais.** Trata-se de **missões político-militares para conquistar, mediante uso da força, novos territórios, matar e escravizar os eventuais habitantes, instaurar um novo governo, transferir parte da corte, da oligarquia de comando etc.** Geralmente criam-se estruturas políticas, jurídicas e sociais similares ou idênticas às da pátria mãe. As colônias espanholas, portuguesas e belgas foram desse tipo. Algumas vezes, os novos territórios foram usados para transferir/exilar em massa presos e criminosos, como no caso de Brasil, Austrália, Nova Zelândia, Jamaica.
- **Privadas.** São **colônias privadas, voluntárias e espontâneas.** Trata-se de migração voluntária normal, esporádica ou contínua, desorganizada ou não, de várias pessoas com fins diferentes e privados. Não há um planejamento do estado central, do governo da pátria-mãe. São, por exemplo, as colônias americanas dos Peregrinos e de todos os outros migrantes.

Os EUA nasceram de uma revolução contra um império, o inglês. As colônias americanas eram colônias privadas, voluntárias e espontâneas de migrantes que fugiam da repressão religiosa da Europa. A coroa inglesa conseguia taxar esses cidadãos até na América. Quando os impostos começaram a aumentar indevidamente e sem consentimento dos colonos (contra o princípio

O imperialismo é sempre **imperialismo de estado**. O **imperialismo de mercado** (do qual fala o marxismo) simplesmente não existe. As multinacionais (como McDonald's, Starbucks, Walmart, Alibaba, Facebook, Google, Apple, Ikea, Netflix), vistas como imperialistas pelos leigos, conseguem se expandir em vários países simplesmente porque os consumidores querem e gostam delas. Não são empresas subsidiadas e ajudadas pelo estado ou protegidas pelo exército do país de origem. Quando isso acontece, volta ao imperialismo de estado. Mas quando o processo é livre e os consumidores não gostam, elas não abrem ou fecham. Por exemplo, na Itália não existe Starbucks e na Bolívia todos os McDonald's fecharam em 2002 (depois de 14 anos) simplesmente por falta de clientes. Ninguém foi obrigado por um suposto imperialismo dessas empresas.

no taxation, without representation), eles começaram uma revolta fiscal (emblemático é o caso do *Tea Party*) que gradualmente se desencadeou em uma rebelião política e na independência. As colônias americanas foram **de povoamento** e geraram **instituições inclusivas** (democracia e mercado) porque foram privadas. Foi um processo muito *bottom-up*. Os americanos são: descendentes de ingleses, franceses, alemães, holandeses, irlandeses, escoceses etc., que se rebelaram contra a coroa; descendentes de escravos; descendentes de índios nativos (poucos); descendentes de migrantes vários de épocas sucessivas.

A história do Brasil, e da América Latina de forma geral, é bem diferente: trata-se de uma missão político-militar da coroa portuguesa, centralizada e planejada, que implementou a mesma estrutura da pátria mãe, dividiu o território em capitanias e o entregou aos amigos do Príncipe (disso deriva o coronelismo).

O fato de o Brasil ter sido uma **colônia de exploração** e ter criado **instituições extrativistas** (planejamento econômico e autocracia) é um efeito de ter sido colônia estatal. Foi um processo muito *top-down*.

Velez Rodríguez mostra como depois da queda das civilizações pré-colombianas as primeiras organizações político-administrativas dos países latinos foram as capitanias hereditárias e as províncias subdivididas ulteriormente em vice-reinados. Esses entes derivam da distribuição das terras entre os amigos do rei. As novas terras descobertas/conquistadas no final século XV e início do século XVI foram incorporadas à coroa (muito diferente da distribuição de terra para pessoas comuns na fronteira americana onde houve até três estatutos da terra, em 1784, 1785 e 1787, que redistribuíram terra do setor público ao privado). O latifúndio colonial latino-americano, ao redor do *senhor de engenho*, surge como consequência da distribuição patrimonialista de terras entre os amigos e fiéis servidores do rei (muito diferente do latifúndio medieval europeu). No Brasil, por exemplo, essa dinâmica deu lugar ao regime de sesmarias, base das capitanias hereditárias.

O historiador Jorge Caldeira explica como surgiram as cidades na América do Sul e nos EUA, e narra que, quando se criava uma nova cidade americana, os colonos, divididos em livres comunidades, começavam pela igreja, construindo depois uma escola ao lado ou no porão e depois a prefeitura. No Brasil, um delegado político construía primeiro a prisão, depois a Receita, a igreja e depois o povo pedia para a igreja construir a escola.

De forma geral, os americanos se veem como os conquistadores, os colonizadores do próprio território e como os exterminadores dos nativos; eles sabem que não foram colonizados pelos ingleses, mas que são os descendentes dos ingleses. De forma geral, os brasileiros se veem como os colonizados e os conquistados, ainda que não descendentes de povos nativos (indígenas). Os brasileiros são descendentes da elite política portuguesa, descendentes de índios, de escravos, de degredados (presos que aqui cumpriram suas penas) e de migrantes vários de épocas sucessivas.

24.3 O SISTEMA POLÍTICO INTERNACIONAL

O sistema internacional é um processo dinâmico de interação de indivíduos, cidadãos, eleitores, políticos, burocratas, diplomatas, ministros, membros de ONGs, empresários, consumidores, migrantes etc. Rosenau mostra como o sistema internacional é aparentemente desordenado, enquanto, na verdade, as partículas, as unidades, os agentes assumem configurações complexas, que são ordenadas e recorrentes, e como esse êxito não deriva de um centro (um governo mundial) que impõe regularidades, mas é o fruto das interações dos vários elementos. Dessa forma, um conceito-chave para entender o sistema internacional é a "**turbulência**". E nesse sentido se analisam três dimensões:

1. **Dimensão individual**. Indivíduos, cidadãos, eleitores, políticos, burocratas, diplomatas, ministros, membros de ONGs, empresários, consumidores, migrantes etc.
2. **Dimensão macropolítica ou estrutural**. A estrutura política internacional (bipolar, multipolar etc.) com seus órgãos políticos (ONU, FMI, WTO etc.).
3. **Dimensão relacional**. As relações entre as outras duas variáveis, entre os indivíduos, e entre eles e as estruturas coletivas (estados, órgãos internacionais, empresas, ONGs etc.).

É fundamental ressaltar a importância dos indivíduos. Assim como Rosenau, Snyder mostra que quem toma decisões são sempre indivíduos (sejam eles políticos, burocratas, diplomatas, ministros, membros de ONGs, empresários etc.); os detentores de poder, os titulares das decisões, são indivíduos. O estado não é um "ator único racional", mas uma organização complexa composta de vários indivíduos que têm interesses, ambições, ideias, valores, incentivos próprios. O mesmo Krasner reconhece que o estado se identifica em seus funcionários, que a vontade do estado é a vontade deles e que muitas vezes as preferências das autoridades políticas estão em claro contraste com aquelas da população, da sociedade civil. Esta é uma simples evidência empírica. Dessa maneira, Snyder sugere estudar os **incentivos que influenciam as ações dos indivíduos tomadores de decisões**, que ele classifica em quatro:

1. **Incentivos subjetivos.** Incentivos internos ao próprio indivíduo, que dizem respeito às percepções, aos interesses, às ambições, às ideias, aos valores etc.
2. **Incentivos sociais.** Aqueles que provêm da sociedade.
3. **Incentivos internacionais.** Os que provêm de ações de outros estados.
4. **Incentivos burocráticos.** Incentivos que surgem no interior do próprio aparato estatal doméstico.

Todas essas interações complexas dão êxito ao sistema internacional. Do ponto de vista analítico, há, obviamente, vários tipos possíveis de regimes internacionais e, do ponto de vista histórico, diversos sistemas se sucederam. A complexidade é alta e a fronteira entre um sistema e outro é tênue. De modo geral, os sistemas internacionais vão em um *continuum* de fragmentação-centralização de poder, de um sistema totalmente anárquico, caótico, com bilhões de agentes individuais, até um sistema com um agente único mundial.

Mas a fins didáticos, como tipos ideais, é útil usar a classificação de Morton Kaplan com alguns ajustes:

FIGURA 24.7 NÍVEL DE INTEGRAÇÃO SISTÊMICA

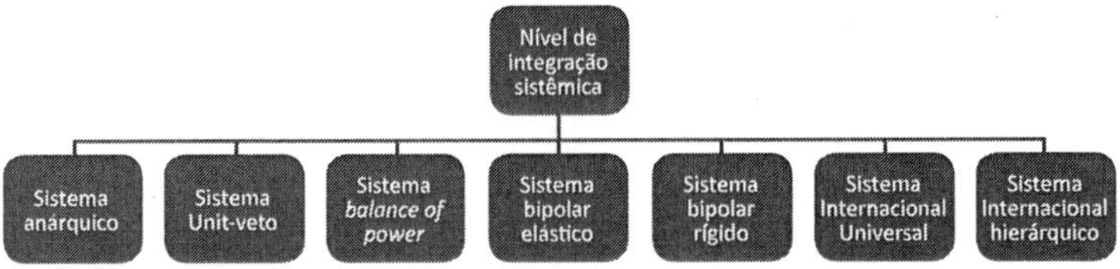

Explicando os vários sistemas:

1. O **Sistema Internacional Hierárquico** apresenta uma organização política que domina o mundo: todos os países, todos os estados, todos os indivíduos, todas as associações, todas as empresas e todas as relações internacionais. Esses entes continuam a existir, mas perdem qualquer relevância. É como se houvesse um império único mundial. Este modelo nunca existiu em escala global, mas só limitadamente a áreas específicas.
2. O **Sistema Internacional Universal** é similar ao primeiro, mas quem delibera não é um império, mas um organismo internacional mundial, como a ONU. Este sistema é menos autoritário e baseado em princípios e normas jurídicas como método de resolução de conflitos. Este organismo internacional dita as normas e as regras de comportamento dos estados nacionais (que aqui continuam existindo). Nunca existiu, é só um modelo analítico.
3. No **Sistema Bipolar Rígido** todos os atores internacionais estão inseridos em dois grandes blocos. Este sistema também nunca existiu, mas serve como exemplo analítico.
4. No **Sistema Bipolar Elástico** duas grandes superpotências dirigem dois blocos contrapostos, mas existem

atores fora deles, não integrados e relativamente livres. É claramente o sistema da guerra fria, em que, além dos dois blocos, havia os países não alinhados.

5. O **Sistema do Equilíbrio de Potência** apresenta um número intermédio de atores (o autor fala de pelo menos cinco) que às vezes ficam em conflito, às vezes estão em harmonia. Seria o sistema que existiu até a Segunda Guerra Mundial, com Inglaterra, França, Rússia, Alemanha, EUA e China.
6. O **Sistema Unit-Veto** é caracterizado por uma relativa pluralidade de atores internacionais (maior que o caso precedente) e todos com arsenal atômico ou com uma potência militar relevante. Este sistema também nunca existiu, mas serve como exemplo analítico.
7. O **Sistema Anárquico** é um adendo que não existe na tipologia original de Kaplan. Este seria um sistema internacional apolítico, sem um ente político monopolista, com presença de coerção (criminosa), mas sem sua legitimidade política. Neste sistema, indivíduos, associações, empresas, comunidades, ONGs, grupos, igrejas etc. se unem em ações coletivas em cidades, em comunidades, mas voluntariamente, sem obrigar os demais. Este sistema é um modelo analítico, um tipo ideal, talvez nunca tenha existido ou talvez existisse na pré-história, antes da formação dos antigos impérios.

Essas classificações são tipos ideais com fins mais lógico-didáticos do que científico-descritivos. Do ponto de vista analítico, são muito úteis, mas é preciso lembrar que a realidade é complexa demais para se encaixar em modelos. O sistema internacional é fluido, dinâmico. Hoje, com certeza, os estados-nações representam um grupo de indivíduos fundamental nessa dinâmica, mas, como vimos, historicamente, isso nem sempre foi assim e nada nos assegura que continuará a ser assim. O que permanece sempre inalterado é a unidade real de análise: os indivíduos, que podem vir a se agregar de formas diferentes a essas.

24.4 POLÍTICA EXTERNA

A política externa é a **condução da política na relação com organizações (políticas ou não) externas ao território no qual se tem monopólio do poder**. A política externa é peculiar, pois, diferentemente das outras esferas de atuação, não é conduzida por meio de legislação: o chefe de estado, o ministro do exterior e os diplomatas não precisam de uma delegação do Congresso para fazer negociações e acordos, os atores políticos têm mais **margem de ação**, ela é **mais arbitrária e discricionária**. O que acontece são ratificações *ex post* (geralmente por parte do Congresso e do presidente da República). Isso porque a política externa constitui o **cerne do *dux***, do comando político (Miglio). É por isso que, por exemplo, é a área onde mais há segredos de estado, espionagem, sigilos etc. Tudo isso se conecta com o que vimos sobre teoria da razão de estado e interesse nacional.

As áreas de atuação sobre as quais a política externa se aplica são várias:

1. **Alianças, acordos, tratados políticos.**
2. **Questões militares.** Nestes assuntos, nos EUA surgiram e são agora de uso comum dois termos que dividem e identificam diversas atitudes:
    a. **Falcões.** São os mais agressivos e militaristas, que tendem a resolver as tensões atacando e/ou de forma preventiva, a fazer um amplo uso da força, de acordo com a escola realista e com a política de potência.

   b. **Pombos**. São os menos agressivos, mais pacifistas, moderados. Tendem a resolver as tensões cooperando, apostando no longo prazo, acreditam no diálogo e na multipolaridade.
3. **Acordos, tratados e parcerias econômicas.**
4. **Direito internacional e organizações internacionais.**
5. **Questões diplomáticas.**
6. **Questões ambientais**. Esta é uma questão crescente.

Os atores da política externa do estado são:

1. **O chefe de governo e seu vice.**
2. **O ministro do exterior.**
3. **O ministro da defesa.**
4. **Outros ministros**. Dependendo do caso, os ministros do ambiente (para acordos ambientais), da economia (para acordos e parcerias comerciais), do transporte (para rotas internacionais de transporte), da pesca, do esporte (para megaeventos esportivos) etc. podem participar da política externa do governo.
5. **O chefe de estado**. Quando o chefe de estado é diferente do chefe de governo (nos sistemas parlamentaristas), tem uma função mais representativa que decisória. Geralmente o chefe de estado é também o chefe das forças armadas.
6. ***Big business***. Grandes empresários e representantes de categorias de setores econômicos importantes têm sempre muita relevância na determinação dos interesses da máquina estatal e na condução de tal atividade. Por exemplo, todas as vezes que o chefe de governo e/ou o ministro do exterior viaja para missões político-econômicas é acompanhado por dezenas de consultores, jornalistas e representantes do *big business* para assinar contratos e parcerias.

7. **Especialistas e técnicos.**
8. **Serviços secretos.**
9. **Diplomatas.** Os diplomatas são o braço executivo de todo esse mecanismo, eles representam os interesses do executivo e são seus delegados, são burocratas de alto nível. Em alguns países como o Brasil há um pouco mais de independência na formulação e representação dos próprios interesses. A rede diplomática consiste nas embaixadas, nos consulados, nas câmaras de comércio, nos institutos de cultura, nas escolas no exterior do próprio país, e em todos os diplomatas nas várias organizações internacionais.

Nesse sentido, é importante analisar os fatores que influenciam a escolha dos tomadores de decisão. Rosenau relaciona seis **variáveis**:

1. **Variáveis idiossincráticas (I).** Relativas às características individuais dos tomadores de decisão.
2. **Variáveis de cargo (C).** O fato de estar em uma certa posição, de ter um certo cargo, influencia os comportamentos segundo critérios institucionalmente prescritos.
3. **Variáveis governamentais (G).** Referem-se às estruturas usadas por cada estado para fazer política externa e política internacional, as quais acabam por influenciar as decisões.
4. **Variáveis sociais (So).** São os fatores sociais, culturais, históricos, morais etc. da sociedade, do país, que influenciam os tomadores de decisão.
5. **Variáveis sistêmicas (Sy).** Referem-se ao sistema internacional e como ele influencia os estados-nações e seus tomadores de decisão, considerando que o grau de in-

fluência depende também da importância e do papel do estado e dos indivíduos.

6. **Variáveis situacionais (Si)**. Referem-se à posição do estado no seu contexto regional.

A tipologia de Rosenau é particularmente útil porque, cruzando isso com outros fatores, permite notar em quais casos algumas variáveis são mais importantes e em quais casos outras são mais relevantes. Por isso é fundamental analisar a sucessiva tipologia da Tabela 24.8.

TABELA 24.8 TABELA DE ROSENAU

Países Grandes				Países Pequenos			
Ricos		Pobres		Ricos		Pobres	
Aberto	Fechado	Aberto	Fechado	Aberto	Fechado	Aberto	Fechado
C	C	I	I	C	C	I	I
So	I	C	C	Sy	Sy	Sy	Sy
G	G	So	G	So	I	C	C
Sy	Sy	Sy	Sy	G	G	So	G
I	So	G	So	I	So	G	So
EUA	URSS	Índia	China	Holanda	Tchecoslováquia	Botswana	Gana

Na mesma linha, os cônjuges Sprout notam como as **condições individuais** (condições de estresse e de incerteza psicológica) e as **características pessoais** (percepções e estilo decisório) afetam também as decisões finais. Allison demonstrou como o modelo de análise racional das decisões é incapaz de explicar as escolhas de política externa e quanto, ao contrário, precisa focar nos **fatores internos às organizações e às dinâmicas burocráticas**, visto que sempre e inevitavelmente as alternativas são filtradas por indivíduos. Desse modo, assumem grande relevância as seguintes variáveis:

1. **Objetivo de sobrevivência**. Sobrevivência na organização da qual fazem parte para não ser demitidos.
2. **Recursos da própria organização**. Cada escritório, departamento, ministério etc. tem recursos limitados.
3. **Moral da equipe**. As questões que se referem a valores, ideias, crenças, ideologias dos colegas, assim como ao espírito, às expectativas e ao estado de ânimo.
4. **Inveja** entre colegas e superiores, sindicatos, políticos etc.
5. **Desejo de aumentar a própria influência**. Eles querem fazer carreira, agradar colegas e superiores, ter uma boa reputação, projetar a própria imagem fora da organização para poder dar consultorias, escrever artigos, livros, dar palestras etc.
6. **O conhecimento é difuso** e há assimetria informativa. Ninguém sabe tudo, as informações são imperfeitas e difusas, o mundo é complexo e dinâmico demais.
7. **Quanto maior é o número de variáveis, maior é a complexidade**. Dificilmente os indivíduos conseguem elaborar bem um número elevado de variáveis.
8. As informações são analisadas em **situação de estresse e incerteza**.
9. Interpretações e percepções dos fatos são **subjetivas** e podem, portanto, variar muito.
10. **Fatores ideológicos** podem afetar qualquer análise racional de custos-benefícios.
11. **Maior o número** de pessoas envolvidas nas decisões, maior é a complexidade.
12. A ideia de **interesse nacional** não é um conceito unívoco, é vago. É o produto da interação dos indivíduos, de suas percepções e de seus interesses, podendo ser usado como justificativa de outros motivos por trás.

Podemos dizer que quem toma decisões de política internacional e política externa são obviamente indivíduos, tomadores de decisão. Esses agentes estão claramente embutidos em um certo contexto (internacional, regional, geográfico, histórico, cultural, político, burocrático etc.). As variáveis que afetam as decisões são variáveis internas ao indivíduo (valores, ambições, interesse, necessidades etc.) e variáveis externas aos indivíduos (sociais, culturais, políticas, burocráticas, internacionais, geográficas etc.), aquelas que Mises chama "condições gerais da ação humana".

24.5 ABERTURA, PROTECIONISMO E BLOCOS

Como vimos, a natureza do planeta e das interações voluntárias é sem fronteiras. As fronteiras são um fenômeno político. O estado natural da economia mundial era e é ser aberto. Ao longo da história, as classes políticas internacionais traçaram fronteiras e as fecharam gradualmente. Hoje a normalidade é haver fronteiras controladas politicamente, alfândegas, restrições ao movimento de bens, capitais, serviços e pessoas. Os governos impedem, restringem e regulamentam os próprios súditos de comercializar com o exterior. Isso gera **exclusão comercial** de alguns (por exemplo, dos consumidores) e **protecionismo** de outros (por exemplo, das empresas nacionais). A tendência da política é restringir; a política de abertura não é a tendência natural e não é garantida, é rara e politicamente problemática. Os governos fecham a economia por vários motivos:

- **Querem arrecadar mais impostos no curto prazo**. Já vimos como os primeiros impostos a nascer foram os de *importação* e *exportação* pela maior facilidade de controlar as fronteiras de todo o mercado interno. Quando os consumidores compram de empresas nacionais, ambos pagam impostos ao governo que controla esse território, mas quando compram bens e serviços no exterior e/ou de empresas estrangeiras pode-se, em alguns casos, não pagar ou pagar menos impostos ao governo do próprio território.

- **Por lobismo das empresas**. As empresas de propriedade de compatriotas podem fazer lobismo em cima da classe política e pedir proteção contra a concorrência de empresas estrangeiras mais eficientes. As empresas nacionais podem fazer pressão, financiar campanhas e projetos de políticos e apoiar politicamente. Os trabalhadores e os donos das empresas nacionais votam, os das empresas estrangeiras não votam. Os vários políticos competem para obter o apoio das empresas e elas também concorrem para ser mais beneficiadas pelos políticos mais poderosos. Os consumidores saem perdendo, pois terão menos opções, produtos mais caros e piores, mas eles enfrentam problemas maiores de ação coletiva. É outro caso de benefícios concentrados e custos difusos.
    a. Alguns grupos internos podem usar o estado para *rentseeking* global (por exemplo, café, aviões, drogas) para ser protegidos da concorrência internacional e para ser ajudados nas exportações.
    b. Às vezes, grupos que perdem internamente podem virar vencedores na arena internacional e na política internacional (trabalho infantil, meio ambiente, drogas, finanças).
- **Por crença**. Algumas teorias como as do Mercantilismo e as da Escola Desenvolvimentista (ou Cepalina) acreditam que o protecionismo seja a receita certa. Segundo elas, os países ricos enriqueceram dessa forma, fechando-se, fortalecendo o próprio mercado, industrializando-se e só posteriormente se abrindo. Nessa visão, o estado deve fechar ou limitar o comércio internacional, fortalecer o mercado

interno, direta ou indiretamente, subsidiando empresas, dirigindo a economia, planejando, por meio de um forte banco de desenvolvimento ou diretamente por meio do "estado empreendedor". Tudo para depois poder competir no mesmo nível com as potências já estabelecidas.

Obviamente o governo não pode proteger todas as empresas; logo, precisamos entender **quem geralmente é ajudado**:

- Em uma indústria eficiente é difícil distinguir entre ganhos merecidos e ganhos devidos ao protecionismo. Em uma **empresa em dificuldade** é mais fácil. Logo, é politicamente conveniente ajudar esta empresa (Hillman, 1982).
- **Indústria nascente**. Setores e indústrias novas, pequenas e fracas alegam, às vezes, não poder competir com as maiores se não protegidas e subsidiadas. Às vezes, esses pedidos encontram o favor político.
- ***Big business***. Setores como bancos, automotivo, extração e refinamento de recursos naturais, aviação, telecomunicação têm facilidade de ganhar algum tipo de ajuda, pois são geralmente muito próximos do estado, empregam muita mão de obra (ajudá-los significa ganhar o apoio de muitos trabalhadores), e são grandes empresas com forte poder de financiamento e de barganha.

Eis as **consequências** de tudo isso:

1. **Risco moral**. As empresas recebem assim o incentivo a nunca melhorar. É um problema agente-principal.
2. ***Pick the winners***. O governo escolhe quem vai receber a proteção entre as várias empresas. Isso deixa margem a discricionariedade, lobismo, corrupção, ineficiência etc.

3. **Redistribuição** dos consumidores e das empresas estrangeiras para as empresas (donos e trabalhadores) domésticas.
4. **Ineficiência generalizada.**
5. **Aumento do estado.**

Os governos fecham a economia apenas quando os consumidores querem comprar produtos estrangeiros, senão não haveria motivo e nem o que fechar. Quando os governos deixam a liberdade de fazer comércio além das fronteiras, alguns podem ainda boicotar produtos estrangeiros.

Mas, às vezes, alguns governos podem decidir e/ou precisar abrir a economia (é o caso da leve abertura de Collor, da China pós-Mao, das Repúblicas da URSS e da *Anticorn League*) e podem fazê-lo de três formas:

1. **Abertura multilateral.** Acontece por meio de tratados e acordos multilaterais baseados na Cláusula da Nação Mais Favorecida (MFN): deve-se abrir para uma nação quanto abriu para aquela para a qual se abriu mais.
2. **Abertura bilateral.** Trata-se de um acordo, pacto, tratado de abertura recíproca, pode ser assimétrico e idêntico para ambos os lados ou não.
3. **Abertura unilateral.** Mesmo assim, às vezes alguns governos abrem o mercado unilateralmente, mas têm alguns fatores a ser considerados:
   - É mais raro.
   - Trata-se mais de países pequenos que são tendencialmente sempre mais abertos. Os setores econômicos que trabalham com fatores de produção escassos têm uma forte necessidade de importar bens e por isso preferem estados pequenos que geralmente são mais abertos. Este é o caso de todas as empresas de setores comerciais, financeiros, altamente qualificados dos países pequenos.

- Normalmente ocorre quando a economia é diversificada (em um país aberto, dinâmico, rico), tal que nenhuma abertura de setor afete demais os produtores e tal que não tenham fortes grupos de pressão contra.[2]

Geralmente, os agentes políticos preferem as duas primeiras opções alternativas de se abrir unilateralmente, pois:

- Abrindo o mercado, beneficiam-se mais os consumidores do que os exportadores, mas os governos querem agradar especialmente as empresas domésticas exportadoras, e um acordo com outros países para as empresas nacionais poderem exportar alcança exatamente esse resultado.
- Deixar vender no território sob controle é visto como um favor que precisa de algo em troca.

Outras vezes, as elites políticas entram em **blocos** políticos-comerciais como Mercosul, NAFTA e UE. Podemos dividir esses blocos em dois tipos: **uniões alfandegárias** (como Mercosul e União Europeia) e **zonas de livre comércio** (como o NAFTA).

TABELA 24.9 UNIÕES ALFANDEGÁRIAS E ZONAS DE LIVRE COMÉRCIO

UNIÕES ALFANDEGÁRIAS	ZONAS DE LIVRE COMÉRCIO
Os membros têm uma política comercial única.	Cada membro mantém uma política comercial independente com os não membros.
Não há alfândegas internas e a mercadoria pode viajar livremente ao interior da união.	Um país-membro menos protecionista deixará entrar mais produtos que depois poderiam ir para os outros membros; logo, há controle interno das fronteiras para evitar isso.

2 Feeney; Hillman, 2001.

Os leigos podem tender a pensar que os blocos servem para abrir a economia, quando na verdade é exatamente o contrário. Isso porque partem da incorreta premissa da naturalidade do fechamento da economia. Mas, sabendo que a naturalidade da economia são os consumidores comprarem de quem quiserem, nota-se que os blocos são uma forma de não se abrir totalmente, uma forma de postergar a necessidade da abertura. Às vezes os blocos se formam mais por interesses políticos, ideológicos, regionais, do que por questões econômicas (veja, por exemplo, as razões por trás do Mercosul, da UE, do NAFTA). Os blocos **cumprem a função de fechar a economia e expandir o setor estatal**:

1. Os blocos não necessariamente querem se abrir, senão seria mais simples e eficiente desregulamentar e abrir unilateralmente.
2. Podem até se abrir internamente, mas fazem protecionismo externo.
3. Às vezes, nascem para abrir, mas terminam fechando (UE).
4. São uma forma moderna de política mercantilista.
5. Os burocratas têm incentivos para assinar mais tratados em lugar de abrir a economia de verdade, pois assim se contratam centenas de burocratas, criam-se departamentos, assinam-se tratados internacionais, aprovam-se legislações, gasta-se em viagens internacionais.
6. Uma vez estabelecido o bloco, os burocratas dos blocos têm o incentivo para regulamentar e a fechar mais, e não têm nenhum incentivo para que o bloco se extinga e se abra ao mundo.

24.6 O SISTEMA MONETÁRIO INTERNACIONAL

Ao longo do tempo, o sistema monetário internacional mudou muito, e hoje é definido por meio de vários tratados políticos, mas no passado já foi mais livre. O dinheiro nasce como fenômeno espontâneo, voluntário, privado. Foi inventado para evitar a ineficiência do **escambo**. Várias pessoas começaram a prestar um serviço para guardar bens e em troca dar algumas "**notas de depósito**". Por milhares de anos as pessoas utilizaram várias moedas privadas em concorrência entre elas.

Historicamente, o dinheiro nasceu bem antes dos bancos centrais, sendo uma invenção espontânea, do mercado. O dinheiro desenvolve duas funções: facilitar a troca e resolver o problema da "dupla coincidência" (por exemplo, quando uma pessoa queria vender vacas e queria comprar galinhas, podia ser difícil encontrar uma pessoa que estivesse exatamente oferecendo galinhas e que queria vacas). Então nasceram os bancos de depósito, onde os agentes econômicos podiam depositar ou dar em garantia os próprios bens em troca de uma nota que correspondia ao valor do bem, com a qual depois podiam ir ao mercado e comprar imediatamente o que precisavam. Esses bancos eram empresas privadas em concorrência. Sucessivamente alguns deles começaram a emitir notas por um valor maior do que o verdadeiro valor dos depósitos que tinham nos cofres, ou seja, a fazer fraudes.

Alegando querer acabar com essas fraudes, gradualmente os vários estados criaram os **bancos centrais** (geralmente fundindo alguns grandes bancos privados); agora, em regime de monopólio, só eles passaram a emitir moeda. Inicialmente mantiveram as reservas em ouro (o chamado lastro) a 100% do valor das notas emitidas, gradualmente passaram a emitir mais notas do que o valor depositado nos cofres, exatamente como antes faziam os bancos privados, com a diferença que agora isso era permitido pela lei, chamado de política monetária.

Ao longo da história houve vários sistemas alternativos de ***free banking***, como na Escócia, entre 1716 e 1844; na Nova Inglaterra, entre 1820 e 1860; no Canadá, entre 1817 e 1914; na Irlanda, na Suécia, na China, na França, na Nova Zelândia, na Suíça, no Chile, na Austrália, na Colômbia e em mais de outros 50 países em diferentes épocas.

Em 1716, o escocês John Law inventou na França o **papel-moeda**. A coroa francesa estava endividada por culpa das precedentes guerras e John Law propôs substituir o costumeiro dinheiro de ouro pelo dinheiro de papel cunhado pelo estado, podendo assim imprimir quanto dinheiro quisesse, cobrir a dívida da coroa, financiar seus gastos e estimular a economia. Além disso, as seis empresas existentes de comércio com a Louisiana (o nome deriva exatamente do rei Louis XIV) foram fundidas em um único monopólio (Companhia do Mississippi); foram emitidas milhares de cotas dessa empresa e vendidas ao público na bolsa de valores, com a promessa de altíssimos lucros no novo território. Uma união monetária, mas sem moeda única e monopolista (diferentemente de como é atualmente na UE).

Desse modo, o *Banque Generale* (formalmente privado, mas com 3/4 de propriedade estatal) emitia as notas de papel-moeda que representavam cotas da nova empresa estatal. Os compradores das cotas da empresa estavam de fato dando crédito à coroa, cobrindo sua dívida e financiando seu gasto, esperando um imenso lucro futuro na América. Muitíssimas pessoas compraram as cotas, o valor ficou altíssimo, mais notas de crédito foram emitidas. A corte ganhou, mas os novos acionistas fracassaram quando se descobriu que a Louisiana era um imenso pântano economicamente não explorável. É a **Bolha do Mississippi**, uma das primeiras e maiores bolhas da história. O Banco Central foi criado, assim, para financiar o gasto do estado e para aumentar a massa monetária (a quantidade de moeda presente em um sistema) e gerar inflação. John Law é hoje considerado o pai do papel-moeda.

Hoje o valor do papel-moeda quase não tem nenhuma correspondência em ouro ou em algum outro ativo real. Então a impressão de papel-moeda pode ser feita sem nenhum bem de valor por trás para legitimar, o que configura a emissão de papel-moeda como um imposto oculto. Assim, cada estado passou a ter uma única moeda monopolista cunhada por ele mesmo. Cada moeda tem curso forçado dentro do território, ou seja, somente ela deve ser aceita. Outras moedas não são admitidas (só com autorização do Banco Central). Durante o período em que as moedas estatais mantiveram o valor real em 100% de ouro nos cofres, esse sistema era denominado ***gold standard*** (padrão ouro). Nessa época existiam alguns acordos monetários internacionais, como a União Monetária Latina (Itália, Bélgica, França e Suíça) e a União Monetária Escandinava (Dinamarca, Suécia e Noruega), que, apesar de haver moedas estatais, permitiam a circulação das moedas dos outros países dentro do próprio território.

Durante a Primeira Guerra Mundial, os vários estados abandonaram o padrão ouro e passou a haver um sistema fragmentado de **câmbio flutuante**, em que cada estado decidia a própria política monetária.

Em 1944, houve a famosa reunião de **Bretton Woods**, na qual os vários estados passaram a um sistema de câmbios fixos ajustáveis, com as várias moedas nacionais atreladas ao dólar, como moeda de reserva, e este atrelado ao ouro, como bem último de reserva. Na mesma conferência foram criados o Fundo Monetário Internacional e o Banco Mundial. Esse importantíssimo acordo internacional foi organizado sob a influência de J. M. Keynes, que abriu as cerimônias e queria ir além, criando uma moeda única mundial, cunhada pelo FMI.

Em 1971, o presidente americano Nixon declarou unilateralmente a **não convertibilidade do dólar em ouro**.

A partir de então, cada país instaurou o monopólio da cunhagem de moeda (só o estado pode cunhar e emitir moeda) e o curso forçado (os súditos são obrigados a aceitar aquela e somente aquela moeda). Hoje, o ente que geralmente cumpre esse papel para o estado é o Banco Central. O Banco Central Americano (FED) nasceu em 1914, o BACEN brasileiro foi criado em 1965. Os bancos centrais, assim, financiam o gasto e a dívida do estado, aumentam a massa monetária e geram inflação. Por isso, de fato, houve por décadas o fenômeno das **economias dolarizadas**: muitos habitantes da América Latina preferiam e preferem usar o dólar americano em lugar da moeda do estado do próprio território, mesmo sendo proibido pela lei, pois estes estados inflacionaram muito e por muito tempo a moeda. Assim, para se defenderem da inflação, as pessoas usam uma moeda menos inflacionada, com mais poder de compra.

Alguns estados permitem o uso de mais moedas de forma legal. Hoje o Equador não emite sua própria moeda, mas se atrela e deixa usar o dólar americano, que é mais estável; no Panamá são permitidos a local balboa e o dólar; na Guatemala, usam-se a local quetzal e o dólar. Em Cuba, o regime adota um sistema dual de peso, um para os locais e um para os turistas; no Brasil, há algumas moedas comunitárias, mas é pouca coisa e existem com a autorização do BACEN. Estes dois últimos não são sistemas de livre concorrência.

Muito recentemente nasceram privadamente várias **moedas virtuais** (ou digitais) como Bitcoin, Altcoin, Litecoin, Darkcoin, Peercoin, Dogecoin, Primecoin etc. Estas moedas se diferem bastante entre elas, mas, de modo geral, são moedas privadas que se baseiam na reputação e na voluntariedade e não têm intenções monopolistas, em linha com o surgimento da moeda na história, com a diferença que hoje a tecnologia facilita ainda mais essa dinâmica. Obviamente as classes políticas dos vários países estão tentando limitar e regulamentar essas moedas, que, não obstante isso, estão crescendo.

24.7 AJUDA EXTERNA

Várias organizações estatais transferem dinheiro dos tributados a governos estrangeiros; esse dinheiro, essa atividade, é chamada de "ajuda externa": **contribuição de dinheiro, bens ou serviços para outros governos ou para pessoas ou comunidades em países estrangeiros.** Os atores que dão o dinheiro (*donors*) podem ser organizações estatais ou empresas, ONGs, associações, igrejas. Os recebedores (*recipients*) são governos ou entidades não governamentais como Cruz Vermelha, Médicos sem Fronteiras, Anistia Internacional etc., geralmente em países pobres e ditatoriais. Entre as organizações estatais, as que mais doam em termos absolutos são os governos americano, inglês, alemão, japonês e francês.

FIGURA 24.10 PAÍSES QUE MAIS DOAM

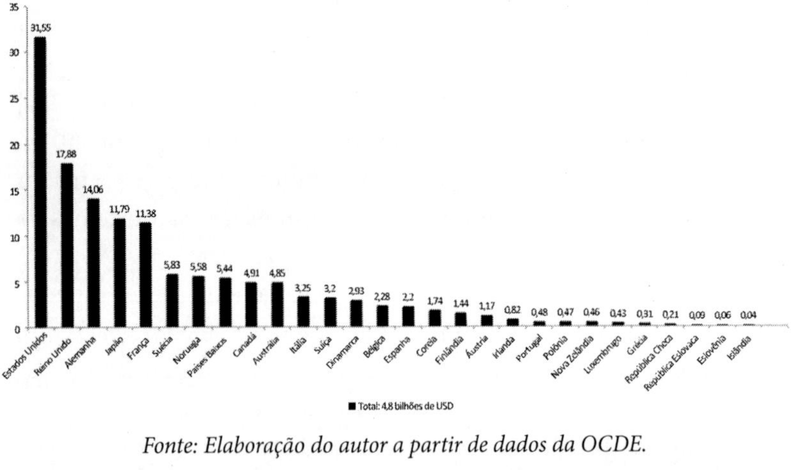

Fonte: Elaboração do autor a partir de dados da OCDE.

As contribuições podem ser gêneros alimentícios (emblemático foi o programa da ONU *Oil for food*, que previa a troca de petróleo por comida); roupa; velha tecnologia não mais usada; dinheiro emprestado **gratuitamente** ou com **taxas de juros abaixo do preço de mercado**. A ajuda externa para fins humanitários (alívio da pobreza, calamidades naturais, epidemias, guerras etc.) é uma fração mínima; a grande maioria é baseada em acordos, tratados e trocas entre governos e classificada como acordos multilaterais, bilaterais etc. (Figura 24.10).

Para a opinião pública, a ajuda externa é quase sempre justificada com motivações humanitárias, para resolver/aliviar a pobreza ao redor do mundo. Às vezes, alegam-se motivos militares e a necessidade de ter alianças em algumas áreas estratégicas do globo.

Como já explicado, em lugar de estudar supostas intenções desse fenômeno, mais cientificamente se analisam aqui as **consequências** reais da ajuda externa:

1. A ajuda externa é ***policy based***, os *donors* dão recursos e pedem contrapartidas de política externa, militar e alianças. A maior parcela da ajuda externa do governo americano, por exemplo, vai para o governo israelense com o qual tem fortes laços.
2. **Aliança**. Depois do ataque terrorista de 11 de setembro de 2001, o governo americano começou a ajudar o Afeganistão para lutar contra a Al-Qaeda, fortalecer o governo local e estabilizar a região. Dessa forma, os *recipients* acabam formando alianças com os *donors*.
3. **Corrupção**. Os recursos vão geralmente e na grande maioria para regimes ditatoriais ou países bastante corruptos. Quando o dinheiro chega a um sistema desse tipo, não vai mudar sua dinâmica interna, mas vai seguir exatamente a lógica prévia, vai então favorecer os beneficiados de sempre. Isso acaba aumentando a corrupção e à população chega muito pouco. Casos de corrupção são a norma, mais que exceção, vários são relatados pela mídia internacional e há vários estudos científicos que já comprovam definitivamente este ponto. O caso mais emblemático e talvez mais escandaloso foi o programa da ONU *Oil for food*.

4. **Fortalecimento do regime.** O regime que recebe os recursos obviamente se fortalece e fica no poder de forma mais estável. Muitas vezes, vários regimes ditatoriais conseguem se manter no poder por décadas também graças à ajuda externa. Muitos ditadores se baseiam nesses recursos como forma de arrecadação.

FIGURA 24.11 PAÍSES QUE MAIS RECEBEM AJUDA EXTERNA (EM PROPORÇÃO AO PIB)

Tuvalu	48,3%
Micronésia	41,7%
Ilhas Marshall	41,4%
Libéria	32,5%
Malaui	30,3%
Ilhas Salomão	27,4%
Afeganistão	25,7%
Kiribati	23,1%
Burundi	20,1%
Gaza (Palestina)	19,1%
Tonga	18,0%
São Tomé e Príncipe	16,8%
Palau	16,0%
Samoa	15,5%
Moçambique	14,9%
Ruanda	14,6%
Haiti	13,8%
Cabo Verde	13,7%
Sudão do Sul	13,4%
Komodo (Indonésia)	13,3%
Mali	13,0%
Gâmbia	12,8%
República Centro-Africana	12,2%
Vanuatu	11,8%
Lesoto	11,2%
Guiné-Bissau	11,0%
Nigéria	10,3%

5. **Dependência**. A máquina estatal, a oligarquia de comando, a elite de poder e até parte da população que recebe uma minúscula parte da ajuda ficam mais dependentes do doador. Até nos casos de ajuda externa para aliviar a pobreza, muitas vezes gera mais dependência e um círculo vicioso do qual é mais difícil sair.
6. **Pobreza**. Ao contrário do que se pode pensar, a ajuda externa gera mais pobreza. Isso é lógico e intuitivo e já demonstrado empiricamente pelo maior analista da área, W. Easterly. Até o Banco Mundial (um dos atores mais interessados na transferência de ajuda externa) admite que "[De 1980 a 2000], a ajuda, em um balanço geral, significantemente retardou em vez de encorajar reformas políticas". Isso acontece por vários motivos:
   a. Na maioria das vezes, a real motivação é político-militar. A natureza da transferência é outra.
   b. Gera dependência e círculo vicioso.
   c. O regime ditatorial se fortalece e consegue oprimir ainda mais a população.
   d. Se o governo recebe com a justificativa de a população ser pobre, o incentivo é manter a população pobre para receber ainda mais.

O Haiti, por exemplo, ficou ainda mais pobre depois dos grandes esforços da comunidade internacional em ajudá-lo (depois dos golpes e das catástrofes naturais). O país recebe uma quantidade enorme de ajuda em dinheiro e em produtos grátis que jogou fora do mercado os produtores locais, gerou incentivos perversos ao assistencialismo e tornou as pessoas dependentes.

Na literatura científica de economia do desenvolvimento e de ajuda externa há um vasto acordo sobre estes resultados. Autores como Peter Bauer e William Easterly dominaram o debate mostrando claramente esses resultados.

É por esses motivos que muitos líderes locais dos países pobres hoje se opõem a ajuda externa, em uma posição que pode ser resumida nas palavras da premiada com o Nobel da Paz (1992) Rigoberta Menchú: "Não nos dê uma mão, tirem as mãos de cima de nós".

Vamos agora analisar algumas evidências empíricas de quem doa e de quem recebe. Eis as dinâmicas dentre os ***donors***:

1. **Ricos**. Quem doa são geralmente governos e associações privadas de países ricos (até o Brasil passou recentemente de país recebedor a país doador).
2. **Ajuda casada**. Muitas vezes, quando o governo dá recursos em forma de bens e serviços, esses bens e serviços são produzidos por indústrias do país do governo doador. O governo compra bens e serviços de empresas e os doa ao governo estrangeiro. Até os navios e os aviões que se ocupam do transporte dos bens até o país recebedor, geralmente, devem ser nacionais. Trata-se de um subsídio indireto às empresas amigas.
3. **Apoio**. Em troca, o governo ganha o apoio das empresas e de alguns votantes com a justificativa de ajudar os países pobres. Os pagadores de impostos geralmente não notam, e não reclamam, pois em percentual a ajuda externa é pouca, é um custo difuso e por problemas de ação coletiva.
4. Doar é racional, pois o governo transfere dinheiro dos tributados e ganha o apoio das empresas, o apoio do governo recebedor e o apoio da parcela de população em favor de ajuda externa.

Da mesma maneira, pode-se analisar a dinâmica dos ***recipients*** e algumas evidências empíricas:

1. Em **países autocráticos** de pequena coalizão, os líderes se mantêm no poder **provendo benefícios à oligarquia**

de apoiadores (exército, alta burocracia, algumas minorias étnico-religiosas etc.) para se assegurar a lealdade.

2. Em sistemas democráticos (grandes coalizões), os líderes se mantêm no poder provendo **serviços públicos suficientes para manter a lealdade** do próprio eleitorado e da opinião pública. Há muito mais apoiadores essenciais que em uma ditadura, mas cada um deles recebe muito menos. No total, o processo é mais custoso.
3. **Regimes democráticos são menos propensos a receber doações**, pois o custo da compra de concessões é muito alto (porque a opinião pública é contra), mas, quando possuem concessões valiosas para os doadores, podem receber muito mais que autocráticos (Israel). A maioria dos regimes que recebem são autocráticos; as democracias recebem mais raramente, mas, quando recebem, recebem mais recursos. Para um regime democrático, "vender" uma política externa ou militar ao doador é muito mais custoso que para uma ditadura, pois o processo decisório é mais transparente, a opinião pública e a mídia podem criticar. Logo, o preço aumenta.
4. Países **mais ricos devem receber mais** para vender concessões, mas precisam de menos recursos para comprar a lealdade da coalizão.
5. Receber é racional para os recebedores, pois favorece a reeleição de líderes democráticos e/ou a **manutenção no poder** de líderes autocráticos (mais recursos).
6. A ajuda externa desfavorece a **população**, pois **"ganha" políticas que não gostaria** e seus **líderes possuem mais recursos para permanecer no poder**.
7. **Ex-colônias recebem mais**, pois geralmente há maior comércio, laços históricos, facilidade de comunicação (por via da língua) entre esses países.

O **Plano Marshall** é o programa de ajuda externa mais famoso e considerado o de maior sucesso em termos humanitários. Depois da Segunda Guerra Mundial (1947-1951), o governo americano doou 13 bilhões de dólares (120 bilhões atuais) aos governos europeus, cujas economias estavam destruídas. Os autores concordam que o sucesso foi devido a três fatores:

1. Os países europeus **já tinham tido experiência democrática e desenvolvimento** econômico.
2. A **pobreza era contingente e "artificial"**, causada pela guerra.
3. Não é uma questão de dinheiro em si, mas o fato é que as contrapartidas exigidas foram **liberalizações, equilíbrio fiscal e impedir estatizações.**

Alguns dos resultados claros foram:

- Economias sob o plano se recuperaram mais rápido que dos países sob influência soviética.
- **A quantidade de dinheiro não influenciou** o desenvolvimento: **Holanda** recebeu mais, mas a **Alemanha** cresceu mais.

8. Países **geograficamente mais próximos ao doador** recebem mais.
9. **Governos neutros recebem mais** que governos já favoráveis ao país doador. Um governo já aliado não tem muito poder de barganha, enquanto um governo neutro, moderado, independente ou que oscila entre um lado e outro, tem mais poder de negociação. A consequência

disso é que mais governos tentam se mostrar na dúvida, oscilantes e intermédios para poder barganhar mais. Isso pode ser visto positivamente por gerar moderação, neutralidade e previsibilidade ou negativamente por gerar mudanças constantes nas alianças e instabilidade.

É por tudo isso que às vezes a ajuda externa é definida como **uma transferência de renda da classe média dos países ricos para os ricos dos países pobres.**

PERGUNTAS

- Por que os blocos teriam a função de fechar a economia?
- Defina e explique o sistema internacional.
- Explique os conceitos de ordem unipolar, bipolar, multipolar, balança de poder e por que são modelos ideal-típicos.
- Explique o que é a política externa, sua história e sua essência para a política.
- Quais as áreas de atuação da política externa?
- Quais os atores da política externa?
- Quem são falcões e pombos?
- Elenque no mínimo quatro tipos de atores internacionais diferentes e dê exemplos.
- Explique as relações internacionais privadas, como geralmente se dão e dê no mínimo dois exemplos.
- Explique os conceitos de protecionismo e exclusão comercial.
- Por que os governos fecham a economia?
- Quem é geralmente protegido pelo fechamento?
- Quais as consequências do fechamento da economia?
- Quando os governos abrem a economia, como podem fazê-lo? Entre estes, quais métodos preferem?
- Explique uniões alfandegárias e zonas de livre comércio.
- Explique a abertura unilateral.
- Por que a política externa deixa mais margem de ação ao decisor político do que outros tipos de *policies*?
- Explique as dimensões da política internacional de Rosenau.
- Explique as variáveis que influenciam a tomada de decisão, segundo Snyder.
- Explique o funcionamento do sistema monetário internacional atual.
- Explique *Bretton Woods*.
- Explique o *Gold standard system*.
- Explique a criação do papel-moeda.

- Explique o surgimento da moeda e das moedas virtuais.
- Explique qual a relevância do controle da moeda.
- Em quais variáveis sugere focar Allison para análise da política externa? Explique cada uma delas.
- Explique variáveis que afetam as decisões dos tomadores de decisão da política externa, segundo Rosenau.
- Como as variáveis de Rosenau se cruzam com o tamanho do país?
- Como as variáveis de Rosenau se cruzam com a riqueza do país?
- Como as variáveis de Rosenau se cruzam com o grau de abertura do país?
- Explique a diferença entre imperialismo de estado e imperialismo de mercado.
- Cite alguns exemplos de imperialismos antigos.
- Quais são os tipos de imperialismo? Explique.
- Explique a relação entre imperialismo e colonialismo.
- Explique as colônias privadas e as estatais.
- Conte pelo menos três casos históricos de imperialismo de estado.
- Por que é incorreto falar de imperialismo de mercado?
- O que é a ajuda externa? Quem são os atores envolvidos?
- Quais as consequências da ajuda externa?
- Por que a ajuda externa gera mais pobreza?
- Por que a ajuda externa gera mais corrupção?
- Quais as dinâmicas relevantes sobre os *donors?*
- Quais as dinâmicas relevantes sobre os *recipients*?
- Conecte autocracias, guerra, ajuda externa, lobismo, custos difusos e benefícios concentrados.

Bibliografia

ACEMOGLU, D.; ROBINSON, J. *Why Nations fail.* Deckle Edge, 2012.

ACEMOGLU, D.; ROBINSON J.; ROBINSON, J. A.; YARED P. Income and democracy. *American Economic Review 98*:3, 808-842, 2008.

ALESINA, A. *et al.* Fractionalization. *NBER Working Paper* n. 9411, January 2003.

ALESINA, A.; SPOLAORE, E. On the number and size of nations. *The Quarterly Journal of Economics,* n. 4, 1997.

ALINSKY, S. *Rules for radicals.* Vintage, 1971.

ALLISON, G. T. *Essence of Decision.* Pearson, 1971.

ANDERSON G. M. The economic theory of regulation. *The Elgar Companion of Austrian Economics* (ed. by Boettke P.). The Elgar Companion, 1994 .

ANTISERI, D. *Trattato di metodologia delel scienze sociali.* UTET, 1995.

ARON, R. *L'oppio degli intellettuali.* La biblioteca di Libero, 2005.

AXELROD, R. *The evolution of cooperation.* Basic Books, 2006.

AZAMBUJA, D. *Introdução à ciência política.* Globo, 2014.

BALEEIRO, A. *Introdução às ciências das finanças.* GEN, 2015.

BARBIERI, F. *A economia do intervencionismo.* Instituto Mises Brasil, 2013.

BASTIAT, F. *Selected essay on political economy.* FEE, 2006.

________. *Il potere delle illusioni.* Alfredo Guida Editore, 1998.

________. *Ció che si vede e ció che non si vede.* Rubbettino, 2005.

BAUER, P. *Dalla sussistenza allo scambio.* IBLlibri, 2009.

BLAINEY, G. *The causes of war.* New York Free Press, 1998.

BLOCK, W. *The Privatization of Roads and Highways:* Human and Economic Factors. Ludwig von Mises Institute, 2009.

BOBBIO, N.; MATTEUCCI, N.; PASQUINO, G. *Dizionario di politica.* UTET, 2004.

________. *Teoria Generale della Politica,* 1999.

________. *State, Government and Society*, 1985.

BOURNE, R. *The state*, 1918.

BREMER, S. Dangerous Dyads: Conditions Affecting the Likelihood of Interstate War, 1816-1965, *Journal of Conflict Resolution*, 1992.

BRENNAN, J. *The ethics of voting*. Princeton University Press, 2012.

BROWN, A. *The myth of the strong leader*. Basic Books, 2014.

BUCHANAN, J. *The Calculus of Consent:* Logical Foundations of Constitutional Democracy. Liberty Fund, 1999.

________. *Custo e Escolha*. Ordem Livre, 2003.

BUCHANAN, J.; WAGNER, R. *Democracy in Deficit:* The Political Legacy of Lord Keynes. Liberty Fund, 1977.

BURKE, E. Speech to the Electors of Bristol, *The Works of the Right Honourable Edmund Burke*. London: Henry G. Bohn, 1854-56.

BUTLER, E. *Escolha Pública*. Bunker Editorial, 2012.

CALDEIRA, J. *A nação mercantilista*. Editora 34, 1999.

CALHOUN, J. *A Disquisition on Government,* Constitution Society, 2009.

CAPLAN, B. *The myth of rational voter*. Princeton University Press, 2010.

CARDEN, A. When Is Corruption a Substitute for Economic Freedom? *Law and Development Review*. Forthcoming.

CASSIRIER, E. *The myth of the state*. Yale University Press, 1974.

CASTLES, S.; MILLER, M. J. *The age of migration international population movements in the modern world.* London: Macmillan, 1993.

CLAUSEWITZ, C. *Della guerra*. Bur, 2013.

COASE, R. The lighthouse in economics. *Journal of law and economics, 17*(2), 357-376, 1974.

COLOMBATTO, E. Why is Corruption Tolerated?, *The Review of Austrian Economics*, 2003.

COYNE, C.; MATHERS R. L. (ed.). *The handbook on the political economy of war*. Edward Elgar, 2011.

COLOMER, J. *Principle of politics*. Oxford University Press, 2010.

COMTE, A. *Corso di filosofia positiva*. UTET, 2013.

CROVELLI, M. Toward an aprioristic theory of international theory. *Journal of libertarian studies*, vol. 21, n. 4 (Winter 2007): 101-21.

DAHL, R. *Who Governs? Democracy and Power in an American City*, 1961.

DAVIES, A.; BOWEN, D. *Tax gimmicks*. Mercatus Center, 2012.

DE JOUVENEL, B. *On power*. Liberty Fund, 1948.

________. *The nature of politics*. Transaction, 1992.

DE MUCCI, R. *Micropolitica*. Rubbettino, 2009.

________. *Democrazia dissociativa*. Rubbetino, 2013.

DE SOTO, H. *Povertá e terrorismo*. Rubbettino, 2007.

DI LORENZO, T. Competition and political entrepreneurship: Austrian insights into public choice theory, *The review of Austrian economics*, 1987.

DIAMOND, J. *Guns, germs and steel*. Norton, 1999.

DORUSSEN, H. Heterogeneous trade interest and conflict, *Journal of conflict resolutions*, 2006.

DOWNS, A. *Una teoria economica della democrazia*. Il Mulino, 1988.

DURKHEIM, E. *Le forme elementari di vita religiosa*. Comunitá, 1963.

EASTERLY, W. *The white man burden*. Penguin, 2007.

EASTERLY, W.; LEVINE. Africa's growth tragedy. Policies and ethnic divisions. *The quarterly journal of economics*, vol. 112, n. 4, 1997.

EINAUDI, L. *Principi di scienza delle finanze*. UTET, 1998.

FALLOCCO, S.; MERTON, R. K. *La "serendipity" nella ricerca sociale e politica. Cercare una cosa e trovarne un'altra*. Edizioni Luiss, 2002.

FAZAL, T.; GRIFFITHS, R. *Membership has its Privileges International Studies Review*, 16, 2014.

FEENEY, J.; HILLMAN, A. Privatization and the Political Economy of Strategic Trade Policy, *International Economic Review, 2001*.

FERGUSON, N. *The ascent of money*. Penguin USA, 2007.

FREY, B. S. *The public choice view of international political economy*. International Organization, 1984.

FREY, B.; EICHENBERGER, R. *The New Democratic Federalism for Europe*. Functional, Overlapping and Competing Jurisdictions. Edward Elgar Publishing Limited, Cheltenham, 1999.

FRIEDMAN, D. A Theory of the Size and Shape of Nations. *Journal of Political Economy*, vol. 85, n. 1, 1977.

FRUNCILLO, D. *Urna del silenzio:* l'astensionismo elettorale in italia, Ediesse, 2004.

GARTZKE, E. The capitalist peace, *American Journal of Political Science*, 2007.

GAUBTZ, K. *Elections and war*: the electoral incentive in the democratic politics of war and peace. Stanford University Press, 1999.

GELPI, C.; GRIECO, J. Democracy, Interdependence, and the Sources of the Liberal Peace, *Journal of Peace Research*, 2008.

GIANTURCO, G. A. La fenomenologia del "non voto" e del voto nelle elezioni politiche ed europee. In: *Election day.* Votare tutti e tutto assieme fa bene alla democrazia? LUISS University Press, 2010.

GIANTURCO, G. A.; COSTA, D. Of the people, by the people, for the people's development? In: *Economia di mercato e democrazia.* Un rapporto Controverso. Rubbettino, 2014.

GLAESER, E. *Triumph of the city*. Penguin Books, 2011.

GRAMSCI, A. *Quaderni dal carcere,* Einaudi Editore, 1977.

GUMPLOWICZ, L. *Il concetto sociologico dello stato,* Edizioni AR, 2008.

HALL, R. E.; RABUSHKA, A. *Flat tax*. Buchausgabe, 2011.

HARARI, Y. N. *Sapiens.* Uma Breve História da Humanidade. L&P, 2016.

HARTLEY, K. Defence market, *Economic Affairs*, 1997.

HAYEK, F. *Denationalisation of Money:* An Analysis of the Theory and Practice of Concurrent Currencies. Institute of Economic Affairs, 1976.

________. *La società libera*. Rubbettino, 2007.

________. *Law, legislation and liberty*. University of Chicago Press, 1973.

________. *The road to serfdom*. University of Chicago Press, 1944.

________. The use of knowledge in society. *American Economic Review*. XXXV, n. 4, 1945.

HECKELMAN, J.; KNACK, S. Foreign Aid and Market-Liberalizing Reform. *World Bank Policy Research Working Paper*, n. 3557, 2005.

HESS, G.; ORPHANIDES, A. War Politics: An Economic, Rational-Voter Framework, *American Economic Review*, 1995, vol. 85, issue 4, pp. 828-846.

HILLMAN, A. Declining Industries and Political-Support Protectionist Motives, *American Economic Review*, 1982.

________. Political Economy and Political Correctness, *Public Choice,* 1998.

HOBSON, J. A. *Imperialism.* A study. Cosimo Classics, 2006.

HOLCOMBE, R. G. Entrepreneurship and economic growth. *The quarterly journal of Austrian economomics,* 1998.

HOPPE, H. H. *Democracia.* O Deus que falhou. Mises Brasil, 2014.

IANNELLO, N. (a cura di). *La società senza stato*. Rubbettino, 2004.

INFANTINO, L. *Potere*. Rubbettino, 2013.

________. *L' ordine senza piano*. Armando Editore, 2008.

JONES, P. R. Colluding victims: a public choice analysis of international alliances, *Public Choice*, 2007.

KAPLAN, M. *System and process in international politics.* ECPR Classics, 1957.

KRASNER, S. *Defending the national interest: raw materials, investment and U.S. foreign policy.* Princeton University Press, 1978.

________. *International regimes* (ed.). Cornell University Press, 1983.

LA PORTA *et al. The quality of government.* Oxford University Press, 1999.

LENIN, V. *Imperialism.* The highest stage of capitalism. 1917.

LEONI, B. *La libertà e la legge.* La Biblioteca di Libero, 2005.

________. *Lezioni di dottrina dello stato.* Rubbettino, 2004.

LOCKE, J. *Due trattati sul governo.* Plus, 2007.

LOTTIERI, C. *Credere nello Stato?* Teologia politica e dissimulazione da Filippo il Bello a WikiLeaks. Rubbettino, 2011.

________. Il punto di incontro tra Rothbard e gli elitisti. *Studi Perugini*, IV, n. 8, 1999.

MACHIAVELLI, N. *Il principe.* Fabbri Editore, 1995.

________. *Dell'arte della guerra*, 1519.

MANSFIELD, E.; SNYDER, J. *Electing to Fight:* Why Emerging Democracies Go to War. MIT Press University, 2005.

MAYALL, J. *World Politics.* Polity, 2000.

MCCARTY, N.; MEIROWITZ, A. *Political game theory.* Cambridge University Press, 2007.

MCDONALD, P. *The invisible hand of peace,* Cambridge University Press, 2009.

MESQUITA, B. *Principles of international politics.* CQ Press, 2010.

MESQUITA, B.; SMITH A. *The dictator's handbook*, Public Affairs, 2011.

MESQUITA, B.; SMITH, A.; SIVERSON, R. M.; MORROW, J. D. *The logic of political survival.* The MIT Press, 2003.

MICHELS, R. *Corso di sociologia politica.* Rubbettino, 2009.

MIGLIO, G. *Genesi e trasformazioni del termine-concetto Stato.* Morcelliana, 2007.

________. *Lezioni di politica.* Il Mulino, 2011.

MILGRAM, S. *Obedience to authority.* Perennial classics, 2004.

MISES, L. *Ação Humana.* Um tratado de economia. Instituto Liberal, 1995.

________ *Burocrazia.* Rubbettino, 2009.

________. *Socialism.* Liberty Fund, 1983.

MOLINARI, G. de. *Da produção da segurança.* Instituto Mises Brasil, 2014.

MORGAN, C. *Untying the Knot of War:* A Bargaining Theory of International Crises. University of Michigan Press, 1994.

MOSCA, G. *Elementi di scienza politica*. Liberlibri, 2012.

MOUSSEAU, M.; HEGRE, H.; O'NEAL J. How the Wealth of Nations Conditions the Liberal Peace, *European Journal of International Relations*, 2003.

MUELLER, J. E. Presidential popularity from Truman to Johnson, American Political Science Review, 1970.

MUNGER, M. *Analyzing politics*. Norton, 2000.

NEUMANN, J.; MORGENSTERN, O. *Theory of Games and Economic Behavior*. Princeton University Press, 2007.

NISKANEN, W. *Bureacracy*, 1971.

NOCK, A. J. *Our enemy, the state*. Mises Institute, 2009.

NORTH, D. *Custos de transação, instituições e desempenho econômico*. Instituto Liberal, 1992.

OATES, W. E. *Fiscal Federalism, Harcourt, Brace and Jovanovich*, 1972.

OLIVEIRA, F. R. *Indagação sobre os limites da ação do estado*. Thomson Reuters, 2016.

OLSON, M. *The logic of collective action*. Harvard University Press, 1971.

________. *The Rise and Decline of Nations:* Economic Growth, Stagflation, and Social Rigidities. Yale University Press, 1982.

________. Dictatorship, Democracy, and Development, *The American Political Science Review*, vol. 87, n. 3 (Sep., 1993), pp. 567-576.

________. Dictatorship, Democracy, and Development. *The American Political Science Review*, 1993.

OPPENHEIMER. *The state*. Vanguard Press, 1914.

OSTROMM, E. *Governing the Commons:* The Evolution of Institutions for Collective Action. Cambridge University Press, 2015.

OWEN, J. *Liberal peace liberal war:* American politics and international security, 1997.

PANEBIANCO, A. *Guerrieri democratici*. Il Mulino, 1997.

PARETO, V. *Trattato di sociologia generale*. Einaudi, 1978.

PASSERIN D'ENTREVES. *La dottrina dello Stato:* elementi di analisi e di interpretazione. Giappichelli, 2009.

PELLICANI, L. *La genesi del capitalismo e le origini della modernità*. Marco Editore, 2006.

PINKER, S. *Os bons anjos da nossa natureza*. Companhia das Letras, 2011.

POPPER, K. *La società aperta e I suoi nemici*. Armando Editore, 2002.

PORTER, B. *War and the Rise of the State*. Free Press, 2002.

PUTNAM, R. *Capitale sociale e individualismo*. Il Mulino, 2004.

REGAN, P. War Toys, War Movies, and the Militarization of the United States, 1900-85, *Journal of Peace Research*, 1994.

ROSENAU, J. *Turbolence in world politics*. A theory of change and continuity. Princeton University Press, 1990.

ROTHBARD, M. *An Austrian Perspective on the History of Economic Thought*.

________. *Anatomia do estado*. Instituto Mises Brasil, 2012.

________. *La grande depressione*. Rubbettino, 2006.

________. *Lo stato falsario*. Leonardo Facco Editore, 2005.

________. *Man, economy and state*. Mises Institute, 2001.

________. *Buckley Revealed*. Mises Institute, 2007.

RUSSETT, B.; ONEAL, J. *Triangulating Peace:* Democracy, Interdependence, and International Organizations. Norton & Co., 2000.

RUSTOW, A. *Freedom and domination*. Princeton University Press, 1980.

SAMUELSON, P. *Economics*, 1987.

SCHMITT, C. *The concept of the political*. The University of Chicago Press, 2007.

SCHMITTER, P. *The influence of the international context upon the choice of national institutions and policies in neo-democracies*. In: WHITEHEAD (ed.), p. 26-54, 1996.

SCHULTZ, K. *Democracy and coercive democracy*. Princeton University Press, 2001.

SENESE, P. D.; VASQUEZ, J. A. *The Steps to War*. An Empirical Study. Princeton University Press, 2008.

SMITH, A. Diversionary foreign policy in democratic systems, *International studies quarterly*, 1996.

SMITH, A. *La ricchezza delle nazioni*. UTET, 2004.

SNYDER, G. H. *Alliance politics*. Cornell University Press, 1997.

SNYDER, R. H.; BRUCK, H.; SAPIN, B. *Decision making as an approach to the study of international politics*. Princeton University Press, 1954.

SOUVA, M.; PRINS, B. The Liberal Peace Revisited: The Role of Democracy, Dependence, and Development in Militarized Interstate Dispute Initiation, 1950–1999, *International Interactions*, 2006.

SPROUT, H.; SPROUT, M. *The Ecological Perspective on Human Affairs:* With Special Reference to International Politics. Praeger New Edition, 1979.

STIGLER, G. *Director's Law of Public Income Redistribution*. The University of Chicago, 1970.

TALEB, N. *Antifragile*. Random House Trade, 2014.

________. *The black swan*. Il saggiatore, 2007.

TILLY, C. War making and state making as organized crime. In: EVANS, P.; RUESCHEMEYER, D.; SKOCPOL, T. *Bringing the State Back In*. Cambridge University Press, 1985.

TULLOCK, G.; LOCKARD, A. (ed.). *Efficient rent-seeking*. Kluwer Academic Publisher, 2000.

TULLOCK, G.; SELDON, A.; BRADY, G. L. *Government Failure*. Cato Institute, 2003.

TURGOT, A. R. J. *The Turgot Collection Writings, Speeches, and Letters of Anne Robert Jacques Turgot*, Mises Institute, 2011.

VELEZ RODRÍGUEZ, R. *Patrimonialismo e a realidade latino-americana*. Documenta Histórica Editora, 2006.

WALTZ, K. N. Fair fights or pointless wars, *International Security*, 2003-2004.

WEBER, M. *Economia e società*. Donzelli, 2005.

WEED, E. Economic policy and international security: rent-seeking, free trade and democratic peace, *European journal of international relations,* 2011.

YANDLE, B. Bootleggers and Baptists in the Theory of Regulation. *Jerusalem Papers in Regulation & Governance*, Working Paper n. 9, 2010.

ZIMBARDO, P. *The Lucifer effect*. Random House Trade, 2001.

2024
1 2 3 4 5 6 7 8 9 10